System-Grammatik

Latein

W0395272

Herausgegeben von
Dr. Gerhard Fink und Prof. Dr. Friedrich Maier

Verfasst von Hartmut Grosser und Prof. Dr. Friedrich Maier
unter Mitwirkung von Wolfgang Matheus, Peter Petersen,
Andrea Wilhelm

Berater der Herausgeber und des Autorenteams:
Dr. Karl Bayer

C.C.Buchner | Lindauer | Oldenbourg

System-Grammatik Latein

herausgegeben von Dr. Gerhard Fink und Prof. Dr. Friedrich Maier
und bearbeitet von einem Autorenteam:
Dieter Belde, Dr. Gerhard Fink, Prof. Andreas Fritsch, Hartmut Grosser, Rudolf Hotz,
Hubertus Kudla, Prof. Dr. Friedrich Maier, Wolfgang Matheus, Peter Petersen,
Hans-Dietrich Unger, Andrea Wilhelm

Berater der Herausgeber und des Autorenteams: Dr. Karl Bayer

Das Papier ist aus chlorfrei gebleichtem Zellstoff hergestellt,
ist säurefrei und recyclingfähig.

© 1997 C.C. Buchners Verlag, Bamberg, J. Lindauer Verlag, München, R. Oldenbourg Verlag GmbH, München

Das Werk und seine Teile sind urheberrechtlich geschützt.
Jede Verwertung in anderen als den gesetzlich zugelassenen Fällen bedarf der vorherigen schriftlichen Einwilligung des Verlages.

1. Auflage 1997

Unveränderter Nachdruck 02 01 00 99 98 R
Die letzte Zahl bezeichnet das Jahr dieses Drucks.

Lektorat: Dr. Sibylle Tochtermann, Anne-Kathrein Schäfer
Herstellung: Johannes Schmidt-Thomé
Satz und Reproduktionen: Satzstudio Blank GmbH, München
Umschlag: Mendell & Oberer, München
Druck und Bindung: Ludwig Auer GmbH, Donauwörth

ISBN 3-7661-5388-9 (C.C. Buchners Verlag)
3-87488-660-3 (J. Lindauer Verlag)
3-486-87675-9 (R. Oldenbourg Verlag)

VORWORT

Ziel der System-Grammatik ist es, das System der lateinischen Sprache transparent zu machen. Insgesamt ist sie auf eine Einführung in das Übersetzen aus dem Lateinischen abgestellt. Sie will sich aber auch als übersichtliches und damit benutzerfreundliches Nachschlagewerk darstellen.

In ihrem *Aufbau* orientiert sie sich an den drei Hauptgebieten einer modernen Grammatik: der Lehre vom Wort, der Lehre vom Satz und der Lehre vom Text.

Die Lehre vom **Wort** konzentriert sich auf die *Formenlehre*. Dabei stehen die Baugesetze des Wortes im Vordergrund. Es wurde ein möglichst gut durchschaubares System angestrebt, das die einzelnen Wortgruppen in übersichtlichen Tabellen so vorstellt, dass der Eindruck von Stofffülle vermieden wird. Grafische Elemente wie Ordnungsschemata und Signale dienen zur Verdeutlichung und Hervorhebung. Dabei wurden die Formen der einzelnen Wörtergruppen in einem möglichst gut nachvollziehbaren System meist in Tabellenform vorgestellt. Zur raschen Orientierung und zur Vertiefung ist eine Überschau vorangestellt. Der Formenbestand ist nach einer statistischen Erhebung auf die Häufigkeit des Vorkommens bei den gängigsten Schulautoren ausgerichtet.

Die Lehre vom **Satz** gliedert sich in die Bereiche Syntax des Satzes und seiner Glieder, Semantik der Satzglieder, Nominalformen als Satzglieder, Hauptsatz und Gliedsatz. Die gesamte Darstellung orientiert sich an den *Prinzipien der funktionalen Syntax*. Dementsprechend werden alle syntaktischen Erscheinungen Schritt für Schritt systematisch entwickelt und hinsichtlich ihrer jeweiligen Funktion im Satz betrachtet. Mit Hilfe eines *grafischen Satzmodells* werden die Positionen der syntaktischen Erscheinungen veranschaulicht. Das unbedingt zu Lernende ist, soweit möglich, in Kästen gesetzt. Übersichtstabellen („Wo findet man was?") sind dem jeweiligen Stoffgebiet vorangestellt. Eine Gesamttabelle, die der Menüleiste eines PC nachgebildet ist, findet sich zu Beginn der Grammatik. Anhand eines lateinischen Satzes führt sie alle Syntactica samt ihren Fundstellen auf, sodass sich der Benutzer rasch informieren kann.

Die Auswahl und Gewichtung der Stoffe sowie die Intensität der Behandlung sind an den Ergebnissen umfassender statistischer Untersuchungen zur lateinischen Syntax ausgerichtet.

Die Lehre vom **Text** beginnt mit einem Lektürebeispiel, an dem die grundsätzlichen Bedingungen und Möglichkeiten einer satzübergreifenden Texterschließung entwickelt werden. Die hieran gewonnenen Einsichten werden sodann unter den Rubriken *Textsyntax*, *Textsemantik*, *Textpragmatik*, *Texttypik* und *Textgestaltung durch Stilmittel* dargestellt. Hieran schließt sich eine Einführung in die Formen und Versmaße der lateinischen Dichtung an.

Der **Anhang** erläutert die römischen Maße, Gewichte, Zahlungsmittel sowie den römischen Kalender und gibt eine Übersicht über die lateinische Schrift und die lateinischen Laute, auf die wie folgt verwiesen wird: z.B. ↗ L 23.

Die System-Grammatik ist in besonderer Weise auf das Unterrichtswerk *Cursus Continuus* und seine Vorgängerwerke abgestimmt; sie kann aber auch neben jedem anderen Lateinbuch verwendet werden.

Die Verfasser

INHALTSVERZEICHNIS

Kapitel Seite

Kapitel Seite

Die Lehre vom Satz

Syntax des Satzes und seiner Glieder

Semantik der Satzglieder

Nominalformen als Satzglieder

Der unabhängige Satz – Hauptsatz

Der abhängige Satz – Gliedsatz

Textquellen:
S. 8: Ulrich Gößwein, Dillingen/Donau, in: Der Altsprachliche Unterricht 24 (1981), Heft 1, S. 50, Ernst-Klett-Verlag, Stuttgart

DIE LEHRE VOM WORT

1 Zur lateinischen Sprache

Sprache ist das Verständigungsmittel, durch das der Mensch Gefühle, Bedürfnisse und Wünsche ausdrückt und seine Gedanken darstellt. Von allen geistigen Errungenschaften des Menschen ist Sprache die ursprünglichste; sie ist grundlegend für seine Kulturleistungen.
Der Sprachforschung ist es gelungen, innerhalb der zahllosen Einzelsprachen miteinander verwandte Sprachgruppen zu entdecken. Das Lateinische gehört wie das Deutsche zur Gruppe der indoeuropäischen Sprachen. Daher sind beide Sprachen sowohl im Aufbau des einzelnen Wortes als auch im Aufbau der Sprache ähnlich. Gleiches gilt für die „romanischen" Sprachen, die aus der Sprache der Römer, dem Lateinischen, hervorgegangen sind, und für die englische Sprache. Sie hat zwar, wie die Grafik zeigt, ihren Ursprung im Germanischen, hat sich aber in enger Beziehung zum Lateinischen entwickelt.

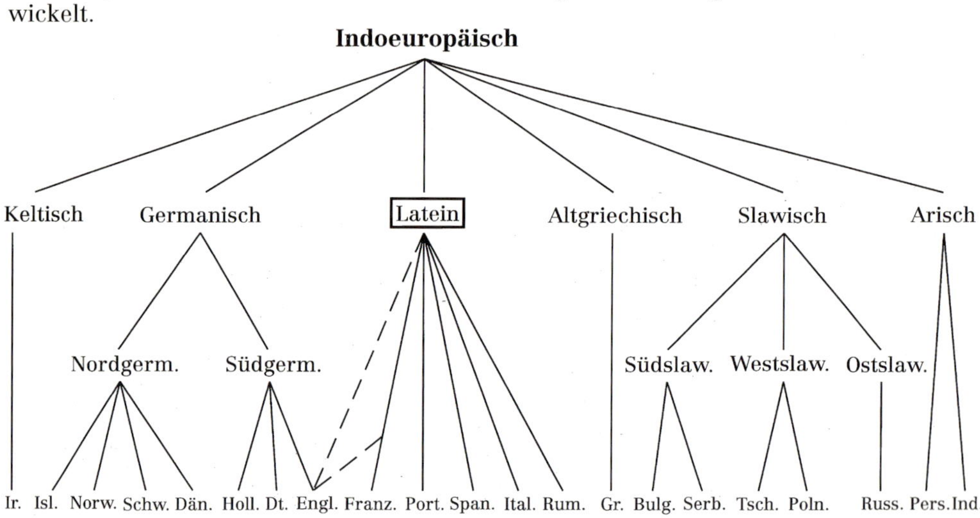

2 Das Wort

Das Wort ist Fundament jeder sprachlichen Äußerung.

1 Erscheinungsform und Funktion

1.1 Wörter werden in ihrer Form in der Regel durch Elemente am Wortende bestimmt (↗ 5.1/2: Formenlehre – Morphologie[1]).

1.2 Wörter gehen entsprechend ihrer jeweiligen Form nach bestimmten Gesetzen Beziehungen zueinander ein; dabei erfüllen die einzelnen Wortarten unterschiedliche Aufgaben (Satzlehre – Syntax[2]; Satzgliedfunktion, syntaktische Funktion).

---

[1]) griech. morphé: Form, Gestalt
[2]) griech. sýn-taxis: Zuordnung

1.3 Wörter haben einen Bedeutungsgehalt, der primär in ihrem Bedeutungsteil (↗ 3.2.1: Wurzel) angelegt ist und durch den Kontext bestimmt wird (Bedeutungslehre – Semantik[1]; Bedeutungsrichtung – semantische Funktion).

1.4 Wörter lassen sich nach Wortarten unterscheiden (↗ 3.1) und sind in ihrer Erscheinungsform entweder unveränderlich oder veränderbar.

1.5 Die genaue Analyse nach Wortart und Wortform ist Vorbedingung für das Erfassen von Wörtern in ihrer semantischen und syntaktischen Funktion. Dies wiederum ermöglicht es erst, sprachliche Äußerungen zu verstehen.

2 Schreibweise, Aussprache, Betonung

Die Regeln der Schreibweise, Aussprache und Betonung sind in dem Kapitel „Lateinische Schrift und Laute“ (↗ L 8 ff.) dargestellt.

[1]) griech. semaínein: bezeichnen, bedeuten

3 Wortarten und Wortbildung

1 Wortarten

Hauptgruppe	Wortart		Beispiel
I Veränderbare Wörter 1. VERBEN (konjugierbare Wörter)	Verb Copula	*(Zeit-/Tätigkeitswort)* *(Hilfszeitwort)*	iubēre (befehlen) esse (sein), fierī (werden)
2. NOMINA (deklinierbare Wörter) (teilweise deklinierbare Wörter)	Substantiv Adjektiv Pronomen Numerale	*(Haupt-/Namenwort)* *(Eigenschaftswort)* *(Fürwort)* *(Zahlwort)*	lūdus, -ī (Spiel) bonus, -a, -um (gut) nōs (wir) noster (unser) trēs (drei)
II Unveränderliche Wörter PARTIKELN (weder konjugierbare noch deklinierbare Wörter)	Adverb Präposition Konjunktion Interjektion	*(Umstandswort)* *(Verhältniswort)* *(Bindewort:* *beiordnend* *unterordnend)* *(Ausrufewort)*	hodiē (heute) inter (zwischen) aut (oder) ut (dass) ecce (schau!)

Im Lateinischen gibt es weder einen bestimmten noch einen unbestimmten **Artikel**. So kann je nach Kontext (Textzusammenhang) Māter rīdet übersetzt werden mit: Die Mutter lacht. / Eine Mutter lacht. / Mutter lacht.

2 Wortbildung

2.1 Wortwurzel – Wortfamilie

Wörtern liegen in der Regel Wortwurzeln zugrunde. Diese Wortwurzeln sind die gemeinsamen Bestandteile von Wörtern einer Wortfamilie. Als solche sind sie aber nicht immer erkennbar, wenn sie in ihrem Lautbestand verändert sind (z.B. iūs-, iūr-; plē-, plū-). Nur in wenigen Fällen sind diese Wurzeln als eigenständige Grundwörter erhalten geblieben: **Wurzelwörter** (z.B. iūs).

Wurzelwort: iūs	das Recht	**Wurzel:** plē-		Wortfamilie
iūs-tus	gerecht	plē-nus	voll	
iūr-āre	schwören	ex-plē-re	aus-füllen	
iūs-t-itia	Gerechtigkeit	plē-rumque	meistens	
in-iūr-ia	Unrecht	plē-bs	Volk	
con-iūr-ātiō	Verschwörung	plū-rimī	die meisten	

2.2 Ableitung und Zusammensetzung

Neben den Wurzelwörtern gibt es überwiegend abgeleitete und zusammengesetzte Wörter.

Abgeleitete Wörter entstehen dadurch, dass Wortwurzeln durch Wortbildungselemente erweitert werden:

Wortbildungselemente	Wurzel	Wörter
Infix[1]: innerhalb der Wurzel	vic-	vi-n-c-ere
Suffix[1] (↗ 4): hinter der Wurzel	vic- iūs-	vic-t-or iūs-t-itia

[1]) fīgere: (an)heften

Zusammengesetzte Wörter entstehen z.B. durch:

Erstarrung des ersten Wortes	aedi-ficium parti-ceps	Bau-werk teil-habend
Zusammenrückung selbstständiger Wörter	ūnus-quis-que quis-quam	jeder einzelne irgendjemand
Wiederholung desselben Wortes	quis-quis quam-quam	wer auch immer obwohl
Zusammensetzung mit einer Vorsilbe (Präfix[1])	prae-esse ne-scīre	an der Spitze stehen nicht wissen

2.3 Wortstock – Wortstamm

Wurzelwörter, abgeleitete und zusammengesetzte Wörter behalten, auch wenn sie flektiert (d.h. in ihrer Form verändert) werden, einen festen Bestandteil, den **Wortstock**. Dieser Wortstock umfasst die Wortwurzel und auch Präfixe, Infixe und Suffixe.

Wortstock			Ausgang
Präfix	Wurzel	Suffixe	
im- (der) Un-	-mort- -sterb-	-āli- tāt- -lich-keit	(-is)

Der Wortstock von Verben und Nomina zeigt wie die Wortwurzel, mit der er häufig zusammenfällt, lautliche Veränderungen. Diese Veränderungen können Vokale und Konsonanten betreffen und sind durch feste Lautregeln beschreibbar (↗ L16–L28).

Beispiele:
plēnus – plūres; pater – patris; iūstus – iūrāre; regō – rēxī (< *reg-s-ī*).

Bei vielen Verben und Nomina tritt an den Wortstock ein **Kennvokal**. Durch diesen Kennvokal wird das einzelne Wort einer bestimmten Gruppe von Verben (Konjugationsklasse) bzw. von Nomina (Deklinationsklasse) zugewiesen.
Wortstock und Kennvokal ergeben zusammen den Wortstamm[2].

Wortstamm		**Konjugationsklasse**	**Wortstamm**		**Deklinationsklasse**
voc- mon- ven- cap-	ā- ē- ī- ĭ-	ā- ē- ī- ĭ- } Vokalische Konjugationen	amīc- domin- turr- ūs- di-	a- o- ĭ- u- ē-	ā- o- ĭ- u- ē- } Vokalische Deklinationen
dīc-		Konsonantische Konjugation	cōnsul-		Konsonantische Deklination
Wort-stock	Kenn-vokal		Wort-stock	Kenn-vokal	
VERB			**NOMEN**		

[1]) Als Präfix bezeichnet man einen eng an den Wortstamm gebundenen Wortteil, der diesem vorangeht und nicht allein gebraucht werden kann. Vgl. im Deutschen: be-, ge-, ver-.

[2]) Wortstock und Wortstamm sind in der Konsonantischen Konjugation (↗ 8.1) und in der Konsonantischen Deklination identisch.

4 Semantik der Wortarten

1 Substantive und ihre Bedeutung

1.1 Substantive bezeichnen

- Lebewesen und konkrete Gegenstände, sowohl als einzelne (z.B. equus; saxum) als auch zusammengefasst nach Gattungen (z.B. homō; mōns) oder Gruppen (z.B. exercitus; cīvitās),
- vom Denken fassbare, abstrakte Begriffe; diese bezeichnen Gefühle (z.B. odium), Verhaltensweisen (z.B. moderātiō), Eigenschaften (z.B. pulchritūdō) oder Vorgänge (z.B. proelium) und Zustände (z.B. morbus).
  Substantive können nach Kasus (Nominativ, Genitiv, Dativ, Akkusativ, Vokativ, Ablativ) und Numerus (Singular, Plural) flektiert werden (↗5 .1; 21.1/2).

1.2 Sehr viele Substantive sind mit Hilfe von Suffixen (↗ 3.2.2) von Verbal- oder Nominalstämmen (‚Grundwörtern') abgeleitet.

Diese Suffixe treten
- bei Ableitung aus Verbalstämmen (↗ 8.1) an den Wortstock (↗ 3.2.3), den PPP-Stock (↗ 8.1) oder den Präsens-Stamm (↗ 8.1),
- bei Ableitung aus Nominalstämmen (↗ 3.2.1) in der Regel an den Wortstock.

a) Von Verbalstämmen abgeleitete Substantive können bezeichnen
- handelnde Personen:

scrīpt-**or**	(PPP-Stock: scrīpt-)	Schriftsteller
auct-**or**	(PPP-Stock: auct-)	Urheber, Begründer

- Tätigkeit/Ergebnis:

cōgitāt-**iō**	(PPP-Stock: cōgitāt-)	Denken, Gedanke
quaest-**iō**	(PPP-Stock: quaes(i)t-)	Befragung, Frage
dictāt-**ūra**	(PPP-Stock: dictāt-)	Tätigkeit des Diktators, Diktatur
quaest-**ūra**	(PPP-Stock: quaes(i)t-)	Amt des Untersuchungsrichters
stud-**ium**	(Wortstock: stud-)	Bemühung
gaud-**ium**	(Wortstock: gaud-)	Freude

- Vorgang und Ergebnis/Zustand:

ag-**men**	(Präsens-Stamm: ag-)	Zug, Schar
certā-**men**	(Präsens-Stamm: certā-)	Wettkampf, Streit
am-**or**	(Wortstock: am-)	Liebe
tim-**or**	(Wortstock: tim-)	Furcht

- Mittel/Ergebnis:

argū-**mentum**	(Präsens-Stamm: argu-)	Beweismittel, Beweis
impedī-**mentum**	(Präsens-Stamm: impedī-)	Hindernis

- Mittel/Ort:

ōrā-**culum**	(Präsens-Stamm: ōrā-)	Götterspruch, Orakelstätte
sta-**bulum**	(Präsens-Stamm: stā-)	Standplatz, Stall

b) Von Nominalstämmen (↗ 3.2.1) abgeleitete Substantive haben in der Regel eine Personbezeichnung als Grundwort.
Die Suffixe treten jeweils an den Wortstock bzw. Wortstamm (↗ 3.2.3). Sie bezeichnen
- Zustand/Altersstufe:

amīc-**itia**	(amīc-)	Freundschaft

puer-**itia**	(puer)	Kindheit, Knabenalter
senec-**tūs**	(senex < *senec-s)	hohes Alter
auctōr-**itās**	(auctor)	Ansehen, Einfluss

– Tätigkeit/Ort:

custōd-**ia**	(custōs, custōd-)	Bewachung, Haft, Gefängnis
iūdic-**ium**	(iūdex, iūdic-)	Urteil, Gericht

– Zustand/Amt:

cōnsul-**ātus**	(cōnsul)	Konsulat, Amt des Konsuls
magistr-**ātus**	(magister, magistr-)	Würde des Beamten, Amt

– Verkleinerung:

rēg-**ulus**	(rēx < *reg-s)	Kleinkönig
adulēscent-**ulus**	(adulēscēns, adulēscent-)	ganz junger Mann

c) Substantive, die von Adjektiven (↗ 4.2) abgeleitet sind, kommen häufig vor. Die Suffixe treten jeweils an den Wortstock.
Die Bedeutung des Adjektivs bleibt im Substantiv erhalten:
– Eigenschaft:

sapient-**ia**	(sapiēns, sapient-)	Weisheit
laet-**itia**	(laet-)	Fröhlichkeit
audāc-**ia**	(audāx, audāc-)	Kühnheit
dīgn-**itās**	(dīgn-)	Würde
līber-**tās**	(līber)	Freiheit
long-**itūdō**	(long-)	Länge
pulchr-**itūdō**	(pulcher, pulchr-)	Schönheit

2 Adjektive und ihre Bedeutung

2.1 Adjektive charakterisieren Lebewesen, Dinge und Vorstellungen, und zwar in Hinblick auf Merkmale, Eigenschaften, Beschaffenheit und Zustand. Adjektive können nach Kasus (Nominativ, Genitiv, Dativ, Akkusativ, Ablativ), Numerus (Singular, Plural) und Genus (Maskulinum, Femininum, Neutrum) flektiert werden (↗ 5.1; 21.2; 23.3).

2.2 Adjektive können wie Substantive mit Hilfe von Suffixen von Verbal- oder Nominalstämmen (‚Grundwörtern') abgeleitet sein.
Die Suffixe treten meist an den Wortstock, manchmal auch an den Präsens-Stamm eines Verbs.

a) Von Verbalstämmen abgeleitete Adjektive können bezeichnen
– Möglichkeit:

fac-**ilis**	(Wortstock: fac-)	leicht (zu tun)
mīrā-**bilis**	(Präsens-Stamm: mīrā-)	zu bewundern, bewundernswert

– Andauer/Zustand:

cōnstā-**ns**[1]	(Präsens-Stamm: cōnstā-)	standhaft
prūdē-**ns**[1]	(Präsens-Stamm: prō-vidē-)	klug, umsichtig
lūc-**idus**	(Wortstock: lūc-)	hell, klar
tim-**idus**	(Wortstock: tim-)	ängstlich

[1]) vgl. Part. Präs. Aktiv

- Ergebnis:

ērudī-**tus**[1]	(Präsens-Stamm: ērudī-)	gebildet
rēc-**tus**	(Präsens-Stamm: reg-)	richtig, gerade
adver-**sus**	(Präsens-Stamm: vert-)	entgegengesetzt, widrig
fal-**sus**	(Präsens-Stamm: fall-)	falsch

b) Von Substantiven abgeleitete Adjektive zeigen zwar eine Vielzahl von Suffixen, sind aber im Wesentlichen auf folgende Bedeutungsbereiche beschränkt:
- Zugehörigkeit nach Art und Beschaffenheit:

aur-**eus**	golden	rēg-**ius**	königlich
fid-**ēlis**	treu, zuverlässig	serv-**īlis**	sklavisch
cōnsul-**āris**[2]	zum Konsul gehörig	volunt-**ārius**	freiwillig
mont-**ānus**	auf Bergen befindlich	terr-**ēnus**	aus Erde, irdisch
vīc-**īnus**	benachbart		

- Fülle:

perīcul-**ōsus**	gefahrvoll, gefährlich	modes-**tus**	maßvoll, bescheiden
studi-**ōsus**	voll Eifer, eifrig	rōbus-**tus**	kraftvoll, stark

3 Verben und ihre Bedeutung

3.1 Verben bezeichnen Tätigkeiten, Vorgänge und Zustände.
Verben können nach Person, Numerus, Tempus, Modus und Genus verbi flektiert werden (↗ 5.1; 7.3.1).

3.2 Verben können wie Substantive und Adjektive von Verbal- oder Nominalstämmen abgeleitet sein.
Je nach Suffix wird die im Grundwort genannte Tätigkeit verdeutlicht.

a) Von Verbalstämmen abgeleitete Verben können bezeichnen
- Beginn einer Tätigkeit/eines Vorgangs:

exārdē-**sc-ere**	(ārdē-)	entbrennen
perhorrē-**sc-ere**	(horrē-)	erschaudern

- Wiederholung oder Verstärkung einer Tätigkeit:

capt-**āre**	(capere, capt-)	jagen nach, fangen
puls-**āre**	(pellere, puls-)	schlagen, stoßen, misshandeln
dict-**itāre**	(dīcere, dict-)	immer wieder behaupten
vent-**itāre**	(venīre, vent-)	häufig kommen

b) Von Substantiven abgeleitete Verben können bezeichnen
- von Berufsnamen abgeleitete Tätigkeiten:

iūdic-**āre**	(iūdex, iūdic-)	urteilen, richten
custōd-**īre**	(custōs, custōd-)	wachen

- von Gegenständen/Maßnahmen geprägte Tätigkeiten:

dōn-**āre**	(dōnum, dōn-)	schenken
pūn-**īre**	(poena, poen-[3])	bestrafen

[1]) vgl. Part. Perf. Passiv
[2]) cōnsulāris < cōnsul-ālis (↗ L 25: Dissimilation)
[3]) pūnīre < poenīre zu poena: Bußgeld

c) Von Adjektiven abgeleitete Verben bezeichnen die im Grundwort genannte Eigenschaft als Ziel der Handlung:

aequ-**āre**	(aequ-)	gleichmachen
nūd-**āre**	(nūd-)	entblößen

5 Flexion der Wortarten

1 Sowohl Verben als auch Nomina können in ihrer Form verändert werden. Diese Veränderung nennt man **Flexion**[1].
Die Flexion der Verben nennt man **Konjugation**[2],
die Flexion der Nomina **Deklination**[3].
Flektierte Formen bestehen aus einem **unveränderlichen Teil** und aus einem **veränderlichen Teil**; in der Regel gilt:

	unveränderlich	**veränderlich**
Verben	Wortstamm	Endung
Nomina	Wortstock	Ausgang

2 Bei der Flexion von Verben und Nomina können folgende **Bildungselemente** unterschieden werden:

2.1 Verb (↗ 7–20)

Wortstamm[4]		Endung				
Wortstock	Kennvokal	Erweiterungsvokal	Tempus-Zeichen	Modus-Zeichen	Bindevokal[5]	Person-Zeichen/ Genus verbi
voc	ā					mus
aud	ī					s
dīc					i	tis
s					u	nt
mon	ē		ba			ntur
fer		ē	bā			mur
er			ā			s
mon	ē		b		e	ris
aud	i		ē			tur
dīc			e			t
aud	i			a		t
s				i		t
es				sē		s
voc	ā			rē		minī

[1]) flexiō < flectere: biegen, beugen
[2]) con-iungere: verbinden (Hier ist die ‚Verbindung‘ von Elementen einer Wortform gemeint.)
[3]) dē-clīnāre: ab-biegen, beugen
[4]) ↗ 3.2.3
[5]) Bindevokale werden auch als Hilfsvokale (↗ L 20.1) bezeichnet.

2.2 Nomen (↗ 21–33)

Wortstamm			Binde-vokal	Kasus-Zeichen[1]
		Kennvokal		
amīc-	–	-a-	–	-m
ūs-	–	-u-	–	-s
vic-	-tōr-	–	-e-	-m
patr-	–	–	-e-	-m
vic-	-tōr-i-	-ā-	–	-rum
	Suffix	Ausgang		
Wortstock				

6 Die Wortarten in ihrer syntaktischen und semantischen Funktion

1 Im Satz übernehmen die einzelnen Wortarten Aufgaben auf zwei Ebenen, auf der **syntaktischen**[2] und auf der **semantischen**[3] Ebene.

1.1 Syntaktische Funktion

In ihren jeweiligen Formen füllen sie die Position von **Satzgliedern** und **Satzgliedteilen**: **syntaktische**[2] **Funktion**.
Nicht jede Wortart kann jede Funktion im Satz übernehmen.
Genaueres hierzu ist in der ‚Syntax des Satzes und seiner Glieder' (↗ 35 f.) aufgeführt.

1.2 Semantische Funktion

Die **Bedeutung** eines Wortes ist in seinem Bedeutungsteil (Wortwurzel ↗ 3.2.1; Wortstock, Wortstamm: ↗ 3.2.3) angelegt. Hinzutretende Signalteile (Ausgänge, Endungen: ↗ 5.2) zeigen die Zugehörigkeit eines Wortes zu einer bestimmten Wortart mit entsprechender Bedeutung an (z.B. iūs, iūstus, iūrāre).
Der bedeutungstragende Bestandteil enthält häufig mehrere Aspekte einer Bedeutung (*mögliche Bedeutungsrichtungen*). Erst dadurch, dass die einzelnen Wortarten in ihrer jeweiligen Form im Satz wechselseitige Beziehungen eingehen, erhalten sie im Kontext dieses Satzes/Textes ihre zutreffende Bedeutung (*aktuelle Bedeutung*): **semantische**[3] **Funktion.**

z.B.	urbem Rōmam.	**Wir eilen in** die Stadt Rom / **nach** Rom.
	amīcōs.	**Wir wenden uns an** Freunde.
	fugam.	**Wir ergreifen** die Flucht.
Petimus	pecūniam.	**Wir klagen** eine Geldsumme **ein.**
	pācem.	**Wir bitten** um Frieden.
	magistrātum.	**Wir bewerben uns** um ein Amt.
	hostēs.	**Wir greifen** die Feinde **an**.

[1]) Das Kasus-Zeichen wird häufig auch als Endung bezeichnet.
[2]) griech. sýn-taxis: Zusammen-stellung, Zu-ordnung
[3]) griech. semaínein: bezeichnen, bedeuten

VERB

7 Verb: Bedeutung – Erscheinungsform – Funktionen

1 Bedeutung

1.1 Der Bedeutung nach lassen sich drei Gruppen von Verben unterscheiden.
Vollverben: Sie haben eine eigenständige Bedeutung (↗ 4.3), z.B.
Gaudēmus. Wir freuen uns. Tacē! Schweig!
Modalverben: Sie modifizieren in Verbindung mit dem Infinitiv eines anderen Verbs dessen Inhalt, z.B. Iūrāre **possum / dēbeō / volō**. Ich kann / muss / will schwören.
Hilfsverben: Sie bedürfen der Ergänzung durch mindestens ein anderes Wort; erst diese Verbindung ergibt eine sinnvolle Aussage, z.B.

Cicerō ā cīvibus laudātus **est**.	Cicero ist von den Bürgern anerkannt.
Māgnā enim prūdentiā **est**.	Er ist nämlich (von großer Umsicht) sehr umsichtig.
Itaque cōnsul **fit**.	Deshalb wird er Konsul.

1.2 **Ein Vollverb** (Tätigkeitswort/Zeitwort) bezeichnet

– eine **Tätigkeit**	z.B. lūdere	spielen
– einen **Vorgang**	z.B. crēscere	wachsen
– einen **Zustand**	z.B. stāre	stehen

1.3 Von der Bedeutung eines Verbs hängt seine Fähigkeit ab andere Satzglieder an sich zu binden (**Valenz** oder Wertigkeit: ↗ 7.3.1).

2 Erscheinungsformen von Verben

Verben können – ihrer Erscheinungsform und ihren Stammformen (↗ 14–20) nach – in folgende Gruppen eingeteilt werden:

2.1 **Simplex-Kompositum**
Aus einem einfachen Verb (Verbum simplex[1]) kann durch Hinzutreten eines Präfixes (↗ 3.2.2) ein zusammengesetztes Verb (Verbum compositum[2]) entstehen (↗ 13).

2.2 **Deponens und Semideponens**
Als Deponens[3] wird ein Verb bezeichnet, das passive Formen bei aktiver Bedeutung hat (↗ 15/16). Als Semideponens[4] wird ein Verb bezeichnet, das nur zum Teil – entweder im Präsens-Stamm oder im Perfekt-Stamm – passive Formen bei aktiver Bedeutung hat (↗ 17).

2.3 **Unvollständige Verben**
Einigen Verben fehlt ein Teil ihrer Stammformen: Verba defectiva[5] oder Verba anomala[6] (↗ 19).

3 Formen des Verbs und ihre Funktionen

Es gibt **finite**[7] (bestimmte) und **infinite**[7] (unbestimmte) Verbformen.

---

[1]) simplex, simplicis: einfach
[2]) com-positum: zusammen-gesetzt
[3]) dē-pōnere: ab-legen; ein Deponens hat sozusagen seine aktiven Formen ‚abgelegt'.
[4]) semi-: halb
[5]) dē-ficere: fehlen
[6]) griech. an-ómalos: un-eben
[7]) fīnīre: bestimmen: fīnītum – bestimmt; īn-fīnītum – un-bestimmt

3.1 Finite Verbformen

Eine Verbform (z.B. rīdēre lachen) kann nach fünf Gesichtspunkten (Bestimmungsstücken) bestimmt sein:

- **Person:** 1. Person (sprechend)/ 2. Person (angesprochen)/ 3. Person (besprochene Person oder Sache)
- **Numerus:** Singular/Plural (Einzahl/Mehrzahl)
- **Tempus:** sechs Tempora (↗ 102–107) auf den drei Zeitstufen Gegenwart, Vergangenheit, Zukunft
- **Genus verbi**[1]: Art und Weise, wie eine Person oder Sache an einem Geschehen beteiligt ist, als selbsttätig die Handlung vollziehend (Aktiv: Tatform) oder als erleidend von ihr betroffen (Passiv: Leideform)
- **Modus:** Indikativ/Konjunktiv/Imperativ (Wirklichkeitsform/Möglichkeitsform/Befehlsform): Wirklichkeitsgrad des Geschehens (↗ 96–101)

Im Satz füllen finite Verbformen die Position des **Prädikats** (↗ 35.2.1). In Abhängigkeit vom Prädikat stehen ergänzende Satzglieder. Je nach der Fähigkeit des Prädikatsverbs andere Satzglieder an sich zu binden (**Valenz**: **Wertigkeit**) lassen sich unterscheiden:

- **einwertige Verben** (Prädikat → Subjekt):
  Puer lūdit. — Der Junge spielt.
- **zweiwertige Verben** (Prädikat → Subjekt → Akk.-Objekt):
  Pater puerum vocat. — Der Vater ruft den Jungen.
- **dreiwertige Verben** (Prädikat → Subjekt → Akk.-Objekt → Dat.-Objekt)
  Pater puerō librum dat. — Der Vater gibt dem Jungen ein Buch.

Verben, die ein Akkusativ-Objekt an sich binden, bezeichnet man als **transitiv**[2], alle anderen als **intransitiv**.

3.2 Infinite Verbformen

Als infinit gelten im Lateinischen fünf Verbformen, bei denen zwei Bestimmungsstücke fehlen: Person und Modus.
Diese Verbformen bezeichnet man auch als **Nominalformen** des Verbs (↗ 12), weil sie **wie Substantive** (Infinitiv, Gerundium, Supinum) oder **wie Adjektive** (Gerundivum, Partizip) dekliniert werden und im Satz die gleichen syntaktischen Funktionen übernehmen können wie diese Wortarten (↗ 69). Dabei kann nicht jede infinite Verbform jede syntaktische Funktion übernehmen.

Infinitiv (Grund-/Nennform)	**Gerundium**	**Supinum**	**Gerundivum**	**Partizip** (Mittelwort)
↗ 70–79	↗ 90	↗ 94	↗ 91–93	↗ 80–88
Aktiv/Passiv	Aktiv	Aktiv	Passiv	Aktiv/Passiv
substantivisch			adjektivisch	

[1]) Das Genus verbi wird auch als **Diathese** bezeichnet (griech. diáthesis: Art des Vollzugs/Geschehens (↗ 139.4)).
[2]) trāns-īre: hinüber-gehen; *übertragen:* auf ein Objekt hinüber-/verweisen

8 Stämme des Verbs: Formen der Stämme – Bildungsweisen

1 Formen der Stämme

Bei einem Verb unterscheidet man grundsätzlich drei Stämme (Verbalstämme):

- Präsens-Stamm (Aktiv/Passiv)
- Perfekt-Aktiv-Stamm
- Partizip-Perfekt-Passiv-Stamm

Die Form des Präsens-Stammes entspricht der des Wortstocks bzw. des Wortstammes (↗ 3.2.3). Von diesen festen Bestandteilen oder von der Wortwurzel (↗ 3.2.1) sind die übrigen Verbalstämme abgeleitet.
Die drei Verbalstämme bilden die Grundlage für unterschiedliche Gruppen von finiten und infiniten Verbformen.

Finite Verbformen			**Infinite/nominale Verbformen**		
Tempus	Aktiv	Passiv	Form	Aktiv	Passiv
Präsens-Stamm					
Präsens (Gegenwart)	vocā-s	vocā-ris	Infinitiv Partizip	vocā-re monē-ns	vocā-rī
Imperfekt (Vergangenheit)	monē-bam	monē-bar			
Futur I (Zukunft)	dūc-ētis	dūc-ēminī	Infinitiv Partizip	duc-tūrum, -am, -um esse duc-tūrus, -a, -um	ductum īrī
			Gerundium	voca-ndī	
			Gerundivum		mone-ndus, -a, -um
			Supinum	duc-tum	
Perfekt-Aktiv-Stamm					
Perfekt (vollendete Gegenwart)	vocāv-ī	–	Infinitiv	vocāv-isse	
Plusquamperfekt (vollendete Vergangenheit)	monu-erās	–			
Futur II (vollendete Zukunft)	dūx-erit	–			
Partizip-Perfekt-Passiv-Stamm					
Perfekt (vollendete Gegenwart)	–	vocātī, -ae, (-a) sumus	Infinitiv Partizip[1]	– –	vocātum, -am, -um esse duc-tus, -a, -um
Plusquamperfekt (vollendete Vergangenheit)	–	monitī, -ae, (-a) erātis			
Futur II (vollendete Zukunft)	–	ductī, -ae, -a erunt			

[1]) Das Partizip Perfekt Passiv gehört von seiner Bildung her zu den infiniten Verbformen, die vom Präsens-Stamm gebildet werden. Da das PPP aber für das Passiv der vollendeten Tempora gleichsam zu einem Partizipialstamm wird, der mit den Formen der Copula ESSE zusammentritt, ist es unter dem Partizip-Perfekt-Passiv-Stamm eingeordnet worden.

2 Bildungsweisen

2.1 Präsens-Stamm – Konjugationsklassen

Der Präsens-Stamm kann auf einen Vokal (↗ 3.2.3 Kennvokal) oder auf einen Konsonanten auslauten.
Nach diesen Kennlauten werden fünf Konjugationsklassen unterschieden:

Infinitiv Präsens	Präsens-Stamm	Kennlaut	Bezeichnung	
vocā-re	vocā-	-ā-	ā-Konjugation	Langvokalische Konjugationen
monē-re	monē-	-ē-	ē-Konjugation	
vincī-re	vincī-	-ī-	ī-Konjugation	
cápě-re	capĭ-	-ĭ-	ĭ-Konjugation	Kurzvokalische Konjugation
péll-ě-re	pell-	Konsonant	Konsonantische Konjugation	

In der Konsonantischen Konjugation erfolgt im Präsens-Stamm häufig eine Erweiterung der Wortwurzel. Diese ist zumeist im Vergleich mit dem Perfekt-Aktiv-Stamm zu erkennen.

Präsens-Stamm	Wortwurzel	Erweiterung durch
fu-*n*-d- ru-*m*-p-	fūd-(ī) rūp-(ī)	-n-Infix -m-Infix
(co) gnō-*sc*- crē-*sc*-	(co) gnō-(v-ī) crē-(v-ī)	-sc-Infix
gi-gn-	gen-(u-ī)	Präsensreduplikation[1] (erster Konsonant des Wortstocks und Vokal -i-)

2.2 Perfekt-Aktiv-Stamm

Unabhängig von den Konjugationsklassen gibt es sechs verschiedene Perfekt-Aktiv-Stämme.
Nach der Bildungsweise lassen sich vier Gruppen unterscheiden:

a) Bildung mit eigenem **Perfekt-Aktiv-Zeichen** (**-v-**, **-u-**, **-s-**), das in der Regel an die Wortwurzel oder den Wortstock angehängt ist:
-v- tritt in den langvokalischen Konjugationen an den Präsens-Stamm. In der Konsonantischen Konjugation kann der Erweiterungsvokal **-i-** vor **-v-** treten (z.B. pet-**ī**-**v**-ī).
-s- geht mit dem jeweils auslautenden Konsonanten des Wortstocks unterschiedliche Verbindungen (↗ L 27) ein (z.B. rēxī < rē**g**-**s**-ī).

b) **Dehnung** des Stammvokals:
Dabei tritt häufig Ablaut (↗ L 16) ein (z.B. **ē**g-ī < **ă**g-ō).

c) **Reduplikation**[1]:
Aus dem konsonantischen Anlaut des Wortstocks und **-e-** wird eine Silbe gebildet, die dem Wortstock vorangestellt wird (z.B. **pe**-pend-ī).
Dabei gelten anlautendes **st-** und **sp-** als ein Laut, das **-e-** wird häufig dem Stammvokal angeglichen (z.B. spo-pond-ī, *cu*-curr-ī).

d) **Übernahme** des unveränderten **Präsens-Stammes**:
Diese Bildungsweise begegnet nur in der Konsonantischen Konjugation.

---

[1]) reduplicātiō, -ōnis: Verdoppelung „nach rückwärts“. Komposita verlieren in der Regel die Reduplikation, z.B. spondēre: spo-pondī – re-spondēre: re-spondī; cádere: cé-cidī – oc-cídere: óc-cidī.

Übersicht:

Konjugationsklasse	Perfekt-Aktiv-Stamm	Bildung	Präsens-Stamm	Wortstock
ā- ē- ī- ĭ- Konsonantische	vocāv- flēv- audīv- cupīv- petīv-	mit -v-	vocā-(re) flē-(re) audī-(re) cupi-/cupe-(re) pet-(e-re)	voc- fl- aud- cup- pet-
ā- ē ī- ĭ- Konsonantische	sonu- monu- aperu- rapu- colu-	mit -u-	sonā-(re) monē-(re) aperī-(re) rapi-/rape-(re) col-(e-re)	son- mon- aper- rap col-
ē- ī- ĭ- Konsonantische	mānsׄ- sēns- (< sent-s-) aspex- (< aspec-s-) plaus- (< plaud-s-)	mit -s-	manē-(re) sentī-(re) aspici-/aspice-(re) plaud-(e-re)	man- sent- aspic- plaud-
ā ē- ī- ĭ Konsonantische	iūv- vīd- vēn- fūg- ēg-	durch Dehnung	iuvā-(re) vidē-(re) venī-(re) fugi-/fuge-(re) ag-(e-re)	iuv- vid- ven- fug- ag-
ā- ē- ī- ĭ- Konsonantische	*ste*t- (< ste-st-) *pe*-pend- *re*p-per- *pe*-per- *cu*-curr-	durch Reduplikation	stā-(re) pendē-(re) reperī-(re) pari-/parĕ-(re) curr-(e-re)	st- pend- per- par- curr-
Konsonantische	dēfend- statu-	ohne Veränderung	dēfend-(e-re) statu-(e-re)	dēfend- statu-

2.3 Partizip-Perfekt-Passiv-Stamm

Der Partizip-Perfekt-Passiv-Stamm[1] ist in der Regel durch Anfügen des Bildungselements **-tu-/-ta-** an den Präsens-Stamm, den Wortstock oder die Wortwurzel (↗ 3.2.1/3) gebildet.
Das Anfügen des Bildungselements **-tu-/-ta-**, das auch zu **-su-/-sa-** verändert sein kann, bewirkt häufig lautliche Veränderungen an der Nahtstelle:

Vokalschwächung: (↗ L 17):	veti-tu- (< veta-); praebi-tu- (< praebe-)
Dehnung des Stammvokals (↗ L 18.4):	adiū-tu- (< adiŭv-); mō-tu- (< mŏv-)
Hinzutreten eines Erweiterungsvokals:	pet-ī-tu- (< pet-)
Dehnung des Stammauslauts (↗ L 18):	cupī-tu- (< cupĭ-)
Vokalangleichung:	cul-tu- (< col-); pul-su- (< pel-)
Konsonantenannäherung (↗ L 24):	scrīp-tu- (< scrīb-); auc-tu- (< aug-)
Veränderung des -tu-/-ta- zu -su-/-sa- (↗ L 28):	vīsu- (< vid-tu-); mis-su- (< mit-tu-)
Konsonantenentfaltung (↗ L 26.3):	sūmp-tu- (< sūm-tu-) ēmp-tu- (< ĕm-tu-)

-tu-/-ta-
-su-/-sa-
PPP-Stamm

Auch in der Stamm-/Wurzelsilbe treten häufig vokalische Veränderungen auf:

Vokalschwächung (↗ L 17):	cogni-tu- (< cognō-)
Ersatzdehnung (↗ L 18.3):	rēc-tu- (< rĕg-)
Vokalkürzung: (↗ L 18.1,2):	dŭc-tu- (< dūc-)

9 Person-, Tempus- und Modus-Zeichen

Feste Bildungselemente (↗ 5.2.1) ermöglichen meistens eine exakte Analyse der finiten Verbformen.

1 Person-Zeichen

Am Ende einer finiten Verbform gibt das Person-Zeichen immer an, ob

eine oder mehrere Personen (Sachen/Ereignisse usw.)	sprechen –	1. Person: ich – wir
	angesprochen werden –	2. Person: du – ihr
	besprochen werden –	3. Person: er, sie, es – sie

[1]) Abgekürzt: PPP-Stamm, auch kurz Partizipialstamm genannt.

1.1 In den Tempus- und Modusformen, die vom Präsens-Stamm gebildet sind, begegnen folgende Person-Zeichen:

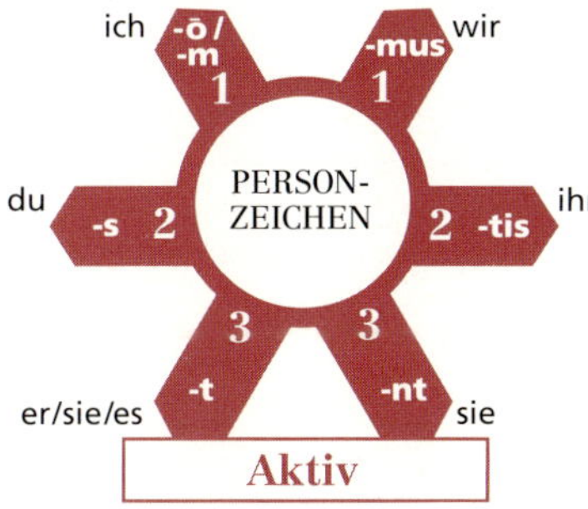

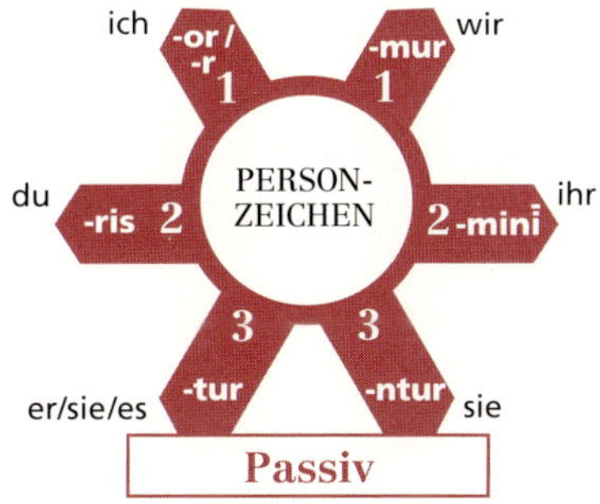

		Aktiv		Passiv		Aktiv	
Numerus	Person	Indikativ	Konjunktiv	Indikativ	Konjunktiv	Imperativ I	Imperativ II
Singular	1.	-ō/-m	-m	-or/-r	-r	–	–
	2.	-s		-ris (-re)[1]		-, -e	-tō
	3.	-t		-tur		–	-tō
Plural	1.	-mus		-mur		–	
	2.	-tis		-minī		-te	-tōte
	3.	-nt		-ntur		–	-ntō

Nur in den Formen des Indikativ Präsens treten die Person-Zeichen – in bestimmten Fällen mit vorausgehendem Bindevokal – unmittelbar an den Präsens-Stamm (↗ 8.1). In allen anderen finiten Verbformen treten zwischen Präsens-Stamm und Person-Zeichen noch Tempus- und Modus-Zeichen (↗ 9.2.1).

1.2 Finite Verbformen, die mit dem **Perfekt-Aktiv-Stamm** gebildet sind, weisen im Indikativ und im Konjunktiv mit Ausnahme des Indikativ Perfekt die gleichen Person-Zeichen auf wie die finiten Verbformen des Aktivs, die mit dem Präsens-Stamm gebildet sind. Dabei tritt allerdings vor die Person-Zeichen die Erweiterungssilbe -is-, die sich vor einem Vokal zu -er- verändert.
Im **Indikativ Perfekt** gibt es eigene Person-Zeichen. Diese ‚verschmelzen' mit der Erweiterungssilbe -is- in unterschiedlicher Weise zu folgenden Endungen:

Person	Singular	Plural
1.	-ī	-imus
2.	-istī	-istis
3.	-it	-ērunt

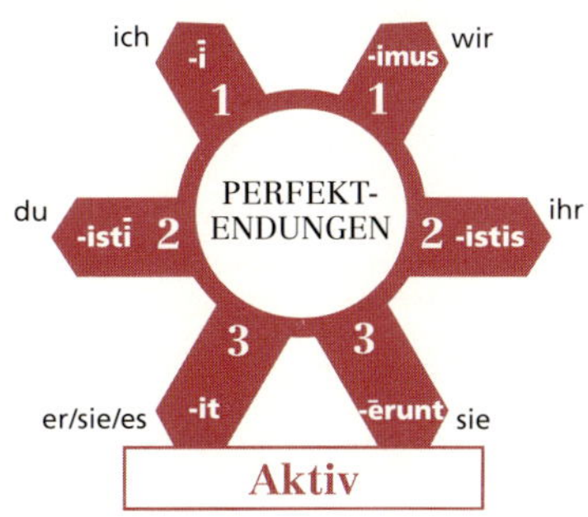

[1]) Die Endung -re (statt -ris) findet sich häufig in den Konjunktiven des Präsens-Stammes und im Futur I, z.B. nē moneā-re; capiē-re.

2 Tempus- und Modus-Zeichen

2.1 Tempus- und Modus-Zeichen in Verbindung mit dem Präsens-Stamm

Tempus	Modus Indikativ	Konjunktiv
	Tempus-Zeichen	Modus-Zeichen
Präsens	–	-ē̆-/-ā̆-/-ī̆-
Imperfekt	(-ē-)bā̆-/-ā̆-	-sē̆-/-rē̆-[1]
Futur I	-b-[2]/-ē̆- (1. Pers. Sg. -a-)	

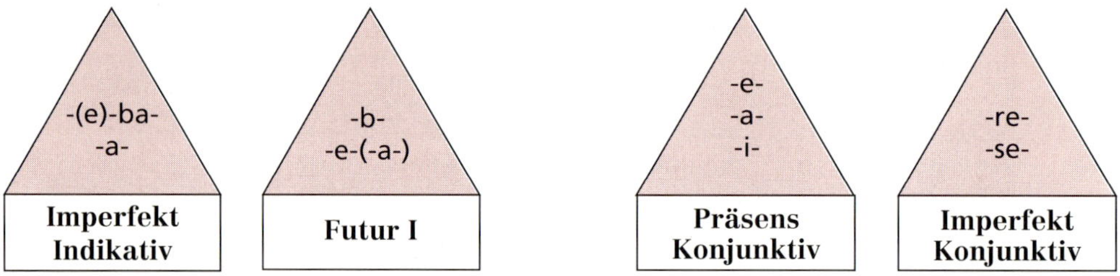

2.2 Tempus- und Modus-Zeichen beim Perfekt-Aktiv-Stamm

Die Tempus- und Modus-Zeichen derjenigen finiten Verbformen, die mit dem Perfekt-Aktiv-Stamm gebildet sind, entsprechen im Kern den Tempus- und Modus-Zeichen der finiten Verbformen, die mit dem Präsens-Stamm (↗ 9.2.1) gebildet sind. Diese gehen beim Perfekt-Aktiv-Stamm mit der Erweiterungssilbe -is-, die vor Vokalen zu -er- (↗ L 22) wird, eine Verbindung ein. So entstehen die Tempus- und Modus-Zeichen, die an den Perfekt-Aktiv-Stamm (↗ 8.2) treten:

Tempus	Modus Indikativ	Konjunktiv
	Tempus-Zeichen	Modus-Zeichen
Perfekt	(-is-)	-er-i-[3]
Plusquamperfekt	-er-ā̆-	-is-sē̆-
Futur II	-er-i- (1. Pers. Sg. -er-)[4]	

---

[1]) Das Modus-Zeichen -se- (vgl. es-se-m) ist durch Rhotazismus (↗ L 22) zu -re- verändert, z.B. vocā-re-m, monē-rē-s, pelle-rē-tis.
Bei velle, nōlle, mālle hat sich -se- zu -le- verändert (↗ L 23: Assimilation).

[2]) Dazu treten mit Ausnahme der 1. Person Singular die Bindevokale i, e oder u. ESSE hat kein Futur-Zeichen. An den durch Rhotazismus (↗ L 22) veränderten Präsens-Stamm treten die Bindevokale -i- oder -u-, z.B. er-i-mus, er-*u*-nt.

[3]) An die Erweiterungssilbe -er- tritt das Modus-Zeichen -i-.

[4]) Das Futur II hat kein eigenes Tempus-Zeichen. An die Erweiterungssilbe -er- tritt mit Ausnahme der 1. Person Singular der Bindevokal -i-.

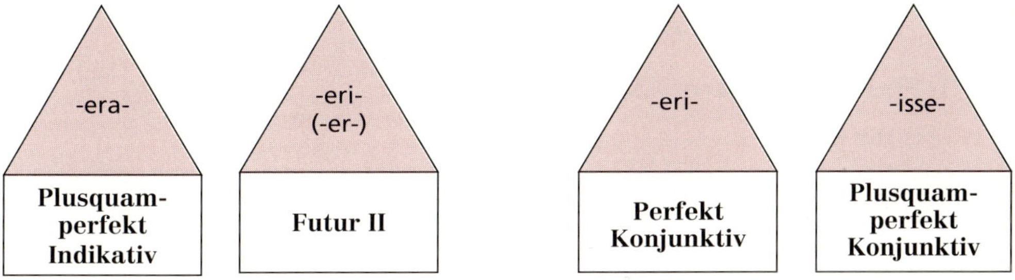

2.3 Tempus- und Modus-Zeichen beim Partizip-Perfekt-Passiv-Stamm

Die finiten Verbformen, die mit dem Partizip-Perfekt-Passiv-Stamm gebildet sind, bestehen aus **zwei Wörtern** (‚Zwei-Wort-Formen'), aus dem PPP und finiten Formen der Copula ESSE, die von deren Präsens-Stamm gebildet sind.
Tempus und Modus sind nur an den Formen der Copula ESSE zu erkennen:

Tempus	Modus: Indikativ		Modus: Konjunktiv	
Perfekt	vocā-tus, -a, -um	es-t	vocā-tus, -a, -um	s-i-t
Plusquamperfekt		er-a-t		es-se-t
Futur II		er-i-t		–

10 Präsens-Stamm: Formen[1]

1 Finite Formen im Aktiv-Indikativ

INDIKATIV

		Präsens			Imperfekt			Futur I		
SINGULAR	1. Person			**ich**			**ich**			**ich werde**
		voc-		rufe			rief	vocā	b -ō	rufen
		mone-		ermahne			ermahnte	monē-		ermahnen
		vinci-	ō	fessle		ba-m	fesselte	vinci-		fesseln
		capi-		fange			fing	capi-	a -m	fangen
		pell-		treibe			trieb	pell-		treiben
	2. Person			**du**			**du**			**du wirst**
		vocā-		rufst	vocā-		riefst	vocā-	b*i* -s	rufen
		monē-		ermahnst	monē-		ermahntest	monē-		ermahnen
		vincī-	s	fesselst	vinci-	bā-s	fesseltest	vinci-		fesseln
		capi-		fängst	capi- ē		fingst	cápi-	ē -s	fangen
		pell*i*-		treibst	pell-		triebst	pell-		treiben
	3. Person			**er, sie, es**			**er, sie, es**			**er, sie, es wird**
		voca-		ruft			rief	vocā-	b*i* -t	rufen
		mone-		ermahnt			ermahnte	monē		ermahnen
		vinci-	t	fesselt		ba-t	fesselte	vinci-		fesseln
		capi-		fängt			fing	cápi-	e -t	fangen
		pell*i*-		treibt			trieb	pell-		treiben
PLURAL	1. Person			**wir**			**wir**			**wir werden**
		vocā-		rufen			riefen	vocā-	b*i* -mus	rufen
		monē-		ermahnen			ermahnten	monē-		ermahnen
		vincī-	mus	fesseln		bā-mus	fesselten	vinci-		fesseln
		cápi-		fangen			fingen	capi-	ē -mus	fangen
		péll*i*-		treiben			trieben	pell-		treiben
	2. Person			**ihr**			**ihr**			**ihr werdet**
		vocā-		ruft	vocā-		rieft	vocā-	b*i* -tis	rufen
		monē-		ermahnt	monē-		ermahntet	monē-		ermahnen
		vincī-	tis	fesselt	vinci-	bā-tis	fesseltet	vinci-		fesseln
		cápi-		fangt	capi- ē		fingt	capi-	ē -tis	fangen
		péll*i*-		treibt	pell-		triebt	pell-		treiben
	3. Person			**sie**			**sie**			**sie werden**
		voca-		rufen			riefen	vocā-	b*u*-nt	rufen
		mone-		ermahnen			ermahnten	monē		ermahnen
		vinci*u*-	nt	fesseln		ba-nt	fesselten	vinci-		fesseln
		capi*u*-		fangen			fingen	cápi-	e -nt	fangen
		pell*u*-		treiben			trieben	pell-		treiben

[1]) Auf die Übersetzung der Formen des Konjunktivs, des Futur II und der infiniten Formen wurde verzichtet, da sie i.d.R. nur unter Berücksichtigung des jeweiligen Kontextes angemessen wiedergegeben werden können.

2 Finite Formen im Aktiv-Konjunktiv und Imperativ

KONJUNKTIV / IMPERATIV

		Präsens (HS: ↗ 99.2; GS: ↗ 113)	Imperfekt (HS: ↗ 99.2; GS: ↗ 113)	Imperativ I (↗ 101)	Imperativ II (↗ 101)
SINGULAR	1. Person	voc- — e-m mone- / vinci- / capi- / pell- — a-m	re-m		**du sollst** vocā- / monē- / vincī- / cápi- / pélli- — tō! rufen! / ermahnen! / fesseln! / fangen! / treiben!
	2. Person	voc- — ē-s mone- / vinci- / capi- / pell- — ā-s	vocā- / monē- / vincī- / cápe- / pélle — rē-s	vocā! rufe! monē! ermahne! vincī! fessle! cape! fange! pell-e! treibe!	
	3. Person	voc- — e-t mone- / vinci- / capi- / pell- — a-t	re-t		**er, sie, es soll** vocā- / monē- / vincī- / cápi- / pélli- — tō! rufen! / ermahnen! / fesseln! / fangen! / treiben!
PLURAL	1. Person	voc- — ē-mus mone- / vinci- / capi- / pell- — ā-mus	rē-mus		**ihr sollt** vocā- / monē- / vincī- / capi- / pelli- — tōte! rufen! / ermahnen! / fesseln! / fangen! / treiben!
	2. Person	voc- — ē-tis mone- / vinci- / capi- / pell- — ā-tis	vocā- / monē- / vincī- / cape- / pelle — rē-tis	vocā / monē / vincī / cápi / pélli- — te! ruft! / ermahnt! / fesselt! / fangt! / treibt!	
	3. Person	voc- — e-nt mone- / vinci- / capi- / pell- — a-nt	re-nt		**sie sollen** voca- / monē- / vinciu- / capiu- / pellu- — ntō! rufen! / ermahnen! / fesseln! / fangen! / treiben!

Verb: Formentabelle

[1]) Auf die Übersetzung der Formen des Konjunktivs, des Futur II und der infiniten Formen wurde verzichtet, da sie i.d.R. nur unter Berücksichtigung des jeweiligen Kontextes angemessen wiedergegeben werden können.

3 Finite Formen im Passiv-Indikativ

INDIKATIV

		Präsens			Imperfekt			Futur I		
SINGULAR	1. Person			**ich werde**			**ich wurde**			**ich werde**
		voc-		gerufen			gerufen	vocā-	b -or	gerufen
		mone-		ermahnt			ermahnt	monē-		ermahnt
		vinci-	or	gefesselt		ba-r	gefesselt	vinci-		gefesselt
		cápi-		gefangen			gefangen	cápi-	a -r	gefangen
		pell-		getrieben			getrieben	pell-		getrieben **werden**
	2. Person			**du wirst**			**du wurdest**			**du wirst**
		vocā-		gerufen	vocā-		gerufen	vocā-	be-ris	gerufen
		monē-		ermahnt	monē-		ermahnt	monē-		ermahnt
		vincī-	ris	gefesselt	vinci-	bā-ris	gefesselt	vinci-		gefesselt
		cápe-		gefangen	capi- ē		gefangen	capi-	ē -ris	gefangen
		pélle-		getrieben	pell-		getrieben	pell-		getrieben **werden**
	3. Person			**er, sie, es wird**			**er, sie, es wurde**			**er, sie, es wird**
		vocā-		gerufen			gerufen	vocā-	bi -tur	gerufen
		monē-		ermahnt			ermahnt	monē-		ermahnt
		vincī-	tur	gefesselt		bā-tur	gefesselt	vinci-		gefesselt
		cápi-		gefangen			gefangen	capi-	ē -tur	gefangen
		pélli-		getrieben			getrieben	pell-		getrieben **werden**
PLURAL	1. Person			**wir werden**			**wir wurden**			**wir werden**
		vocā-		gerufen			gerufen	vocā-	bi -mur	gerufen
		monē-		ermahnt			ermahnt	monē-		ermahnt
		vincī-	mur	gefesselt		bā-mur	gefesselt	vinci-		gefesselt
		cápi-		gefangen			gefangen	capi-	ē -mur	gefangen
		pélli-		getrieben			getrieben	pell-		getrieben **werden**
	2. Person			**ihr werdet**			**ihr wurdet**			**ihr werdet**
		vocā-		gerufen	vocā-		gerufen	vocā-	bi -minī	gerufen
		monē-		ermahnt	monē-		ermahnt	monē-		ermahnt
		vincī-	minī	gefesselt	vinci-	bā-minī	gefesselt	vinci-		gefesselt
		capí-		gefangen	capi- ē		gefangen	capi-	ē -minī	gefangen
		pellí-		getrieben	pell-		getrieben	pell-		getrieben **werden**
	3. Person			**sie werden**			**sie wurden**			**sie werden**
		voca-		gerufen			gerufen	vocā	bu-ntur	gerufen
		mone-		ermahnt			ermahnt	monē-		ermahnt
		vinciu-	ntur	gefesselt		ba-ntur	gefesselt	vinci-		gefesselt
		capiu-		gefangen			gefangen	capi-	e -ntur	gefangen
		pellu-		getrieben			getrieben	pell-		getrieben **werden**

4 Finite Formen im Passiv-Konjunktiv

KONJUNKTIV

		Präsens (HS: ↗ 99.2; GS: ↗ 113)	Imperfekt (HS: ↗ 99.2; GS: ↗ 113)
SINGULAR	1. Person	voc- — e-r mone- vinci- — a-r capi- pell-	vocā- monē- vincī- — re-r cápe- pélle-
	2. Person	voc- — ē-ris mone- vinci- — ā-ris capi- pell-	vocā- monē- vincī- — rē-ris cape- pelle-
	3. Person	voc- — ē-tur mone- vinci- — ā-tur capi- pell-	vocā- monē- vincī- — rē-tur cape- pelle-
PLURAL	1. Person	voc- — ē-mur mone- vinci- — ā-mur capi- pell-	vocā- monē- vincī- — rē-mur cape- pelle-
	2. Person	voc- — ē-minī mone- vinci- — ā-minī capi- pell-	vocā- monē- vincī- — rē-minī cape- pelle-
	3. Person	voc- — e-ntur mone- vinci- — a-ntur capi- pell-	vocā- monē- vincī- — re-ntur cape- pelle-

11 Perfekt-Aktiv-Stamm und Partizip-Perfekt-Passiv-Stamm: Formen

1 Finite Formen im Indikativ und Konjunktiv Aktiv

Modus	Tempus	Perfekt-Aktiv-Stämme	Endung	Erweiterungssilbe	Bindevokal	Tempus-Zeichen	Modus-Zeichen	Person-Zeichen	
Indikativ	Perfekt	vocāv-	ī						ich habe gerufen /ich rief
		monu-	ísti̅						du hast ermahnt /du ermahntest
		vīnx-	it						er, sie, es hat gefesselt /er fesselte
		cēp-	imus						wir haben gefangen /wir fingen
		pepul-	ístis						ihr habt getrieben /ihr triebt
		dēprehend-	érunt						sie haben ergriffen /sie ergriffen
	Plusquamperfekt			er		a		m	ich hatte gerufen
						ā		s	du hattest ermahnt
						a		t	er, sie, es hatte gefesselt
						ā		mus	wir hatten gefangen
						ā		tis	ihr hattet getrieben
						a		nt	sie hatten ergriffen
	Futur II	vocāv-		er				ō	(HS: ↗ 107.2. GS: ↗ 112.3)
		monu-		er	*i*			s	
		vīnx-						t	
		cēp-						mus	
		pepul-						tis	
		dēprehend-						nt	
Konjunktiv	Perfekt			er			i	m	(HS: ↗ 99.2; GS: ↗ 113)
								s	
								t	
								mus	
								tis	
								nt	
	Plusquamperfekt			is		se –		m	(HS: ↗ 99.2; GS: ↗ 113)
						sē –		s	
						se –		t	
						sē –		mus	
						sē –		tis	
						se –		nt	

2 Finite Formen in Indikativ und Konjunktiv Passiv

Numerus	Person	Partizip-Perfekt-Passiv	Formen von ESSE (Präsens-Stamm): Indikativ Perfekt	Indikativ Plusquamperfekt	Indikativ Futur II	Konjunktiv Perfekt	Konjunktiv Plusquamperfekt
Singular	1.	vocātus, -a, -um	sum	eram	erō	sim	essem
	2.	mónitus, -a, -um	es	erās	eris	sīs	essēs
	3.	vīnctus, -a, -um	est	erat	erit	sit	esset
Plural	1.	captī, -ae, -a	sumus	erāmus	erimus	sīmus	essēmus
	2.	pulsī, -ae, -a	estis	erātis	eritis	sītis	essētis
	3.	dēprehēnsī, -ae, -a	sunt	erant	erunt	sint	essent
		ich bin gerufen / du bist ermahnt / er, sie, es ist gefesselt / wir sind gefangen / ihr seid getrieben / sie sind ergriffen – worden	auch: ich wurde gerufen usw. (↗ 104)	ich war … / du warst … / er, sie, es war … / wir waren … / ihr wart … / sie waren … – worden	(HS: ↗ 107.2; GS: ↗ 112.3)	(HS: ↗ 99.2; GS: ↗ 113)	(HS: ↗ 99.2; GS: ↗ 113)

12 Verbalstämme: Nominalformen

Infinitiv Präsens Aktiv ↗70	Stamm	Endung
	vocā- monē- vincī- cápe- pélle	re

Infinitiv Präsens Passiv ↗70	Stamm	Endung
	vocā- monē- vincī-	rī
	cap- pell-	ī

Infinitiv Futur Aktiv ↗70	Stamm	Endung
	vocā- moni- vīnc- cap-	tū́rum, -am, -um tū́rōs, -ās, -a esse
	pul-	sū́rum, -am, um sū́rōs, -ās, -a esse

Infinitiv Futur Passiv ↗70	Stamm	Endung
	vocā- móni- vīnc- cap-	tum īrī
	pul-	sum īrī

Infinitiv Perfekt Aktiv ↗70	Stamm	Endung
	vocāv- monu- vīnx- cēp- pepul- dēprehend-	ísse

Infinitiv Perfekt Passiv ↗70	Stamm	Endung
	vocā- móni- vīnc- cap-	tum, -am, -um tōs, -ās, -a esse
	pul-	sum-, -am, -um sōs, -ās, -a esse

Partizip Präsens Aktiv ↗80.2	Stamm	Endung
	vocā- monē- vinci- / capi- / pell- + ē	ns, -ntis

Partizip Futur Aktiv ↗80.2	Stamm	Endung
	vocā- moni- vīnc- cap-	tū́rus, -a, -um
	pul-	sū́rus, -a, -um

Partizip Perfekt Passiv ↗80.2	Stamm	Endung
	vocā- móni- vīnc- cap-	tus, -a, -um
	pul-	sus, -a, -um

Gerundium ↗90	Stamm	Endung
	voca- mone- vinci- / capi- / pell- + e	ndī, -ndō usw.

Gerundivum ↗91–93	Stamm	Endung
	voca- mone- vinci- / capi- / pell- + e	ndus, -a, -um

Supinum auf -um/-ū ↗94	Stamm	Endung
	(vocā- móni- vīnc- cap-	tum/-tū
	pul-	sum/-sū)

13 Komposita

1 Bildungsweise

Ein einfaches Verb (*Verbum simplex*) kann mit einem Präfix (↗ 3.2.2), meist einer Präposition (↗ 67), zusammengesetzt sein (↗ 7.2.1):
Kompositum (*Verbum compositum*).
Durch die Zusammensetzung erfahren der Verbalstamm und die Vorsilbe vieler Komposita sowohl konsonantische als auch vokalische Veränderungen (↗ L 16–28).

1.1 Entfaltung, Schwund oder Annäherung von Konsonanten

ā/ab („weg-")
ab-īre weggehen ā-mittere verlieren abs-tinēre sich fern halten
au-ferre wegtragen

ad („an-/heran-")
ad-esse anwesend sein ac-cēdere herantreten at-tinēre festhalten
af-firmāre bekräftigen ap-pārēre erscheinen
a-spicere (< ad-spicere) anschauen

cum („zusammen-")
com-pōnere zusammenstellen com-parāre beschaffen con-cēdere zugestehen
col-loquī sich unterhalten cor-ripere packen co-ercēre einschränken

ē/ex („aus-, heraus-")
ex-cēdere heraustreten ex-īre hinausgehen ef-ficere bewirken
ē-vādere hinausgehen

in („hinein-")
in-cēdere hineingehen im-pedīre hindern il-lūdere verspotten
ir-rīdēre auslachen

ob („entgegen-")
ob-īre entgegengehen oc-cidere untergehen of-ferre anbieten
op-primere unterdrücken

prō („vor-/für-")
prō-cēdere vorrücken prō-dere verraten prōd-esse nützen
por-rigere ausstrecken

sub („unter-")
sub-īre auf sich nehmen suc-cēdere nachfolgen sus-tinēre aushalten
su-spicere (< sub-spicere) beargwöhnen

trāns („über-/hinüber-")
trāns-īre hinübergehen trā-dūcere hinüberführen

Lautliche Veränderungen gibt es auch bei den Präfixen
dis- („auseinander-"; z.B. dis-cēdere, dī-ripere) und **re-** („zurück-, wieder-"; z.B. re-ferre, red-īre, red-dere); **sē-** („weg-"; z.B. sē-cernere) bleibt immer unverändert.

1.2 Schwächung, Kontraktion oder Schwund von Vokalen

Die altlateinische Anfangsbetonung (↗ L 17) führte bei Komposita häufig dazu, dass die Betonung von der Stammsilbe auf die Präfixsilbe überging. Dies bewirkte eine Schwächung des Stammvokals.

z.B. **a/e > i:**

h*a*bet – adh*i*bet	c*a*dit – occ*i*dit
reg*i*t – corr*i*git	s*e*det – poss*i*det

a > e:

arcet – coercet	parcit – pepercit

au > ū:

cl*au*dit – concl*ū*dit

ae > ī:

l*ae*dit – ēl*ī*dit	qu*ae*rit – conqu*ī*rit

An der Nahtstelle können Vokale auch zusammengezogen (*kontrahiert*) werden oder durch Elision[1] schwinden,

z.B. cōgit < co-*a*git	sūmit < su*b*-emit
praebet < prae-*ha*bet	surgit < sur-*r*egit

2 Bedeutung

Durch die Bildung von Komposita können viele einfache Verben differenziertere Bedeutungen entfalten,

z.B.

Präfix	Verb	Bedeutung	Präfix	Verb	Bedeutung
ā-	**movēre**	fortschaffen	ad-	**venīre**	ankommen
ad-		heranrücken lassen	circum-		umzingeln
com-		beeindrucken	con-		zusammenkommen
per-		heftig bewegen	in-		erfinden („darauf kommen“)
re-		entfernen	per-		hinkommen

14 Stammformen

1 Perfekt-Bildung mit -v-

ā-Konjugation

1	vocō	vocāvī	vocātum	vocāre	rufen, nennen

Ebenso bilden die meisten Verben der ā-Konjugation die Perfektformen.

ē-Konjugation

2	dēleō	dēlēvī	dēlētum	dēlēre	zerstören, vernichten
3	fleō	flēvī	flētum	flēre	weinen, beklagen
4	ex|pleō	explēvī	explētum	explēre	ausfüllen, erfüllen
	im|pleō	implēvī	implētum	implēre	anfüllen, erfüllen

[1]) < ē-līdere: aus-stoßen

ī-Konjugation

5 audiō	audīvī	audītum	audīre	hören

Ebenso bilden die meisten Verben der ī-Konjugation die Perfektformen.

6 sepeliō	sepelīvī	sepultum	sepelīre	begraben, bestatten

Konsonantische Konjugation

7 arcessō	arcessīvī	arcessītum	arcessere	herbeiholen, kommen lassen
8 capessō	capessīvī	capessītum	capessere	ergreifen, packen
9 **cernō**	–	–	cernere	sehen, sichten, wahrnehmen, erkennen
dē|cernō	dēcrēvī	dēcrētum	dēcernere	beschließen
sē|cernō	sēcrēvī	sēcrētum	sēcernere	absondern, trennen
10 crēscō	crēvī	crētum	crēscere	wachsen, zunehmen
11 lacessō	lacessīvī	lacessītum	lacessere	reizen, herausfordern
12 **nōscō**	nōvī	nōtum	nōscere	kennen lernen
	nōvī		nōvisse	kennen, wissen
a|gnōscō	agnōvī	agnitum	agnōscere	(wieder-)erkennen, anerkennen
co|gnōscō	cognōvī	cognitum	cognōscere	erkennen, bemerken; kennen lernen
ī|gnōscō	īgnōvī	īgnōtum	īgnōscere	verzeihen
13 **petō**	petīvī	petītum	petere	zu erreichen suchen, aufsuchen; angreifen; verlangen, bitten
ap|petō	appetīvī	appetītum	appetere	erstreben, angreifen
ex|petō	expetīvī	expetītum	expetere	erstreben, verlangen
re|petō	repetīvī	repetītum	repetere	zurückverlangen; wiederholen
14 **quaerō**	quaesīvī	quaesītum	quaerere	suchen, erwerben; *ex aliquo: (jmdn.)* fragen
con|quīrō	conquīsīvī	conquīsītum	conquīrere	zusammensuchen, aufspüren
in|quīrō	inquīsīvī	inquīsītum	inquīrere	untersuchen, nachforschen
re|quīrō	requīsīvī	requīsītum	requīrere	auf-, untersuchen; verlangen
15 quiēscō	quiēvī	–	quiēscere	sich beruhigen; ruhen
16 **sinō**	sīvī	situm	sinere	lassen, zulassen
dē|sinō	dēsiī	dēsitum	dēsinere	ablassen, aufhören
17 spernō	sprēvī	sprētum	spernere	verschmähen, ablehnen
18 cōn|suēscō	cōnsuēvī	cōnsuētum	cōnsuēscere	sich gewöhnen

ĭ-Konjugation

19 cupiō	cupīvī	cupītum	cupere	begehren, verlangen, wünschen

2 Perfekt-Bildung mit -u-

ā-Konjugation

1	crepō	crepuī	crepitum	crepāre	knarren, krachen, klirren
2	cubō	cubuī	(cubitūrus)	cubāre	liegen
3	domō	domuī	domitum	domāre	zähmen, bezwingen
4	sonō	sonuī	–	sonāre	ertönen, erklingen, klingen
5	vetō	vetuī	vetitum	vetāre *(m. Akk.)*	*(jmdm.)* verbieten

ē-Konjugation

6	**arceō**	arcuī	–	arcēre	abhalten, fern halten, abwehren
	co|erceō	coercuī	coercitum	coercēre	einschränken, zügeln; strafen
	ex|erceō	exercuī	–	exercēre	üben, betreiben
7	careō	caruī	–	carēre *(m. Abl.)*	*(etw.)* nicht haben
8	**cēnseō**	cēnsuī	cēnsum	cēnsēre	schätzen, meinen, der Ansicht sein
	sus|cēnseō	suscēnsuī	suscēnsum	suscēnsēre *(m. Dat.)*	zürnen, böse sein *(auf)*
9	doceō	docuī	doctum	docēre	lehren, unterrichten
10	doleō	doluī	(dolitūrus)	dolēre *(m. Akk.)*	Schmerz empfinden, bedauern
11	egeō	eguī	–	egēre *(m. Abl.)*	*(etw.)* brauchen, nötig haben
12	flōreō	flōruī	–	flōrēre	blühen
13	**habeō**	habuī	habitum	habēre	haben, halten, besitzen
	ad|hibeō	adhibuī	adhibitum	adhibēre	anwenden, heranziehen, dazunehmen
	co|hibeō	cohibuī	cohibitum	cohibēre	festhalten, einschränken
	pro|hibeō	prohibuī	prohibitum	prohibēre (nē)	abhalten, hindern; verbieten *(dass … / zu …)*
	dēbeō	dēbuī	dēbitum	dēbēre	müssen; schulden, verdanken
				nōn dēbēre	nicht dürfen
	praebeō	praebuī	praebitum	praebēre	hinhalten, gewähren, zeigen
14	horreō	horruī	–	horrēre *(m. Akk.)*	schaudern, sich entsetzen *(vor)*
15	iaceō	iacuī	(iacitūrus)	iacēre	liegen, da liegen
16	lateō	latuī	–	latēre	verborgen sein
17	mereō (↗ 16.2.2)	meruī	meritum	merēre	verdienen
18	im|mineō	–	–	imminēre	drohen, bedrohen, bevorstehen
19	misceō	miscuī	mixtum	miscēre	mischen, verwirren, in Aufruhr versetzen
20	**moneō**	monuī	monitum	monēre	mahnen, auffordern; erinnern; warnen
	ad|moneō	admonuī	admonitum	admonēre	erinnern, ermahnen
21	noceō	nocuī	(nocitūrus)	nocēre	schaden

22	**pāreō**	pāruī	(pāritūrus)	pārēre	gehorchen
	ap|pāreō	appāruī	–	appārēre	erscheinen, sich zeigen
	appāret	appāruit	–	appārēre	es ist offensichtlich, klar
23	pateō	patuī	–	patēre	offen stehen; offenbar sein
24	placeō	placuī	placitum	placēre	gefallen
25	sileō	siluī	–	silēre	schweigen
26	studeō	studuī	–	studēre *(m. Dat.)*	sich bemühen *(um)*, wollen; sich bilden
27	stupeō	stupuī	–	stupēre	staunen, stutzen, verblüfft sein
28	taceō	tacuī	–	tacēre	schweigen
29	**teneō**	tenuī	–	tenēre	halten, festhalten
	abs|tineō	abstinuī	–	abstinēre *(m. Abl.)*	abhalten; sich fern halten *(von)*, verzichten *(auf)*
	at|tineō	attinuī	attentum	attinēre	aufhalten, festhalten; sich erstrecken
	con|tineō	continuī	–	continēre	zusammenhalten, festhalten; enthalten
	ob|tineō	obtinuī	obtentum	obtinēre	festhalten, innehaben; behaupten
	per|tineō	pertinuī	–	pertinēre	sich erstrecken, sich beziehen *(auf)*, gehören *(zu)*
	re|tinēre	retinuī	retentum	retinēre	zurückhalten, festhalten
	sus|tineō	sustinuī	–	sustinēre	aushalten, ertragen
30	**terreō**	terruī	territum	terrēre	*(jmdn.)* erschrecken
	dē|terreō	dēterruī	dēterritum	dēterrēre	abschrecken, zurückschrecken
	per|terreō	perterruī	perterritum	perterrēre	gewaltig erschrecken, einschüchtern
31	timeō	timuī	–	timēre	fürchten, besorgt sein
32	valeō	valuī	(valitūrus)	valēre	gesund sein; Einfluss haben

Impersonalia

33	decet	decuit	–	decēre	*es* gehört sich
34	libet	libuit	libitum	libēre	*es* beliebt
35	licet	licuit	–	licēre	*es* ist erlaubt, *man* darf; *es* ist möglich
36	oportet	oportuit	–	oportēre	*es* ist nötig, *es* gehört sich
37	paenitet	paenituit	–	paenitēre *(mē alicuius reī)*	*es* reut *(mich etwas)*, ich bereue *(etwas)*
38	pudet	puduit	–	pudēre *(mē alicuius reī)*	*es* beschämt *(mich etwas)*, ich schäme mich *(einer Sache)*

ī-Konjugation

39	aperiō	aperuī	apertum	aperīre	öffnen, aufdecken
	operiō	operuī	opertum	operīre	bedecken
40	saliō	saluī	–	salīre	springen

Konsonantische Konjugation

41	alō	aluī	altum	alere	ernähren; fördern
42	**colō**	coluī	cultum	colere	bebauen, pflegen, verehren
	in|colō	incoluī	–	incolere	bewohnen
43	cōn|sulō	cōnsuluī	cōnsultum	cōnsulere	
				(m. Akk.)	beratschlagen *(mit)*; um Rat fragen;
				(m. Dat.)	sorgen *(für)*
44	gignō	genuī	genitum	gignere	erzeugen, hervorbringen, gebären
45	**pōnō**	posuī	positum	pōnere	stellen, setzen, legen
	com|pōnō	composuī	compositum	compōnere	zusammenstellen, ordnen; vergleichen
	dē|pōnō	dēposuī	dēpositum	dēpōnere	ablegen, aufgeben
	dis|pōnō	disposuī	dispositum	dispōnere	verteilen, ordnen
	ex|pōnō	exposuī	expositum	expōnere	ausstellen, aussetzen; darlegen
	im|pōnō	imposuī	impositum	impōnere	hineinsetzen, -legen, bringen, auferlegen
	op|pōnō	opposuī	oppositum	oppōnere	entgegenstellen, gegenüberstellen
	prae|pōnō	praeposuī	praepositum	praepōnere	voranstellen, vorziehen
	prō|pōnō	prōposuī	prōpositum	prōpōnere	vorlegen, vorschlagen, in Aussicht stellen
46	**serō**	seruī	sertum	serere	aneinander reihen
	dē|serō	dēseruī	dēsertum	dēserere	verlassen, im Stich lassen
	dis|serō	disseruī	dissertum	disserere	erörtern, sprechen *(über)*

ĭ-Konjugation

47	**rapiō**	rapuī	raptum	rapere	rauben, fortreißen
	ar|ripiō	arripuī	arreptum	arripere	an sich reißen
	dī|ripiō	dīripuī	dīreptum	dīripere	plündern, zerstören
	ē|ripiō	ēripuī	ēreptum	ēripere	entreißen, befreien

3 Perfekt-Bildung mit -s-

ē-Konjugation

1	ārdeō	ārsī	(ārsūrus)	ārdēre	brennen, glühen
2	augeō	auxī	auctum	augēre	vergrößern, vermehren, fördern
3	in|dulgeō	indulsī	–	indulgēre	nachgeben, Nachsicht schenken
4	fulgeō	fulsī	–	fulgēre	blitzen, strahlen
5	haereō	haesī	(haesūrus)	haerēre	hängen, hängen bleiben, stecken bleiben
6	iubeō	iussī	iussum	iubēre	beauftragen,
				(m. Akk.)	*(jmdm.)* befehlen;
				(m. Inf.)	lassen
7	lūceō	lūxī	–	lūcēre	leuchten, strahlen

8 maneō	mānsī	(mānsūrus)	manēre	bleiben, warten, erwarten
9 **rīdeō**	rīsī	rīsum	rīdēre	lachen, auslachen
ir|rīdeō	irrīsī	irrīsum	irrīdēre	auslachen, verspotten
10 **suādeō**	suāsī	suāsum	suādēre	raten, zureden
per|suādeō	persuāsī	persuāsum	persuādēre *(m. Dat.)*	*(jmdn.)* überreden, überzeugen

ī-Konjugation

11 **sentiō**	sēnsī	sēnsum	sentīre	fühlen, empfinden; merken; meinen
cōn|sentiō	cōnsēnsī	cōnsēnsum	cōnsentīre	übereinstimmen, sich einig sein
dis|sentiō	dissēnsī	dissēnsum	dissentīre	nicht übereinstimmen
12 vinciō	vīnxī	vīnctum	vincīre	binden, fesseln

Konsonantische Konjugation

13 carpō	carpsī	carptum	carpere	abreißen, pflücken
14 **cēdō**	cessī	(cessūrus)	cēdere	gehen, weichen; nachgeben
ac|cēdō	accessī	accessum	accēdere	heranrücken, herantreten, dazukommen
con|cēdō	concessī	concessum	concēdere	zugestehen, einräumen; erlauben
dē|cēdō	dēcessī	dēcessum	dēcēdere	weggehen, sterben
dis|cēdō	discessī	discessum	discēdere	auseinander gehen, weggehen
in|cēdō	incessī	incessum	incēdere	einhergehen; befallen
prō|cēdō	prōcessī	prōcessum	prōcēdere	vorwärtsgehen, vorrücken
re|cēdō	recessī	recessum	recēdere	zurückweichen, sich zurückziehen
sē|cēdō	sēcessī	sēcessum	sēcēdere	beiseite gehen, weggehen
suc|cēdō	successī	successum	succēdere	nachfolgen, nachrücken; gelingen
15 cingō	cīnxī	cīnctum	cingere	umgürten, umgeben, umzingeln
16 **claudō**	clausī	clausum	claudere	schließen, absperren
con|clūdō	conclūsī	conclūsum	conclūdere	einsperren; schließen, folgern
in|clūdō	inclūsī	inclūsum	inclūdere	einschließen, einsperren
inter|clūdō	interclūsī	interclūsum	interclūdere	abschließen, versperren
17 **dīcō**	dīxī	dictum	dīcere	sagen, sprechen, nennen
dīcor (↗ 79)	–	–	dīcī	heißen; man sagt *(dass)*, ‚sollen'
inter|dīcō	interdīxī	interdictum	interdīcere	untersagen, verbieten
male|dīcō	maledīxī	maledictum	maledīcere *(m. Dat.)*	beschimpfen *(jmdn.)*, lästern

18 **dūcō**	dūxī	ductum	dūcere	führen, ziehen; halten für; *(uxorem:)* heiraten
ab|dūcō	abdūxī	abductum	abdūcere	wegführen, abbringen
ad|dūcō	addūxī	adductum	addūcere	heranführen; veranlassen
dē|dūcō	dēdūxī	dēductum	dēdūcere	hinführen, wegführen
19 **fīgō**	fīxī	fīxum	fīgere	heften, befestigen
af|fīgō	affīxī	affīxum	affīgere	anheften, festmachen
20 fingō	fīnxī	fictum	fingere	formen, bilden; erdichten
21 flectō	flexī	flexum	flectere	biegen, beugen, wenden
22 af|**flīgō**	afflīxī	afflīctum	afflīgere	niederschlagen, entmutigen
cōn|flīgō	cōnflīxī	cōnflīctum	cōnflīgere	zusammenstoßen, kämpfen
23 fluō	flūxī	–	fluere	fließen, strömen
24 gerō	gessī	gestum	gerere	tragen, verrichten
25 **iungō**	iūnxī	iūnctum	iungere	verbinden, vereinigen
ad|iungō	adiūnxī	adiūnctum	adiungere	anschließen, angliedern, hinzufügen
con|iungō	coniūnxī	coniūnctum	coniungere	verbinden, vereinigen
26 laedō	laesī	laesum	laedere	verletzen, stoßen
27 dī|**ligō** (↗ 14.4.14)	dīlēxī	dīlēctum	dīligere	lieben, schätzen
intel|legō	intellēxī	intellēctum	intellegere	erkennen, einsehen, verstehen
neg|legō	neglēxī	neglēctum	neglegere	vernachlässigen, übersehen
28 **lūdō**	lūsī	lūsum	lūdere	spielen, scherzen
il|lūdō	illūsī	illūsum	illūdere	verspotten
29 **mittō**	mīsī	missum	mittere	schicken; gehen lassen; werfen
ā|mittō	āmīsī	āmissum	āmittere	aufgeben; verlieren
ad|mittō	admīsī	admissum	admittere	zulassen, hinzuziehen
com|mittō	commīsī	commissum	committere	zustande bringen; anvertrauen
dē|mittō	dēmīsī	dēmissum	dēmittere	herablassen, senken, sinken lassen
dī|mittō	dīmīsī	dīmissum	dīmittere	entlassen; aufgeben
o|mittō	omīsī	omissum	omittere	unterlassen, übergehen
per|mittō	permīsī	permissum	permittere	überlassen, erlauben, anvertrauen
prae|mittō	praemīsī	praemissum	praemittere	vorausschicken
praeter|mittō	praetermīsī	praetermissum	praetermittere	vorübergehen lassen, übergehen
prō|mittō	prōmīsī	prōmissum	prōmittere	versprechen
re|mittō	remīsī	remissum	remittere	zurückschicken, loslassen; nachlassen
30 nectō	nexī	nexum	nectere	knüpfen, verknüpfen, zusammenbinden
31 nūbō	nūpsī	nūptum	nūbere *(m. Dat.)*	heiraten *(einen Mann)*

32 plaudō	plausī	plausum	plaudere	Beifall klatschen
33 **premō**	pressī	pressum	premere	drücken, bedrängen
com|primō	compressī	compressum	comprimere	zusammendrücken
ex|primō	expressī	expressum	exprimere	auspressen; ausdrücken
op|primō	oppressī	oppressum	opprimere	unterdrücken; überfallen, überwältigen
re|primō	repressī	repressum	reprimere	zurückdrängen
34 **regō**	rēxī	rēctum	regere	lenken, leiten, beherrschen
cor|rigō	corrēxī	corrēctum	corrigere	berichtigen, verbessern
ē|rigō	ērēxī	ērēctum	ērigere	aufrichten, ermutigen
pergō	perrēxī	perrēctum	pergere	fortfahren, weitermachen
por|rigō	porrēxī	porrēctum	porrigere	ausstrecken; (hin-)reichen
surgō	surrēxī	(surrēctūrus)	surgere	aufstehen, sich erheben
35 **scrībō**	scrīpsī	scrīptum	scrībere	schreiben, verfassen
cōn|scrībō	cōnscrīpsī	cōnscrīptum	cōnscrībere	verfassen; *(Soldaten)* ausheben
dē|scrībō	dēscrīpsī	dēscrīptum	dēscrībere	abschreiben; beschreiben, bestimmen
36 **spargō**	sparsī	sparsum	spargere	ausstreuen, zerstreuen
di|spergō	dispersī	dispersum	dispergere	zerstreuen, verbreiten
37 **struō**	strūxī	strūctum	struere	schichten, bauen, errichten
ex|struō	exstrūxī	exstrūctum	exstruere	aufschichten, errichten
īn|struō	īnstrūxī	īnstrūctum	īnstruere	aufstellen, ausstatten, unterweisen
38 **sūmō**	sūmpsī	sūmptum	sūmere	nehmen
ab|sūmō	absūmpsī	absūmptum	absūmere	verbrauchen, vernichten; *Pass.:* umkommen, sterben
cōn|sūmō	cōnsūmpsī	cōnsūmptum	cōnsūmere	verbrauchen, verschwenden
dēmō	dēmpsī	dēmptum	dēmere	wegnehmen
39 **tegō**	tēxī	tēctum	tegere	decken, bedecken
dē|tegō	dētēxī	dētēctum	dētegere	aufdecken, entdecken
prō|tegō	prōtēxī	prōtēctum	prōtegere	schützen, beschützen
40 con|temnō	contempsī	contemptum	contemnere	verachten, missachten
41 trahō	trāxī	tractum	trahere	ziehen, schleppen
42 ūrō	ussī	ustum	ūrere	verbrennen *(trans.)*, versengen
43 **vādō**	–	–	vādere	gehen, schreiten
ē|vādō	ēvāsī	(ēvāsūrus)	ēvādere	herausgehen; entrinnen
in|vādō	invāsī	invāsum	invādere	eindringen, angreifen; befallen
44 vehō (↗ 16.4.15)	vēxī	vectum	vehere	ziehen, fahren, bringen
45 dī|vidō	dīvīsī	dīvīsum	dīvidere	trennen, teilen
46 vīvō	vīxī	(vīctūrus)	vīvere	leben

ĭ-Konjugation

47	a|**spiciō**	aspexī	aspectum	aspicere	erblicken, ansehen
	cōn|spiciō	cōnspexī	cōnspectum	cōnspicere	erblicken
	dē|spiciō	dēspexī	dēspectum	dēspicere	herabblicken, verachten
	īn|spiciō	īnspexī	īnspectum	īnspicere	hineinblicken, betrachten
	re|spiciō	respexī	respectum	respicere	zurückschauen, berücksichtigen
	suspiciō	suspexī	suspectum	suspicere	beargwöhnen, verdächtigen, bewundern

4 Perfekt-Bildung durch Dehnung

ā-Konjugation

1	**iuvō**	iūvī	iūtum	iuvāre	erfreuen, unterstützen
	iuvat	iūvit	–		*es* macht Freude / Spaß
	ad|iuvō	adiūvī	adiūtum	adiuvāre *(m. Akk.)*	unterstützen, *(jmdm.)* helfen

ē-Konjugation

2	caveō	cāvī	cautum	cavēre *(m. Akk.)*	sich in Acht nehmen, sich hüten *(vor)*
3	faveō	fāvī	fautum	favēre *(m. Dat.)*	gewogen sein, *(jmdn.)* begünstigen
4	**moveō**	mōvī	mōtum	movēre	bewegen, beeinflussen; hervorrufen
	ad|moveō	admōvī	admōtum	admovēre	nähern, heranrücken lassen
	com|moveō	commōvī	commōtum	commovēre	bewegen, beeindrucken; veranlassen
	per|moveō	permōvī	permōtum	permovēre	heftig bewegen
	re|moveō	remōvī	remōtum	removēre	entfernen, wegschaffen
5	**sedeō** (↗ 14.4.17)	sēdī	sessum	sedēre	sitzen
	ob|sideō	obsēdī	obsessum	obsidēre	belagern, besetzt halten
	pos|sideō	possēdī	possessum	possidēre	besitzen
6	**videō** (↗ 16.2.8)	vīdī	vīsum	vidēre	sehen
	in|videō	invīdī	invīsum	invidēre *(m. Dat.)*	*(jmdn.)* beneiden
	prō|videō	prōvīdī	prōvīsum	prōvidēre *(m. Akk.)* *(m. Dat.)*	vorhersehen; sorgen *(für)*
7	voveō	vōvī	vōtum	vovēre	geloben, (feierlich) versprechen

ī-Konjugation

<table>
<tr><td>8</td><td>veniō</td><td>vēnī</td><td>ventum</td><td>venīre</td><td>kommen</td></tr>
<tr><td></td><td>ad|veniō</td><td>advēnī</td><td>adventum</td><td>advenīre</td><td>herankommen, ankommen</td></tr>
<tr><td></td><td>circum|veniō</td><td>circumvēnī</td><td>circumventum</td><td>circumvenīre</td><td>umringen, umzingeln</td></tr>
<tr><td></td><td>con|veniō</td><td>convēnī</td><td>conventum</td><td>convenīre
(m. Akk.)</td><td>zusammenkommen, -passen; zustande kommen; sich einigen; (jmdn.) treffen</td></tr>
<tr><td></td><td>con|venit</td><td>convēnit</td><td>–</td><td>convenīre</td><td>es ziemt sich, es passt; man einigt sich</td></tr>
<tr><td></td><td>ē|venit</td><td>ēvēnit</td><td>–</td><td>ēvenīre</td><td>es ereignet sich, es geschieht</td></tr>
<tr><td></td><td>in|veniō</td><td>invēnī</td><td>inventum</td><td>invenīre</td><td>finden, erfinden</td></tr>
<tr><td></td><td>per|veniō</td><td>pervēnī</td><td>perventum</td><td>pervenīre</td><td>gelangen, hinkommen, kommen</td></tr>
</table>

Konsonantische Konjugation

<table>
<tr><td>9</td><td>agō</td><td>ēgī</td><td>āctum</td><td>agere</td><td>treiben, betreiben; handeln, verhandeln</td></tr>
<tr><td></td><td>ad|igō</td><td>adēgī</td><td>adāctum</td><td>adigere</td><td>herantreiben, drängen</td></tr>
<tr><td></td><td>cōgō</td><td>coēgī</td><td>coāctum</td><td>cōgere</td><td>sammeln; zwingen</td></tr>
<tr><td></td><td>per|agō</td><td>perēgī</td><td>perāctum</td><td>peragere</td><td>durchführen; verbringen</td></tr>
<tr><td></td><td>red|igō</td><td>redēgī</td><td>redāctum</td><td>redigere</td><td>zurücktreiben, in einen Zustand versetzen</td></tr>
<tr><td>10</td><td>edō</td><td>ēdī</td><td>ēsum</td><td>edere</td><td>essen, verzehren</td></tr>
<tr><td>11</td><td>emō</td><td>ēmī</td><td>ēmptum</td><td>emere</td><td>nehmen, kaufen</td></tr>
<tr><td></td><td>ad|imō</td><td>adēmī</td><td>adēmptum</td><td>adimere</td><td>an sich nehmen, wegnehmen</td></tr>
<tr><td></td><td>dir|imō</td><td>dirēmī</td><td>dirēmptum</td><td>dirimere</td><td>trennen, unterbrechen</td></tr>
<tr><td></td><td>inter|imō</td><td>interēmī</td><td>interēmptum</td><td>interimere</td><td>umbringen, beseitigen</td></tr>
<tr><td></td><td>red|imō</td><td>redēmī</td><td>redēmptum</td><td>redimere</td><td>loskaufen, erkaufen</td></tr>
<tr><td>12</td><td>frangō</td><td>frēgī</td><td>frāctum</td><td>frangere</td><td>brechen, verletzen, schwächen</td></tr>
<tr><td>13</td><td>fundō</td><td>fūdī</td><td>fūsum</td><td>fundere</td><td>ausgießen; zerstreuen, auseinander treiben</td></tr>
<tr><td></td><td>dif|fundō</td><td>diffūdī</td><td>diffūsum</td><td>diffundere</td><td>zerstreuen, verbreiten</td></tr>
<tr><td>14</td><td>legō
(↗ 14.3.27)</td><td>lēgī</td><td>lēctum</td><td>legere</td><td>lesen; sammeln</td></tr>
<tr><td></td><td>col|ligō</td><td>collēgī</td><td>collēctum</td><td>colligere</td><td>sammeln</td></tr>
<tr><td></td><td>dē|ligō</td><td>dēlēgī</td><td>dēlēctum</td><td>dēligere</td><td>auswählen, wählen</td></tr>
<tr><td></td><td>ē|ligō</td><td>ēlēgī</td><td>ēlēctum</td><td>ēligere</td><td>auslesen, auswählen</td></tr>
<tr><td>15</td><td>re|linquō</td><td>relīquī</td><td>relictum</td><td>relinquere</td><td>zurücklassen, hinterlassen, verlassen</td></tr>
<tr><td>16</td><td>rumpō</td><td>rūpī</td><td>ruptum</td><td>rumpere</td><td>brechen, zerreißen, sprengen</td></tr>
<tr><td></td><td>cor|rumpō</td><td>corrūpī</td><td>corruptum</td><td>corrumpere</td><td>verderben, bestechen</td></tr>
<tr><td></td><td>ē|rumpō</td><td>ērūpī</td><td>ēruptum</td><td>ērumpere</td><td>ausbrechen</td></tr>
</table>

17 cōn**sīdō** (↗ 14.4.5)	cōnsēdī	–	cōnsīdere	sich setzen, sich niederlassen
18 **vincō**	vīcī	victum	vincere	siegen, besiegen
con|vincō	convīcī	convictum	convincere *(m. Gen.)*	überführen *(eines Vergehens)*, widerlegen

ĭ-Konjugation

19 **capiō**	cēpī	captum	capere	fassen, ergreifen; erobern
ac|cipiō	accēpī	acceptum	accipere	annehmen, empfangen; vernehmen
dē|cipiō	dēcēpī	dēceptum	dēcipere	täuschen
ex|cipiō	excēpī	exceptum	excipere	herausnehmen, ausnehmen; aufnehmen
in|cipiō	coepī	coeptum/ inceptum	incipere	anfangen, beginnen
prae|cipiō	praecēpī	praeceptum	praecipere	vorwegnehmen, vorschreiben, befehlen, unterrichten
re|cipiō	recēpī	receptum	recipere	zurücknehmen, aufnehmen;
			se recipere	sich zurückziehen
sus|cipiō	suscēpī	susceptum	suscipere	aufnehmen, übernehmen
20 **faciō**	fēcī	factum	facere	tun, machen, herstellen
pate|faciō	patefēcī	patefactum	patefacere	öffnen, eröffnen
satis|faciō	satisfēcī	satisfactum	satisfacere	Genüge leisten, *(Ansprüche)* befriedigen
af|ficiō	affēcī	affectum	afficere *(m. Abl.)*	versehen *(mit)*, ausstatten *(mit)*
cōn|ficiō	cōnfēcī	cōnfectum	cōnficere	vollenden, erledigen
dē|ficiō	dēfēcī	dēfectum	dēficere	abfallen; fehlen
ef|ficiō	effēcī	effectum	efficere	bewirken, durchsetzen
inter|ficiō	interfēcī	interfectum	interficere	töten
per|ficiō	perfēcī	perfectum	perficere	durchsetzen, vollenden
21 **fugiō**	fūgī	(fug*i*tūrus)	fugere	fliehen, meiden
cōn|fugiō	cōnfūgī	(confug*i*tūrus)	cōnfugere	sich flüchten
ef|fugiō	effūgī	(effug*i*tūrus)	effugere	entfliehen, entkommen
22 **iaciō**	iēcī	iactum	iacere	werfen, schleudern
ab|iciō	abiēcī	abiectum	abicere	wegwerfen, herabwerfen
ad|iciō	adiēcī	adiectum	adicere	hinwerfen, hinzufügen
con|iciō	coniēcī	coniectum	conicere	zusammenwerfen, schleudern; vermuten
dē|iciō	dēiēcī	dēiectum	dēicere	herabwerfen; vertreiben

ē|iciō	ēiēcī	ēiectum	ēicere	hinauswerfen, vertreiben
prō|iciō	prōiēcī	prōiectum	prōicere	hinwerfen, preisgeben
sub|iciō	subiēcī	subiectum	subicere	unterwerfen
trā|iciō	trāiēcī	trāiectum	trāicere	übersetzen, überqueren

5 Perfekt-Bildung mit Reduplikation

ā-Konjugation

1	**dō** (↗ 14.5.9)	dedī	dătum	dăre	geben
	circúm|dō	circúmdedī	circúmdătum	circúmdăre	umgeben, umzingeln
2	**stō**	stetī	(stātūrus)	stāre	stehen
	cōn|stō	cōnstitī	(cōnstātūrus)	cōnstāre	feststehen; bestehen *(aus)*; kosten
	cōn|stat	cōnstitit	–	cōnstāre	*es* ist bekannt, *es* steht fest
	īn|stō	īnstitī	(īnstātūrus)	īnstāre *(m. Dat.)*	bevorstehen; *(jmdn.)* drängen, bedrängen, bedrohen
	prae|stō	praestitī	(praestātūrus)	praestāre *(m. Dat.)* *(m. Akk.)*	voranstehen, übertreffen; leisten, erweisen
	prae|stat	praestitit	–	praestāre	*es* ist besser
	re|stō	restitī	–	restāre	übrig sein, übrig bleiben

ē-Konjugation

3	**pendeō**	pependī	–	pendēre	(herab-)hängen
	im|pendeō	–	–	impendēre	bevorstehen, drohen
4	**spondeō**	spopondī	spōnsum	spondēre	versprechen, in Aussicht stellen
	re|spondeō	respondī	respōnsum	respondēre	antworten, erwidern

ī-Konjugation

5	com|**periō**	comperī	compertum	comperīre	erfahren, in Erfahrung bringen
	re|periō	re**pp**erī	repertum	reperīre	wiederfinden, finden

Konsonantische Konjugation

6	**cadō**	cécidī	(cāsūrus)	cadere	fallen
	ác|cidit	áccidit	–	accidere	*es* ereignet sich, *es* stößt zu
	cón|cidō	cóncidī	(concāsūrus)	concidere	einstürzen, zusammenbrechen
	ín|cidō	íncidī	(incāsūrus)	incidere	hineinfallen, geraten *(in)*
	óc|cidō	óccidī	(occāsūrus)	occidere	untergehen; umkommen
7	**caedō**	cecīdī	caesum	caedere	fällen, niederhauen; schlagen
	oc|cīdō	occīdī	occīsum	occīdere	niederschlagen, töten

8	**currō**	cucurrī	cursum	currere	laufen, rennen
	ac|currō	accurrī	accursum	accurrere	herbeieilen
	con|currō	concurrī	concursum	concurrere	zusammenlaufen, zusammenstoßen
	oc|currō	occurrī	occursum	occurrere	begegnen, entgegentreten
9	(**dō** ↗(14.5.1)	dedī	dătum	dăre	geben)
	ab|dō	abdidī	abditum	abdere	verbergen
	ad|dō	addidī	additum	addere	hinzufügen
	con|dō	condidī	conditum	condere	gründen; aufbewahren; bestatten
	dē|dō	dēdidī	dēditum	dēdere	hingeben, ausliefern; widmen
	ē|dō	ēdidī	ēditum	ēdere	herausgeben, verbreiten, hervorbringen
	per|dō	perdidī	perditum	perdere	vernichten; verlieren
	prō|dō	prōdidī	prōditum	prōdere	preisgeben, verraten; überliefern
	red|dō	reddidī	redditum	reddere	zurückgeben; machen *(zu)*
	trā|dō	trādidī	trāditum	trādere	übergeben, überliefern
	crēdō	crēdidī	crēditum	crēdere	glauben; anvertrauen
	ven|dō	vendidī	venditum	vendere	verkaufen
10	discō	dídicī	–	discere	lernen
11	**fallō**	fefellī	–	fallere	täuschen
	fallit	fefellit	–	fallere *(m. Akk.)*	*es* entgeht, *es* ist unbekannt
12	parcō	pepercī	(parsūrus)	parcere *(m. Dat.)*	*(jmdn.)* schonen; *(an/mit etw.)* sparen
13	**pellō**	pepulī	pulsum	pellere	treiben, schlagen; vertreiben
	ex|pellō	expulī	expulsum	expellere	vertreiben, ausstoßen
	im|pellō	impulī	impulsum	impellere	antreiben, veranlassen
	re|pellō	re**pp**ulī	repulsum	repellere	zurücktreiben, abwehren
14	pendō	pependī	pēnsum	pendere	abwägen, bezahlen
15	poscō	poposcī	–	poscere	fordern, verlangen
16	cōn|**sistō**	cōnstitī	–	cōnsistere	sich hinstellen; bestehen *(aus)*
	dē|sistō	dēstitī	–	dēsistere *(m. Abl.)*	ablassen *(von)*, aufhören
	ex|sistō	exstitī	–	exsistere	hervortreten, auftreten, entstehen
	re|sistō	restitī	–	resistere	Widerstand leisten
17	**tangō**	tetigī	tāctum	tangere	berühren
	con|tingō	contigī	contāctum	contingere	berühren, erreichen; zuteil werden
	con|tingit	contigit	–	contingere	*es* gelingt
18	**tendō**	tetendī	tentum	tendere	spannen, strecken
	con|tendō	contendī	contentum	contendere	sich anstrengen, eilen; kämpfen; behaupten
	os|tendō	ostendī	–	ostendere	zeigen, darlegen, in Aussicht stellen

ĭ-Konjugation

19	pariō	peperī	partum (par*i*tūrus)	parere	hervorbringen, gebären; erwerben

6 Perfekt-Bildung ohne Veränderung des Präsens-Stammes

Konsonantische Konjugation

1	arguō	arguī	argūtum	arguere *(m. Gen.)*	darlegen; *(einer Sache)* beschuldigen
2	bibō	bibī	–	bibere	trinken
3	in|**cendō**	incendī	incēnsum	incendere	anzünden, entflammen
4	dē|**fendō**	dēfendī	dēfēnsum	dēfendere	verteidigen, abwehren
	of|fendō	offendī	offēnsum	offendere	anstoßen; angreifen, beleidigen
5	con|gruō	congruī	–	congruere	zusammenfallen, übereinstimmen
6	metuō	metuī	–	metuere	fürchten
7	minuō	minuī	minūtum	minuere	verringern, vermindern
8	**prehendō**	prehendī	prehēnsum	prehendere	ergreifen, fassen,
	com|prehendō	comprehendī	comprehēnsum	comprehendere	ergreifen, fassen, erfassen; begreifen
	dē|prehendō	dēprehendī	dēprehēnsum	dēprehendere	ergreifen, ertappen
	re|prehendō	reprehendī	reprehēnsum	reprehendere	tadeln
9	**ruō**	ruī	(ru*i*tūrus)	ruere	stürzen, eilen; einstürzen
	ē|ruō	ēruī	ērutum	ēruere	ausgraben, aufgraben
10	a|**scendō**	ascendī	ascēnsum	ascendere	hinaufsteigen, ersteigen
	cōn|scendō	cōnscendī	cōnscēnsum	cōnscendere	besteigen
	dē|scendō	dēscendī	dēscēnsum	dēscendere	herabsteigen, herabkommen
11	**solvō**	solvī	solūtum	solvere	lösen; befreien; zahlen
	ab|solvō	absolvī	absolūtum	absolvere *(m. Gen.)*	freisprechen, loslösen *(von)*
	dis|solvō	dissolvī	dissolūtum	dissolvere	auflösen

12 **statuō**	statuī	statūtum	statuere	aufstellen; festsetzen, beschließen
cōn|stituō	cōnstituī	cōnstitūtum	cōnstituere	festsetzen, beschließen
īn|stituō	īnstituī	īnstitūtum	īnstituere	einrichten, beginnen; beabsichtigen; unterrichten
re|stituō	restituī	restitūtum	restituere	wiederherstellen
13 **tribuō**	tribuī	tribūtum	tribuere	zuteilen, zuweisen
dis|tribuō	distribuī	distribūtum	distribuere	verteilen, einteilen
14 ind|uō	induī	indūtum	induere	anziehen, anlegen
15 **vertō** (↗ 17.1.5)	vertī	versum	vertere	wenden, drehen, kehren
animad|vertō	animadvertī	animadversum	animadvertere	wahrnehmen, beachten
con|vertō	convertī	conversum	convertere	umwenden, (hin-)lenken; umändern
ē|vertō	ēvertī	ēversum	ēvertere	umkehren, umstürzen, zerstören
16 volvō	volvī	volūtum	volvere	wälzen, rollen

15 Deponens: Begriff – Formen – Bedeutung

1 Begriff

Als Deponens wird ein Verb bezeichnet, das passive Formen bei aktiver Bedeutung hat (↗ 7.2.2). Deponentien gibt es in allen fünf Konjugationsklassen.

2 Formen

Nur einige infinite Formen sind wie bei den aktivischen Verben (↗ 12) gebildet:

Partizip Präsens:	cōnāns, cōnantis; cōnfitēns, cōnfitentis
Partizip Futur:	cōnātūrus, -a, -um; moritūrus, -a, -um
Infinitiv Futur:	cōnātūrum, -am, -um esse; questūrum, -am, -um esse
Gerundium:	cōnāndī usw.; patiendī usw.
Gerundivum:	cōnandus, -a, -um; patiendus, -a, -um

2.1 Präsens-Stamm: Finite Formen

INDIKATIV

		Präsens		Imperfekt		Futur I	
SINGULAR	1. Person	cōn- vere- largi- pati- sequ- → or	**ich** versuche fürchte schenke leide folge	→ ba-r	**ich** versuchte fürchtete schenkte litt folgte	cōnā- verē- → b -or largi- pati- sequ- → a -r	**ich werde** versuchen fürchten schenken leiden folgen
	2. Person	cōnā- verē- larg*ī*- páte- séque → ris	**du** versuchst fürchtest schenkst leidest folgst	cōnā- verē- largi- pati- sequ- → ē → bā-ris	**du** versuchtest fürchtetest schenktest littest folgtest	cōnā- verē- → be -ris largi- pati- sequ- → ē -ris	**du wirst** versuchen fürchten schenken leiden folgen
	3. Person	cōnā- verē- larg*ī*- páti- séqu*i*- → tur	**er, sie, es** versucht fürchtet schenkt leidet folgt	→ bā-tur	**er, sie, es** versuchte fürchtete schenkte litt folgte	cōnā- verē- → b*i* -tur largi- pati- sequ- → ē -tur	**er, sie, es wird** versuchen fürchten schenken leiden folgen
PLURAL	1. Person	cōnā- verē- larg*ī*- páti- séqu*i*- → mur	**wir** versuchen fürchten schenken leiden folgen	→ bā-mur	**wir** versuchten fürchteten schenkten litten folgten	cōnā- verē- → b*i* -mur largi- pati- sequ- → ē -mur	**wir werden** versuchen fürchten schenken leiden folgen
	2. Person	cōnā- verē- larg*ī*- pati- sequ*i*- → minī	**ihr** versucht fürchtet schenkt leidet folgt	cōnā- verē- larg*ī*- pati- sequ- → ē → bā-minī	**ihr** versuchtet fürchtetet schenktet littet folgtet	cōnā- verē- → b*i* -minī largi- pati- sequ- → ē -minī	**ihr werdet** versuchen fürchten schenken leiden folgen
	3. Person	cōna- vere- largi*u*- pati*u*- sequ*u*- → ntur	**sie** versuchen fürchten schenken leiden folgen	→ ba-ntur	**sie** versuchten fürchteten schenkten litten folgten	cōnā- verē- → b*u* -ntur largi- pati- sequ- → e -ntur	**sie werden** versuchen fürchten schenken leiden folgen

2.1 Präsens-Stamm: Finite Formen

KONJUNKTIV / IMPERATIV

	Präsens (HS: ↗ 99.2; GS: ↗ 113)	**Imperfekt** (HS: ↗ 99.2; GS: ↗ 113)	**Imperativ I** (↗ 101)	**Imperativ II**[1] (↗ 101)
1. Person	cōn- — e-r vere- / largi- / pati- / sequ- — a-r	re-r		
2. Person	cōn- — ē-ris vere- / largi- / pati- / sequ- — ā-ris	cōnā- / verē- / largī- / pate- / seque- — rē-ris	cōnā / verē- / largī- / páte- / séque — re! versuche! fürchte! schenke! leide! folge!	cōnā-tor! **du sollst** versuchen! usw. usw.
3. Person	cōn- — ē-tur vere- / largi- / pati- / sequ- — ā-tur	rē-tur		cōnā-tor! **er, sie, es soll** versuchen! usw. usw.
1. Person	cōn- — ē-mur vere- / largi- / pati- / sequ- — ā-mur	rē-mur		
2. Person	cōn- — ē-minī vere- / largi- / pati- / sequ- — ā-minī	cōnā- / verē- / largī- / pate- / seque- — rē-minī	cōnā- / verē- / largī- / pati- / sequ*i*- — minī! versucht! fürchtet! schenkt! leidet! folgt!	
3. Person	cōn- — e-ntur vere- / largi- / pati- / sequ- — a-ntur	re-ntur		cōna-ntor! **sie sollen** versuchen! usw. usw.

[1]) Der Imperativ II begegnet selten.

2.2 Perfekt-Stamm: Finite Formen

Numerus	Person		Indikativ Perfekt	Indikativ Plusquamperfekt	Indikativ Futur II	Konjunktiv Perfekt	Konjunktiv Plusquamperfekt
SINGULAR	1.	cōnātus, -a, -um	sum	eram	erō	sim	essem
	2.	véritus, -a, -um →	es	erās	eris	sīs	essēs
	3.	largītus, -a, -um	est	erat	erit	sit	esset
PLURAL	1.	passī, -ae, -a	sumus	erāmus	erimus	sīmus	essēmus
	2.	secutī, -ae, -a →	estis	erātis	eritis	sītis	essētis
	3.		sunt	erant	erunt	sint	essent
		ich habe versucht/versuchte		ich hatte versucht	(HS: ↗ 107.2; GS: ↗ 112.3)	(HS: ↗ 99.2; GS: ↗ 113)	(HS: ↗ 99.2; GS: ↗ 113)
		du hast gefürchtet/fürchtetest		du hattest …			
		er, sie, es hat geschenkt/schenkte		er, sie, es hatte …			
		wir haben erduldet/erduldeten		wir hatten …			
		ihr seid gefolgt/folgtet		ihr wart …			
		sie sind gefolgt/folgten …		sie waren …			

2.3 Verbalstämme: Nominalformen

Infinitiv Präsens		
cōnā-, verē-, largī-	rī	
sequ-, pat-	ī	

Partizip Präsens		
cōnā-, verē-		ns, -ntis
largi-, sequ-, pati-	ē-	ns, -ntis

Infinitiv Futur		
cōnā-, veri-, largī-, secū-	tūrum, -am, -um tūrōs, -ās, -a	esse
pas-	sūrum, -am, -um sūrōs, -ās, -a	esse

Partizip Futur	
cōnā-, veri-, largī-, secū-	tūrus, -a, -um
pas-	sūrus, -a, -um

Infinitiv Perfekt		
cōnā-, véri, largī-, secū-	tum, -am, -um tōs, -ās, -a	esse
pas-	sum, -am, -um sōs, -ās, -a	esse

Partizip Perfekt	
cōnā-, véri-, largī-, secū-	tus, -a, -um
pas-	sus, -a, -um

Gerundium ↗ 90		
cōna-, vere-		ndī, -ndō usw.
largi-, sequ-, pati-	e-	ndī, -ndō usw.

Gerundivum ↗ 91–93		
cōnā-, vere-		ndus, -a, -um
largi-, sequ-, pati-	e-	ndus, -a, -um

3 Bedeutung

Deponentien stehen zwischen den Genera verbi *(Diathesen)* Aktiv und Passiv: **Medium**[1].
Das Medium bezeichnet ursprünglich eine Handlung, die von einem Subjekt mit starker seelisch-geistiger oder körperlicher Beteiligung – häufig auch an einem Objekt – vollzogen oder selbst erfahren wird. Dies zeigt sich auch daran, dass sich viele Deponentien reflexiv wiedergeben lassen, z.B.

mīrārī	*sich* wundern	potīrī	*sich* bemächtigen
recordārī	*sich* erinnern	colloquī	*sich* unterreden
verērī	*sich* scheuen	ulcīscī	*sich* rächen

3.1 Drei Bedeutungsbereiche lassen sich unterscheiden:

intensives Bemühen:	cōnārī	versuchen	–	persequī	verfolgen
innere Beteiligung:	minārī	drohen	–	querī	klagen
Vorgänge des Erleidens:	patī	leiden	–	morī	sterben

3.2 Der Übergang von der reflexiv-medialen zur aktiv-transitiven Bedeutung lässt sich teilweise auch im Deutschen nachvollziehen, z.B.
verērī sich scheuen > sich fürchten (vor jemandem) > jemanden fürchten

16 Deponentien – Stammformen

1 ā-Konjugation

1 arbitror arbitrātus sum arbitrārī meinen, glauben

Ebenso bilden alle Deponentien (↗ 7.2.2) der ā-Konjugation ihre Stammformen:

2	cōnārī	versuchen
3	re|cordārī *(m. Akk.)*	sich erinnern *(an)*
4	cūnctārī	zögern
5	in|dīgnārī *(mit Akk.)*	empört sein, sich entrüsten *(über)*
6	grātulārī *(m. Dat.)*	danken; *(jmdn.)* beglückwünschen
7	hortārī	ermahnen, mahnen
8	imitārī	nachahmen
9	minārī	drohen, androhen
10	**mīrārī** *(m. Akk.)*	sich wundern *(über)*, bewundern
	ad|mīrārī	bewundern
11	morārī	(sich) aufhalten, zögern
12	precārī	beten, bitten
13	inter|pretārī	auslegen, deuten
14	cōn|sōlārī	trösten
15	cōn|**spicārī**	erblicken
	su|spicārī	argwöhnen, vermuten
16	con|templārī	betrachten, beobachten
17	tūtārī	schützen
18	venerārī	verehren, anbeten
19	versārī	sich aufhalten, sich beschäftigen

[1]) medius, -a, -um: in der Mitte stehend, dazwischenliegend; zur Verwendung ↗ 80.3; 84.2; 86.3.2

2 ē-Konjugation

1	**fateor**	fassus sum	fatērī	gestehen, bekennen
	cōn|fiteor	cōnfessus sum	cōnfitērī	gestehen, bekennen
	pro|fiteor	professus sum	profitērī	gestehen, offen bekennen
2	**mereor** (↗ 14.2.17)	meritus sum	merērī *(dē)*	sich verdient machen *(um)*
	ē|mereor	ēmeritus sum	ēmerērī	verdienen, leisten
3	misereor	miseritus sum	miserērī *(m. Gen.)*	sich erbarmen, Mitleid haben *(mit jmdm.)*
4	polliceor	pollicitus sum	pollicērī	versprechen
5	reor	ratus sum	rērī	meinen, denken; rechnen
6	tueor	(tūtātus sum)	tuērī	schützen
7	vereor	veritus sum	verērī	sich scheuen, fürchten; verehren
8	videor (↗ 14.4.6)	vīsus sum	vidērī	scheinen, gelten (als)

3 ī-Konjugation

1	largior	largītus sum	largīrī	spenden, schenken
2	mentior	mentītus sum	mentīrī	lügen
3	mētior	mēnsus sum	mētīrī	messen
4	mōlior	mōlītus sum	mōlīrī	in Bewegung setzen, unternehmen, planen
5	ōrdior	ōrsus sum	ōrdīrī	anfangen, beginnen
6	**orior**[1]	ortus sum; (or*i*tūrus)	orīrī	sich erheben, aufgehen; entstehen
	ad|orior	adortus sum	adorīrī	angreifen, in Angriff nehmen
7	partior	partītus sum	partīrī	teilen
8	ex|perior	expertus sum	experīrī	versuchen, erproben
9	potior	potītus sum	potīrī *(m. Abl. oder Gen.)*	sich bemächtigen, in seine Gewalt bekommen

4 Konsonantische Konjugation

1	adipīscor	adeptus sum	adipīscī	erreichen, erringen
2	pro|ficīscor	profectus sum	proficīscī	aufbrechen, abreisen, reisen
3	fungor	fūnctus sum	fungī *(m. Abl.)*	verwalten, verrichten
4	īrāscor	–	īrāscī	zürnen
5	**lābor**	lāpsus sum	lābī	gleiten, fallen, verfallen
	dī|lābor	dīlāpsus sum	dīlābī	zerfallen, vergehen
6	ob|līvīscor	oblītus sum	oblīvīscī *(m. Gen.)*	*(etw.)* vergessen
7	**loquor**	locūtus sum	loquī	sprechen, reden
	col|loquor	collocūtus sum	colloquī	sich unterreden, sich besprechen
8	nancīscor	na(n)ctus sum	nancīscī	erreichen, bekommen
9	nāscor	nātus sum	nāscī	geboren werden, entstehen
10	nītor	nīsus/nīxus sum	nītī *(m. Abl.)*	sich stützen *(auf)*, streben *(nach)*, sich anstrengen

[1]) Manche Formen werden nach der ĭ-Konjugation gebildet.

11	queror	questus sum	querī *(m. Akk.)*	klagen *(über)*, beklagen
12	**sequor**	secūtus sum	sequī *(m. Akk.)*	folgen, befolgen
	as|sequor	assecūtus sum	assequī	einholen, erreichen
	cōn|sequor	cōnsecūtus sum	cōnsēquī *(m. Akk.)*	nachfolgen, einholen, erreichen
	per|sequor	persecūtus sum	persequī	verfolgen
13	ulcīscor	ultus sum	ulcīscī *(m. Akk.)*	sich rächen *(an/für)*, bestrafen, strafen
14	ūtor	ūsus sum	ūtī *(m. Abl.)*	*(etw.)* benützen, gebrauchen
15	vehor (↗ 14.3.44)	vectus sum	vehī	fahren, sich fahren lassen

5 ĭ-Konjugation

1	ag|**gredior**	aggressus sum	aggredī	angreifen, herangehen
	ē|gredior	ēgressus sum	ēgredī	herausgehen, herauskommen
	in|gredior	ingressus sum	ingredī	hineingehen, einhergehen
	prō|gredior	prōgressus sum	prōgredī	weitergehen, vorrücken, Fortschritte machen
	re|gredior	regressus sum	regredī	zurückgehen, umkehren
2	morior	mortuus sum (mor*i*tūrus)	morī	sterben
3	patior	passus sum	patī	dulden, (er)leiden, zulassen

17 Sonderformen der Deponentien: Semideponentien und fierī

1 Semideponentien[1] (↗ 7.2.2)

1.1 ē-Konjugation

1	audeō	ausus sum	audēre	wagen
2	gaudeō	gāvīsus sum	gaudēre *(m. Abl.)*	sich freuen *(über)*
3	soleō	solitus sum	solēre	gewohnt sein, pflegen

1.2 Konsonantische Konjugation

4	cōn|fīdō	cōnfīsus sum	cōnfīdere	vertrauen
5	re|vertor (↗ 14.6; 15)	revertī, -istī, ... *PPA:* reversus	revertī	zurückkehren zurückgekehrt

[1]) Semi-deponentien: Halb-Deponentien (↗ 7.2.2).

2 fierī

fīō factus sum fierī werden, gemacht werden; geschehen

	Präsens Ind.	Präsens Konj.	Imperfekt Ind.	Imperfekt Konj.	Futur I	Imperativ
Sg. 1.	fī-ō	fī-a-m	fī-ē-ba-m	fi-e-re-m	fī-a-m	
2.	fī-s	fī-ā-s	fī-ē-bā-s	fi-e-rē-s	fī-ē-s	(fī!)
3.	fi-t	fī-a-t	fī-ē-ba-t	fi-e-re-t	fī-e-t	
Pl. 1.	fī-mus	fī-ā-mus	fī-ē-bā-mus	fi-e-rē-mus	fī-ē-mus	
2.	fī-tis	fī-ā-tis	fī-ē-bā-tis	fi-e-rē-tis	fī-ē-tis	(fī-te!)
3.	fī-unt	fī-a-nt	fī-ē-ba-nt	fi-e-re-nt	fī-e-nt	
Infinitiv	fierī				fōre	
Partizip					futūrus	

Das -i- ist auch vor Vokalen lang, außer in fierī, fierem ... fierent

Das Passiv von facere wird im Präsens-Stamm durch die Formen von fierī ersetzt.

Die Komposita von facere (z.B. cōnficere, perficere) bilden das Passiv in der üblichen Weise (z.B. cōnficior, perficitur).

18 Verben mit Besonderheiten im Präsens-Stamm: esse, posse, īre, velle/nōlle/mālle, ferre

1 esse und Komposita

1.1 esse, sum, fuī sein

Der Präsens-Stamm von esse lautet es- bzw. s-. Im Indikativ Imperfekt und im Futur I hat er sich (durch Rhotazismus ↗ L 22) zu er- verändert.

Präsens Ind.	Präsens Konj.	Imperfekt Ind.	Imperfekt Konj.	Futur I	Imperativ I	Imperativ II
s-u-m	s-i-m	er-a-m	es-se-m	er -ō		
e -s	s-ī-s	er-ā-s	es-sē-s	er-i-s	es!	es -tō!
es -t	s-i-t	er-a-t	es-se-t	er-i-t		es -tō!
s-u-mus	s-ī-mus	er-ā-mus	es-sē-mus	er-i-mus		
es -tis	s-ī-tis	er-ā-tis	es-sē-tis	er-i-tis	es-te!	es -tōte!
s-u-nt	s-i-nt	er-a-nt	es-se-nt	er-u-nt		s-u-ntō!
Partizip				**Partizip**		
–				futūrus		
Infinitiv				**Infinitiv**		
es-se				futūrum, -am, -um esse; fōre		

posse		
Präsens Ind.	**Imperfekt Ind.**	**Futur I**
pos-sum pot-e s pot-est pos-sumus pot-estis pos-sunt	pót-eram usw.	pót-erō usw.
Konj.	**Konj.**	
pos-sim usw.	pos-sem usw.	

1.2 esse: Komposita

sum	fuī	(futūrus)	esse	sein
ab-sum	āfuī	(āfutūrus)	abesse	abwesend sein, entfernt sein, fehlen
ad-sum	affuī	(āffutūrus)	adesse	anwesend sein; beistehen
dē-sum	dēfuī	–	deesse	fehlen, mangeln
īn-sum	–	–	inesse	enthalten sein
inter-sum	interfuī	–	interesse *(m. Dat.)*	teilnehmen *(an)*
inter-est	interfuit	–	interesse	*es* ist wichtig; *es* besteht ein Unterschied
ob-sum	obfuī	(obfutūrus)	obesse	schaden
prae-sum	praefuī	(praefutūrus)	praeesse *(mit Dat.)*	an der Spitze stehen, leiten
super-sum	superfuī	–	superesse *(mit Dat.)*	übrig sein, *(jmdn.)* überleben
prō-sum	prōfuī	(prōfutūrus)	prōdesse[1]	nützen, nützlich sein
pos-sum	potuī	–	posse	können

2 īre und Komposita

2.1 īre, eō, iī, itum gehen

Der Präsens-Stamm -ī-/-i- erscheint als e- vor -a-, o-, u-.
Der Perfekt-Aktiv-Stamm i- ist mit -is zu īs- verschmolzen.

Präsens Ind.	Präsens Konj.	Imperfekt Ind.	Imperfekt Konj.	Futur I	Imperativ I	Imperativ II
e -ō	e-a-m	ī-ba-m	ī-re-m	ī-b -ō		
ī -s	e-ā-s	ī-bā-s	ī-rē-s	ī-b*i* -s	ī!	ī -tō!
i -t	e-a-t	ī-ba-t	ī-re-t	ī-b*i* -t		ī -tō!
ī -mus	e-ā-mus	ī-bā-mus	ī-rē-mus	ī-b*i* -mus	ī-te!	ī -tōte!
ī -tis	e-ā-tis	ī-bā-tis	ī-rē-tis	ī-b*i* -tis		e-*u*-ntō!
e-*u*-nt	e-a-nt	ī-ba-nt	ī-re-nt	ī-b*u*-nt		

Partizip Präsens	Infinitiv Präsens	Gerundium	Gerundivum
i-ēns, e-*u*ntis	ī-re	e-*u*ndī	e-*u*ndum (est)

Perfekt Ind.	Perfekt Konj.	Plusquamperfekt Ind.	Plusquamperfekt Konj.	Futur II
i-ī	i-eri-m	i-era-m	īsse-m	i-er -ō
ī-stī	i-eri-s	i-erā-s	īssē-s	i-er*i*-s
i-it	i-eri-t	i-era-t	īsse-t	i-er*i*-t
i-imus	i-eri-mus	i-erā-mus	īssē-mus	i-er*i*-mus
ī-stis	i-eri-tis	i-erā-tis	īssē-tis	i-er*i*-tis
i-ērunt	i-eri-nt	i-era-nt	īsse-nt	i-er*i*-nt

Partizip Perfekt Passiv	Infinitiv Perfekt Aktiv
itum[2]	**īsse**

[1]) Das Präfix prō- lautet vor Vokalen prōd-.
[2]) Das intransitive Verb īre hat nur unpersönliche Passivformen, z.B. ītur (man geht), itum est (man ging).

2.2 īre: Komposita

eō	iī	ĭtum	īre	gehen
ab|eō	abiī	abĭtum	abīre	weggehen, abtreten
ad|eō	adiī	adĭtum	adīre	herangehen, aufsuchen; angreifen
ex|eō	exiī	exĭtum	exīre	hinausgehen, ausrücken
in|eō	iniī	inĭtum	inīre	hineingehen; beginnen
inter|eō	interiī	–	interīre	zugrunde gehen, umkommen
ob|eō	obiī	obĭtum	obīre	entgegengehen; besuchen; sterben
per|eō	periī	–	perīre	zugrunde gehen, umkommen
praeter|eō	praeteriī	praeterĭtum	praeterīre	vorbeigehen, übergehen
red|eō	rediī	redĭtum	redīre	zurückgehen, zurückkehren
sub|eō	subiī	subĭtum	subīre	herangehen, auf sich nehmen
trāns|eō	trānsiī	trānsĭtum	trānsīre	hinübergehen, überschreiten

3 velle – nōlle – mālle

Der Präsens-Stamm lautet in den Indikativ-Formen und im Partizip vol- (vul- ↗ L 16.2), in den Konjunktivformen und im Infinitiv vel-. Der Perfekt-Aktiv-Stamm endet auf -u-. Zwischen die Stämme vol-/māl-/nōl- und die Person-Zeichen -mus und -nt tritt der Bindevokal -u-, z.B. vol-u-mus, nōl-u-nt (vgl. s-u-mus, s-u-nt).

volō	voluī	–	velle	wollen
nōlō	nōluī	–	nōlle	nicht wollen
mālō	māluī	–	mālle	lieber wollen

3.1 velle[1]

Präsens Ind.	Konj.	**Imperfekt** Ind.	Konj.	**Futur I**
vol -ō	vel-i-m	vol-ēba-m	vel-le-m	vol-a-m
vī -s	vel-ī-s	vol-ēbā-s	vel-lē-s	vol-ē-s
vul -t	vel-i-t	vol-ēba-t	vel-le-t	vol-e-t
vol-*u*-mus	vel-ī-mus	usw.	usw.	usw.
vul -tis	vel-ī-tis			
vol-*u*-nt	vel-i-nt			

Partizip Präsens	**Perfekt**	
vol-ēns, vol-entis	volu-ī	

[1]) velle < velse (vgl. es-se ↗ L 23: Assimilation); nōlō < nevolō; mālō < mage-volō

3.2 nōlle

Präsens Ind.	Präsens Konj.	Imperfekt Ind.	Imperfekt Konj.	Futur I	Imperativ I
nōl-ō	nōl-**i**-m	nōl-ēba-m	nōl-**le**-m	nōl-**a**-m	
nōn **vīs**	nōl-**ī**-s	nōl-ēbā-s	nōl-**lē**-s	nōl-**ē**-s	nōl **ī**!
nōn **vult**	nōl-**i**-t	nōl-ēba-t	nōl-**le**-t	nōl-**e**-t	
nōl-*u*-mus	nōl-**ī**-mus	usw.	usw.	usw.	nōl**ī-te**!
nōn **vultis**	nōl-**ī**-tis				
nōl-*u*-nt	nōl-**i**-nt				
Partizip Präsens		**Perfekt**			
nōl-ē**ns**, nōl-**ent**is		**nōlu**-ī			

3.3 mālle

Präsens Ind.	Präsens Konj.	Imperfekt Ind.	Imperfekt Konj.	Futur I
māl-ō	māl-**i**-m	māl-ēba-m	māl-**le**-m	māl-**a**-m
mā-**vīs**	māl-**ī**-s	māl-ēbā-s	māl-**lē**-s	māl-**ē**-s
mā-**vult**	māl-**i**-t	māl-ēba-t	māl-**le**-t	māl-**e**-t
māl-*u*-mus	māl-**ī**-mus	usw.	usw.	usw.
mā-**vultis**	māl-**ī**-tis			
māl-*u-nt*	māl-**i**-nt			
Partizip Präsens		**Perfekt**		
mālē**ns**, -**ent**is		**mālu**-ī		

4 ferre und Komposita

4.1 ferre, ferō, tulī, lātum tragen

Im Indikativ Präsens zeigt **ferre** die Bindevokale -i- bzw. -u- vor -m- bzw. -n-. Der Perfekt-Aktiv-Stamm lautet tul- (vgl. tollere). Der Partizip-Perfekt-Passiv-Stamm lautet lāt- (< tlat-).

Aktiv

Präsens Ind.	Präsens Konj.	Imperfekt Ind.	Imperfekt Konj.	Futur I	Imperativ I	Imperativ II
fer -ō	fer-a-m	fer-ē**ba**-m	fer-**re**-m	fer-a-m		
fer -s	fer-ā-s	fer-ē**bā**-s	fer-**rē**-s	fer-ē-s	fer!	fer -**tō**!
fer -t	fer-a-t	fer-ē**ba**-t	fer-**re**-t	fer-e-t	fer-**te**!	fer -**tō**!
fer-*i* -mus	fer-ā-mus	usw.	usw.	usw.		
fer -tis	fer-ā-tis					fer -**tōte**!
fer-*u*-nt	fer-a-nt					fer-*u*-**ntō**!

Partizip Präsens	Gerundium	Gerundivum	Infinitiv
fer-ē**ns**, fer-**ent**is	fer-**end**ī	fer-**end**us, -a-, -um	fer-**re**[1]

Perfekt			
tulī			

Passiv

Präsens Ind.	Präsens Konj.	Imperfekt Ind.	Imperfekt Konj.	Futur I
fer- or	fer-a-r	fer-ē**ba**-r	fer-**re**-r	fer-a-r
fer- ris	fer-ā-ris	fer-ē**bā**-ris	fer-**rē**-ris	fer-**ē**-ris
fer- tur	fer-ā-tur	fer-ē**bā**-tur	fer-**rē**-tur	fer-**ē**-tur
fer-*i* mur	fer-ā-mur	usw.	usw.	usw.
fer-*i* minī	fer-ā-minī			
fer-*u*ntur	fer-a-ntur			

Infinitiv Präsens	Partizip Perfekt	Perfekt
fer-rī	lātus, -a, -um	lātus sum, ...

[1]) ferre < ferse (vgl. esse ↗ L 23: Assimilation)

4.2 ferre: Komposita

ferō	tulī	lātum	ferre	tragen, bringen; berichten
áf|ferō	áttulī	allātum	afferre	herbeibringen, melden; antun
aú|ferō	ábstulī	ablātum	auferre	wegbringen, wegschaffen; rauben
circúm|ferō	circúmtulī	circumlātum	circumferre	herumtragen, ringsum verbreiten
cṓn|ferō	cóntulī	collātum	cōnferre	zusammentragen; vergleichen
dḗ|ferō	dḗtulī	dēlātum	dēferre	überbringen, melden, anzeigen
díf|ferō	dístulī	dīlātum	differre	aufschieben
díf|ferō	–	–	differre	verschieden sein, sich unterscheiden
ī́n|ferō	íntulī	illātum	īnferre	hineintragen, beibringen
óf|ferō	óbtulī	oblātum	offerre	entgegenbringen, anbieten
pér|ferō	pértulī	perlātum	perferre	ertragen, aushalten
prṓ|ferō	prṓtulī	prōlātum	prōferre	hervorbringen; vorzeigen
ré|ferō	réttulī	relātum	referre	zurückbringen; berichten
			referre *(ad)*	beziehen *(auf)*
tollō	sús|tulī	sublātum	tollere	emporheben; beseitigen, aufheben

19 Verba defectiva

Bei den Verba defectiva[1] ist nur ein Teil der Formen gebräuchlich.

Nur in den Perfekt-Stämmen kommen vor:				
meminī	–	meminisse	sich erinnern, denken *(an)*	(*Imperativ*: mementō!)
ōdī	–	ōdisse	hassen	
coepī	coeptum	coepisse	begonnen haben	(< *incipere* ↗ 14.5.19)

Nur in wenigen Formen kommen vor:					
Präsens				**Perfekt**	
āiō	ich sage, behaupte	āiō, ait, āiunt		ait	er/sie/es sagte
inquam	ich sage	inquam, inquit		inquit	er/sie/es sagte

Höflichkeits- und Grußformeln:						
Singular	quaesō[2]	bitte	avē! salvē!	sei gegrüßt!	valē![3]	lebe wohl!
Plural	quaesumus	bitte	avēte! salvēte!	seid gegrüßt!	valēte!	lebt wohl!

[1]) < dēfectus, -ūs: das Fehlen
[2]) < quaerere (↗ 14.1.14)
[3]) < valēre (↗ 14.2.32)

20 Sonder- und Kurzformen

1 Sonderformen

Besonders in der Dichtung finden sich folgende Sonderformen:

Passiv des Präsens-Stamms:

-re statt -ris:	vocē-re (vocē-ris)	monēbe-re (monēbe-ris)
	vinciā-re (vinciā-ris)	pellē-re (pellē-ris)
-rier statt -rī:	vocā-rier (vocā-rī)	
-ier statt -ī:	pell-ier (pell-ī)	

Perfekt Aktiv – 3. Person Plural

-ēre statt -ērunt:	vocāv-ēre (vocāv-ērunt)	monu-ēre (monu-ērunt)
	pepul-ēre (pepul-ērunt)	fēc-ēre (fēc-ērunt)

2 Kurzformen

Verben, die den Perfekt-Aktiv-Stamm mit dem Perfekt-Zeichen -v- bilden, können durch Ausstoßen des -v- Kurzformen bilden.
Die nach Ausstoßung des -v- aufeinander treffenden Vokale werden häufig kontrahiert (↗ L 19):

vocā-stī	(vocā-v-istī)	*aber:*	audi-erim	(audī-v-erim)
vocā-rim	(vocā-v-erim)		peti-it	(petī-v-it)
vocā-ram	(vocā-v-eram)		peti-eram	(petī-v-eram)
vocā-ssem	(vocā-v-issem)		peti-ērunt	(petī-v-ērunt)
vocā-sse	(vocā-v-isse)			

NOMEN

21 Nomen: Begriff – Arten – Flexion

1 Begriff

Nomina sind deklinierbare Wörter.

Nomina			
benennen/ charakterisieren bezeichnen	Wesen, Dinge, Begriffe Zahlen	Namenwörter: Eigenschaftswörter: Zahlwörter:	**Substantive** (↗ 22–23) **Adjektive** (↗ 24–25) **Numeralia** (↗ 26)
vertreten	*andere Wortarten*	‚Für'-wörter:	**Pronomina** (↗ 27–31)

2 Flexion

2.1 Kasus

Nomina erfüllen die syntaktische Funktion von Satzgliedern und Satzgliedteilen (↗ 36–41).
Deswegen erscheinen sie in abgewandelter Form in verschiedenen **Fällen (Kasus)**.
Die Kasusformen eines Nomens lassen sich oft an den Kasus-Zeichen bzw. den Ausgängen des Wortes erkennen (↗ 22.2).
Die Deklination eines Nomens unterscheidet folgende Kasus:

Fall	Kasus		
1.	Nominativ	(Nom.)	↗ 43
2.	Genitiv	(Gen.)	↗ 62–66
3.	Dativ	(Dat.)	↗ 49–52
4.	Akkusativ	(Akk.)	↗ 44–48
5.	Ablativ	(Abl.)	↗ 53–61

Hinzu kommt der Vokativ[1] als Kasus der Anrede (↗ 22.3a).

2.2 Numerus

Im Lateinischen unterscheidet man die beiden **Numeri Singular (Einzahl)** und **Plural (Mehrzahl)**.

Numeri		
Singular	dominus	(der/ein) Herr
Plural	dominī	(die) Herren

[1]) < vocāre (rufen)

2.3 Genus

Im Lateinischen werden drei **Geschlechter (Genera)** unterschieden:

das männliche Geschlecht:	Maskulinum[1]	(m)
das weibliche Geschlecht:	Femininum[2]	(f)
das sächliche Geschlecht:	Neutrum[3]	(n)

22 Substantiv: Deklination

1 Deklinationsklassen und Deklinationsgruppen

Man kann im Lateinischen zwei Deklinationsklassen unterscheiden: die **vokalische** und die **konsonantische Deklinationsklasse**. Die Einteilung erfolgt nach dem **Kennlaut** der Substantive, der entweder ein Vokal oder ein Konsonant ist.
Den Kennlaut eines Substantivs erkennt man, wenn man von seinem Genitiv Plural das Kasus-Zeichen abtrennt:

z.B. amīcō-*rum*, rē-*rum*; agmin-um.

Die vokalische Deklinationsklasse umfasst **fünf Deklinationsgruppen**, die nach dem jeweiligen Kennvokal benannt sind.
Die konsonantische Deklinationsklasse umfasst **zwei Deklinationsgruppen**, die sich nur in einem Kasus unterscheiden, dem Genitiv Plural (↗ 22.3).

Deklinationsklasse	Kennlaut	Deklinationsgruppe
Vokalisch	Vokal -ā- -o- -ĭ- -u- -ē-	ā- o- ĭ- Deklination u- ē-
Konsonantisch	Konsonant	Konsonantische Deklination Mischdeklination

[1]) < mās (Mann)
[2]) < fēmina (Frau)
[3]) < ne-utrum (keines von beiden, d.h. von den beiden anderen Geschlechtern)

2 Kasus-Zeichen und Kasus-Ausgänge

Die deklinierten Formen der Kasus sind in den beiden Numeri dadurch gekennzeichnet, dass verschiedene **Kasus-Zeichen** an den Stamm der Substantive treten. Diese Kasus-Zeichen sind oft mit dem Kennlaut verschmolzen oder durch Bindevokale erweitert und werden dann als **Ausgänge** bezeichnet.

Übersicht

Kasus-Zeichen				Ausgänge						
				ā- Dekl.	o- Dekl.	Kons. Dekl.	ĭ- Dekl.	Misch- dekl.	u- Dekl.	ē- Dekl.
Nom.	**Sg.**	ohne Kasus- Zeichen -s -m	m/f n 	puella Aenēās 	ager amīcus[1] dōnum[1]	cōnsul, soror agmen virtūs 	 mare turris 	 cor nox 	 cornu cursus 	 rēs
	Pl.	-ī -s -a	 m/f n	puellae[2] – –	agrī – dōna	– virtūtēs agmina	– turrēs maria	– noctēs corda	– cursūs cornua	– rēs –
Gen.	**Sg.**	-ī -s		puellae[2] –	agrī –	– virtūtis	– turris	– noctis	– cursūs	reī
	Pl.	-um -rum		– puellārum[3]	deum[3] amīcōrum[3]	agminum	turrium	noctium	cursuum	– rērum[3]
Dat.	**Sg.**	-ī		puellae[2]	amīcō[4]	agminī	turrī	noctī	cursuī	reī
	Pl.	-bus -īs		–[5] puellīs[4]	–[5] amīcīs[4]	agminibus	turribus	noctibus	cursibus	rēbus
Akk.	**Sg.**	-m (wie Nom.)	m/f n	puellam –	amīcum[1] dōnum[1]	virtūtem agmen	turrim mare	noctem cor	cursum cornu	rem
	Pl.	-s -a (wie Nom.)	m/f n	puellās –	amīcōs dōna	virtūtēs agmina	turrēs (*īs*) maria	noctēs corda	cursūs cornua	rēs –
Abl.	**Sg.**	ohne Kasus-Zeichen[6] -e		puellā[6] –	amīcō –	– agmine	turrī –	– nocte	cursū –	rē –
	Pl.	-bus -īs		–[5] puellīs[4]	–[5] amīcīs[4]	agminibus	turribus	noctibus	cursibus	rēbus

[1]) Ausgang -us < os; -um < -om (↗L 21)
[2]) Ausgang -ae < -a-i (↗ L 21.2)
[3]) Bei der o-, ā- und ē-Deklination tritt im Genitiv Plural *-r-* zwischen Wortstamm und Endung **-um**. (de-um statt deō-r-um begegnet vor allem in der Dichtung.)
[4]) Ausgang **-ō** < o-ī; Ausgang **-īs** < a-is bzw. o-is (↗ L 21.2: Kontraktion)
[5]) vgl. deā-bus ↗ 22.5.1 und duō-bus, duā-bus ↗ 26.1.3
[6]) Endung **-d** ist weggefallen; dafür Ersatzdehnung: servā < servad (↗ L 18.4)

3 Deklinationen: Übersicht

	ā-Deklination	o-Deklination			u-Deklination	ē-Deklination	
	(Sklavin) f	*(Freund)* m	*(Junge)* m	*(Geschenk)* n	*(Lauf)* m	*(Sache)* f	
Sg.							**Sg.**
Nom.	puella	amīcus	puer	dōnum	cursus	rēs	Nom.
Gen.	puellae	amīcī	puerī	dōnī	cursūs	rĕī[1]	Gen.
Dat.	puellae	amīcō	puerō	dōnō	cursuī	rĕī[1]	Dat.
Akk.	puellam	amīcum	puerum	dōnum	cursum	rĕm	Akk.
Abl.	puellā	amīcō	puerō	dōnō	cursū	rē	Abl.
Pl.							**Pl.**
Nom.	puellae	amīcī	puerī	dōna	cursūs	rēs	Nom.
Gen.	puellārum	amīcōrum	puerōrum	dōnōrum	cursuum	rērum	Gen.
Dat.	puellīs	amīcīs	puerīs	dōnīs	cursibus	rēbus	Dat.
Akk.	puellās	amīcōs	puerōs	dōna	cursūs	rēs	Akk.
Abl.	puellīs	amīcīs	puerīs	dōnīs	cursibus	rēbus	Abl.

	Konsonantische Deklination			**Mischdeklination**			**ĭ-Deklination**		
	(König) m	*(Frau)* f	*(Bündnis)* n	*(Schiff)* f	*(Nacht)* f	*(Herz)* n	*(Turm)* f	*(Meer)* n	
Sg.									**Sg.**
Nom.	rēx	mulier	foedus	nāvis	nox	cor	turris	mare	Nom.
Gen.	rēgis	mulieris	foederis	nāvis	noctis	cordis	turris	maris	Gen.
Dat.	rēgī	mulierī	foederī	nāvī	noctī	cordī	turrī	marī	Dat.
Akk.	rēgem	mulierem	foedus	nāvem	noctem	cor	turrim	mare	Akk.
Abl.	rēge	muliere	foedere	nāve	nocte	corde	turrī	marī	Abl.
Pl.									**Pl.**
Nom.	rēgēs	mulierēs	foedera	nāvēs	noctēs	corda	turrēs	maria	Nom.
Gen.	rēgum	mulierum	foederum	nāvium	noctium	cordium	turrium	marium	Gen.
Dat.	rēgibus	mulieribus	foederibus	nāvibus	noctibus	cordibus	turribus	maribus	Dat.
Akk.	rēgēs	mulierēs	foedera	nāvēs (īs)	noctēs (īs)	corda	turrēs (īs)	maria	Akk.
Abl.	rēgibus	mulieribus	foederibus	nāvibus	noctibus	cordibus	turribus	maribus	Abl.

a) Der **Vokativ** gleicht in allen Deklinationsklassen dem Nominativ.
Ausnahme: Vokativ Singular der o-Deklination:
Wörter auf **-us**: amīc-**e**
Wörter auf **-ius**: fīlī

b) Sowohl in der o-Deklination als auch in der Konsonantischen Deklination gibt es Substantive, die im Nominativ Singular auf -er enden. Sie lassen sich in zwei Gruppen einteilen:
- Substantive, bei denen das -e- zum Wortstock gehört (puer, puerī; mulier, mulieris),
- Substantive, bei denen das -e- nur im Nominativ Singular zur Ausspracheerleichterung eingefügt ist (ager, agrī; pater, patris).

c) Zur Mischdeklination gehören Substantive auf -s mit gleicher Silbenzahl im Nominativ und Genitiv Singular (z.B. nāvis, nāv-is;cīvis,cīv-is) und Substantive mit ungleicher Silbenzahl (in diesen beiden Kasus), deren Wortstamm auf zwei (oder mehr) Konsonanten endet (z.B. nox,noct-is;urbs,urb-is).

d) Zur u-Deklination gehören auch Neutra, z.B.: genu (Knie), cornu (Horn).

---

[1]) Die Quantität des Kennvokals **-e-** wechselt im Genitiv und Dativ Singular: nach Konsonant kurz (rĕī,fidĕī), nach Vokal lang (diēī).

4 Kasus und Numerus: Gemeinsamkeiten der Formenbildung

Folgende Gemeinsamkeiten gelten für alle Deklinationsgruppen:
- **Nominativ** und **Akkusativ Singular Neutrum** stimmen überein (z.B. dōnum, agmen, animal, cornu),
- **Nominativ** und **Akkusativ Plural Neutrum** enden immer auf -a (z.B. dōna, agmina, animālia, cornua),
- **Nominativ** und **Vokativ Plural** stimmen überein (z.B. amīcae, amīcī, comitēs).

Folgende Gemeinsamkeiten gelten für einzelne Deklinationsgruppen:
- **Nominativ** und **Akkusativ Plural** der ē-, u-, Kons., Misch- und ĭ-Deklination sind immer **gleich** (z.B. rēs, cursūs, virtūtēs, noctēs, turrēs),
- **Dativ** und **Ablativ Plural** stimmen innerhalb einer Deklinationsgruppe überein (z.B. puerīs, puellīs; rēbus; cursibus, virtūtibus, noctibus, turribus),
- **Nominativ** und **Vokativ Singular** aller Deklinationsgruppen mit **Ausnahme** der **o-Deklination** (↗ 22.3a) stimmen überein (z.B. amīca, rēx, comes).

5 Kasus und Numerus: Besonderheiten der Formenbildung

Manche Substantivformen weisen Besonderheiten in Kasus und Numerus auf.

5.1 Besonderheiten der Formen lassen sich auf folgende Ursachen zurückführen:
- Lautveränderungen (↗ L 18.1; L 18.2: Verkürzung; ↗ L 20: Erweiterung; ↗ L 19; L 21.2: Kontraktion),
- Fortbestehen von Endungen aus früher Zeit,
- Wechsel der Deklinationsgruppe.

Übersicht	**Beispiele und Hinweise**
ā-Deklination	
Dat./Abl.Pl.: -ābus	(cum) dīs et deābus (mit) den Göttern und Göttinnen
Gen.Sg.: -ās	pater/māter familiās (*neben* familiae)
o-Deklination	
Gen./Vok. Sg. der Eigennamen auf -ius: -ī	Cornēlī des Cornelius/mein Cornelius! (*so auch*: fīlī! mein Sohn!)
Gen.Sg. der Neutra auf -ium: -ī	cōnsilī
deus	
Nom./Vok.Pl.:	deī *neben* dī
Dat./Abl.Pl.:	(cum) deīs *neben* dīs
Gen.Pl.:	deōrum *neben* deum

Konsonantische Deklination

Iūppiter (< Iov-pater)	*aber:* Iov-is, Iov-ī, Iov-em, (ab) Iov-e
bōs (< bov-s) Rind	*Plural:* bov-ēs, bo-um (↗ L 26), bō-bus (↗ L 18.4)
nur im Abl. Sg.:	forte durch Zufall (suā) sponte aus eigenem Antrieb
nicht dekliniert:	fās göttliches Recht nefās Unrecht, Frevel
erweitert im Nom.Sg.:	coniū*n*x (< con-iung-s), coniugis Gattin senex (< sene-c-s), senis alter Mann
verkürzt im Nom.Sg.	sanguis (< sangui*n*-s), sangui*n*is Blut
Nebenformen aus anderen Deklinationen:	plēbs, plēbis *neben* plēbēs, plēbeī Volk

Mischdeklination

Gen.Pl. *neben* -ium: -um	parentum (*neben* parentium) mēnsum (*neben* mēnsium)
Abl.Sg. *neben* -e: -ī	īgnī (*neben* īgne)

ĭ-Deklination

vīs *unvollständig im Sg.*	vī-s, vi-m, vī (Pl.: vīrēs, vīrium, vīribus *usw.*)

u-Deklination

Dat./Abl.Pl.: -ubus	(in) portubus (*neben* portibus)
nur im Abl.Sg.	iussū auf Befehl
domus *Abl.Sg., Gen.Pl., Akk.Pl. nach der* o-*Dekl.*	(in) domō, domōrum (*neben* domuum), domōs (*neben* domūs)

5.2 Von manchen Substantiven gibt es

a) nur Singularformen (‚Singularwörter': ‚singulāria tantum'),
b) nur Pluralformen (‚Pluralwörter': ‚plūrālia tantum'),
c) im Plural neue (andere oder zusätzliche) Bedeutungen.

Beispiele:

a)	scientia, -ae	Wissen, Kenntnisse
	vestis, -is	Kleid, Kleider
b)	angustiae, -ārum	(der) Engpass; (die) Notlage
	dīvitiae, -ārum	(der) Reichtum
	reliquiae, -ārum	(die) Überreste
	īnsidiae, -ārum	(der) Hinterhalt, (die) Falle
	Kalendae, -ārum	die Kalenden (↗ 146.3.2)

līberī, -ōrum	Kinder
īnferī, -ōrum	(Götter der) Unterwelt
arma, -ōrum	Waffen
precēs, -um	Bitten
septentriōnēs, -um	Siebengestirn, Großer Bär, Norden
moenia, -ium	Stadtmauer(n)
Īdūs, -uum	die Iden (↗ 146.3.2)

c)

im Singular		im Plural	
cōpia, -ae	Menge, Vorrat	cōpiae, -ārum	Vorräte; Truppen, Heer
littera, -ae	Buchstabe	litterae, -ārum	Buchstaben; Brief; Wissenschaft(en)
locus, -ī	Ort, Platz, Stelle	locī, -ōrum	Stellen in Büchern
		loca, -ōrum	Orte, Gegend
auxilium, -ī	Hilfe	auxilia, -ōrum	Hilfstruppen
castrum, -ī	Festung	castra, -ōrum	(das) Lager
mōs, mōris	Sitte	mōrēs, mōrum	Sitten; der Charakter
parēns, -ntis	Vater/Mutter	parentēs, -nt(i)um	Eltern
pars, partis	Teil, Seite	partēs, partium	Teile; Partei; Rolle (z.B. im Drama)
aedis, -is	Tempel	aedēs, -ium	Haus, Wohnhaus
fīnis, -is	Ende, Grenze	fīnēs, -ium	Grenzen; Gebiet
vīs	Kraft, Gewalt	vīrēs, vīrium	Kräfte; Streitkräfte

23 Genus

Man unterscheidet zwischen einem grammatischen und einem natürlichen Geschlecht.

1 Das grammatische Geschlecht

In der Regel hängt das Genus eines Substantivs ab von der Zuordnung zu einer Deklinationsgruppe (↗ 22.1).

1.1 Vokalische Deklinationsgruppen

		Beispiele:	**Ausnahmen:**
Feminina			
ā-Stämme:	-a, -ae	dīligentia vestra	
ē-Stämme:	-ēs, -eī	fidēs bona	diēs prīmus; merīdiēs
ĭ-Stämme:	-is, -is	turris alta	
Maskulina			
o-Stämme:	-us, -ī	morbus perīculōsus	humus bona; vulgus profānum
	-er, -(e)rī	ager vāstus	
u-Stämme:	-us, -ūs	vīctus cottidiānus	domus alta; manus tua; tribus tōta

Neutra

o-Stämme:	-um, -ī	templum altum
u-Stämme:	-u, -ūs	cornu Indicum (Elfenbein)
ĭ-Stämme:	-e, -is	mare nostrum
	-al, -ālis	animal īnfirmum

1.2 Konsonantische Deklinationsgruppen

Feminina

auf:	-ō, -ōnis	legiō prīma	sermō cottidiānus
	-ō, -inis	orīgō parva	ōrdō longus
	-ās, -ātis	lībertās aequa	
	-ūs, -ūtis	servitūs dūra	
	-ēs, -ētis/-ēdis	quiēs grāta	pēs alter
	-s (< ds), -dis	fraus mala	
	-x (< cs), -cis	crux alta	
	-x (< gs), -gis	lēx aequa	
	-ns, -ntis	mēns mala	pōns altus (*ebenso*: dēns, fōns, mōns)
	-is, -is	classis Rōmāna	orbis tōtus; mēnsis Māius; īgnis parvus, pānis bonus, fīnis certus
	-es, -is	sēdēs alta	

Maskulina

auf:	-or, -ōris	amor tuus
	-ōs, -ōris	mōs improbus
	-er, -eris	carcer plēnus
	-l, -lis	sōl nimius

Neutra

auf:	-us, } -oris	tempus omne	
	-ur, } -oris	rōbur dūrum	
	-or, } -oris	aequor Libycum	arbor alta
	-us, -eris	mūnus honestum	
	-en, -inis	nōmen tuum	
dazu:	iūs, iūris	iūs aequum	
	vēr, vēris	vēr iūcundum	
	caput, cápitis	caput hūmānum	
	iter, itíneris	iter difficile	

2 Das natürliche Geschlecht

Unabhängig von der Zuordnung zu einer Deklinationsgruppe können Maskulinum und Femininum männliche oder weibliche Lebewesen bezeichnen.

2.1 Dem natürlichen Geschlecht nach sind Maskulina:

	Beispiele:
Namen von Männern	Mārcus, Aenēās, Scīpiō, Seneca
Bezeichnungen für Männer	pater (Vater), nauta (Matrose), senex (alter Mann)
Namen von Völkern	Persae (die Perser)
von Flüssen	Mosella (die Mosel)[1]
von Winden	aquilō (der Nordwind)[1]

2.2 Dem natürlichen Geschlecht nach sind Feminina:

	Beispiele:
Namen von Frauen	Cornēlia, Dīdō
Bezeichnungen für Frauen	māter (Mutter), soror (Schwester), anus (alte Frau)
Bezeichnungen von Bäumen	laurus (Lorbeerbaum)
Namen von Städten und Inseln	Dēlus[2]

2.3 Substantiva communia[3]
Eine Anzahl lateinischer Personenbezeichnungen unterscheidet nicht zwischen Maskulinum und Femininum. Das betreffende Substantiv ist dem Maskulinum und dem Femininum gemeinsam, z.B.

comes meus mein Begleiter — comes mea meine Begleiterin

2.4 Sammelbegriffe
Bezeichnungen von Gruppen (‚Sammelbegriffe') folgen dem grammatischen Geschlecht, obwohl sie Lebewesen erfassen. Solche Sammelbegriffe sind z.B.

cōpiae *f*	die Truppen	legiō *f*	die Legion
auxilia *n*	die Hilfstruppen	manus *f*	die Schar

3 Genusformen der Adjektive, Numeralia und Pronomina

Adjektive (↗ 24/25), Numeralia (↗ 26) und Pronomina (↗ 27) richten sich nach den Regeln der Kongruenz nicht nur im Kasus und Numerus, sondern auch im Genus nach dem Bezugswort, auf das sie sich als Attribut (↗ 41), Praedicativum (↗ 40.5) oder Prädikatsnomen (↗ 37.2) beziehen.

Sie haben im Nominativ Singular
- entweder für jedes Genus eine eigene Form (‚dreiendig')
- oder für Maskulinum und Femininum dieselbe Form (‚zweiendig')
- oder für alle drei Genera dieselbe Form (‚einendig').

KASUS
NUMERUS
GENUS

KöNiGsregel der Kongruenz

[1]) Das Maskulinum geht auf die Vorstellung von Fluss-/Windgöttern zurück.
[2]) Das Femininum geht auf die Vorstellung einer Baum-/Stadtgöttin zurück.
[3]) commūnis, -e: gemeinsam

Beispiele:

	m	f	n
‚dreiendig‘	bonus ācer ūnus hic	bona ācris ūna haec	bonum ācre ūnum hoc
‚zweiendig‘	fortis trēs		forte tria
‚einendig‘	ingēns		

24 Adjektiv: Erscheinungsform und Deklination

1 Erscheinungsform und syntaktische Funktion

1.1 Nach ihrer Erscheinungsform im Nominativ Singular können Adjektive[1] eingeteilt werden in

‚dreiendige‘
‚zweiendige‘ } Adjektive.
‚einendige‘

‚**Drei**endige‘ Adjektive bilden **jeweils** eine **eigene Form** für

Maskulinum:	equus	māgn**us**	celer
Femininum:	nāvis	māgn**a**	celer**is**
Neutrum:	animal	māgn**um**	celer**e**

‚**Zwei**endige‘ Adjektive bilden eine **gemeinsame Form** für

Maskulinum und	amīcus	} ūtil**is**
Femininum:	amīca	
eine **eigene** für das **Neutrum:**	animal	ūtil**e**

‚**Ein**endige‘ Adjektive bilden eine **gemeinsame Form** für

Maskulinum:	numerus	
Femininum:	terra	} ingē**ns**
Neutrum:	animal	

1.2 Von Adjektiven können Vergleichsstufen (↗ 25) und Adverbien (↗ 33.2.1) gebildet sein.

1.3 Adjektive können **substantiviert** sein.

Plural des Maskulinums:	sapient**ēs**	die Weisen	Rōmān**ī**	die Römer
Singular des Neutrums:	bon**um**	das Gute, das Gut	vēr**um**	das Wahre, die Wahrheit
Plural des Neutrums:	mult**a**	vieles, viele Dinge	difficili**a**	Schweres, Schwierigkeiten

[1]) < adiectum < ad-icere (hinzufügen)

1.4 Wechsel zwischen Adjektiv und Substantiv

amīcus, -a, um	befreundet	amīcus/amīca	Freund/Freundin
inimīcus, -a, -um	feindlich	inimīcus/inimīca	Feind/Feindin
victor, -ōris	siegreich	victor, -ōris *m*	Sieger
senex, senis	alt	senex, senis *m*	alter Mann, Greis
prīnceps, -cipis	erster	prīnceps, -cipis *m*	erster Mann, Fürst

1.5 Adjektive können die **syntaktische Funktion** des
- Attributs (↗ 41),
- Prädikats (als Prädikatsnomen in Verbindung z.B. mit einer Form von **esse** ↗ 37.2) oder
- Adverbiales (in Form des Praedicativums ↗ 40.5) erfüllen,

als substantivierte Adjektive auch die des
- Subjekts (↗ 38) oder
- Objekts (↗ 39).

2 Deklination der Adjektive

Adjektive werden wie die Substantive dekliniert. Sie lassen sich den bekannten Deklinationsgruppen (↗ 22.1) zuordnen.

2.1 Adjektive der o-/ā-Deklination
Die Adjektive der o-/ā-Deklination sind ‚dreiendig'.

	(froh)			*(rau)*		
	m	f	n	m	f	n
Sg.						
Nom.	laet**us**	laet**a**	laet**um**	asper[1]	asper**a**	asper**um**
Gen.	laet**ī**	laet**ae**	laet**ī**	asper**ī**	asper**ae**	asper**ī**
Dat.	laet**ō**	laet**ae**	laet**ō**	asper**ō**	asper**ae**	asper**ō**
Akk.	laet**um**	laet**am**	laet**um**	asper**um**	asper**am**	asper**um**
Abl.	laet**ō**	laet**ā**	laet**ō**	asper**ō**	asper**ā**	asper**ō**
Pl.						
Nom.	laet**ī**	laet**ae**	laet**a**	asper**ī**	asper**ae**	asper**a**
Gen.	laet**ōrum**	laet**ārum**	laet**ōrum**	asper**ōrum**	asper**ārum**	asper**ōrum**
Dat.	laet**īs**	laet**īs**	laet**īs**	asper**īs**	asper**īs**	asper**īs**
Akk.	laet**ōs**	laet**ās**	laet**a**	asper**ōs**	asper**ās**	asper**a**
Abl.	laet**īs**	laet**īs**	laet**īs**	asper**īs**	asper**īs**	asper**īs**

▶ Wie die Adjektive der o-/ā-Deklination werden auch das **Partizip Perfekt Passiv** (↗ 11.3), das **Partizip Perfekt der Deponentien** (↗ 15.2.3), **das Partizip Futur Aktiv** (↗ 11.2) und das **Gerundivum** (↗ 91) dekliniert.

▶ Auch die **Pronominaladjektive** (↗ 32) folgen – mit Ausnahme des Genitiv Singular (-īus) und des Dativ Singular (ī) – dieser Deklinationsgruppe.

---

[1]) Die Adjektive, die im Nominativ Singular des Maskulinums auf **-er** enden, lassen sich – wie die Substantive (↗ 22.3b) – in zwei Gruppen einteilen:
- Adjektive, bei denen das **-e-** zum Wortstock gehört, also in allen Genera erhalten bleibt (z.B. asper, aspera, asperum; miser, misera, miserum; līber, lībera, līberum),
- Adjektive, bei denen das **-e-** im Nom.Sg.Mask. nur zur Ausspracheerleichterung eingeschoben ist (z.B. pulcher, pulchra, pulchrum).

2.2 Adjektive der ĭ-Deklination

In der ĭ-Deklination gibt es ‚dreiendige', ‚zweiendige' und ‚einendige' Adjektive.

	(schnell, rasch)			*(brauchbar, nützlich)*			*(ungeheuer, gewaltig)*		
	m	f	n	m	f	n	m	f	n
Sg. Nom.	celer[1]	celeris	celere	ūtilis		ūtile	ingēns		
Gen.	celeris			ūtilis			ingentis		
Dat.	celerī			ūtilī			ingentī		
Akk.	celerem		celere	ūtilem		ūtile	ingentem		ingēns
Abl.	celer**ī**			ūtil**ī**			ingent**ī**		
Pl. Nom.	celerēs		celer**ia**	ūtilēs		ūtil**ia**	ingentēs		ingent**ia**
Gen.	celer**ium**			ūtil**ium**			ingent**ium**		
Dat.	celeribus			ūtilibus			ingentibus		
Akk.	celerēs		celer**ia**	ūtilēs		ūtil**ia**	ingentēs		ingent**ia**
Abl.	celeribus			ūtilibus			ingentibus		
	‚dreiendig'			‚zweiendig'			‚einendig'		

Adjektive
-ī
-ia
-ium

▶ Wie die ‚einendigen' Adjektive der ĭ-Deklination auf -āns, -antis und -ēns, -entis, die häufig von Verben abgeleitet sind (z.B. cōnstāns, -ntis: fest < cōnstāre: feststehen; dīligēns, -entis: sorgfältig < dīligere: lieben, schätzen) wird das **Partizip Präsens Aktiv** (↗ 11.1) dekliniert; nur im **Ablativ Singular** endet es auf -e (z.B. ē domō ārdent**e**: aus dem brennenden Haus).

▶ Die ‚einendigen' Adjektive memor *(in Erinnerung, sich erinnernd an)* und supplex *(demütig, flehend)* enden im Genitiv Plural auf -um.

2.3 Adjektive der Konsonantischen Deklination

Die Adjektive

dīves	(Gen.: dīvitis):	reich
pauper	(Gen.: pauperis):	arm
vetus	(Gen.: veteris):	alt
prīnceps	(Gen.: prīncipis):	erster

gehören zur Konsonantischen Deklination. Sie sind ‚einendig'.

Sie unterscheiden sich von den Adjektiven der ĭ-Deklination in folgenden Kasus:

				Adjektive
Ablativ Singular:	-e:	prīncip**e** locō	an erster Stelle	**-e**
Nominativ/Akkusativ Plural Neutrum:	-a:	castra veter**a**	das alte Lager	**-a**
Genitiv Plural:	-um:	inopia hominum pauper**um**	die Not armer Menschen	**-um**

[1]) Die Adjektive, die im Nominativ Singular des Maskulinums auf **-er** enden, lassen sich – wie die Substantive (↗ 22.3b) – in zwei Gruppen einteilen:
- Adjektive, bei denen das **-e-** zum Wortstock gehört, also in allen Genera erhalten bleibt (z.B. celer, celeris, celere),
- Adjektive, bei denen das **-e-** im Nom. Sg. Mask. nur zur Ausspracheerleichterung eingeschoben ist (z.B. ācer, ācris, ācre)

25 Adjektiv: Komparation

Von einem Adjektiv können **Vergleichsstufen** gebildet werden.
Die Formen der Vergleichsstufen werden benötigt, wenn zwei oder mehr Lebewesen, Gegenstände oder Begriffe miteinander verglichen werden: **Komparation**[1]. Ausgehend von der **Grundstufe** eines Adjektivs (*Positiv*) lassen sich durch **Bildungselemente**, die in der Regel an den Wortstock treten, eine **Höherstufe** (*Komparativ*[1]) und eine **Höchststufe** (*Superlativ*[2]) bilden.

1 Bildung von Komparativ und Superlativ – regelmäßig

1.1 Bei den meisten Adjektiven sind Komparativ und Superlativ durch folgende Bildungselemente gebildet:

Bildungselemente				
	m	f	n	
Komparativ	**-ior-**		**-ius**[3]	(‚zweiendig')
Superlativ	**-is-sim**-us **-rim**-us **-lim**-us	**-is-sim**-a **-rim**-a **-lim**-a	**-is-sim**-um **-rim**-um **-lim**-um	(‚dreiendig')

Das Bildungselement des Superlativs lautete ursprünglich **-sim-**; es wurde bei den meisten Superlativbildungen zu -is-sim- erweitert. Nur bei Adjektiven auf **-er** im Nominativ Singular (↗ 24.2.1; 24.2.2) und bei einigen Adjektiven auf **-ilis** entfällt die Erweiterungssilbe **-is-**; **-sim-** wird zu **-rim-** bzw. zu **-lim-** (↗ L 23: Assimilation).
Das Bildungselement **-rim-** tritt an den Nominativ Singular des Maskulinums.

Positiv	Wortstock	Komparativ		Superlativ	
longus	long-	long**ior**	long**ius**	long**issimus**,	**-a, -um**
asper	asper-	asper**ior**	asper**ius**	asper**rimus**,	**-a, -um**
pulcher	pulch r-	pulchr**ior**	pulchr**ius**	pulcher**rimus**,	**-a, -um**
celer	celer-	celer**ior**	celer**ius**	celer**rimus**,	**-a, -um**
ăcer	ac r-	ăcr**ior**	ăcr**ius**	ăcer**rimus**,	**-a, -um**
fortis	fort-	fort**ior**	fort**ius**	fort**issimus**,	**-a, -um**
prūdēns	prūdent-	prūdent**ior**	prūdent**ius**	prūdent**issimus**,	**-a, -um**
similis	simil-	simil**ior**	simil**ius**	simil**limus**,	**-a, -um**

KOMPARATIV

-ior-
-ius

SUPERLATIV

-issim-
-rim-
-lim-

[1]) < comparāre (vergleichen)
[2]) < superlātum (darüber gehoben) < superferre
[3]) Bildungselement -ior-, -ius ↗ L 21.1; 22

1.2 Deklination von Komparativ und Superlativ

Die Deklination des Komparativs entspricht der Deklination der Adjektive der Konsonantischen Deklination (↗ 24.2.3).

	Singular		Plural	
	m/f	n	m/f	n
Nom.	longior	longius	longiōrēs	longiōra
Gen.	longiōris		longiōr**um**	
Dat.	longiōrī		longiōribus	
Akk.	longiōrem	longius	longiōrēs	longiōra
Abl.	longiōre		longiōribus	

Die Deklination des Superlativs entspricht der o-/ā-Deklination.

2 Bildung von Komparativ und Superlativ mit verschiedenen Stämmen

2.1 Folgende Adjektive bilden unregelmäßige Vergleichsformen:

Positiv	Komparativ	Superlativ
māgnus	māior, māius	māximus, -a, -um
parvus	minor, minus	minimus, -a, -um
bonus	melior, melius	optimus, -a, -um
malus	pēior, pēius	pessimus, -a, -um
multī	plūrēs, plūra	plūrimī, -ae, -a

2.2 Folgende Vergleichsformen gehen auf **Präpositionen** bzw. **Adverbien** zurück:

herzuleiten von:		Komparativ		Superlativ	
intrā	innerhalb	**inter**ior, -ius	innere(r)	**int**imus, -a, -um	innerste(r)
extrā	außerhalb	**exter**ior, -ius	äußere(r)	**extr**ēmus, -a, -um	äußerste(r)
īnfrā	unterhalb	**īnfer**ior, -ius	untere(r)	**īnf**imus, -a, -um īmus, -a, -um	unterste(r)
suprā	oberhalb	**super**ior, -ius	obere(r), frühere(r)	**supr**ēmus, -a, -um **sum**mus, -a, -um	oberste(r), höchste(r)
prope	nahe	**prop**ior, -ius	nähere(r)	**prox**imus, -a, -um	nächste(r)
ultrā	jenseits	**ulter**ior, -ius	jenseitige(r)	**ult**imus, -a, -um	entfernteste(r)
prō	vor	**pr**ior, -ius	frühere(r)	**prī**mus, -a, -um	erste(r)
post	nach	**poster**ior, -ius	spätere(r)	**postr**ēmus, -a, -um	letzte(r)

2.3 Umschreibung von Komparativ und Superlativ

Adjektive auf **-us, -a, um** mit vorhergehendem Vokal bilden in der Regel keine Vergleichsstufen.

Der Komparativ wird mit **magis** umschrieben:

vir **magis** idōneus — ein geeignet*erer / recht* geeigneter Mann (↗ 3.1)

Der Superlativ wird mit **māximē** umschrieben:

virī **māximē** piī — gewissenhaft*este / äußerst* gewissenhafte Männer (↗ 3.1)

3 Verwendung der Vergleichsstufen

3.1 ‚Innerhalb' eines Vergleichs

Beim Vergleich bedient sich das Lateinische häufig der Partikel quam, die – je nach Verwendung – im Deutschen unterschiedlich wiedergegeben wird:

- beim Positiv: tam celer **quam** Mārcus — so schnell **wie** Marcus
- beim Komparativ: celerior **quam** Mārcus — schneller **als** Marcus
  (hier ist auch Ablativus comparationis möglich ↗ 55.4)
- beim Superlativ: **quam** celerrimum auxilium — schnellst**mögliche** Hilfe / **möglichst** rasche Hilfe

3.2 ‚Außerhalb' eines förmlichen Vergleichs

- Komparativ:
  zur **Verstärkung** oder **Abmilderung**:

  puer prūdent**ior** — ein { *recht* / *ziemlich* / *zu* } kluger Junge

- Superlativ:
  zum Ausdruck eines sehr **hohen Grades** (Elativ[1]):

  puer prūdent**issim**us — ein { *außerordentlich* / *sehr* / *äußerst* } kluger Junge

4 Zusätze beim Komparativ und Superlativ

Komparativ		Superlativ	
etiam …	noch	longē …	bei weitem
multō …	(um) viel(es)	quam …	möglichst
		vel …	sogar
		… quisque	gerade

26 Numerale

1 Arten der Numeralia

Im Lateinischen werden folgende Arten von **Zahlwörtern** (*Numeralia*) unterschieden:

Bezeichnung		auf die Frage	Verwendung
Grundzahlen	(Kardinalzahlen)	wie viele?	Mengenangabe
Ordnungszahlen	(Ordinalzahlen)	der wievielte?	Reihenfolge
Verteilungszahlen	(Distributivzahlen)	wie viele **jedesmal**?	Gruppenbildung
Vervielfältigungszahlen	(Multiplikativzahlen)	wie viel**mal**?	Vervielfältigung

Die Zahlen dieser vier Gruppen sind in der Regel jeweils vom gleichen Wortstock gebildet, z.B. **quī**nque (fünf) – **quī**ntus (der fünfte) – **quī**nī (je fünf) – **quī**nquiēs (fünfmal).
Am häufigsten begegnen die **Grund-** und **Ordnungszahlen**.

1.1 Bildungsweise der Grund- und der Ordnungszahlen

Einer, **Zehner** und **Hunderter** derselben Zahl[2] sind in der Regel jeweils **vom gleichen Wortstock** gebildet, z.B. **trēs, tria** (drei) – **trī**gintā (dreißig) – **trecen**tī (dreihundert).

---

[1]) < ēlātum (herausgehoben) < efferre
[2]) Auch die Grundzahlen 11–17 sind mit Hilfe des gleichen Wortstocks gebildet wie die entsprechenden Einerzahlen. Hinzu tritt das Element -decim (< decem).

Folgende Bildungselemente sind kennzeichnend:

	bei Grundzahlen	bei Ordnungszahlen
für Zehner	-gintī/ -gintā	-cēsimus/ -gēsimus
für Hunderter	**-centī/ -gentī**	**-centēsim**us/ **-gentēsim**us

1.2 Übersicht

Ziffer	Grundzahl	Ordnungszahl	Ziffer	Grundzahl	Ordnungszahl
1 I	ūnus, -a, -um	prīmus			
2 II	duo, -ae, -o	secundus	20 XX	vīgintī[1]	vīcēsimus
3 III	trēs, tria	tertius	30 XXX	trīgintā	trīcēsimus
4 IV	quattuor	quārtus	40 XL	quadrāgintā	quadrāgēsimus
5 V	quīnque	quīntus	50 L	quīnquāgintā	quīnquāgēsimus
6 VI	sex	sextus	60 LX	sexāgintā	sexāgēsimus
7 VII	septem	septimus	70 LXX	septuāgintā	septuāgēsimus
8 VIII	octō	octāvus	80 LXXX	octōgintā	octōgēsimus
9 IX	novem	nōnus	90 XC	nōnāgintā	nōnāgēsimus
10 X	decem	decimus	100 C	centum	centēsimus
11 XI	ū́ndecim	ūn-decimus			
12 XII	duódecim	duo-decimus	200 CC	ducentī	ducentēsimus
13 XIII	trēdecim	tertius decimus	300 CCC	trecentī	trecentēsimus
14 XIV	quattuordecim	quārtus decimus	400 CD	quadringentī	quadringentēsimus
15 XV	quīndecim	quīntus decimus	500 D	quīngentī	quīngentēsimus
16 XVI	sēdecim	sextus decimus	600 DC	sescentī	sescentēsimus
17 XVII	septendecim	septimus decimus	700 DCC	septingentī	septingentēsimus
18 XVIII	duo-dēvīgintī	duodēvīcēsimus	800 DCCC	octingentī	octingentēsimus
19 XIX	ūn-dēvīgintī	ūndēvīcēsimus	900 CM	nōngentī	nōngentēsimus
			1000 M	mīlle	mīllēsimus
20 XX	vīgintī[1]	vīcēsimus	2000 MM	duo mīlia	bis mīllēsimus

1.3 Die Ordnungszahlen sind alle deklinierbar, von den Grundzahlen nur

- die Einer **ūnus, -a, -um; duo, duae, duo; trēs, tria,**
- die Vielfachen von Hundert, z.B. **trecentī, -ae, -a,**
- die Vielfachen von Tausend ab 2000, z.B. **tria mīlia, decem mīlia.**

ūnus			duo			trēs			mīlia
ūnus	ūna	ūnum	duo	duae	duo	trēs	trēs	tria	mīlia
	ūnīus		duōrum	duārum	duōrum		trium		mīlium
	ūnī		duōbus	duābus	duōbus		tribus		mīlibus
ūnum	ūnam	ūnum	duō(s)	duās	duo	trēs	trēs	tria	mīlia
ūnō	ūnā	ūnō	duōbus	duābus	duōbus		tribus		mīlibus

ambō, ambae, ambō **beide** wird wie duo dekliniert.

1.4 Das Neutrum der Ordnungszahlen wird als Adverb verwendet (↗ 33.3.4): prīmum zum ersten Mal; decimum zum zehnten Mal.

---

[1]) < dui-ginti

2 Mehrstellige Grund- und Ordnungszahlen

▶ Mehrstellige Zahlen mit den Endziffern 1–7 sind durch **„Addition"** gebildet,

z.B.	vīgintī quīnque *oder* quīnque **et** vīgintī:	fünfundzwanzig
	vīcēsimus quīntus *oder* quīntus **et** vīcēsimus:	fünfundzwanzigster
	ducentī octōgintā septem *oder* septem **et** octōgintā **et** ducentī:	zweihundert-siebenundachtzig
	ducentēsimus octōgēsimus septimus *oder* septimus **et** octōgēsimus **et** ducentēsimus:	zweihundert-siebenundachtzigster

▶ Die Einerstellen 8 und 9 (z.B. 18, 19; 28, 29; 38, 39 usw.) sind durch **„Subtraktion"** gebildet,

z.B.	duo-dē-vīgintī:	achtzehn
	duo-dē-vīcēsimus:	achtzehnter
	ūn-dē-trīgintā:	neunundzwanzig
	ūn-dē-trīcēsimus:	neunundzwanzigster

▶ Die Tausender unterscheiden zwischen **mīlle** (einem Tausend) und **mīlia** (mehreren Tausendern),

z.B. **reine Tausender:**
1000 Männer: mīlle virī,
3000 Männer: tria mīlia virōrum (↗ 65),
mit 1000 Männern: cum mīlle virīs,
mit 3000 Männern: cum tribus mīlibus virōrum (↗ 65)

Tausenderzahlen mit Hundertern, Zehnern, Einern:
1321 Männer: mīlle trecentī vīgintī ūnus virī
3321 Männer: tria mīlia virōrum (↗ 65) **et** trecentī vīgintī ūnus

3 Häufigere Verteilungs- und Vervielfältigungszahlen

singulī, -ae, -a	je eine(r)	semel	einmal
bīnī, -ae, -a	je zwei	bis	zweimal
ternī, -ae, -a	je drei	ter	dreimal
quaternī, -ae, -a	je vier	quater	viermal
quīnī, -ae, -a	je fünf	quīnquiēs	fünfmal
dēnī, -ae, -a	je zehn	deciēs	zehnmal
centēnī, -ae, -a	je hundert	centiēs	hundertmal
		mīlliēs	tausendmal

Bei Vielfachen von Tausend werden für die Bildung der Ordnungszahlen die Vervielfältigungszahlen verwendet,

z.B.	passus mīllēsimus	der tausendste Doppelschritt
	passus **ter** mīllēsimus	der dreitausendste Doppelschritt

27 Pronomen: Begriff – Funktion

1 **Pronomina**[1] sind deklinierbar.

Die meisten Pronomina zeigen nur in den Formen des **Singulars** Besonderheiten, wobei die folgenden Endungen gemeinsam sind:

	Nominativ/Akkusativ Singular des Neutrums: **-d**	Genitiv Singular: **-ius/-īus**	Dativ Singular: **-ī/-i**
z.B.	id (↗ is 28.1; 29.2) quod (↗ quī 30.1) illud (↗ ille 29.1)	eius (↗ is 28.1; 29.2) cuius (↗ quī 30.1) illīus (↗ ille 29.1)	eī (↗ is 28.1; 29.2) cui (↗ quī 30.1) ipsī (↗ ipse 29.2)

-ius/-īus
-i/-ī

Die Pluralformen folgen fast alle der o-/ā-Deklination.

Ausnahmen:
Nom./Akk. Plural des Neutrums von hic, haec, hoc (↗ 29.1),
von quī, quae, quod und seinen Zusammensetzungen (↗ 30.1),
Dat./Abl. Plural von quī, quae, quod und seinen Zusammensetzungen (↗ 30.1).

2 Funktionen der Pronomina

Pronomina verweisen auf etwas Gemeintes oder zuvor Genanntes. Sie stehen als ‚Stellvertreter' (‚Für-Wörter') für ein Nomen oder als ‚Begleiter' bei einem Nomen.

2.1 Pronomina können substantivisch (‚stellvertretend') oder adjektivisch (‚begleitend') verwendet sein. Sie erfüllen die gleichen **syntaktischen** Funktionen wie Substantive und Adjektive.
Darüber hinaus dienen sie zur Verknüpfung von Sätzen (↗ 108.1.3).

2.2 Pronomina erfüllen folgende **semantische** Funktionen:

▶ Kennzeichnung von Personen und Dingen:	persönlich:	Personal-Pronomina	↗ 28.1
▶ oder der Zugehörigkeit zu ihnen:	besitzanzeigend:	Possessiv-Pronomina	↗ 28.2
▶ Betonter Hinweis auf Personen oder Dinge:	hinweisend:	Demonstrativ-Pronomina	↗ 29
▶ Frage nach Personen oder Dingen:	fragend:	Interrogativ-Pronomina	↗ 30.2
▶ Kennzeichnung von Personen oder Dingen, die nicht genauer bestimmt werden können oder sollen:	unbestimmt:	Indefinit-Pronomina	↗ 31

2.3 Im Zusammenhang des Textes können Pronomina als Verweiswörter auf Erwähntes zurück- und auf Kommendes vorverweisen (↗ 140.1).

---

[1]) prō-nōmen: Für-wort

28 Personal-Pronomina und Possessiv-Pronomina

Personal-Pronomina stehen für

– sprechende Personen:	1. Person Singular/Plural:	ich/wir
– angesprochende Personen:	2. Person Singular/Plural:	du/ihr
– besprochene Personen oder Sachen:	3. Person Singular/Plural:	er, sie, es/sie

Possessiv[1]-Pronomina bezeichnen die Zugehörigkeit zu diesen Personen oder Sachen.

1 Personal-Pronomina

Der Rückbezug auf das Subjekt des Satzes ist durch das **reflexive**[2] Personal-Pronomen ausgedrückt.
Nur für die **3. Person** gibt es eine eigene Form des reflexiven Personal-Pronomens.

	1. Person	2. Person	3. Person			
			nicht-reflexiv			reflexiv
	ich	*du*	*er*	*sie*	*es*	
Sg.						
Nom.	ego	tū	is	ea	**id**	–
Gen.	meī	tuī	eius			suī
Dat.	mihī	tibī	eī			sibī
Akk.	mē	tē	eum	eam	**id**	sē
Abl.	(ā) mē	(ā) tē	(ab) eō	(ab) eā	(ab) eō	(ā) sē
	wir	*ihr*	*sie*			
Pl.						
Nom.	nōs	vōs	iī (eī)	eae	ea	–
Gen.	nostrī/ nostrum	vestrī/ vestrum	eōrum	eārum	eōrum	suī
Dat.	nōbīs	vōbīs	iīs (eīs)			sibī
Akk.	nōs	vōs	eōs	eās	ea	sē
Abl.	(ā) nōbīs	(ā) vōbīs	(ab) iīs (eīs)			(ā) sē

1.1 Besonderheiten

- ▶ Die Genitivformen nostr**um**/vestr**um** treten nur in der Bedeutung des Genitivs der Teilung (↗ 65) auf:
  Quis nostrum? – Wer von uns?
- ▶ Die Präposition **cum** (↗ 67.2.2) ist bei folgenden Ablativformen angehängt:
  mē**cum**, tē**cum**, sē**cum**, nōbīs**cum**, vōbīs**cum**.
- ▶ Personal-Pronomina sind gelegentlich durch Suffixe verstärkt:
  ego**met**, tū**te**, sē**sē**.

---

[1]) < possessus, -a, -um (in Besitz, als Eigentum) < possidēre
[2]) < reflexus, -a, -um (zurückgewandt) < reflectere

1.2 Verwendung

a) Das Personal-Pronomen wird nur substantivisch verwendet.

b) Der Nominativ des Personal-Pronomens steht nur dann, wenn die handelnde Person in Vergleich oder Gegenüberstellung stark betont ist.
Ego id audīvī, nōn **tū**. **Ich** habe das gehört, nicht **du**.

c) Das reflexive Personal-Pronomen drückt aus, dass sich das im Prädikat genannte Geschehen auf die im Subjekt genannte Person zurückbezieht.
Tū **tē** semper laudās. Du lobst **dich** immer **(selbst)**.
Nēmō **sibī** nocēre vult. Niemand will **sich (selbst)** schaden.

2 Possessiv-Pronomina

Die Possessiv-Pronomina werden wie die Adjektive der o-/ā-Deklination dekliniert und stehen in KNG-Kongruenz zu ihrem Bezugswort.
Der Rückbezug auf das Subjekt des Satzes, d.h. wenn das Subjekt zugleich der ‚Besitzer' ist, ist durch das **reflexive** Possessiv-Pronomen ausgedrückt.
Nur für die **3. Person** gibt es eine eigene Form des reflexiven Possessiv-Pronomens: **suus, sua, suum**.
Das **nicht-reflexive** Possessiv-Pronomen der 3. Person ist durch die Genitivformen (↗ 63.1: Genitiv des Besitzers) des Personal-Pronomens ausgedrückt:
eius; eōrum, eārum, eōrum.

Quis aut līberīs **suīs** Wer will **seinen** (eigenen) Kindern
aut amīcīs **eōrum** nocēre vult? oder **ihren** Freunden schaden?

	1. Person	2. Person	3. Person	
			nicht-reflexiv	reflexiv
Sg.	*mein* meus, -a, -um	*dein* tuus, -a, -um	*sein, ihr* eius	suus,-a,-um
Pl.	*unser* noster, -tra, -trum	*euer* vester, -tra, -trum	*ihr* eōrum, eārum, eōrum	suus, -a, -um

2.1 Besonderheiten der Form

▶ Der Vokativ des Maskulinums von meus lautet im Singular **mī**.
mī amīce! mein Freund!

▶ Das Possessiv-Pronomen ist gelegentlich durch das Suffix **-pte** verstärkt.
suā**pte** manū durch seine/ihre (eigene) Hand, mit eigener Hand

2.2 Verwendung

a) Das Possessiv-Pronomen steht im Lateinischen nur dann, wenn das Besitz- oder Zugehörigkeitsverhältnis besonders hervorgehoben werden soll.
Meīs oculīs hoc vīdī. Mit (meinen) **eigenen** Augen habe ich dies gesehen.
aber:
Vīrēs exerceō. Ich übe **meine** Kräfte.

b) Die Possessiv-Pronomina sind in der Regel adjektivisch verwendet. Sie können aber auch substantiviert sein, zumeist im Plural:

meī, meōrum	‚die Meinen', meine Angehörigen
suī, suōrum	‚die Seinen/Ihren', seine/ihre Leute
nostrī, nostrōrum	‚die Unseren', unsere Leute
mea, meōrum	‚das Meine', meine Sachen, mein Besitz
suum, suī	‚das Seine/Ihre'
dē suō	aus eigenem Vermögen

29 Demonstrativ-Pronomina

Demonstrativ[1]-Pronomina **heben** bestimmte Personen oder Dinge **hervor**, indem sie auf diese **hinweisen**.

Dabei kann

hic, haec, hoc auf eine 1. sprechende Person,
iste, ista, istud auf eine 2. angesprochene Person,
ille, illa, illud auf eine 3. besprochene Person
hinweisen.

1 hic – iste – ille

1.1 Übersicht

	dieser, diese, dieses			*dieser, diese, dieses da/dein*			*jener, jene, jenes*		
	m	f	n	m	f	n	m	f	n
Sg.									
Nom.	hic	haec	hoc	iste	ista	istu**d**	ille	illa	illu**d**
Gen.		huius			istīus			illīus	
Dat.		huic			istī			illī	
Akk.	hunc	hanc	hoc	istum	istam	istu**d**	illum	illam	illu**d**
Abl.	hōc	hāc	hōc	istō	istā	istō	illō	illā	illō
Pl.									
Nom.	hī	hae	**haec**	istī	istae	ista	illī	illae	illa
Gen.	hōrum	hārum	hōrum	istōrum	istārum	istōrum	illōrum	illārum	illōrum
Dat.		hīs			istīs			illīs	
Akk.	hōs	hās	**haec**	istōs	istās	ista	illōs	illās	illa
Abl.		hīs			istīs			illīs	

[1]) < dēmōnstrāre (hinweisen)
Die meisten Demonstrativ-Pronomina sind von is (↗ 29.2.1) gebildet:
is-te, ille < is-le; īdem < is-dem; ipse < is-pse

1.2 Bedeutung

	bezeichnet	*Beispiele:*	
hic, haec, hoc	Zugehörigkeit zur sprechenden Person (1. Person)	**hic** liber in **hāc** rē pūblicā	*(dieses)* **mein** Buch in *(diesem)* **unserem** Staat
	räumliche Nähe	**hic** vir	**dieser** Mann **hier**
	zeitliche Nähe	**hae** angustiae **hōc** diē	die/unsere **gegenwärtige** Notlage am **heutigen** Tag
	das Folgende	**haec** dīxit	er sagte **Folgendes**
	das alle Betreffende	**hoc** miserum bellum	**dieser** (für alle) unglückliche Krieg
iste, ista, istud	Zugehörigkeit zur angesprochenen Person (2. Person)	**ista** prōvincia **istae** cūrae	*(die/diese)* **dir übertragene** Provinz *(diese)* **eure** Sorgen
	vor Augen Stehendes	**iste** vir	**der** (vor euch allen *stehende)* Mann **hier**
	Angesprochenes/ Vorzufindendes	**ista** auctōritās	der dir **dort eingeräumte** Einfluss
	Verachtung, Abwertung	**iste** Catilīna	**dieser** Catilina **da / ein Kerl wie** C.
ille, illa, illud	Zugehörigkeit zur besprochenen Person (3. Person)	**illa** verba	*(jene)* **seine/ihre** Worte
	räumliche Ferne	**ille** senex	**der** alte Mann **dort**
	zeitliche Ferne: Vormaliges/Zukünftiges	**illa** tempora	die **damaligen** Zeiten/ **künftige** Zeiten
	Bekanntes/Berühmtes	**illae** laudēs tuae **illud** Caesaris	deine **weltberühmten** Taten **jenes berühmte** Wort Cäsars

2 is – īdem – ipse

2.1 Übersicht

	dieser, diese, dieses; der-, die-, dasjenige			*derselbe, dieselbe, dasselbe; eben dieser, diese, dieses*			*selbst, selber*		
	m	f	n	m	f	n	m	f	n
Sg.									
Nom.	is	ea	id	īdem	eadem	idem	ipse	ipsa	ipsum
Gen.		eius			eiusdem			ipsīus	
Dat.		eī			eīdem			ipsī	
Akk.	eum	eam	id	eundem[1]	eandem	idem	ipsum	ipsam	ipsum
Abl.	eō	eā	eō	eōdem	eādem	eōdem	ipsō	ipsā	ipsō
Pl.									
Nom.	iī (eī)	eae	ea	īdem (iīdem)	eaedem	eadem	ipsī	ipsae	ipsa
Gen.	eōrum	eārum	eōrum	eōrundem[1]	eārundem	eōrundem	ipsōrum	ipsārum	ipsōrum
Dat.		iīs (eīs)			iīsdem			ipsīs	
Akk.	eōs	eās	ea	eōsdem	eāsdem	eadem	ipsōs	ipsās	ipsa
Abl.		iīs (eīs)			iīsdem			ipsīs	

[1]) eundem, eōrundem usw.: Konsonantenannäherung m > n vor d (↗ L 24)

2.2 Bedeutung

	bezeichnet/ verwendet als	*Beispiele:*	
is, ea, id	Rückverweis	(Extrēmum *oppidum* Allobrogum est Genava.) Ex **eō** oppidō pōns ad Helvētiōs pertinet.	(Die letzte *Stadt* im Gebiet der Allobroger ist Genf.) Von **dieser** Stadt führt eine Brücke zu den Helvetiern.
	Vorverweis	Caesar **eī** mūnitiōnī, *quam* fēcerat, T. Labiēnum praefēcit.	Cäsar übertrug T. Labienus den Befehl über **die** Befestigung, *die* er hatte anlegen lassen.
	Genitivformen als nicht-reflexives Possessiv-Pronomen der 3. Person (↗ 28.2)	(*Caesar* ad Genavam pervēnit.) Ubī dē **eius** adventū Helvētiī certiōrēs factī sunt,	(*Cäsar* gelangte nach Genf.) Sobald die Helvetier von **seiner** Ankunft benachrichtigt worden waren,
	Personal-Pronomen (↗ 28.1)	lēgātōs ad **eum** mīsērunt.	schickten sie Gesandte zu **ihm**.
īdem, eadem, idem	Gleichheit (‚Identität')	(Orgetorīx Casticō persuāsit, *ut rēgnum in cīvitāte suā occupāret.*) Item Dumnorīgī Haeduō, ut **idem** cōnārētur, persuāsit.	(Orgetorix überredete Casticus *sich der Herrschaft in seinem Stamm zu bemächtigen.*) Ebenso überredete er den Häduer Dumnorix **dasselbe** zu versuchen.
ipse, ipsa, ipsum	Hervorhebung	Tē **ipse** vīcistī. Catō **ipse** ... hāc **ipsā** nocte ...	Du hast dich **selbst** übertroffen. Cato **selbst**/(höchst-)**persönlich** ... **gerade** in dieser Nacht ...
	Verstärkung eines Pronomens	sē **ipsum** cognōscere	sich **selbst** erkennen
	Vertretung oder Verdeutlichung eines reflexiven Pronomens in der Oratio obliqua (↗ 136)	(*Caesar* rogāvit:) Cūr dē **ipsīus** dīligentiā dubitārent?	(*Cäsar* fragte:) Warum zögen sie **seine** Umsicht in Zweifel?

30 Relativ-Pronomina, Interrogativ-Pronomina und Korrelativa

1 Das **Relativ**[1]**-Pronomen** dient zur Einleitung von Relativsätzen (↗ 131–134) und als relativischer Satzanschluss (↗ 135).
Man unterscheidet zwischen einfachem und verallgemeinerndem Relativ-Pronomen.

	einfach			verallgemeinernd				
				substantivisch		adjektivisch		
	der, die, das welcher, welche, welches			*wer/was auch immer jeder, der; alles, was*		*welcher/welche/welches auch immer jeder …, der; alle …, die*		
	m	f	n	m/f	n	m	f	n
Sg. Nom.	quī	quae	quod	quisquis	quidquid[2]	quīcumque	quaecumque	quodcumque
Gen.		cuius			–		cuiuscumque	
Dat.		cui			–		cuicumque	
Akk.	quem	quam	quod	–	quidquid	quemcumque	quamcumque	quodcumque
Abl.	quō	quā	quō	–		quōcumque	quācumque	quōcumque
Pl. Nom.	quī	quae	qu**ae**			quīcumque	quaecumque	qu**ae**cumque
Gen.	quōrum	quārum	quōrum			quōrumcumque	quārumcumque	quōrumcumque
Dat.		qui**bus**					qui**bus**cumque	
Akk.	quōs	quās	qu**ae**			quōscumque	quāscumque	qu**ae**cumque
Abl.		qui**bus**					qui**bus**cumque	

2 Das **Interrogativ**[3]**-Pronomen** leitet unabhängige (↗ 95.2) und abhängige (↗ 118) Fragesätze ein.

	substantivisch		adjektivisch			substantivisch und adjektivisch		
	wer, was		*welcher, welche, welches*			*wer/was von beiden welcher, welche, welches von beiden*		
	nur Singular		Singular und Plural			nur Singular		
	m/f	n	m	f	n	m	f	n
Sg. Nom.	quis	quid	quī	quae	quod	uter	utra	utrum
Gen.	cuius			cuius			utrīus	
Dat.	cui			cui			utrī	
Akk.	quem	quid	quem	quam	quod	utrum	utram	utrum
Abl.	(ā) quō		quō	quā	quō	utrō	utrā	utrō
Pl.				*usw.* ↗ 30.1				

▶ Das Interrogativ-Pronomen ist gelegentlich durch das Suffix **-nam** verstärkt.
Quisnam? Wer denn? Quaenam urbs? Welche Stadt denn?

▶ Die Präposition cum (↗ 67.2.2) ist an den Ablativ angehängt.
Quōcum? Mit wem? Quibuscum hominibus? Mit welchen Menschen?

[1]) < relātus (bezogen)
[2]) Das verallgemeinernde Relativ-Pronomen quisquis, quidquid (auch: qui**c**quid) ist nur substantivisch und nur in den aufgeführten Formen verwendet.
[3]) < interrogāre (fragen)

3 Korrelativa

Pronomina der Korrelation (*Korrelativa*[1]) werden beim Vergleich von zwei Personen, Gruppen oder Dingen verwendet. Sie sind eigentlich Adjektive, die
entweder **demonstrative** (z.B. **tantus** **so** groß) oder
relative (z.B. **quantus** **wie** groß)
Bedeutung haben. Oft stehen sie in Wechselbeziehung zu einem stammverwandten Korrelativum.

tālis, -e	–	quālis, -e	so (beschaffen)	–	wie
tantus, -a, -ūm	–	quantus, -a, -um	so groß	–	wie (groß)
tot[2] *(undeklinierbar)*	–	quot	so viele	–	wie (viele)
totidem	–	quot	ebenso viele	–	wie

Quot hominēs, tot sententiae. — Wie viele Menschen, so viele Meinungen.

31 Indefinit-Pronomina

Indefinit[3]-Pronomina kennzeichnen Personen oder Dinge, die nicht genau bestimmt werden können oder sollen, z.B. aliquis – irgendeine(r).
Darüber hinaus können sie auch – generalisierend – eine Gesamtheit bezeichnen ohne genauer zu differenzieren, z.B. quīvīs – jeder beliebige.
Die Indefinit-Pronomina sind zum größten Teil durch Erweiterungen der Interrogativ-Pronomina **quis/quī** gebildet. Bei der Deklination bleiben die Erweiterungen unverändert.

1 Nicht-generalisierende Indefinit-Pronomina

1.1 quis/quī – aliquis/aliquī – quisquam/ūllus

substantivisch (nur im Singular): *irgendeine(r) /jemand, (irgend-) etwas*					
m/f	n	m/f	n	m/f	n
quis	quid	aliquis	aliquid	quisquam	quicquam (quidquam)
cuius		alicuius		cuiusquam	
cui		alicui		cuiquam	
usw. (↗ 30.2)		usw.		usw.	

adjektivisch (Singular und Plural): *irgendein, -eine, -ein*								
m	f	n	m	f	n	m	f	n
quī	qua(e)	quod	aliquī	aliqua	aliquod	ūllus	ūlla	ūllum
	cuius			alicuius			ūllīus	
	cui			alicui			ūllī	
	usw. (↗ 30.1)			usw.			usw. (↗ 32)	

---
[1]) < cor-relātus (aufeinander bezogen)
[2]) unveränderlich
[3]) indēfīnītus (unbestimmt) < dēfīnīre

▶ **quis** (subst.) und **quī** (adj.) lassen sich als Indefinit-Pronomina daran erkennen, dass ihnen bestimmte Partikeln vorausgehen:

sī	nisī	nē	num	quō	ubī	cum
wenn, falls	wenn nicht, falls nicht	(dass) nicht	etwa	je	sobald	wenn, sobald usw.

Dīc, **sī quid** vīs! — Sag' es, **wenn** du **etwas** willst!

▶ quisquam (subst.) und ūllus (adj.) stehen nur in Sätzen, die eine Verneinung enthalten, insbesondere nach neque, sine, vix, negāre:

Vix **quisquam** ante mortem beātus praedicārī potest. — Kaum **(irgend-)jemand** kann vor dem Tod glücklich gepriesen werden.

Ego quidem negō **quemquam** ante mortem beātum praedicārī posse. — Ich jedenfalls behaupte, dass **niemand** vor dem Tod glücklich gepriesen werden kann. (Ich bestreite, dass **irgendeiner**...)

1.2 quīdam

substantivisch und adjektivisch		
ein (gewisser/bestimmter); Pl.: manche, einige		
m	f	n
quīdam	quaedam	quiddam/quoddam *(adj.)*
	cuiusdam	
	cuidam	
que**n**dam[1] quōdam	qua**n**dam quādam	quiddam/quoddam *(adj.)* quōdam
quīdam quōru**n**dam usw. (↗ 30.1)	quaedam quāru**n**dam	quaedam quōru**n**dam

Rūfus quīdam — ein gewisser Rufus
philosophus quīdam Graecus — ein griechischer Philosoph
Quīdam nārrant... — Einige berichten, ...
Fuit quoddam tempus, cum... — Es gab eine (gewisse) Zeit, als...

▶ **quīdam** kann die Aussage eines Substantivs abmildern oder einschränken (‚sozusagen/eine Art von') und die Aussage eines Adjektivs hervorheben und verstärken (‚geradezu/ganz/wirklich').

tacitus quīdam sermō — eine Art von stillem Gespräch
Caesar mīrā quādam prūdentiā erat. — Cäsar bewies eine geradezu erstaunliche Umsicht.

---

[1]) quendam usw.: Konsonantenannäherung m > n vor d (↗ L 24)

2 Generalisierende Indefinit-Pronomina

2.1 quisque

substantivisch		adjektivisch		
jeder (einzelne); Pl. alle				
m/f	n	m	f	n
quisque	quidque	(quīque)	quaeque	quodque
cuiusque			cuiusque	
cuique			cuique	
usw. (↗ 30.2)			usw. (↗ 30.1)	

▶ **quisque** erscheint nur im Anschluss an **ūnus**, Ordnungszahlen, Superlative sowie Relativ- oder Reflexiv-Pronomina.

ūnusquisque (Gen.: ūnīuscuiusque)	ein jeder, jeder einzelne
quīntō quōque annō	alle vier Jahre (in jedem 5. Jahr)
optimus quisque	jeweils der Beste, gerade die Besten, alle Guten
Quod quisque amat, spērat.	(Was ein jeder gern hat, das erhofft er.) Jeder erhofft das, was er gern hat.
Suum cuique!	Jedem das Seine!

2.2 quīvīs/quīlibet

substantivisch und adjektivisch		
jeder (beliebige/mögliche/ohne Unterschied)		
m	f	n
quīvīs	quaevīs	quidvīs[1]/quodvīs *(adj.)*
	cuiusvīs	
	cuivīs	
	usw. (↗ 30.2)	

Ebenso: quīlibet, quaelibet, quidlibet[2]/quodlibet, cuiuslibet *usw.*

2.3 nēmō/nihil – nūllus,-a,-um

substantivisch		adjektivisch		
niemand, keine(r)/nichts		*kein(er), keine, kein(es)*		
m/f	n	m	f	n
nēmō	nihil	nūllus	nūlla	nūllum
nūllīus	nūllīus reī		nūllīus	
nēminī	nūllī reī		nūllī	
nēminem	nihil	nūllum	nūllam	nūllum
(ā) nūllō	nūllā rē	nūllō	nūllā	nūllō
			usw.	

nēmō < ne-homo (kein Mensch ↗ ne-uter 32) und nihil < ne-hilum (kein Fädchen) – gelegentlich zu **nīl** verkürzt – kommen nicht in allen Kasus vor; als Ersatz erscheinen Formen von **nūllus** bzw. **nūlla rēs**.

---

[1]) < quid-vīs (was du willst)

[2]) < quid-libet (was beliebt)

- in Verbindung mit der Negation nōn wird die Verneinung aufgehoben; dabei ist auf die Stellung von nōn besonders zu achten:

nēmō nōn	jeder	nōn nēmō	mancher
nihil nōn	alles	nōn nihil	einiges, manches
		nōnnūllī	einige, manche

32 Pronominaladjektive

Einige Adjektive der o-/ā-Deklination haben mit den Pronomina (↗ 27–31) die Endung des Genitiv Singular **-īus** und die des Dativ Singular **-ī** gemeinsam; man nennt sie Pronominaladjektive. Zu diesen zählen

- einige Adjektive, die eine Menge bezeichnen:

tōtus,-a,-um	ganz
sōlus,-a,-um	allein
ūnus,-a,-um	ein einziger (↗ 26.1.3)

- alius,-a,-u*d* ein anderer; Pl.: andere

Sg.			Pl.		
m	f	n	m	f	n
alius	alia	**aliud**	aliī	aliae	alia
	alterīus		aliōrum	aliārum	aliōrum
	ali**ī**[1]			aliīs	
alium	aliam	**aliud**	aliōs	aliās	alia
aliō	aliā	aliō		aliīs	

- die adjektivisch gebrauchten Indefinit-Pronomina:

ūllus,-a,-um	irgendein (↗ 31.1.1)
nūllus,-a,-um	kein (↗ 31.2.3)

- die Pronomina der ‚Zweiheit':

uter, utra, utrum	wer (von beiden)
uterque, utraque, utrumque	jeder (von beiden)
néuter, néutra, néutrum	keiner (von beiden)
alter, altera, alterum	der eine/andere (von beiden)

33 Adverb

1 Das **Adverb** ist unveränderlich.
Adverbien erfüllen entweder die **syntaktische Funktion** des Adverbiales (↗ 40.1) oder des Attributs (↗ 41.2.4).
Adverbien, die die syntaktische Funktion des Adverbiales erfüllen, geben die näheren Umstände eines Geschehens oder einer Handlung an.

[1]) auch alterī

1.1 Diese näheren Umstände lassen sich nach folgenden Bedeutungsrichtungen unterscheiden:

Bedeutungsrichtung		Fragen				
Ort	(lokal)	wo?	–	wohin?	–	woher?
Zeit	(temporal)	wann?	–	wie lange?	–	seit wann?
Art und Weise	(modal)	wie?	–	wodurch?		
Grund	(kausallogisch)	warum?	–	wozu?		

1.2 Adverbien können durch Erstarrung von Nominalformen, durch Zusammensetzung selbstständiger Wörter oder durch Ableitung von Pronominalstämmen gebildet sein. Ferner können Adverbien aber auch nach bestimmten Regeln von Adjektiven abgeleitet sein. Diese lateinischen Adverbien haben im Unterschied zum Deutschen eine eigene Form.

2 Bildungsweisen von Adverbien

2.1 Von Adjektiven abgeleitete Adverbien

a) Das Adverb wird jeweils vom **Wortstock** des Adjektivs gebildet.
An diesen tritt
- bei Adjektiven der o-/ā-Deklination das Bildungselement **-ē**,
- bei Adjektiven der ĭ-Deklination das Bildungselement **-iter**, das sich bei den Wortstöcken, die auf -nt- enden, zu **-er** verkürzt:

	Wortstock		Positiv
o-/ā-Dekl.			
doctus	doct-	gebildet	doct-**ē**
miser	miser-	jämmerlich	miser-**ē**
pulcher	pulchr-	schön	pulch r-**ē**
Sonderformen:			
bonus	bon-	gut	ben-ĕ
malus	mal-	schlecht	mal-ĕ
ĭ-Dekl.			
celer	celer-	schnell	celer-**iter**
ācer	ācr-	heftig	āc r-**iter**
similis	simil-	ähnlich	simil-**iter**
atrōx	atrōc-	schrecklich	atrōc-**iter**
prūdēns[1]	prūdent-	klug	prūdent-**er**

Adverb
-ē
-iter
-er

b) **Komparation des Adverbs**
Von Adjektiven gebildete Adverbien haben auch in den Vergleichsstufen Komparativ und Superlativ (↗ 25) unveränderliche Formen:
- Im Komparativ tritt das Bildungselement **-ius** (vgl. Neutrum Singular des Komparativs) an den Wortstock des Adjektivs.
- Im Superlativ tritt das Bildungselement **-ē** (vgl. Positiv des Adverbs der o-/ā-Deklination) an den Wortstock des Superlativs:

---

[1]) Zu den Wortstöcken, die auf -nt- enden, zählt auch das Partizip Präsens Aktiv; es bildet das Adverb auf dieselbe Weise, z.B. libent**er** (gern).

Komparativ		Superlativ	
doct-**ius** miser-**ius** pulchr-**ius**	**Komparativ**	doct-issim-ē miser-rim-ē pulcher-rim-ē	**Superlativ**
celer-**ius** ācr-**ius** simil-**ius** atrōc-**ius**	**-ius**	celer-rim-ē ācer-rim-ē simil-lim-ē atrōc-issim-ē	**-issimē** **-rimē** **-limē**
prūdent-**ius**		prūdent-issim-ē	

2.2 Andere Bildungsweisen

a) **Erstarrte Kasusformen von Substantiven und Adjektiven**

Ablativ (↗ 53–61), z.B.

ūnā (*erg.* manū)	zusammen	diū	lange (Zeit)
sērō (*erg.* tempore)	spät, zu spät	cāsū	zufällig
modo	(gerade) eben, bald; nur	forte	zufällig
māgnopere	sehr	hodiē	heute
noctū	nachts	omnīnō	gänzlich, überhaupt

‚Lokativ' (↗ 60.4; 61.3), z.B.

domī	zu Hause	herī	gestern
vesperī	abends		

Akkusativ (↗ 47.2), z.B.

multum	viel, sehr	cēterum	im Übrigen, übrigens
paulum	ein wenig	statim	sofort
parum	zu wenig	prīvātim	persönlich
tantum/sōlum	nur	facile	leicht

Nominativ, z.B.

rūrsus (< reversus)	wieder	satis	genug

b) **Zusammensetzung**

Präpositionale Verbindung

anteā	vorher, früher	praetereā	außerdem, überdies
posteā	nachher, später	imprīmīs	besonders, vor allem
intereā	unterdessen	obviam	entgegen
propterea	deswegen	admodum	sehr, in hohem Maße

Verbindung ursprünglich selbstständiger Wörter

adeō	so sehr	deinde	von da an, darauf
interdum	manchmal	cottīdiē	täglich

c) **Ableitungen von Pronomina (Pronominaladverbien)**
Es lassen sich Adverbien unterscheiden, die abgeleitet sind von

- Interrogativ-Pronomina (↗ 30),
- Demonstrativ-Pronomina (↗ 29) und
- Indefinit-Pronomina (↗ 31).

Interrogativ-Pronomina		Adverbien									
quis?	wer?	ubī?	wo?	quō?	wohin?	unde?	woher?	quandō?	wann?	quā (viā)?	wie?
Demonstrativ-Pronomina											
hic	dieser	hīc	hier	hūc	hierher	hinc	von hier			hāc	so
is	dieser	ibī	dort, da	eō	dorthin	inde	von da			eā	so
ille	jener	illīc	dort	illūc	dorthin	illinc	von dort	ōlim	einst		
īdem	derselbe	ibīdem	ebenda	eōdem	ebendorthin					eādem	ebenso
Indefinit-Pronomina											
aliquis	irgendeiner/	alicubī	irgendwo	aliquō	irgendwohin					aliquā	irgendwie
quisquam	jemand	ūsquam	irgendwo					umquam	jemals	nequāquam	keineswegs
		nusquam	nirgends					numquam	nie		
quīdam	ein (gewisser)							quondam	einst		
quisque	jeder	ubīque	überall			undique	von allen Seiten				
alius	ein anderer	alibī	anderswo	aliō	anderswohin			aliās	ein anderes Mal		

d) **Sonstige** (meist frühe) **Bildungen**

ita/sīc	so	nunc	jetzt	mox	bald
paene	fast, beinahe	tum	da, damals	saepe	oft
vix	kaum	iam	schon, bereits	simul	zugleich

e) **Adverbien**, die (später) als **Präpositionen** verwendet werden (↗ 67.1)

ante	vorher, früher	post	nachher, später	prope	nahe, beinahe

3 Besonderheiten

3.1 Auch einige der unter 2.2 aufgeführten Adverbien haben Vergleichsformen:

diū	diūtius	diūtissimē	lange	länger	am längsten
saepe	saepius	saepissimē	oft	öfter	am häufigsten
–	potius	potissimum	–	eher, lieber	am liebsten
(prō)	prius	prīmum	(vor)	früher	zuerst
(prope)	propius	proximē	(nahe)	näher	am nächsten
(post)	posterius	postrēmō	(nachher)	später	zuletzt

3.2 Vergleichsformen gibt es auch von den Adverbien, die von Adjektiven mit unregelmäßiger Komparation (↗ 25.2.1) gebildet sind:

māgnopere/valdē	magis	māximē	sehr	mehr	am meisten
paulum	minus	minimē	wenig	weniger	am wenigsten
multum	plūs	plūrimum	viel	mehr	am meisten
benĕ	melius	optimē	gut	besser	am besten
malĕ	pēius	pessimē	schlecht	schlechter	am schlechtesten

34 Partikeln

Partikeln[1] sind unveränderlich.

1 Zu den Partikeln zählen:

- **Adverbien** (↗ 33)
- **Konjunktionen** (↗ 109.1.2)
- **Präpositionen** (↗ 67; 68)
- **Interrogativ-Partikeln**
  (bei direkten Fragesätzen ↗ 98.4/5, bei abhängigen/indirekten Fragesätzen ↗ 118.2/3):

-ne	(unübersetzt)/ob	utrum ... an	... oder ... ?/ ob ... oder	utrum ... necne	... oder nicht?/ ob ... oder nicht
num	etwa ... ?/ob	-ne ... an		-ne ... necne	
nōnne	(etwa/denn) nicht ... ?/ ob nicht; ob	– ... an		– ... necne	

- **Interjektionen**
  Interjektionen[2] sind Ausrufe, die eine körperliche oder seelische Empfindung ausdrücken. Solche Ausrufe kommen vor allem in der Umgangssprache vor.

ah	ach!	eho	holla!	ēn	sieh!
heu	wehe! ach!	hem	hm	ecce	schau!
vae	wehe!	heus	hallo!	hercle	beim Hercules!
ei	au!	ō	oh! ach!	pol/edepol	beim Pollux!

Den Interjektionen kann auch der Vokativ (↗ 42.3) zugerechnet werden.

2 Darüber hinaus gibt es Wörter, die als Partikeln dazu dienen,

– eine Aussage abzutönen bzw. eine Sinnschattierung zu erreichen, z.B.

quidem	zwar, allerdings
(sīn) autem	(wenn) aber
(nisī) forte	(wenn nicht) zufällig; es sei denn, dass
quippe (quī)	(der) ja; da (er) ja

– eine Aussage oder ein Wort zu verneinen, z.B.

nōn/haud	nicht

– eine Aussage oder ein Wort zu steigern, z.B.

quam	möglichst
vel	sogar
etiam	noch, sogar
nē ... quidem	nicht einmal

– einen Vergleich zu ziehen, z.B.

quam	wie, als
quasi / tamquam	wie; als ob

[1]) < particula (Teilchen)
[2]) < inter-icere (dazwischen-werfen)

DIE LEHRE VOM SATZ

SYNTAX DES SATZES UND SEINER GLIEDER

35 Der Bau des Satzes

1 Das Satzmodell

Der **lateinische Satz** lässt sich in einem grafischen Satzmodell verdeutlichen. Er birgt streng voneinander zu unterscheidende Positionen in sich. Das Satzmodell mit seinen fünf Positionen ist im Folgenden entwickelt.

1.1 Alle sprachlichen Erscheinungen, die in dieser Grammatik systematisch behandelt werden, lassen sich an einer der im Satzmodell aufgezeichneten **fünf Positionen** in den **,Bau des Satzes'** (Syntax) einordnen, wo sie den Gesamtsinn des Satzes mittragen.

1.2 Diese **Positionen** sind, je nach Betonung und Absicht des Sprechenden oder Schreibenden, in ihrer Reihenfolge **vertauschbar**.

- ▶ Die **fünf Positionen** des Satzes können durch unterschiedliche sprachliche Elemente **gefüllt** sein.
- ▶ Sprachliche Elemente **erfüllen** an einer **Position** im Satz immer eine **syntaktische Funktion** (Aufgabe).
- ▶ Diese Funktionen werden von Satzgliedern bzw. Satzgliedteilen übernommen.

Im Satzmodell:

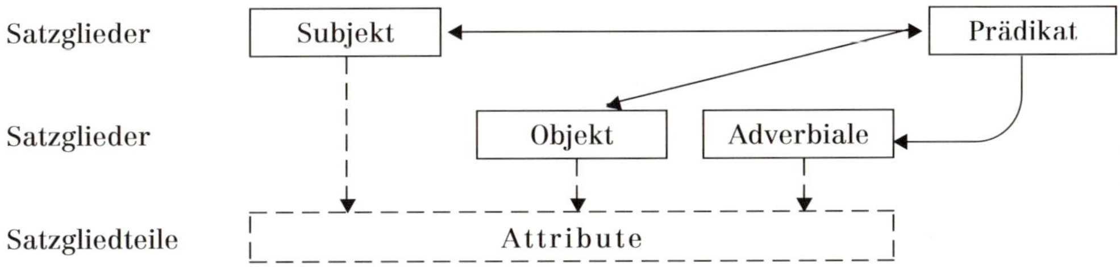

2 Satzglieder: Subjekt – Prädikat

2.1 Der Bau eines Satzes ruht auf zwei ,Grundpfeilern': **Subjekt und Prädikat**.

▶ Das **Subjekt** gibt an, wer oder was eine Handlung vollzieht, ein Geschehen auslöst oder davon betroffen ist.
Die Position des Subjekts wird in der Regel gefüllt durch ein **Nomen** (deklinierbares Wort).
Dazu zählen:
Substantiv (Namen-/Hauptwort),
Adjektiv (Eigenschaftswort),
Pronomen (Fürwort),
Numerale (Zahlwort).

▶ Das **Prädikat** gibt an, was ist oder geschieht.
Die Position des Prädikats wird zumeist gefüllt durch ein **Verb** (Zeitwort/Tätigkeitswort).

2.2 **Subjekt und Prädikat** bilden **zuweilen** allein schon einen syntaktisch **vollständigen Satz** mit einer sinnvollen Aussage. Dieser Satz besteht demnach aus **zwei Satzgliedern**; sie stehen in einer engen Beziehung zueinander.

Cicerō	⟷	rīdet.
Cicero	⟷	lacht.
Senātōres	⟷	stupent.
Die Senatoren	⟷	staunen.

3 Satzglieder: Objekt – Adverbiale

In den meisten Fällen treten zum ‚einfachen' Satz (Subjekt – Prädikat) ergänzende Satzglieder hinzu. Solche Satzglieder müssen o d e r können stehen; dies hängt davon ab, wie viele Satzglieder das Verb, das die syntaktische Funktion des Prädikats erfüllt, aufgrund seiner Bedeutung benötigt, damit ein grammatisch vollständiger Satz entsteht. Solche Ergänzungen stehen demnach in **Dependenz (Abhängigkeit)** vom Prädikat. Die Fähigkeit eines Verbs bestimmte Satzpositionen an sich zu binden nennt man **Valenz (Wertigkeit)**.

3.1 Ergänzungen können sein:

- ▶ das **Objekt**:
  Es gibt an, auf wen oder worauf die im Prädikat ausgedrückte Handlung gerichtet ist. ①
- ▶ das **Adverbiale**:
  Es gibt die näheren Umstände einer Handlung oder eines Geschehens an. ②

① Cicerō Antōnium ⟵ irrīdet.
Cicero verspottet Antonius.

② Hic Brundisiī versātur.
Dieser hält sich in Brundisium auf.

Brundisium longē ā Rōmā abest.
Brundisium ist weit von Rom entfernt.

3.2 Satzglieder, die von der Valenz des Verbs, das die syntaktische Funktion des Prädikats erfüllt, nicht notwendig gefordert werden, nennt man freie Angaben. ③ ④

③ Cicerō Antōnium (iterum atque iterum) irrīdet.
Cicero verspottet Antonius (immer wieder).

④ Senātōrēs (laetī) audiunt.
Die Senatoren hören (erheitert) zu.

3.3 Oft erscheinen die Satzglieder Objekt und Adverbiale gemeinsam im Satz.

Cicerō apud senātum Antōnium ⟵ accūsat.
Cicero klagt vor dem Senat Antonius an.

4 Erweiterung durch Satzgliedteile: Attribute

Zu den Satzgliedern können **Erweiterungen** treten. Diese sind nicht von der Valenz des Verbs, das die syntaktische Funktion des Prädikats erfüllt, abhängig; denn sie sind nur Teile der Satzglieder, denen sie beigefügt sind: **Attribute**.

Cicerō Antōnium cōnsulem apud summum cōnsilium orbis terrārum accūsat. Cicero klagt den Konsul Antonius vor der höchsten Ratsversammlung der Welt an.

Im Satzmodell:

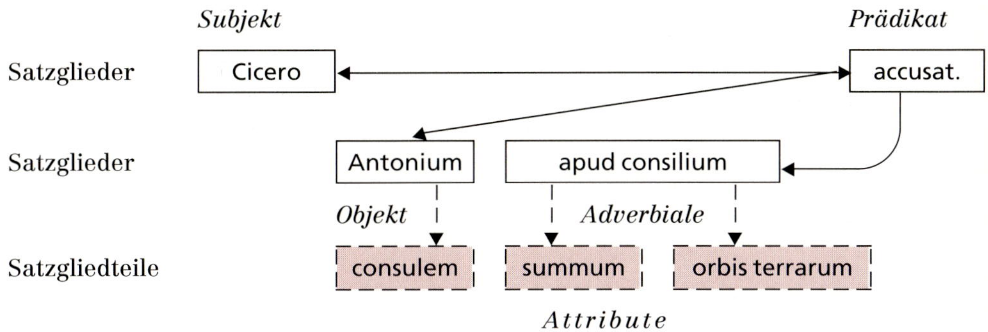

36 Satzpositionen und Füllungsarten

Die **fünf Positionen** des Satzmodells können von verschiedenen sprachlichen Elementen gefüllt sein: **Füllungsarten.**

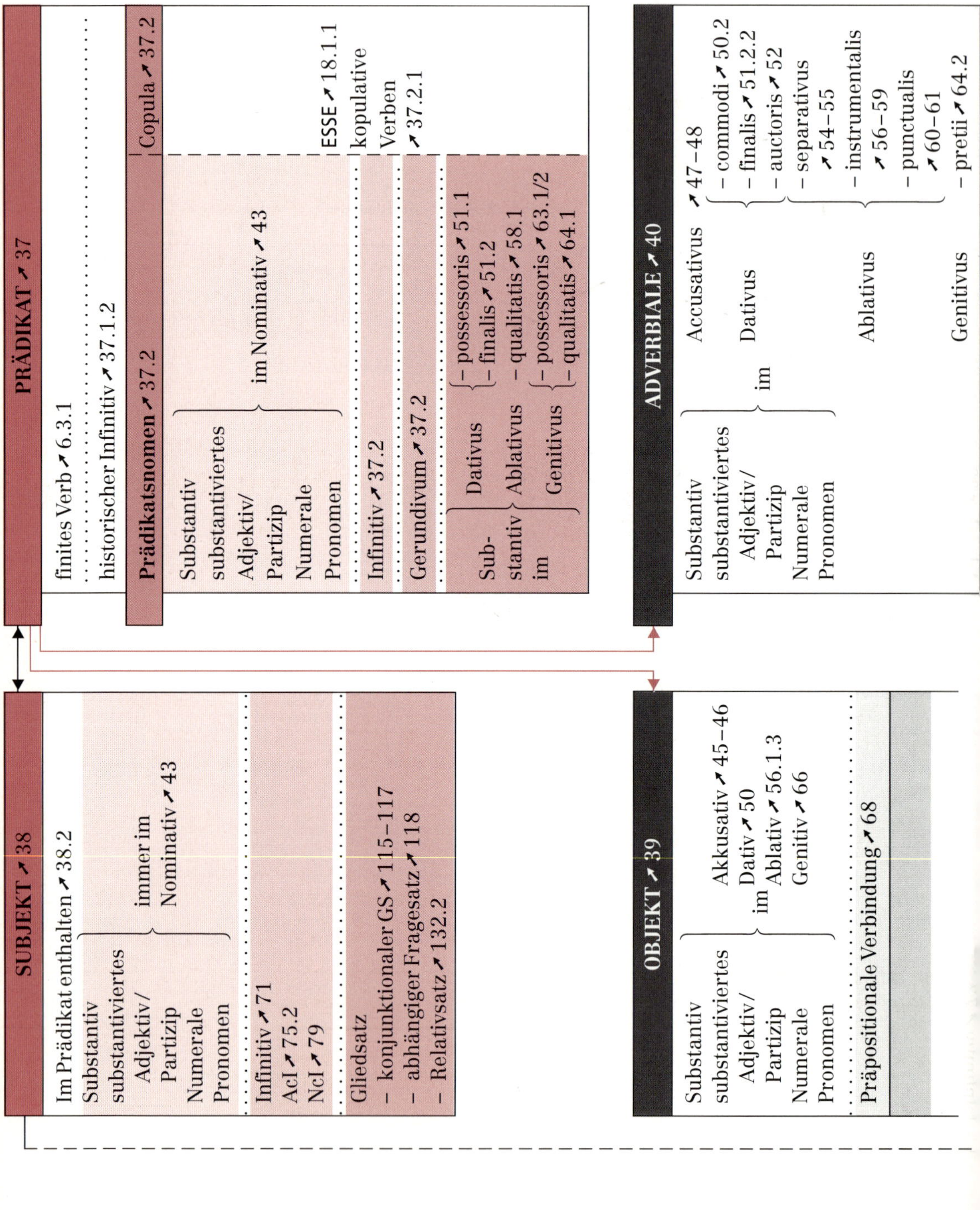

Infinitiv ↗ 72
AcI ↗ 75.2

Gerundium ↗ 90.2.1a

Gliedsatz
- konjunktionaler GS ↗ 115–117
- abhängiger Fragesatz ↗ 118
- Relativsatz ↗ 132.2

Adverb ↗ 33

Präpositionale Verbindung ↗ 48.1.2; 55.1.2; 56.1.2; 57.1; 60.2; 61.2

Substantiv/Adjektiv als Praedicativum ↗ 40.5

Gerundium ↗ 90.2.1c
Gerundivum ↗ 92.1

Participium coniunctum ↗ 83–85
Ablativus absolutus ↗ 86–88

Supinum auf -um ↗ 94.2

Gliedsatz
- konjunktionaler Gliedsatz ↗ 119–130
- Relativsatz ↗ 132.2

ATTRIBUT ↗ 41

mit KNG-Kongruenz ↗ 41.1	ohne KNG-Kongruenz ↗ 41.2
Substantiv als Apposition ↗ 41.4	Substantiv (substantiviertes) Adjektiv/ Partizip Numerale Pronomen } im Genitivus - possessoris ↗ 63.1/2 - subiectivus ↗ 63.3 - obiectivus ↗ 63.4 - qualitatis ↗ 64.1 - pretii ↗ 64.2 - partitivus ↗ 65
(substantiviertes) Adjektiv/ Partizip Numerale Pronomen	
Gerundivum ↗ 92.2	Gerundium ↗ 90.2.1b
	Substantiv im Ablativus - qualitatis ↗ 58.1
	Adverb
	Supinum auf -ū ↗ 94.3
	Präpositionale Verbindung ↗ 41.2.3; 68
	Relativsatz ↗ 132.1; 133

37 Prädikat

Es gibt zwei Arten von Prädikaten (↗ 35.2):
- das **einfache** Prädikat,
- das **zusammengesetzte** Prädikat.

1 Das einfache Prädikat

1.1 Das einfache Prädikat besteht aus einem Wort. Dies ist meist eine **finite Verbform** (↗ 7.3.1).

Cicerō rīdet.	Cicero lacht.
Senātōrēs stupent.	Die Senatoren staunen.
Audiātur et altera pars!	Auch die andere Seite soll gehört werden!

1.2 In seltenen Fällen steht statt einer finiten Verbform ein **Infinitiv** Präsens (historischer Infinitiv ↗ 103).

(Ita Caesar cum suīs diēs quīndecim iter fēcit.) Cottīdiē Caesar Haeduōs frūmentum flāgitāre; diem ex diē dūcere Haeduī.	(Auf diese Weise zog Cäsar mit seinen Soldaten 15 Tage dahin.) Täglich forderte Cäsar von den Häduern die Lieferung von Getreide; doch die Häduer zogen diese von Tag zu Tag hin.

2 Das zusammengesetzte Prädikat

Das zusammengesetzte Prädikat erscheint als Wortgruppe, die meist aus Formen der **Copula** ESSE[1] und einem **Prädikatsnomen** besteht.
Das Prädikatsnomen steht häufig im Nominativ (↗ 38.4).
Prädikatsnomen kann sein

- ein Partizip:

Vīta līberōrum **servāta** est.	Das Leben der Kinder wurde gerettet.
Vītam līberōrum **servātūrī** sumus.	Wir wollen das Leben der Kinder retten.

- ein Adjektiv:

Vīta hominis **brevis** est.	Ein Menschenleben ist kurz.

- ein Substantiv oder substantiviertes Adjektiv:

Vīta **bonum** est.	Das Leben ist ein Gut.

- ein Gerundivum:

Vīta hominum **servanda** est.	Das Leben der Menschen muss bewahrt werden.

- ein Infinitiv:

In Verbindung mit einem Infinitiv als Prädikatsnomen wird die Copula EST übersetzt mit ‚bedeutet', ‚heißt'.

Vīvere **mīlitāre** est.	Leben heißt kämpfen.

2.1 Wie ESSE haben folgende Verben die Valenz einer Copula und verbinden sich mit einem Prädikatsnomen im Nominativ *(Verba copulativa)*:

manēre	bleiben	existere	auftreten (als)
fierī	werden	nāscī	geboren werden (als)

[1]) ESSE kann auch Vollverb (↗ 7.1.2) sein. In diesem Fall hebt es die tatsächliche Existenz einer Person oder Sache hervor: Sunt, quī dīcant ... – Es gibt Leute, die sagen ....

In der deutschen Übersetzung muss das Prädikatsnomen häufig durch die Partikel *„als"* gestützt werden.

Nēmō sapiēns nāscitur. — Niemand wird als Weiser geboren.

2.2 Außer im Nominativ kann ein Prädikatsnomen auch in folgenden Kasus stehen:

– **Dativ**:

Amīcitia tua mihī **ūsuī** fuit. — Deine Freundschaft hat mir genützt.

– **Ablativ**:

Tē duce **bonō animō** sum. — Unter deiner Führung bin ich guten Mutes.

– **Genitiv**:

Idem velle atque idem nōlle **bonī amīcī** est. — Dasselbe zu wollen und dasselbe nicht zu wollen ist Zeichen eines guten Freundes.

3 Das Prädikat, vor allem die Copula ESSE, kann in Sentenzen wegfallen.

Calamitās virtūtis occāsiō. — Unglück (ist) Gelegenheit zur Bewährung.

Nōn scholae, sed vītae (erg. discimus). — Nicht für die Schule, sondern für das Leben (lernen wir).

38 Subjekt

1 Die **Position des Subjekts** kann gefüllt werden durch ein

– Substantiv:	Amīcī auxiliō veniunt.	Freunde kommen zu Hilfe.
– Adjektiv:	Multī auxiliō veniunt.	Viele kommen zu Hilfe.
– Pronomen:	Quīdam auxiliō veniunt.	Manche kommen zu Hilfe.
– Zahlwort:	Decem auxiliō veniunt.	Zehn kommen zu Hilfe.
– Partizip:	Amantēs auxiliō veniunt.	Liebende kommen zu Hilfe.
– Infinitiv:	Amīcīs adesse oportet.	Freunden zu helfen gehört sich.
– AcI:	Nōs amīcīs adesse oportet.	Dass wir Freunden helfen, gehört sich.
– NcI:	Vōs amīcīs adesse vidēminī.	Ihr scheint den Freunden zu helfen.
– Gliedsätze:	Quī amīcīs adest, laudātur.	Wer den Freunden hilft, erntet Lob.
	Fierī nōn potest, quīn tibī adsim.	(Es ist nicht möglich, dass ich dir nicht helfe.) Ich muss dir helfen.

2 Häufig ist das Subjekt allein im Person-Zeichen (↗ 9.1) enthalten

2.1 **als persönliches Subjekt:**

Ībam. — **Ich** ging.

Adeste! — Helft! (*nämlich*: **ihr** da)

Cūr tacent? — Warum schweigen **sie**?

Nur bei starker Hervorhebung (Gegensatz!) wird das persönliche Subjekt durch das Personal-Pronomen (↗ 28.1.2b) ausgedrückt:

Ego nōn negō, tū tacēs. — **Ich** leugne nicht, **du** aber schweigst.

Das persönliche Subjekt kann manchmal in verallgemeinernder Form verstanden werden:

1. Person Plural:	Errāmus.	**Man** irrt sich.
2. Person Singular:	Crēderēs...	**Man** hätte glauben können...
3. Person Plural:	Dīcunt...	**Man** sagt... (*nämlich*: Die Leute sagen...).

2.2 als unbestimmtes Subjekt:

Place**t**.	**Es** gefällt/Man beschließt.
Placui**t**.	**Es** ist beschlossen. (Formel bei der Beschlussfassung im Senat)
Ī**tur**.	**Man** geht.

3 Kongruenz des Prädikats mit dem Subjekt

Grundsätzlich sind die Wortform des Subjekts (im Nominativ) und die des Prädikats (Person-Zeichen) aufeinander bezogen und voneinander abhängig (↗ 35.2.2). Diese Beziehung drückt sich in der sog. **Kongruenz**[1] aus. Die Kongruenz erfasst immer **Person** und **Numerus**; besteht das Prädikat aus Copula und Prädikatsnomen im Nominativ (↗ 37.2), so erfasst sie meist auch das **Genus**.

Anchīsēs:	Anchises:
Ego tē docēb**ō**,	**Ich** werde dich belehren,
tū autem audi**ē**s:	**du** aber wirst (auf mich) hören:
Gentī tuae nova patri**a** dēstināt**a** est.	Deinem Volk ist eine neue Heimat bestimmt.
Eī gentī imperi**um** sine fīne dat**um** est.	Diesem Volk ist eine grenzenlose Herrschaft gegeben.

3.1 Besonderheiten des Numerus

– Ein Subjekt im Singular kann nach dem im Wort enthaltenen Sinn als Plural aufgefasst sein (*Constructio ad sensum*[2]):

Multitūd**ō** hominum in forum concurru**nt**.	Eine Menschenmenge strömt auf dem Markt zusammen.

– Umgekehrt kann die Verbindung zweier Subjekte als begriffliche Einheit aufgefasst werden; das Prädikat steht demnach im Singular:

Senātus populusque Rōmānus iuss**it**.	Volk und Senat von Rom haben befohlen.

3.2 Besonderheiten des Genus

– Ein Infinitiv in der syntaktischen Funktion des Subjekts (↗ 6.1) gilt als Nomen im Neutrum Singular:

Errāre hūmān**um** est.	Irren ist menschlich.

– Hinter einem Sachbegriff im Plural kann sich die Vorstellung von Personen verbergen (*Constructio ad sensum*[2]):

Capit**a** cīvitātis pūnī**tī** sunt.	Die Häupter des Staates wurden bestraft.

– Wenn das Subjekt als Demonstrativ-, Interrogativ- oder Relativ-Pronomen erscheint, richtet es sich im Genus nach dem Prädikatsnomen:

Ista quidem v**īs** est!	**Das** ist ja Gewalt!
Hī sunt homin**ēs** nefāri**ī**.	**Das** sind Verbrecher.
aber:	
Quid est homō?	Was ist das **Wesen** des Menschen?
Quid est virtūs?	Was ist das **Wesen** der Tugend?

---

[1]) < congruere (übereinstimmen)

[2]) Konstruktion ‚nach dem Sinn', sinngemäße Konstruktion

3.3 Besonderheit der Person-Kongruenz

Wenn mehrere Personen im Singular (*ich, du, er/sie*) Subjekt sind, steht das Prädikat im Plural; dabei hat aber die erste Person vor der zweiten und dritten Vorrang, die zweite Person vor der dritten:

Ego et tū valēmus.	Ich und du (wir) sind gesund.
Tū et frāter valētis.	Du und dein Bruder (ihr) seid gesund.

4 Kongruenz des Prädikatsnomens

- Ein adjektivisches Prädikatsnomen im Neutrum Singular bezeichnet etwas Allgemeines, das in der deutschen Übersetzung mit „Sache, Wesen, Wert, Eigenschaft" und ähnlichen im Kontext zutreffenden Begriffen wiedergegeben werden kann:

Pāx meli**us** est quam bellum.	Friede ist ein höherer Wert (etwas Besseres) als Krieg.

- Bei mehreren Sachen als Subjekt steht das Prädikatsnomen im Neutrum Plural oder es richtet sich nach dem am nächsten stehenden Subjekt:

Multōrum flāgitia et iniūriae dētēcta/dētēctae sunt.	Schandtaten und Ungerechtigkeiten von vielen wurden aufgedeckt.

- Häufig richtet sich das einfache oder zusammengesetzte Prädikat nach dem Prädikatsnomen, wenn dieses unmittelbar vorausgeht:

Tōta gēns populō Rōmānō inimīcī factī **sunt**.	Der gesamte Volksstamm wurde dem römischen Volk zum Feind.

39 Objekt

Das Objekt gibt als Satzergänzung nähere Informationen zu dem durch Subjekt und Prädikat dargestellten Sachverhalt. Art und Anzahl der Objekte werden in der Regel durch die Valenz (↗ 7.3.1) des Verbs, das im Satz die syntaktische Funktion des Prädikats erfüllt, bestimmt.

1 Einteilung der Objekte:

Man unterscheidet folgende Objekte:

1.1 Akkusativobjekt

Die Position des Akkusativobjekts kann gefüllt werden durch

– ein **Nomen**:	Homō **hominem** dīligitō!	Ein Mensch soll den anderen lieben!
– einen **Infinitiv**:	Quis **resistere** audet?	Wer wagt es, Widerstand zu leisten?
– einen **AcI**:	**Nēminem resistere** sciō.	Ich weiß, dass niemand Widerstand leistet.
– einen **Gliedsatz**:	Nēmō rogat, **cūr restiterim**.	Niemand fragt (danach), warum ich Widerstand geleistet habe.
	Quod petīveram, perfēcī.	Was mein Ziel war, habe ich erreicht.

1.2 Dativobjekt

Quis **suīs** nocēre vult?	Wer will den Seinen schaden?

1.3 **Ablativobjekt**
Quis **armīs** ūtī māvult quam **pāce**? — Wer will lieber Waffengewalt anwenden als Frieden halten?

1.4 **Genitivobjekt**
Nē oblītī sītis **pācis**! — Vergesst den Frieden nicht!

1.5 **Präpositionalobjekt**
Dē pāce dēlīberāre oportet. — Man muss über den Frieden nachdenken.

2 Zwei Objekte im Satz

Manche Verben haben aufgrund ihrer Valenz zwei Objekte bei sich (dreiwertige Verben ↗ 7.3.1). Die Objekte erscheinen in folgenden Kasus:

2.1 **Akkusativ und Akkusativ**
Hoc tē admoneō. — Daran erinnere ich dich.

2.2 **Akkusativ und Dativ**
Quis **tibī hanc poenam** imposuit? — Wer hat dir diese Strafe auferlegt?

2.3 **Akkusativ und Ablativ**
Quis **tē hāc poenā** affēcit? — Wer hat dich mit dieser Strafe belegt?

2.4 **Akkusativ und Genitiv**
Tē huius reī admoneō. — Ich erinnere dich an diese Sache.

2.5 **Akkusativ und Präpositionalobjekt**
Tē dē hāc rē admoneō. — Ich erinnere dich an diese Sache.

40 Adverbiale (und Praedicativum)

Das Adverbiale ist ein Satzglied, das manchmal eine notwendige Ergänzung (↗ 35.3.1), manchmal eine ‚freie Angabe' im Satz darstellt. ‚Freie Angaben' sind solche Satzglieder, die von der Valenz des Verbs nicht notwendig gefordert werden, d.h. sie könnten ohne Folgen für die syntaktische Vollständigkeit des Satzes weggelassen werden (↗ 35.3.2). Die Position des Adverbiales können füllen:

1 Adverbien

Diū/Dīligenter labōrāvī. — Ich habe lange/sorgfältig gearbeitet.

2 Nomina im

2.1 **Ablativ**
Hōc diē/māgnā dīligentiā labōrāvī. — Ich habe heute/mit großer Sorgfalt gearbeitet.

2.2 Akkusativ (↗ 48.2)

Itaque **multās hōrās** dormiam. — Daher werde ich viele Stunden (lang) schlafen.

2.3 Dativ (↗ 93.1.4)

Hominibus labōrēs subeundī sunt. — Die Menschen müssen Mühen auf sich nehmen.

2.4 Genitiv (↗ 64.2.1)

Nōnne ōtium **plūris** aestimāmus quam labōrem? — Schätzen wir Freizeit nicht höher als Arbeit?

2.5 Akkusativ/Ablativ in präpositionaler Verbindung

In hortum missus sum, ut labōrārem. — Ich wurde in den Garten geschickt um zu arbeiten.

In hortō diū labōrāvī. — Im Garten habe ich lange gearbeitet.

Die Ortsangabe in hortō ist eine ‚freie Angabe'.
Dagegen ist die Zielangabe in hortum eine notwendige Ergänzung, die von der Valenz des Verbs mittere gefordert wird.

3 Satzwertige Konstruktionen

3.1 Partizipialkonstruktionen

▶ **Participium coniunctum** (↗ 83–85)

Carmen **cantantēs** diem coepimus. — Indem wir ein Lied sangen, begannen wir den Tag.

▶ **Ablativus absolutus** (↗ 86–88)

Lūce appārente/Prīmā lūce labōrāre incipimus. — Wenn die Sonne aufgeht, beginnen wir die Arbeit.

3.2 Gerundium (↗ 90.2.1c)

Labōrandō discimus. — Indem wir arbeiten, lernen wir.

3.3 Gerundivum (↗ 92.2.2)

Labōribus subeundīs discimus. — Indem wir Arbeiten übernehmen, lernen wir.

3.4 Supinum auf -um (↗ 94.2)

Eāmus **spectātum** nostrōs labōrēs! — Gehen wir um unsere Leistungen anzuschauen!

4 Gliedsätze

4.1 Konjunktionale Gliedsätze (↗ 119–130)

Ubī (**prīmum**) lūx **appāruerit**, labōrāre incipiam. — Sobald der erste Sonnenstrahl erscheint, werde ich zu arbeiten beginnen.

4.2 Relativsätze (↗ 132.2.5)

Legiōnēs in eum locum, **unde** discesserant, omnēs rediērunt. — Die Legionen kehrten alle an den Ort zurück, von dem (*woher*) sie ausgerückt waren.

5 Praedicativum

Eine besondere Art des Adverbiales stellt das **Praedicativum** dar. Es bestimmt wie ein Adverbiale den Prädikatsvorgang näher, gleichzeitig stimmt es aber mit einem weiteren Satzglied in Kasus, Numerus und Genus überein.
Die Position des Praedicativums kann gefüllt werden durch:

5.1 Substantive

Cicerō cōnsul	Cicero als Konsul, in seinem Konsulat
Caesar victor	Cäsar als Sieger
Hannibal puer	Hannibal als Junge, in seiner Kindheit
Catō senex	Cato als alter Mann, im hohen Alter

Cicerō **cōnsul** Catilīnae facinora dētēxit. — Cicero deckte **in seinem Konsulat** die Verbrechen des Catilina auf.

5.2 Adjektive

a) Adjektive als Praedicativa bezeichnen meist seelische oder körperliche Zustände von Personen:

laetus	fröhlich, heiter	salvus	wohlbehalten, unverletzt
maestus, trīstis	traurig, betrübt	vīvus	lebend, zu Lebzeiten
		mortuus	tot, gestorben
invītus	ungern, unfreiwillig	absēns (abesse!)	abwesend, in Abwesenheit

Cicerō non **invītus** Catilīnam dēprehendisset. — Cicero hätte Catilina nicht **ungern** verhaften lassen.

b) Adjektive als Praedicativa können auch eine Reihenfolge bezeichnen:

prīmus, prīnceps	als Erster, zuerst	medius	in der Mitte
		summus	als Höchster
decimus	als Zehnter	postrēmus	als Letzter, zuletzt

Cicerō **prīnceps** Catilīnam capitis damnārī voluit. — Cicero trat **als Erster** dafür ein, dass Catilina zum Tod verurteilt werde.

5.3 Pronomina und Pronominaladjektive als Praedicativa heben hervor:

ipse	selbst, persönlich	ūnus, sōlus	allein, als Einziger
īdem	zugleich		
		tōtus	ganz, gesamt

Sōlus Cicerō Catilīnam offendit. — **Als Einziger** griff Cicero Catilina an.
Cicerō ōrātor fuit **īdem**que philosophus. — Cicero war Redner und **zugleich** Philosoph.

5.4 Gerundivum (↗ 92.1)

Cicerō ōrātōribus Graecīs trāditus erat **ērudiendus**. — Cicero war griechischen Rhetoren zur Ausbildung übergeben worden.

5.5 Das Praedicativum kann in verschiedenen Kasus auftreten: Beim Übersetzen muss darauf geachtet werden, mit welchem Satzglied es in Kongruenz steht, z.B.:

Cicerō prīm**us** Catilīnam accūsāvit. — Cicero hat **als Erster** (*zuerst*) Catilina angeklagt.
Cicerō Catilīn**am** prīm**um** accūsāvit. — Cicero hat Catilina **als Ersten** (*zuerst*) angeklagt.

41 Attribut und Apposition

Das Attribut[1] gibt eine nähere Bestimmung zum Subjekt, Objekt, Adverbiale, Prädikatsnomen oder anderen Attributen. Es hängt nicht von der Valenz des Verbs ab, das die syntaktische Funktion des Prädikats erfüllt. Es ist einem Satzglied oder Teil eines Satzgliedes (Prädikatsnomen) beigefügt: **Satzgliedteil** (↗ 35.4).
Die Position des Attributs kann gefüllt werden durch:

1 Attribute mit KNG-Kongruenz:

1.1 Adjektiv (↗ 24)

Helvētiī **reliquīs** Gallīs virtūte praestābant. — Die Helvetier übertrafen die übrigen Gallier an Tapferkeit.

Einige Adjektive, die als Attribute zu Substantiven eine nähere Bestimmung des Ortes oder der Zeit angeben, können je nach Kontext verschiedene Bedeutung haben:

summus mōns	der höchste Berg	der Gipfel des Berges
mediō in forō		mitten auf dem Marktplatz
ultimō diē	am letzten Tag	am Ende des Tages

1.2 Partizip (↗ 81.2)

Lēgātī Helvētiōrum diē **cōnstitūtā** ad Caesarem revertērunt. — Die Gesandten der Helvetier kamen zum festgesetzten Termin zu Cäsar zurück.

1.3 Gerundivum (↗ 92.2)

Spēs flūminis **trānseundī** Helvētiōs fefellit. — Die Helvetier sahen sich in der Hoffnung getäuscht den Fluss überqueren zu können.

1.4 Pronomen (↗ 27.2.1) oder Pronominaladjektiv (↗ 32)

Quā dē causā Helvētiī ē fīnibus **suīs** exīre cōnstituērunt? — Aus welchem Grund beschlossen die Helvetier aus ihrem Gebiet auszuwandern?

1.5 Numerale (↗ 26)

Caesar **ūnā** aestāte **duo** māxima bella cōnfēcit. — Cäsar führte in einem Sommer zwei bedeutende Kriege erfolgreich zu Ende.

2 Attribute ohne KNG-Kongruenz

2.1 im Genitiv (↗ 62)

Hostibus facultās **fugae** data nōn est. — Den Feinden bot sich keine Möglichkeit zur Flucht.

Nerviī erant hominēs **māgnae virtūtis**. — Die Nervier waren Menschen von großer Tapferkeit.

Orgetorīx cōnsilium rēgnum **occupandī** cēpit. — Orgetorix fasste den Entschluss die Königsherrschaft an sich zu reißen.

---

[1]) < attribūtum (Hinzu-, Beifügung) (< attribuere < ad-tribuere)

2.2 im Ablativ (↗ 58.1)

Erant apud Caesarem Raucillus et Egus, hominēs **singulārī virtūte**.	Bei Cäsar waren Raucillus und Egus, Männer von außerordentlicher Tapferkeit.

2.3 Ablativ oder Akkusativ in präpositionaler Verbindung (↗ 67.2 Anm. 2)

Indutiomārus Treverus inimīcō **in Rōmānōs** animō erat.	Der Treverer Indutiomarus war den Römern feindlich gesonnen.
Cicerōnis **dē rē pūblicā** cūra māgna erat.	Die Sorge Ciceros um den Staat war groß.

2.4 Adverb (↗ 33.1) **als Attribut**

Catō vir **vērē** Rōmānus putātur.	Cato wird als ein wahrer/echter Römer angesehen.

2.5 Supinum auf -ū (↗ 94.3) **als Attribut**

Quod dīxit, incrēdibile erat **audītū.**	Was er sagte, hörte sich unglaublich an.

2.6 Relativsatz (↗ 132.1) **als Attribut**

Belgae proximī sunt Germānīs, **quī trāns Rhēnum incolunt**, **quibuscum continenter bellum gerunt**.	Die Belger sind unmittelbare Nachbarn der Germanen, die jenseits des Rheines wohnen und mit denen sie beständig Krieg führen.

3 Häufung von Attributen

Attribute mit und ohne KNG-Kongruenz kommen oft gehäuft vor; in diesem Fall bevorzugt das Lateinische die geschlossene (‚attributive') Wortstellung.

Dē **māximō Athēniēnsium in tyrannōs** *odiō* multa audīvimus.	Über den glühenden Tyrannenhass der Athener haben wir schon viel gehört.

4 Apposition

Eine besondere Art des Attributs stellt die **Apposition**[1] dar.

4.1 Appositionen sind in der Regel **substantivische Attribute**, die einem Bezugswort im gleichen Kasus beigefügt und durch Kommata abgetrennt sind.

Urbs **Rōma** ā *Rōmulō*, **prīmō rēge** Rōmānōrum, condita est.	Die Stadt Rom wurde von Romulus, dem ersten König der Römer, gegründet.
In tribus praecipuē *virtūtibus* illa rēs pūblica, quam Platō contrā tyrannōs mente composuit, posita est: (in) **temperantiā, fortitūdine, sapientiā.**	Hauptsächlich auf drei Einzeltugenden beruht jener Staat, den Platon gegen die Herrschaft der Tyrannen entworfen hat: (auf) Selbstbeherrschung, Tapferkeit und Weisheit.

---

[1]) < appositiō (Zusatz, Beifügung)

4.2 Als Appositionen zu Demonstrativ-Pronomina erscheinen häufig **Infinitivkonstruktionen** (↗ 70–79) und **abhängige Erläuterungssätze** (↗116); das Demonstrativ-Pronomen weist auf die folgende Apposition im Voraus hin.

Sōcratēs semper *idem* dīxit, **animōs tyrannōrum malōs esse**.	Sokrates betonte immer *dasselbe*, (nämlich) dass die Seele von Tyrannen verdorben sei.
Hoc est proprium hominis, **ut aliquid sibī prōpōnat**.	*Das* ist eine typische Eigenschaft des Menschen, dass er sich ein Ziel/Ziele setzt.

SEMANTIK DER SATZGLIEDER

42 Die semantische Funktion von Sprachelementen – Grundfunktionen der Kasus

1 In den §§35–41 wird gezeigt, dass alle sprachlichen Elemente, die in einem Satz auftreten, Füllungsarten der fünf Satzpositionen sind; sie haben also eine **syntaktische Funktion**.
In dieser syntaktischen Funktion sind die sprachlichen Elemente auch Träger von **Sinn** und **Bedeutung**. Insofern kommt ihnen auch eine **semantische Funktion** zu.
Diese beiden Funktionen sind bei der Analyse von sprachlichen Elementen stets zu unterscheiden, auch bei der **Analyse der Kasus**. Ein Kasus füllt jeweils eine Satzposition, zeigt aber an dieser jeweils eine besondere Sinn- oder Bedeutungsrichtung. Diese bestimmt die Gesamtaussage des Satzes mit; sie lässt sich immer erst von diesem Zusammenhang her erschließen.

2 Für die einzelnen Kasus, die im Folgenden (↗ 43–66) nach ihrer jeweiligen Hauptfunktion im Satz bzw. nach ihrer hauptsächlichen Position im Satzmodell angeordnet sind, lassen sich folgende **semantische Grundfunktionen** erfassen:

2.1 Der **Nominativ** benennt Personen als *Träger* der Handlung oder Personen, Sachen und Begriffe als *Gegenstände* von *Aussagen*.

2.2 Der **Akkusativ** gibt *Richtung*, *Ziel* und *Ergebnis* einer Tätigkeit an.

2.3 Der **Dativ** deutet auf *Zuwendung*, intensive *Beteiligung* und *Zuordnung* hin.

2.4 Der **Ablativ**[1] umfasst drei Grundfunktionen, denen in früher Zeit eigenständige Kasus entsprachen:

- ► *Separativus*[2] als Kasus des *Ausgangspunkts* und der *Trennung* (eigentlicher Ablativ).
- ► *Instrumentalis*[3] als Kasus des *Mittels* (der Mitwirkung) und der *Begleitung*,
- ► *Punctualis*[4] als Kasus *örtlich-räumlicher Lage* und *zeitlicher Fixierung*.

2.5 Der **Genitiv** bezeichnet eine *Zugehörigkeit*, d.h. den *Bereich*, auf den ein Begriff bezogen ist.

Diese Grundfunktionen der Kasus haben im Laufe der Zeit differenziertere Sinnrichtungen entfaltet.

3 Der **Vokativ**[5] ist in seiner **semantischen Funktion** der Kasus, in dem eine Person oder Sache direkt **angesprochen** oder **angerufen** wird.

---

[1]) < ab-lātum, auferre (ab-getrennt)
[2]) < sēparāre (abtrennen, absondern)
[3]) < īnstrūmentum, -ī (Mittel, Werkzeug)
[4]) < pūnctum, -ī (Stich, Punkt). Im Punctualis sind der ursprüngliche Lokativ und der Ablativus temporis zusammengefasst.
[5]) < vocāre (rufen)
[6]) < inter-icere, interiectum (dazwischen-werfen, einschieben)

Vincere scīs, Hannibal, victōriā ūtī nescīs. (*Livius*)	Zu siegen verstehst du, Hannibal, aber den Sieg zu nutzen, das verstehst du nicht.
O fōns Bandusiae! (*Horaz*)	O Bandusias Quell!

Als Interjektion erfüllt er keine syntaktische Funktion.

43 Nominativ

Der **Nominativ** eines deklinierten Wortes benennt

- die **Person**, die **handelt** oder von einer Handlung **betroffen ist**,
- die **Sache** oder den **Sachverhalt**, über die bzw. den eine **Aussage gemacht wird** (Frage: *wer? – was?*).

Der Nominativ benennt

- **als Prädikatsnomen** und **als Attribut** die **Beschaffenheit** einer Person oder Sache, die Subjekt ist (Frage: *wie beschaffen? – von welcher Art?*),
- **als Praedicativum** den **Zustand** einer Person oder Sache (Frage: *als was für ein?*).

Somit erfüllt der Nominativ die syntaktische Funktion des **Subjekts** (↗ 38), ferner (als **Prädikatsnomen** mit einer Form von ESSE) die des **Prädikats** (↗ 37.2), des **Praedicativums** (↗ 40.5) und des **Attributs** (↗ 41).

44 Akkusativ

Der **Akkusativ** gibt **Richtung**, **Ziel** und **Ergebnis** einer Tätigkeit an.
Er steht also in Abhängigkeit von Verben, die in diesen Bedeutungsbereichen eine Ergänzung *(Objekt)* erfordern: *transitive*[1] *Verben*.
So bezeichnet der **Akkusativ**:

- die Person oder Sache, auf die eine Handlung gerichtet ist (Frage: *wen? – was?*),
- das Ziel, auf das eine Bewegung gerichtet ist (Frage: *wohin?*).

Darüber hinaus bezeichnet der Akkusativ

- eine räumliche und zeitliche Ausdehnung, über die sich eine Handlung oder ein Vorgang – bis hin zu einem Ergebnis – erstreckt (Frage: *wie weit? – wie hoch? – wie lange?*).

Nach der syntaktischen Funktion ist der Akkusativ demnach der eigentliche **Objektskasus**, darüber hinaus kann er auch Adverbiale (↗ 40) sein.

[1]) < trāns-īre (hinübergehen – *zu einem Objekt*)

45 Akkusativ nach transitiven Verben

1 Für viele Verben, die syntaktisch ein Akkusativobjekt erfordern *(transitive Verben)*, stellt der Akkusativ eine **inhaltliche** Ergänzung (Person oder Sache) dar. Sie bezeichnet Zielrichtung oder Ergebnis einer Handlung:

Aegrōtī **medicum** cōnsulunt.	Kranke fragen **den Arzt** um Rat.
Medicus **medicīnam** affert.	Der Arzt bringt **Medizin**.

Häufig tritt neben das Akkusativobjekt ein Dativobjekt (↗ 49):

Medicus aegrōtīs medicīnam affert.	Der Arzt bringt **den Kranken** Medizin.

1.1 In der Regel wird der Akkusativ auch im Deutschen mit einem Akkusativ wiedergegeben.
Unterschiede in der Übersetzung ergeben sich bei folgenden Verben:

im Lateinischen transitive Verben:

iuvāre/adiuvāre īnfirmōs	den Schwachen helfen (die Schwachen unterstützen)
iubēre servum	dem Diener befehlen (den Diener beauftragen)
vetāre discipulum	dem Schüler verbieten (den Schüler durch Verbot hindern)
fugere hostem	vor dem Feind fliehen (den Feind meiden)
fugere/effugere perīculum	der Gefahr entgehen (die Gefahr vermeiden)
aequāre amīcum	dem Freund gleichkommen (den Freund erreichen)
sequī lēgēs	den Gesetzen gehorchen (die Gesetze befolgen)
ulcīscī 1. amīcum	*für* den Freund Rache nehmen, den Freund rächen
2. inimīcum	sich *am* Feind rächen, den Feind bestrafen
3. iniūriam amīcī	sich *für* das Unrecht, das dem Freund zugefügt wurde, rächen
dēficere aliquem	jemandem fehlen, mangeln (jemanden verlassen)

unpersönliche Ausdrücke:

decet mē	*es* gehört sich für mich	pudet mē	*es* beschämt mich, ich schäme mich
iuvat mē	*es* macht mir Spaß	fallit mē / fugit mē	*es* entgeht mir, ich weiß nicht
paenitet mē	*es* reut mich, ich bereue		

1.2 Soweit diese Verben ein Passiv bilden, sind sie wie alle transitiven Verben ‚persönlich' konstruiert. Aus dem Akkusativobjekt wird im passivisch gewendeten Satz das Subjekt.
Der ‚persönlichen' Konstruktion im Lateinischen entspricht meist eine ‚unpersönliche' im Deutschen:

Aktiv:	Medicī aegrōtōs adiuvant.	Die Ärzte helfen den Kranken.
Passiv:	Aegrōtī ā medicīs adiuvantur.	Den Kranken wird von den Ärzten geholfen. (Die Kranken werden … unterstützt).

2 Eine inhaltliche Ergänzung mit der Bedeutung einer **Zielrichtung** wird häufig von Komposita gefordert, die von eigentlich intransitiven[1] **Verben der Bewegung** gebildet sind:

2.1

circum-venīre moenia	die Mauern umstellen
trāns-īre flūmen	den Fluss überqueren
trā-icere nāve Hellēspontum	den Hellespont zu Schiff überqueren
praeter-mittere occāsiōnēs	Gelegenheiten vorübergehen lassen

2.2 Die Komposita von īre erscheinen häufig **in übertragener Bedeutung**:

ad-īre perīculum	eine Gefahr auf sich nehmen
ad-īre medicum	sich an den Arzt wenden
in-īre cōnsilium	einen Plan fassen
ob-īre mortem	sterben
sub-īre cōnsulātum	das Konsulat übernehmen

3 Bei **Verben der Gemütsbewegung** findet sich neben dem Akkusativobjekt oft auch ein Präpositionalobjekt:

cavēre	canem ā cane	sich vor dem Hund hüten, in Acht nehmen
dolēre	mortem dē morte	einen Todesfall bedauern, über einen Todesfall Schmerz empfinden
flēre	clādem dē clāde	eine Niederlage beklagen, über eine Niederlage klagen
querī	iniūriās dē iniūriīs	sich über Beleidigungen beschweren
stupēre carmen		über das Lied staunen
indīgnārī iniūriam		über ein Unrecht empört sein

In der deutschen Übersetzung erfordern diese Verben meist ein Präpositionalobjekt; dieses kann nur gelegentlich durch ein Akkusativobjekt ersetzt werden.

4 Besonderheiten

4.1 Auch andere transitive Verben, die meist ein **intensives Streben** in eine **Zielrichtung** bedeuten, erfordern im Deutschen ein Präpositionalobjekt:

cōgitāre pācem	an Frieden denken
cūrāre negōtia	sich um Geschäfte kümmern
dēsīderāre praemium	nach einer Belohnung verlangen
petere alicuius vītam	jemandem nach dem Leben trachten
petere cōnsulātum	sich um das Konsulat bewerben
spērāre salūtem (*auch*: dē salūte)	auf Rettung hoffen

[1]) Intransitive Verben nehmen kein Akkusativobjekt zu sich (↗ 7.3.1; 50.1).

4.2 Einige **unpersönliche Ausdrücke der Gemütsstimmung**, die durch ein persönliches Objekt ergänzt werden, lassen sich am treffendsten durch persönliche Wendungen wiedergeben:

paenitet nōs (↗ 66.1.2)	*es* reut uns, **wir** bereuen
pudet vōs (↗ 66.1.2)	*es* beschämt euch, **ihr** schämt euch

46 ‚Doppelter' Akkusativ

Von ‚doppeltem' Akkusativ spricht man bei folgenden Erscheinungen:

1 Einige dreiwertige Verben binden zwei Akkusativobjekte an sich, von denen eines eine Person erfasst (‚Person-Objekt'), das andere eine Sache (‚Sach-Objekt'):

docēre	lehren, unterrichten
poscere, pōstulāre	fordern, verlangen

Cicerō Rōmānōs philosophiam docuit.	Cicero lehrte die Römer Philosophie.
Caesar Haeduōs frūmentum poposcit.	Cäsar forderte von den Häduern Getreide.

aber: docēre mit Ablativ in präpositionaler Verbindung:

docēre aliquem dē rē	jemanden über eine Sache unterrichten

2 Zu bestimmten Verben muss, damit eine sinnvolle Aussage entsteht, ein Objekt treten, das aus der Verbindung zweier Nomina im Akkusativ besteht:

putāre, dūcere, exīstimāre, iūdicāre, arbitrārī	aliquem iūstum	jemanden *für* gerecht halten
appellāre, dīcere, nōmināre, vocāre	aliquem amīcum	jemanden *als* Freund bezeichnen, jemanden Freund nennen
invenīre aliquem fīdum		jemanden (*für*) treu (be)finden
praestāre sē fortem		sich tapfer zeigen, sich *als* tapfer erweisen
reddere aliquem īrātum		jemanden zornig machen, erzürnen
facere aliquem amīcum		jemanden *zum* Freund machen
creāre aliquem cōnsulem		jemanden *zum* Konsul wählen

2.1 Im **Passiv** wird aus dem doppelten Akkusativ ein **‚doppelter' Nominativ** (↗ 37.2.1: *Verba copulativa*):

Aktiv:

Aegrōtī medicōs amīcōs putant.	Die Kranken halten die Ärzte für ihre Freunde.

Passiv:

Ab iīs medicī amīcī putantur.	Von ihnen werden die Ärzte für Freunde gehalten.

2.2 Als doppelter Akkusativ erklärt sich auch der *Akkusativ des Ausrufs*, der häufig durch die Interjektionen (↗ 34.1) heu oder ō eingeleitet ist.

(Heu) nōs miserōs (*ergänze* dīcimus)!	Ach, wir Unglücklichen!

47 Akkusativ des Inhalts – Adverbialer Akkusativ

1 Akkusativ des Inhalts

Bei einigen – meist **intransitiven** – Verben findet sich als Akkusativobjekt ein Begriff, der seiner Bedeutung nach dem **Inhalt** dieser Verben entnommen ist *(inneres Objekt)* und als **Ziel** oder **Ergebnis** der jeweiligen Handlung aufgefasst ist. Der so gewonnene Begriff ist meist durch ein attributives Adjektiv erweitert bzw. erläutert.
Häufig ist dieser Begriff auf das Neutrum eines Pronomens verkürzt:

cursum currere	ein Rennen laufen, eine Bahn durcheilen
vītam molestam vīvere	ein beschwerliches Leben führen
id studēre (*aber* ↗ 50.1.1: litterīs)	danach streben
idem gaudēre (*auch* ↗ 59.1: eādem rē)	sich über dieselbe Sache freuen

1.1 Auch **transitive Verben** können den Akkusativ des Inhalts, meist als **Neutrum eines Pronomens**, bei sich haben:

Hoc tē cōnsulō.	Ich frage dich in dieser Sache um Rat.
Hoc ūnum tē rogō/ōrō.	Um das Eine bitte ich dich.
Quid mē rogās?	Was fragst du mich?

1.2 Außer dem Neutrum eines Pronomens kommt auch das **Neutrum von Adjektiven** als Akkusativ des Inhalts vor:

dulce rīdēre	süß lächeln	māius exclāmāre	lauter schreien

2 Adverbialer Akkusativ

Der **adverbiale Akkusativ** (↗ 33.2.2 a) lässt sich als Verkürzung des Akkusativs des Inhalts (↗ 47.1) erklären:

cēterum	im Übrigen, übrigens	multum	vielfach, sehr
immāne	schrecklich, riesig	plūs – plūrimum	mehr – am meisten
facile	leicht	plērumque	meistens
facilius (↗ 33.2.1 b)	leichter	nihil	überhaupt nicht, in keiner Weise
māgnam partem	großenteils		
quid?	warum? inwiefern?	prīmum (↗ 61.1)	zuerst, das erste Mal

Reōrum verbīs **nihil** mōtus est iūdex. — Durch die Worte der Angeklagten ließ sich der Richter in keiner Weise beeindrucken.

Bei Dichtern und in nachklassischer Zeit erscheint der sog. **Accusativus Graecus** oder **limitationis** (vgl. Ablativus limitationis ↗ 56.2); er bezeichnet bei Adjektiven, Partizipien und Verben eine nähere Bestimmung (Frage: *in welcher Beziehung*?):
Priamus ferrum cingitur. — Priamus ist mit dem Schwert bewaffnet/... trägt ... am Gürtel.

48 Akkusativ der Richtung zur Angabe von Ziel und Ausdehnung

1 Akkusativ zur Angabe des Ziels

Die Grundbedeutung des Akkusativs als Kasus, der Ziel oder Richtung angibt, ist auch nach manchen **intransitiven Verben der Bewegung** spürbar; der Akkusativ der Richtung übernimmt die **syntaktische Funktion** des **Adverbiales** (Frage: *wohin*?):

domum redīre	nach Hause zurückkehren
rūs īre	auf das Land gehen

1.1 Der Akkusativ der Richtung steht auch, wenn das Ziel eine **kleinere Insel** oder **eine Stadt** ist:

Dēlum proficīscī	nach Delus abreisen
Rōmam contendere	nach Rom eilen

1.2 Wenn das Ziel oder die Richtung eine *große Insel*, ein *Land* oder ein *Stammesgebiet* ist, steht die Präposition in *mit Akkusativ*; durch die Präposition wird die Grundfunktion des Akkusativs als des Kasus der Richtung verdeutlicht (↗ 67.2):

in Crētam nāvigāre	nach Kreta fahren
in Italiam redīre	nach Italien zurückkehren
in Gallōs dūcere (*erg.* agmen)	nach Gallien, in das Gebiet der Gallier ziehen

1.3 Bei einigen **Verben der Bewegung** (reisen, (sich) versammeln) und des **Meldens** wird im Lateinischen das Ziel oder die Richtung der Bewegung bezeichnet (Frage: *wohin*?), während im Deutschen der Ort (Frage: *wo*?) angegeben wird:

in urbem advenīre	in der Stadt ankommen
in castra convenīre	im Lager zusammenkommen, sich im Lager versammeln
in forum cōgere	auf dem Marktplatz versammeln
Athēnās nūntiāre	in Athen melden

2 Akkusativ der Richtung zur Angabe räumlich-zeitlicher Ausdehnung

Bei einigen Verben und Adjektiven bezeichnet der Akkusativ der Richtung eine Ausdehnung in Raum und Zeit (Frage: *wie weit*? – *wie hoch*? – *wie lange*? – *wie alt*?):

multa mīlia[1] passuum abesse	viele Meilen entfernt sein
viam ūnīus diēī prōcēdere	(nur) einen Tagesmarsch vorrücken
decem pedēs altus	zehn Fuß hoch/tief
Dionȳsius duodecim annōs nātus	der zwölfjährige Dionysius
Dē tē diēs noctēsque cōgitāvī.	Über dich habe ich tage- und nächtelang nachgedacht.

[1]) Wörtlich: viele tausend Doppelschritte. Statt des Akkusativs erscheint bei abesse auch der *Ablativus mensurae* (↗ 56.3).

49 Dativ

Der **Dativ** gibt die Person oder Sache an, der sich das handelnde Subjekt mit Interesse **widmet** (Frage: *wem? – welcher Sache?*).
Der **Dativ** bezeichnet im Einzelnen:
1. die Person, der sich der Handelnde **zuwendet** (Frage: *wem?*) oder die Sache, an der er sich **intensiv beteiligt** (Frage: *woran?*),
2. die Person oder Sache, zu deren **Vorteil** (oder **Nachteil**) eine Handlung geschieht (Frage: *für wen? – wofür?*),
3. **Zuordnung** und **Zweck** (Frage: *zu wem / wozu gehörig? – wozu?*).

Der Dativ steht in Abhängigkeit von Verben, die eine entsprechende Ergänzung erfordern. Verben, die eine Ergänzung im Dativ verlangen, werden zu den **intransitiven** (↗ 7.3.1; 45.2) Verben gezählt.

Seiner **syntaktischen Funktion** nach ist der Dativ zunächst **Objektskasus**, er kann aber auch als Prädikatsnomen, d.h. als ein Teil des Prädikats (↗ 51.1/2), und als Adverbiale (↗ 50.3; 51.2; 52.1) auftreten.

50 Dativ der Zuwendung

1 Für eine Reihe von Verben stellt der Dativ in der **syntaktischen Funktion** des **Objekts** eine **Ergänzung** dar.
Solche Verben bedeuten eine Zuwendung im Sinne des Nützens oder des Schadens:

Sōcratēs **nēminī** nocēre, sed **omnibus** prōdesse voluit.	Sokrates wollte **niemandem** schaden, sondern **allen** nützen.
Sōcratēs id petīvit, ut hominēs **sibī** fidem habērent.	Sokrates strebte danach, dass **ihm** die Menschen Vertrauen schenkten.

1.1 In der Regel wird der Dativ auch im Deutschen mit einem Dativ wiedergegeben.
Unterschiede in der Übersetzung ergeben sich bei folgenden Verben:

favēre amīcō	den Freund begünstigen / fördern (dem Freund gewogen sein)
invidēre alterī	den Anderen beneiden (dem Anderen etwas neiden / missgönnen)
parcere inimīcīs	die Feinde schonen (den Feinden Schonung gewähren)
persuādēre resistentibus	die Widerspenstigen überreden, überzeugen (den Widerspenstigen zureden, einreden)
studēre litterīs	die Wissenschaften mit Eifer betreiben (sich den Wissenschaften widmen)
nūbere nōbilī virō	einen Adligen heiraten (sich einem Adligen vermählen)

1.2 Im *Passiv* sind diese Verben wie alle intransitiven Verben *unpersönlich* konstruiert:

Invident hominēs minimē paribus, sed etiam īnferiōribus invidētur vehementer.	Die Menschen beneiden am wenigsten Gleichgestellte, doch sogar Geringere werden heftig beneidet.
Sibī persuāsit. / Eī persuāsum est.	Er ist überzeugt.

1.3 Zu den Verben mit der Bedeutung ‚sich zuwenden' gehören auch mehrere Komposita von **esse**, **stāre**, **venīre** u.ä.:

adesse amīcīs	den Freunden helfen, beistehen
interesse lūdīs	an Spielen teilnehmen
praeesse prōvinciae	die Provinz leiten (der Provinz vorstehen)
superesse fīliō	den Sohn überleben
īnstāre hostibus	den Feinden drohen
praestāre cēterīs	den Übrigen überlegen sein
subvenīre sociīs	den Verbündeten zu Hilfe kommen
succēdere patrī	dem Vater nachfolgen (in einem Amt)

2 Der Dativ der Zuwendung findet sich auch bei einigen Verben, die, transitiv gebraucht, eine andere Bedeutung haben.
Als intransitive Verben bedeuten sie ‚nützen' im Sinne fürsorglicher Zuwendung:

transitiv		**intransitiv**	
cōnsulere senātum	den Senat befragen	cōnsulere cīvibus	für die Bürger sorgen
prōvidēre futūra	die Zukunft vorhersehen	prōvidēre salūtī cīvium	für das Wohl der Bürger sorgen
metuere / timēre } dolōrem	den Schmerz fürchten	metuere / timēre } rēbus suīs	für/um sein Vermögen fürchten
temperāre rem pūblicam	den Staat ordnen	temperāre sibī	sich mäßigen

3 Als Dativ der Zuwendung lässt sich auch der **Dativus commodi/incommodi**[1] **(Dativ des Vor-/Nachteils)** erklären.
Er bezeichnet die Person oder Sache, zu deren Nutzen bzw. Schaden etwas geschieht (Frage: *für wen? – wofür?*).

Sōcratēs putāvit sē **aliīs** in lūcem ēditum esse. — Sokrates glaubte, er sei **für** andere auf die Welt gekommen.

Der Dativ des Vor-/Nachteils erfüllt die **syntaktische Funktion** des **Adverbiales**.

51 Dativ des Besitzers und Dativ des Zwecks

1 Dativ des Besitzers

1.1 Der Dativ gibt in Verbindung mit der Copula **ESSE** die Person an, die an einer **Sache** als **Besitzer** beteiligt ist: **Dativus possessoris**[2] (Frage: *wem gehörend?*).
Der Dativ des Besitzers erfüllt als Prädikatsnomen mit einer Form von ESSE die **syntaktische Funktion** des **Prädikats**.

Cui māgna pecūnia est? — **Wer** hat viel Geld? (*Wem gehört viel Geld?*)
Dīvitiae **nōbīs** nōn sunt. — **Wir** besitzen keinen Reichtum.

[1]) < commodum (Vorteil, Nutzen); < in-commodum (Nachteil, Verlust)
[2]) < possessor, -ōris < possidēre (besitzen (↗ 63.1)).

1.2 **Der Dativ des Besitzers** kennzeichnet häufig in übertragener Bedeutung ein Zuordnungsverhältnis:

Est **mihī** cum frātre tuō amīcitia.	Ich habe mit deinem Bruder ein freundschaftliches Verhältnis.
Aristīdī cognōmen erat Iūstus/**Iūstō**.	Aristides hatte den Beinamen „der Gerechte".

1.3 Auch der Dativ nach folgenden Adjektiven kennzeichnet ein Zuordnungsverhältnis:

amīcus alicui	jemandem in Freundschaft verbunden	similis deō	gottähnlich
nōtus tibī	dir bekannt	pār cēterīs	den Übrigen gleich/ gewachsen

2 Dativ des Zwecks

2.1 Der Dativ kann auch den Zweck bezeichnen, der mit einer Handlung verbunden ist: **Dativus finalis**[1] (Frage: *wozu? – zu welchem Zweck?*).
Der Dativ des Zwecks findet sich vor allem bei Verben der Bewegung, z.B. dare, mittere, relinquere, venīre. In Verbindung mit diesen Verben erfüllt der Dativ des Zwecks die **syntaktische Funktion** des **Adverbiales**:

vitiō dare/vertere alicui aliquid	jemandem etwas als Fehler anrechnen
crīminī dare alicui aliquid	jemandem etwas zum Vorwurf machen
avaritiae tribuere alicui aliquid	jemandem etwas als Geiz auslegen
auxiliō mittere	zu Hilfe schicken
auxiliō venīre	zu Hilfe kommen
locum castrīs collocandīs dēligere	einen Platz für die Errichtung des Lagers bestimmen
urbem dīreptiōnī et incendiīs relinquere mīlitibus	die Stadt den Soldaten zur Plünderung und Brandschatzung überlassen

Cūra iuvenum Sōcratī laudī datur/vertitur.	Die Sorge um die Jugend wird Sokrates als ehrenwertes Verhalten ausgelegt.

2.2 Der Dativ des Zwecks steht häufig in Verbindungen mit der Copula ESSE. Er bezeichnet dann die Wirkung eines Vorgangs.
Hier erfüllt der Dativ des Zwecks als Prädikatsnomen mit einer Form von ESSE die **syntaktische Funktion** des **Prädikats**. Hinzu tritt meist ein **Dativus commodi** (↗ 50.3).
Häufig ist der Dativ des Zwecks durch ein adjektivisches Attribut erweitert:

alicui	(māgnō) ūsuī esse	jemandem von (großem) Nutzen sein (jemandem zu (großem) Nutzen gereichen)
	(summō) honōrī esse	jemandem (höchste) Ehre einbringen
	(māgnae) cūrae esse	jemandem (große) Sorge machen
	admīrātiōnī esse	von jemandem bewundert werden
	odiō esse	von jemandem gehasst werden

Haec rēs tibī māgnō honōrī est.	Dies bringt dir große Ehre ein.

[1]) finalis < fīnis (Ziel, Zweck)

52 Dativ der intensiven Beteiligung

1 Als **Dativus auctoris**[1] **(Dativ der handelnden Person)** bezeichnet der Dativ die Person, die an einem Geschehen als **Verursacher** beteiligt ist.
Diese Bedeutung hat der Dativ bei einem **Gerundivum** (↗ 93.1.4), manchmal auch beim **Passiv**, insbesondere beim Partizip Perfekt Passiv (statt ā/ab mit Ablativ ↗ 55.1.3).
Der Dativus auctoris erfüllt die **syntaktische Funktion** des **Adverbiales**:

Hominibus facinora sunt vītanda.	(Für die Menschen besteht die Notwendigkeit Verbrechen zu vermeiden.) Die Menschen müssen Verbrechen vermeiden.
Num **cui** Sōcratēs iniūriae est convictus?	Ist etwa Sokrates von irgendjemandem eines Unrechts überführt worden?

2 Als **Dativus ethicus**[2] bezeichnet der Dativ von Personal-Pronomina eine **gefühlsmäßige Beteiligung** an einem Geschehen (Unwillen oder Verwunderung):

Quid **mihī** iste agit?	Was treibt mir der Kerl da?
Quid **sibī** vult haec ōrātiō?	Was soll denn nun diese Rede wieder bedeuten?

53 Ablativ

Im **Ablativ**[3] sind drei ursprünglich selbstständige Kasus verschmolzen.
Dementsprechend umfasst der Ablativ drei **semantische Grundfunktionen**.
Der **Ablativ** bezeichnet

- als **Separativus**[4] (eigentlicher Ablativ) **Trennung** und **Ausgangspunkt** (Frage: *wovon? – woher?*),
- als **Instrumentalis**[5] **Mittel (Mitwirkung)** und **Begleitung** (Frage: *womit? – wodurch?*),
- als **Punctualis**[6] **Orts-** und **Zeitpunkt** (Frage: *wo? – wann?*).

Diese drei semantischen Grundfunktionen haben im Laufe der Weiterentwicklung der lateinischen Sprache differenziertere Sinnrichtungen entfaltet.
Der Ablativ erfüllt hauptsächlich die **syntaktische Funktion** des **Adverbiales** (↗ 40), er kann auch die **Funktion des Objekts** (↗ 39), des **Prädikatsnomens** (↗ 37.2; 58.1) oder **des Attributs** (↗ 41; 58.1) erfüllen.

---

[1]) auctor, -ōris (Urheber, Verursacher)
[2]) < griech. ēthos (Sinnesart, Gemüt)
[3]) < ab-lātum, auferre (ab-getrennt)
[4]) < sēparāre (abtrennen, absondern)
[5]) < īnstrūmentum, -ī (Mittel, Werkzeug)
[6]) < pūnctum, -ī (Punkt)

54 Separativus – Ablativ der Trennung

1 Der **Ablativus Separativus** (oder **Separativus: Ablativ der Trennung**) tritt bei Verben und Adjektiven auf, die ein **Befreien**, **Freisein**, ein **Berauben**, **Leersein** oder ein **Entfernen**, **Entferntsein** bedeuten. In Verbindung mit diesen Verben erfüllt der Ablativ der Trennung die **syntaktische Funktion** des **Adverbiales** (↗ 40), in Verbindung mit diesen Adjektiven die des **Attributs** (↗ 41). Der Ablativ der Trennung ist häufig durch Präpositionen verdeutlicht (Frage: *wovon?*):

līberāre cūrīs *(Sache)*	von Sorgen befreien
aber:	
līberāre **ā** tyrannō *(Person)*	vom Tyrannen befreien
prīvāre spē	der Hoffnung berauben, (jemandem) eine Hoffnung nehmen
carēre pecūniā	kein Geld haben
egēre auxiliō	Hilfe benötigen, auf Hilfe angewiesen sein
vacāre (ā) cūrīs	von Sorgen frei sein, sorglos sein
arcēre (ā) forō	vom Forum fern halten
prohibēre (ab) iniūriā	am Unrecht hindern, vom Unrecht abhalten
movēre senātū	aus dem Senat entfernen, ausstoßen
līber (ā) cūrā	frei von Sorge, sorglos
tūtus ā perīculō	sicher vor Gefahr

2 Häufig weist schon das **Präfix von Komposita** auf einen zugehörigen Separativus hin:

abīre cōnsulātū	vom Amt des Konsuls zurücktreten
(sē) abstinēre (ab) iniūriā	sich von Unrecht fern halten
cēdere/excēdere (ē) vītā	aus dem Leben scheiden
dēcēdere (dē) officiō	von der Pflicht abweichen
dēsistere (dē) inceptō	von einem Vorhaben Abstand nehmen
differre ā bestiīs	sich von den Tieren unterscheiden
discēdere ā sententiā suā	von seiner Meinung abgehen
sēcēdere ab urbe	aus der Stadt wegziehen
interclūdere aliquem (ā) fugā	jemandem den Fluchtweg abschneiden
peregrīnīs interdīcere sacrificiīs	Fremde von der Teilnahme an Kulthandlungen ausschließen

55 Separativus – Ablativ des Ausgangspunkts

1 Der **eigentliche Ablativ** (↗ 53) bezeichnet den örtlichen oder zeitlichen **Ausgangspunkt** einer Bewegung; dabei steht nur bei Namen von Städten und kleinen Inseln der Ablativ ohne Präposition, bei allen anderen Angaben des Ausgangspunkts wird der Ablativ in der Regel durch die Präpositionen **ē/ex** oder **ā/ab** verdeutlicht (↗ 48.1.2).
Der Ablativ des Ausgangspunkts erfüllt die **syntaktische Funktion** des **Adverbiales**:

Rōmā, Carthāgine, Athēnīs venīre	aus Rom, aus Karthago, aus Athen kommen
Dēlō redīre	von Delos zurückkehren
aber:	
ex Italiā, ē (ā) Graeciā venīre	aus Italien, aus (von) Griechenland kommen
ē Crētā redīre	von Kreta zurückkehren

1.1 Der eigentliche Ablativ liegt auch vor in

domō	von daheim, von zu Hause

1.2 In allen übrigen Fällen steht eine präpositionale Verbindung:

örtlich:		*zeitlich:*	
ex urbe	aus der Stadt	ab initiō	von Anfang an
ex urbe Rōmā	aus der Stadt Rom	ab urbe conditā	seit Gründung der Stadt
dē montibus	von den Bergen herab	ā prīmā aetāte	von frühester Jugend an

1.3 In übertragener Bedeutung gibt der Ablativ des Ausgangspunkts in regelmäßiger Verbindung mit der Präposition **ā/ab** den **Verursacher** (↗ 52.1) eines Geschehens an:

Urbs Rōma **ā Rōmulō** condita est. — Die Stadt Rom wurde **von Romulus** gegründet.

2 Bei manchen Ortsangaben und bei den Verben mit der Bedeutung **abhängig sein, hängen, anfangen** wird im Lateinischen in der Regel der Ausgangspunkt bezeichnet (Frage: *woher? – von wo?*), während im Deutschen der Ruhepunkt (Frage: *wo?*) angegeben wird:

ā latere	auf der Seite (von der Seite)
ā fronte	vorn (von vorn)
ā tergō	im Rücken (von hinten)
ab/ex illā parte urbis	in jenem Teil der Stadt, auf jener Seite der Stadt
ex omnibus partibus	in allen Punkten, auf allen Seiten
ā fīne incipere	mit dem Ende anfangen
ab amīcō exemplum sūmere	sich am Freund ein Beispiel nehmen
ā senātū stāre	auf der Seite des Senats stehen

3 Der Ablativ des Ausgangspunkts bezeichnet in übertragener Bedeutung auch die **Abstammung** oder den **sozialen Stand** von Personen: **Ablativ der Herkunft (Ablativus originis)**[1].

nātus / ortus	nōbilī genere	aus vornehmer Familie (stammend)
nātus / ortus	humilibus parentibus	von Eltern niederen Standes (stammend)
nātus	summō locō	aus höchstem Stande (stammend)

Zur Bezeichnung eines näheren Verwandtschaftsgrades stehen in der Regel die Präpositionen ā/ab/ē/ex:

ā Catōne ortus — der/ein Sohn des Cato

4 Auch dem **Ablativus comparationis**[2] **(Ablativ des Vergleichs)** liegt der Ablativ des Ausgangspunkts zugrunde.
Der Ablativ des Vergleichs steht bei einem Komparativ (↗ 25.3.1) und gibt an, von welchem ‚Ausgangspunkt' aus ein Vergleich angestellt wird (Frage: *von wo aus gesehen? – im Vergleich wozu?*). Der verglichene Gegenstand stellt den ‚Ausgangspunkt' für den Vergleich dar (‚von … aus gesehen').

---
[1]) orīgō, -inis (Herkunft, Abstammung, Ursprung)
[2]) comparātiō < comparāre (vergleichen)

Der Ablativ des Vergleichs hat dieselbe Bedeutung wie **quam** mit Nominativ oder Akkusativ:

Nēmō **saepius** cōnsul factus est C. Mariō (quam C. Marius).
Niemand ist **öfter** Konsul geworden **als Marius.** *(Im Vergleich zu Marius ist niemand öfter Konsul geworden.)*

Wenn die verglichene Person oder der verglichene Gegenstand durch ein Relativ-Pronomen ausgedrückt ist, empfiehlt sich eine Übersetzung des Komparativs durch Superlativ (↗ 25):

Marius, **quō** nēminem Rōmānī fēcērunt **saepius** cōnsulem, humilī locō nātus erat.
Marius, **den** die Römer **am häufigsten** zum Konsul gemacht haben, war von niederer Herkunft. (im Vergleich zu dem die Römer niemanden häufiger ...)

56 Instrumentalis – Ablativ des Mittels und der Begleitung

1 Der Ablativ in der semantischen Funktion des Instrumentalis (↗ 53) gibt das **Mittel** oder das **Werkzeug** an, durch dessen Einsatz eine Handlung vollzogen wird (Frage: *womit? – wodurch?*).
Der Ablativ des Mittels erfüllt die **syntaktische Funktion** des **Adverbiales**:

gladiō pūgnāre	mit dem Schwert kämpfen
pecūniā corrumpere	mit Geld bestechen

1.1 Häufig entspricht in der deutschen Übersetzung dem Ablativ des Mittels eine präpositionale Verbindung, die als Adverbiale des Ortes aufgefasst ist (Frage: *wo?*):

manū tenēre	**in** der Hand halten
memoriā tenēre	**im** Gedächtnis behalten
tēctō recipere	**im/in** sein Haus aufnehmen
certāmine vincere/vincī	**im** Wettkampf siegen/unterliegen
rēctā (viā) īre	**auf** direktem Wege gehen

1.2 Personen werden nicht als Mittel aufgefasst, ausgenommen militärische Einheiten (**Sociativus**[1]); Begleitpersonen sind mit der Präposition **cum** beim **Ablativ** bezeichnet, Mittelspersonen dagegen durch **per** beim **Akkusativ** oder **auxiliō/operā** mit **Genitiv**:

Cōnsul **cum** collēgā oppidum expūgnāre cōnstituerat.
Der Konsul hatte zusammen mit seinem Kollegen beschlossen die Stadt zu erstürmen.

Statim cūnctīs **cōpiīs** moenia circumvēnit.
Sofort umstellte er mit allen Truppen die Mauern.

Per nūntiōs enim cognōverat urbem capī posse sine ūllō perīculō.
Er hatte nämlich durch Boten erfahren, dass die Stadt ohne jedes Risiko eingenommen werden könne.

[1]) < sociāre (vereinigen)

1.3 Der Ablativ des Mittels steht auch bei **Verben** und **Adjektiven** mit der Bedeutung **ausstatten, füllen** bzw. **ausgestattet, voll** in der **syntaktischen Funktion** des **Adverbiales**, bei Verben mit der Bedeutung **Gebrauch machen** in der **syntaktischen Funktion** des **Objekts**:

als Adverbiale:	
ōrnāre sē veste pretiōsā	sich mit einem wertvollen Kleid schmücken
dīgnum esse laude	des Lobes würdig sein, Anerkennung verdienen
implēre domum opibus	das Haus mit Schätzen anfüllen
abundāre omnibus rēbus	an allem Überfluss haben
als Objekt:	
afficere aliquem poenā/laude	jemanden bestrafen/loben (mit Strafe/Lob ausstatten)
ūtī auctōritāte	von seinem Einfluss Gebrauch machen, seinen Einfluss ausnützen
abūtī auctōritāte	seinen Einfluss missbrauchen
potīrī ūrbe	sich der Stadt bemächtigen, die Stadt erobern
fungī mūnere	ein Amt verwalten
Beachte:	
Mihī auxiliō opus est.	Ich brauche Hilfe.

2 Ablativ der näheren Bestimmung

Der **Ablativus limitationis**[1] **(Ablativ der näheren Bestimmung)** lässt sich aus dem Ablativ des Mittels erklären.
Mit Hilfe des Ablativs wird ein allgemeiner Begriff näher eingegrenzt (Frage: *in welcher Beziehung? worin? inwiefern?*).
Der Ablativ der näheren Bestimmung erfüllt bei Nomina die **syntaktische Funktion** des **Attributs**, bei Verben die **syntaktische Funktion** des **Adverbiales**:

bei Nomina:	
trēs numerō	drei an der Zahl
māior nātū[2]	älter
minor nātū	jünger
puer aetāte	seinem Alter nach (noch) ein Knabe
parātus animō	innerlich bereit, fest entschlossen
bei Verben:	
iūdicāre aliquid lēgibus	etwas nach den Gesetzen beurteilen
aequāre aliquem cōnsiliō	jemandem an kluger Einsicht gleichkommen
superāre aliquem / praestāre alicui prūdentiā	jemanden an Klugheit übertreffen
cadere/dēficere animō	mutlos werden

[1]) < līmitātiō, -ōnis (Eingrenzung, Bestimmung)
[2]) < nātus, -ūs (Geburt)

3 Ablativ des Unterschieds

Beim Ablativ der näheren Bestimmung (↗ 56.2) findet sich häufig der Ablativ eines Nomens, meist eines Quantitätsadjektivs oder eines Zahlwortes.
Mit Hilfe eines solchen Ablativs wird das **Maß** bezeichnet, um das sich beim **Vergleich** Personen oder Sachen voneinander **unterscheiden**:
Ablativus discriminis[1] **(Ablativ des Unterschieds)** oder **Ablativus mensurae**[2] **(Ablativ des Maßes**: Frage: *um wieviel*?).
Der Ablativ des Unterschieds erfüllt bei Nomina die **syntaktische Funktion** des **Attributs**, bei Verben die **syntaktische Funktion** des **Adverbiales**:

beim Komparativ und bei komparativischen Begriffen:	
duōbus annīs { prius / ante	(um) zwei Jahre früher, zwei Jahre zuvor
paulō / brevī } post	kurz darauf, ein wenig später
nihilō minus	nichtsdestoweniger, trotzdem
multō melior	viel besser
quō (quantō) māior – eō (tantō) melior	je größer – desto besser
bei Verben mit komparativischer Bedeutung:	
multō praestāre amīcīs prūdentiā	die Freunde an Klugheit weit übertreffen
paulō superāre adversāriōs	den Gegnern ein wenig überlegen sein
multō mālle	viel lieber wollen

57 Instrumentalis – Ablativ der Art und Weise

1 Der Ablativ bezeichnet als **Ablativus modi**[3] (Ablativ der **Art und Weise**) die **begleitenden Umstände**, unter deren **Mit- oder Einwirkung** etwas geschieht (Frage: *wie*? – *auf welche Weise*?).
Ohne adjektivisches Attribut erscheint er in der Regel in Verbindung mit der Präposition **cum**; steht beim Ablativus modi ein adjektivisches Attribut, kann **cum** auch fehlen.
Der Ablativ der Art und Weise erfüllt die **syntaktische Funktion** des **Adverbiales**:

1.1

ohne Attribut:	
cum dīligentiā colere	mit Sorgfalt/sorgfältig pflegen
cum lacrimīs petere	unter Tränen bitten
cum calamitāte urbis pūgnāre	zum Schaden der Stadt kämpfen

1.2

mit adjektivischem Attribut:	
māgnā (cum) dīligentiā colere	mit großer Sorgfalt/sehr sorgfältig pflegen
māgnō (cum) clāmōre in forum currere	unter großem Geschrei auf das Forum laufen

---

[1]) < discrīmen, -inis (Unterschied)
[2]) < mēnsūra (Maß)
[3]) modus (Art, Weise)

2 Folgende Ausdrücke stehen im bloßen Ablativus modi; in ihnen wirkt der Instrumentalis in der Bedeutung des **Sociativus** (↗ 56.1.2) nach:

cāsū, forte	durch Zufall/zufällig	nōmine	im Namen
iūre	mit Recht	silentiō	unter Schweigen/still
iniūriā	zu Unrecht	vī	unter Gewaltanwendung/ gewaltsam
iussū	auf Befehl	meā sponte	mit meiner Zustimmung/ freiwillig
Hierzu gehören auch die Gegensatzpaare:			
nōmine – rē vērā	dem Namen nach/angeblich – tatsächlich	verbō – rē	angeblich – in Wirklichkeit

58 Instrumentalis – Ablativ der Beschaffenheit – Ablativ der Bewertung

1 Der Ablativ bezeichnet als **Ablativus qualitatis**[1] die besondere **Beschaffenheit** oder **Gemütsverfassung** insbesondere von Personen (↗ 64.1: Genitivus qualitatis); er steht immer in Verbindung mit einem attributiven Adjektiv oder Pronomen.
Der Ablativ des Substantivs gibt eine **Eigenschaft** oder **Beschaffenheit** an, das attributive Adjektiv oder Pronomen **bewertet** den Grad der Beschaffenheit.
Der Ablativ der Beschaffenheit erfüllt teils die **syntaktische Funktion** des **Attributs**, teils als Prädikatsnomen mit einer Form von ESSE die des **Prädikats**:

Attribut:	
mulier eximiā fōrmā	eine Frau von außerordentlicher Schönheit
homō māgnā audāciā	ein Mann von großer Verwegenheit
Prädikatsnomen:	
Iuvenēs bonō animō erant.	Die jungen Leute waren guten Mutes. (Die jungen Leute waren in guter Stimmung.)
Iuvenēs summā virtūte inventī sunt.	Die jungen Leute erwiesen sich als höchst leistungsfähig.

2 Als **Ablativus pretii**[2] gibt der Ablativ den **allgemeinen Wert** oder den **Preis** an, nach dem eine Sache bewertet wird (Frage: *um welchen Preis? – wie teuer?*).
Der Ablativus pretii erfüllt die **syntaktische Funktion** des **Adverbiales**:

māgnō / parvō	⟨*pretiō*⟩	emere	teuer / billig	kaufen
māgnō / parvō	⟨*pretiō*⟩	(cōn-)stāre	viel kosten, teuer sein / wenig kosten, billig sein	
plūrimō / minimō	⟨*pretiō*⟩	vendere	sehr teuer / sehr billig	verkaufen

Wenn man zu dem attributiven Adjektiv, das die Bewertung enthält, *pretiō* ergänzt, zeigt sich, dass sich der Ablativ der Preisangabe aus dem Ablativus instrumentalis (↗ 56.1.1) entwickelt hat.
Nur bei einigen Wertangaben steht bei den Verben des Handelsverkehrs auch der Genitivus pretii (↗ 64.2.2: plūris, minōris, tantī, quantī).

[1]) < quālitās < quālis (wie beschaffen)
[2]) < pretium, -ī (Wert)

59 Instrumentalis – Ablativ des Grundes

1 Der **Ablativus causae (Ablativ des Grundes)** hat sich aus dem **Ablativus instrumentalis** (↗ 56) entwickelt. Er gibt **Grund** und **Ursache** an, mit denen man einen Vorgang oder Zustand erklärt. Der Ablativ des Grundes steht vor allem bei Verben und Adjektiven der **Gefühlsbewegung**, die eine Ergänzung erfordern (Frage: *warum*? – *weshalb*? – *wodurch*? – *worüber*?). Der Ablativ des Grundes erfüllt die **syntaktische Funktion** des **Adverbiales**.
In der deutschen Übersetzung wird der Ablativ des Grundes durch eine **präpositionale Verbindung** wiedergegeben.

opprimī dolōribus	von Schmerzen geplagt werden
interīre fame	durch Hunger umkommen, verhungern
dolēre morte alicuius	über jemands Tod Schmerz empfinden
gaudēre victōriā	sich über den Sieg freuen
laetus victōriā	froh über den Sieg
īrātus tantā audāciā	wütend über so große Frechheit
maestus / trīstis } clāde	traurig über eine Niederlage
cōnfīdere virtūte (*aber:* patrī)	auf die Tüchtigkeit vertrauen, (dem Vater vertrauen)
cōnfīsus / frētus } virtūte	auf die Tüchtigkeit vertrauend, im Vertrauen auf die Tüchtigkeit

2 Das **innere Motiv einer Handlung** wird häufig dadurch ausgedrückt, dass zu dem Ablativus causae ein **Partizip Perfekt Passiv** tritt; dieses wird in der Regel im Deutschen nicht übersetzt:

dolōre mōtus	aus Schmerz
invidiā adductus	aus Neid, aus Abneigung
dēsīderiō mōtus	vor Sehnsucht
vehementī studiō captus	aus heftiger Leidenschaft
amōre incēnsus	aus Liebe
īrā impulsus	im Zorn, aus Wut

3 Folgende Ausdrücke, die unter dem Ablativ der Art und Weise (↗ 57.2) aufgeführt sind, lassen sich auch als **Ablativus causae** erklären. Ausschlaggebend für die Sinnrichtung ist der jeweilige Kontext:

cāsū / forte }	durch einen Zufall, zufällig	quā rē?	aus welchem Grund?
vī	aufgrund von Gewalt	eā rē	daher, deshalb

60 Punctualis – Ablativ des Ortes

1 Der Ablativ bezeichnet als **Ablativus loci** den **Ort** eines Geschehens (Frage: *wo?*). Der Ablativ des Ortes hat die semantische Funktion des ursprünglichen Lokativs (↗ 42.2.4; 53: Punctualis) übernommen. Er erfüllt die **syntaktische Funktion** des **Adverbiales**. Der Ablativ des Ortes begegnet

1.1

bei Namen von Städten und kleinen Inseln:	
Carthāgine vīvere	in Karthago leben
Athēnīs remanēre	in Athen zurückbleiben
Salamīne versārī	sich auf Salamis aufhalten

1.2

in der Regel bei locus *und* tōtus:	
illō locō	an jenem Ort
meō/tuō/suō locō (in) locō	am rechten Platz
locīs superiōribus	auf Anhöhen
parentis locō	an Stelle des Vaters, als Vater
tōtā urbe	in der ganzen Stadt
tōtō (in) orbe terrārum	auf der ganzen Welt

1.3

in festen Wendungen[1]:	
terrā marīque	zu Wasser und zu Land
ūnā (manū) cum ...	zusammen mit ...

2 In der Regel ist der Ablativ des Ortes durch die Präposition **in** verstärkt:

in Italiā / in Crētā } vīvere	in Italien / auf Kreta } leben
in urbe / in urbe Rōmā } nātum esse	in der Stadt / in der Stadt Rom } geboren sein
in montibus remanēre	auf den Bergen zurückbleiben

3 Bei den Verben mit der Bedeutung **(sich) stellen, setzen, legen** und **zählen, rechnen, verwenden (auf)** wird im Lateinischen die Lage des Ortes bezeichnet (Frage: *wo?*), während im Deutschen Richtung oder Ziel (Frage: *wohin?*) angegeben werden:

pedem in terrā pōnere	den Fuß an Land setzen
in sēde altā cōnsīdere	sich auf einem hohen Sitz niederlassen
in cōnsule spem pōnere	auf den Konsul Hoffnung setzen
aliquid in bonīs { pōnere, dūcere, habēre, numerāre }	etwas unter die Güter rechnen/zählen
tempus in litterīs cōnsūmere	Zeit auf die Wissenschaften verwenden

---

1) Bei Dichtern und späten Schriftstellern können Ortsbestimmungen ohne Präposition erscheinen: silvīs agrīsque in Wald und Feld.

4 Der **ursprüngliche Lokativ** auf -ī hat sich bei Namen von Städten und kleinen Inseln (Singularia der o- und ā-Deklination) erhalten, ebenso in einigen festen Wendungen:

Rōmae (< Rōmāī)	in Rom	domī	zu Hause
Corinthī	in Korinth	domī mīlitiaeque	im Krieg und im Frieden
Tarentī	in Tarent		
Dēlī	auf Delos	humī	auf dem Boden

61 Punctualis – Ablativ der Zeit

1 Der Ablativ bezeichnet als **Ablativus temporis** einen **Zeitpunkt** (Frage: *wann*?) oder einen **Zeitraum** (Frage: *innerhalb welcher Zeitspanne*?). Wie der Ablativ des Ortes (↗ 60) hat auch der Ablativ der Zeit die semantische Funktion des Punctualis (↗ 42.2.4; 53) übernommen und erfüllt wie dieser die **syntaktische Funktion** des **Adverbiales**:

Zeitpunkt:	
hieme	im Winter
hieme ineunte[1]	zu Beginn des Winters
posterō diē	am folgenden Tag
secundō bellō Pūnicō	im 2. Punischen Krieg
quīntō a. Chr. n. saeculō	im 5. Jahrhundert vor Christus
tertiā hōrā	zur dritten Stunde
multō diē	spät am Tag
prīmā lūce	bei Tagesanbruch
Cicerōne cōnsule[1]	unter dem Konsulat des Cicero
Zeitraum:	
paucīs annīs	innerhalb/binnen weniger Jahre
brevī (tempore)	in kurzem, in kurzer Zeit, bald
tribus diēbus	in drei Tagen, innerhalb von drei Tagen

Zum Ablativus temporis gehört auch **prīmō** ⟨tempore⟩ *anfangs*.

Unterscheide:

Prīmō / Prīmum / Prīmus/prīma	in forum iī.	Anfangs/Zunächst / Zum ersten Mal (↗ 47.2) / Als Erster/Erste (↗ 40.5.2b; 5.5)	ging ich zum Forum.

2 Wenn der Ablativus temporis **Zeitumstände** bezeichnet, ist er durch die Präposition **in** verstärkt:

in bellō – in pāce	in Kriegszeiten – in Friedenszeiten
in pueritiā – in senectūte	in der Kindheit – im Alter
in tālī tempore	unter derartigen Umständen
in tempore	zur rechten Zeit
in rēbus secundīs – in rēbus adversīs	im Glück – im Unglück

3 Der *ursprüngliche ‚Lokativ' auf* -ī (↗ 60.4) liegt auch in einigen Zeitangaben vor, z.B.

vesperī (auch vespere) — am Abend, abends
herī — gestern

[1]) ↗ 86: Ablativus absolutus

62 Genitiv

Der Genitiv gibt im weitesten Sinn den **Bereich** an, auf den ein Begriff bezogen ist.
So bezeichnet der **Genitiv**:
1. die **Zugehörigkeit**,
2. die **Beschaffenheit** einer Person oder Sache, die **bewertet** wird,
3. den **Bereich** oder das **Ganze**, von dem ein Teil benannt wird.

In syntaktischer Hinsicht hat der Genitiv eine Sonderstellung, da er hauptsächlich **die syntaktische Funktion des Attributs** zu einem Nomen erfüllt[1].
In Verbindung mit der Copula ESSE oder kopulativen Verben (↗ 37.2.1) kann er aber auch als Prädikatsnomen die syntaktische Funktion des Prädikats (↗ 63.1/2; 64.1), bei einigen Verben auch die des Objekts (↗ 66) und des Adverbiales (↗ 64.2) erfüllen.

63 Genitiv der Zugehörigkeit

Der Genitiv als Kasus des Bereichs (↗ 62) hat im Lauf der Zeit differenziertere Sinnrichtungen entfaltet:

1 Als **Genitivus possessoris**[2] **(Genitiv des Besitzers)** bezeichnet er den **Eigentümer** einer Sache (Frage: *wessen? – wem gehörend?*) bzw. engste **Zugehörigkeit** (Frage: *zu wem/ wozu gehörig? – worauf bezogen?*).
Der Genitiv des Besitzers erfüllt teils die **syntaktische Funktion** des **Attributs**, teils als Prädikatsnomen mit einer Form von ESSE die des **Prädikats**:

Attribut:	
cīvitās Rōmānōrum	der Staat der Römer
urbs eōrum	ihre Stadt
status cīvitātis	die Verfassung des Staates, Staatsverfassung
Prädikatsnomen:	
esse cīvium	den Bürgern gehören, Eigentum der Bürger sein
esse eius	ihm/ihr gehören
fierī cīvitātis	Eigentum des Staates werden
facere aliquid populī Rōmānī	etwas unter die Herrschaft des römischen Volkes bringen (etwas zum Eigentum des ... Volkes machen)

Cīvitās ad Tiberim condita Rōmān**ōrum** erat. — Der Staat, der am Tiber gegründet worden war, gehörte den Römern.
Illa ad Tiberim regiō Rōmān**ōrum** erat facta. — Jene Gegend am Tiber war zum Eigentum der Römer geworden.

---

[1]) Als substantivisches Attribut können nur noch der Akkusativ/Ablativ in präpositionaler Verbindung (↗ 41.2.3) und der Ablativ als Ablativ der Beschaffenheit (↗ 58.1) auftreten.
[2]) < possessor (Besitzer) < possidēre (besitzen) (↗ 51.1.1).

2 In übertragener Bedeutung erscheint der Genitiv der Zugehörigkeit in **unpersönlichen Wendungen**.

2.1 Er bezeichnet die Person, in deren Aufgabenbereich etwa ein Geschehen liegt:

Magistrātu**um** Rōmān**ōrum** erat salūtī cīvium cōnsulere.	Es war **Aufgabe (Pflicht, Sache)** der römischen Behörden, für das Wohl der Bürger zu sorgen.
Hūmān**ī** virī/Hūmānitāt**is** habētur miserōs adiuvāre.	Es gilt als **Zeichen** von Menschlichkeit, den Armen zu helfen.

2.2 Bei interest und rēfert *(es liegt in jemandes Interesse, es liegt jemandem daran)* steht der Genitiv zur Bezeichnung der **Person**, in deren Interessenbereich ein Geschehen liegt:

Cicerōn**is** intererat Catilīnam prō hoste habērī.	Es lag im Interesse Ciceros, dass Catilina als Landesfeind gelte/galt.

a) Der Genitiv der Personal-Pronomina der 1. und 2. Person wird durch die **Possessiv-Pronomina** im Ablativ Singular des Femininums (meā, tuā, nostrā, vestrā) ersetzt:

Nostr**ā** interest/rēfert dē Catilīnae contrā senātum cōnsiliīs audīre.	Uns liegt daran, von Catilinas Plänen gegen den Senat zu hören.

b) Der **Grad des Interesses** wird bei diesen Ausdrücken durch den Genitivus pretii (↗ 64.2) in der **syntaktischen Funktion** des **Adverbiales** bezeichnet; daneben finden sich in der gleichen Funktion auch Adverbien und der Akkusativ:

Genitivus pretii:	māgnī, parvī, tantī, quantī	interest/rēfert
Adverbien:	māgnopere, magis, māximē, minimē	
Akkusativ:	multum, paulum, aliquid, quid, nihil	

Gegenstand des Interesses: ↗ 71.2: Subjektsinfinitiv; ↗ 75.2: AcI als Subjekt.

2.3 Der Genitiv des Besitzers kann auch in der syntaktischen Funktion des Attributs als **verstärkender Zusatz** zu Possessiv-Pronomina (↗ 28.2) treten:

Meum praetōr**is** est ...	Es ist meine Aufgabe als Prätor ...
Nostrā ips**ōrum interest** ...	Es ist für uns selbst wichtig ...

3 Als **Genitivus subiectivus** bezeichnet der Genitiv die Person, die **‚in Tätigkeit'** ist. Der Genitivus subiectivus erfüllt die **syntaktische Funktion** des **Attributs**:

timor Rōmānōrum (Rōmānī timent)	die Furcht **der** Römer
amor līberōrum (līberī amant)	die Liebe **der** Kinder

Wenn die nominale Wortverbindung in einem Satz ausgedrückt wird, dessen Prädikat aus der Wortwurzel des Substantivs (z.B. *tim-*, *am-*) gebildet ist, wird die Bedeutung des Genitivs ersichtlich:
Er gibt das **‚Subjekt'** des Satzes an.

4 Als **Genitivus obiectivus** bezeichnet der Genitiv die Person oder Sache, **auf die sich eine Tätigkeit richtet**. Diese Tätigkeit besteht meist in einer geistigen oder seelischen Regung.

63

Der Genitivus obiectivus erfüllt die **syntaktische Funktion** des **Attributs**:

timor Rōmānōrum (⟨Germānī⟩ Rōmānōs timent)	die Furcht **vor** den Römern
amor līberōrum (⟨parentēs⟩ līberōs amant)	die Liebe **zu** den Kindern
spēs salūtis	Hoffnung **auf** Rettung
odium generis hūmānī	Hass **auf** die Menschheit, Menschenhass
cupiditās cognitiōnis	Streben **nach** Erkenntnis

Wenn die nominale Wortverbindung in einem Satz ausgedrückt wird, dessen Prädikat aus der Wortwurzel des Substantivs (z.B. *tim-*, *sper-* (< spes-), *od-*, *cup-*) gebildet ist, wird die Bedeutung des Genitivs ersichtlich:
Er gibt das **‚Objekt'** des Satzes an.

4.1 Im Bereich der Pronomina wird der Genitivus obiectivus in der Regel durch den **Genitiv des Personal-Pronomens** bezeichnet:

amor meī	Liebe **zu mir**, Eigenliebe
odium vestrī	Hass **auf/gegen euch**
fidūcia suī	Vertrauen **zu sich** selbst, Selbstvertrauen

Gelegentlich kann auch das Possessiv-Pronomen in der syntaktischen Funktion des Attributs den Genitivus obiectivus bezeichnen:

amor noster	Liebe **zu uns**
odium vestrum	Hass **auf/gegen euch**

4.2 Als **Genitivus obiectivus** lässt sich auch der Genitiv bei einigen Adjektiven und Partizipien des Präsens erklären, die eine Ausrichtung auf einen Zielbereich bedeuten:

cupidus appetēns	glōriae	ruhmbegierig, ehrgeizig
amāns patriae		vaterlandsliebend, patriotisch
perītus reī		sachkundig, erfahren in einer Sache
imperītus ignārus	dīcendī	ohne Erfahrung im Reden
potēns suī		seiner mächtig, beherrscht
plēnus exemplōrum		voll von/reich an Beispielen
memor vestrī		euer eingedenk, in Gedanken an euch
immemor patriae		ohne an die Heimat zu denken
neglegēns officiī		pflichtvergessen
cōnscius coniūrātiōnis		mitverschworen
studiōsus litterārum		bemüht um die Wissenschaften

Orgetorīx glōriae cupidus rēgnum occupāre studuit.	Orgetorix wollte, weil er ehrgeizig war/nach Ruhm strebte, die Herrschaft an sich reißen.

5 Als **Genitivus explicativus**[1] dient der Genitiv der Zugehörigkeit zur näheren *Erklärung eines allgemeinen Begriffes:*

nōmen virtūtis	der Begriff Tugend
cognōmen Iūstī	der Beiname „der Gerechte“
glōria līberātae patriae	das Verdienst der Befreiung der (Heimat-)Stadt/das Verdienst die Stadt befreit zu haben

[1]) < explicātīvus < explicāre (erklären)

64 Genitiv der Beschaffenheit und der Bewertung

1 Der Genitiv bezeichnet als **Genitivus qualitatis**[1] eine **Beschaffenheit** oder ein **Merkmal**, das auf die im Beziehungswort ausgedrückte Person oder Sache **zutrifft**.
Der Genitiv der Beschaffenheit erfüllt teils **die syntaktische Funktion** des **Attributs**, teils als **Prädikatsnomen** mit einer Form von ESSE die des **Prädikats** und steht immer in Verbindung mit einem attributiven Adjektiv, Pronomen oder Zahlwort:

Attribut:	
vir mā**gnī** ingen**iī**	ein Mann von großem Verstand, geistreicher Mann
eius mod**ī** hominēs	Menschen dieser Art, derartige Menschen
iter decem diērum	eine Reise von zehn Tagen, zehntägige Reise
Prädikatsnomen:	
Nōnnūllī philosophī nōn sōlum mā**ximī** ingen**iī**, sed etiam summ**ae** pietā**tis** inventī sunt.	Einige Philosophen erwiesen sich nicht nur als höchst geistvoll, sondern auch als äußerst gewissenhaft.

Zur Angabe einer äußerlichen, vorübergehenden Beschaffenheit steht der Ablativus qualitatis (↗ 58.1):

mulier eximiā fōrmā — eine Frau von ausnehmender Schönheit

2 Der Genitiv bezeichnet als **Genitivus pretii**[2] den **Wert**, der einer Person oder Sache **zukommt** (↗ 58.2: Ablativus pretii). Der Genitiv der Bewertung erfüllt teils in Verbindung mit einem kopulativen Verb (↗ 37.2.1) die **syntaktische Funktion** des **Prädikats**, teils die des **Adverbiales**:

mā**gnī**	facere / habēre / putāre / dūcere / aestimāre	hoch (ein-)schätzen	parv**ī**	esse / habērī / putārī / dūcī	wenig gelten

2.1 Im Genitivus pretii erscheinen folgende **Wertangaben**:

parv**ī**,	wenig (z.B. gelten), gering (z.B. schätzen)
minō**ris**, (*erg. pretii*)	weniger, geringer
minim**ī**	am wenigsten, am geringsten
mā**gnī**, plū**ris**, plūrim**ī** (*erg. pretii*)	viel, mehr, am meisten (z. B. gelten) hoch, höher, sehr hoch (z. B. schätzen)
tant**ī** – quant**ī**	so viel – wie viel, so hoch – wie
tantīdem	ebenso viel wert

Vīta servōrum parv**ī** erat.	Das Leben von Sklaven galt wenig.
Rōmānī servōs parv**ī**, nōbilēs mā**gnī** aestimābant.	Die Römer schätzten die Sklaven gering, die Adligen hoch ein.

[1]) < quālitās < quālis (wie beschaffen)
[2]) < pretium, -ī (Wert)

2.2 In der **syntaktischen Funktion** des **Adverbiales** bezeichnet der Genitivus pretii bei **Verben des Kaufens, Verkaufens** u.ä. nur in bestimmten Formen den Wert (↗58 .2):

plūr**is**/minōr**is** emere	teurer/billiger kaufen
tant**ī**(dem) vendere	(eben)so teuer verkaufen
Quantī vendidistī?	Wie teuer hast du verkauft?

Antīquī servōs saepe minōr**is** (pretiī) ēmērunt quam bestiās. — Die Alten kauften Sklaven häufig billiger als wilde Tiere.

65 Genitiv der Teilung

Als **Genitivus partitivus**[1] **(Genitiv der Teilung)** wird der Genitiv bezeichnet, der in der **syntaktischen Funktion** des **Attributs** einen Begriff erweitert, der eine Menge, ein Maß oder eine Reihenfolge benennt.
Der Genitiv der Teilung bezeichnet den **Bereich** oder das **Ganze**[2], von dem durch einen Mengen- oder Maßbegriff eine **Teilmenge** benannt wird:

bei **Substantiven**, die eine Maß-, Mengen- oder Zahlangabe ausdrücken:	
māgnus numerus homin**um**	eine große Menge (von) Menschen
parva pars serv**ōrum**	ein kleiner Teil der Sklaven
cōpia pecūni**ae**	eine Menge Geld
tria mīlia mīlit**um**	dreitausend Soldaten
bei substantivisch gebrauchten **Adjektiven im Neutrum**:	
multum prūdenti**ae**	viel Klugheit, ein hohes Maß an Klugheit
tantum timōr**is**	so viel Furcht
quantum oper**is**?	wie viel (an) Arbeit?
bei **Adverbien**:	
satis vīr**ium**	genügend Kräfte
ubī terr**ārum**?	wo auf der Welt?
nusquam terr**ārum**	nirgends auf der Welt
bei substantivisch gebrauchten **Pronomina**:	
nēmō mortāl**ium**	kein Sterblicher/Mensch
nihil auxili**ī**	keinerlei Hilfe
quis nostr**um**/vestr**um**[3]?	wer von uns/euch?
bei **Adjektiven** der **Reihen-/Rangfolge**:	
prīmus imperātōr**um**	der erste Kaiser (der erste von den Kaisern)
optimus senātōr**um**	der beste Senator (der beste unter den Senatoren)

Beachte: Bei Kardinalzahlen (↗ 26.1) finden sich zur Bezeichnung des Teilverhältnisses wie im Deutschen in der Regel *präpositionale Verbindungen*:

ūnus ex captīvīs	einer von den Gefangenen
trēs dē nostrīs	drei von den Unseren

---

[1]) < pars, part-is (Teil)
[2]) Der Genitivus partitivus wird auch als **Genitiv des geteilten Ganzen** (*Genitivus totius*) bezeichnet.
[3]) nostrum, vestrum: besondere Formen des Genitivs (Genitivus partitivus) zu nōs, vōs (zur Bezeichnung der Menge, von der ein Teil genommen ist ↗ 28.1.1).

66 Genitiv als inhaltliche Ergänzung von Verben

1 Genitiv bei Verben des Erinnerns

Bei **Verben**, die **‚(sich) erinnern'** und **‚vergessen'** oder diesen inneren Vorgängen Ähnliches bedeuten, steht die von dem jeweiligen Verbinhalt geforderte **Ergänzung** im **Genitiv**. Der Genitiv gibt den **Bereich** (↗ 62) an, auf den sich diese Vorgänge beziehen.

1.1 Wenn die Ergänzung ein Sachobjekt ist, kann auch der Akkusativ stehen. Der Genitiv erfüllt bei den genannten Verben wie der Akkusativ die **syntaktische Funktion** des **Objekts**:

admonēre factī		an eine Tat erinnern
meminisse / recordārī	māiō**rum**	sich an die Vorfahren erinnern
oblīvīscī	amīcō**rum**	die Freunde vergessen
oblīvīscī	calamitāt**is**/ calamitātem	den Verlust vergessen
miserērī soci**ōrum**		sich der Bundesgenossen erbarmen

Vīv**ōrum** meminī, neque tamen mortu**ōrum** licet oblīvīscī. — Ich denke an die Lebenden, darf aber dennoch die Toten nicht vergessen.
Iniūri**ās** meminī, qu**ās** oblīvīscī mallem. — Ich denke an Beleidigungen, die ich lieber vergäße.

Wenn das Objekt dieser Verben durch das *Neutrum eines Pronomens* ausgedrückt wird, steht nur der *Akkusativ*:
Illud memineram. — Daran erinnerte ich mich.
Hoc oblītus erat. — Dies hatte er vergessen.

Häufig erscheint bei den Verben, die *‚(sich) erinnern'* bedeuten, wie im Deutschen ein *Präpositionalobjekt*:
admonēre aliquem dē officiīs — jemanden an seine Pflichten erinnern
recordārī dē parentibus — sich an die Eltern erinnern

1.2 Als **Genitiv des Bereichs** erklärt sich auch der Genitiv, in dem das Sachobjekt bei einigen **unpersönlichen Ausdrücken** (↗ 45.4.2) steht:

Mihī in mentem venit huius reī. (*auch:* Hoc mihī in mentem venit.)	Dies kommt mir in den Sinn. / Ich erinnere mich daran.
Paenitet mē cōnsiliī meī.	Mich reut meine Absicht. / Ich bereue meine Absicht.
Pudet mē huius factī.	Mich beschämt diese Tat. / Ich schäme mich dieser Tat.

2 Genitiv bei Verben der Gerichtssprache

Bei einigen **Verben der Gerichtssprache** bestimmt der Genitiv den **Tatbestand**, dem ein Vergehen **zugeordnet** ist **(Genitivus criminis**[1]**)**. Statt des Genitivs findet sich auch manchmal eine präpositionale Verbindung.

[1]) crīmen, crīminis (Vorwurf, Verbrechen)

Im Deutschen stehen entsprechend ebenfalls der Genitiv oder eine präpositionale Verbindung:

arguere sceler**is**	eines Verbrechens beschuldigen
convincere coniūrātiōn**is**	der Verschwörung überführen
accūsāre prōditiōn**is**	wegen Verrats anklagen
in iūs vocāre/ arcessere } māiestāt**is**/ *dē* māiestāte	wegen Majestätsbeleidigung vor Gericht fordern
damnāre sceler**is**	wegen eines Verbrechens verurteilen
condemnāre *dē vī*	wegen einer Gewalttat verurteilen

Manchmal steht auch die **Strafe** im **Genitiv:**

damnāre capit**is**	zum Tod verurteilen
accūsāre capit**is**	Anklage auf Leben und Tod erheben

In der Regel wird die Art der Strafe durch den Ablativ (↗ 56.1) ausgedrückt:

damnāre capite — zum Tod verurteilen
morte multāre — mit dem Tod bestrafen

67 Präpositionen

1 **Präpositionen**[1] (Verhältniswörter) sind ihrer Form nach **unveränderlich**. Sie waren ursprünglich zumeist Adverbien (↗ 33.2.2e). Davon zeugen noch einige feste Wendungen, in denen Präpositionen als Adverbien die syntaktische Funktion des Adverbiales erfüllen:

multō ante	viel früher
paulō post	kurz darauf
ut suprā dīximus	wie ich schon oben angeführt habe
contrā dīcō	ich spreche dagegen

Contrā dīcunt Stōicī Epicūrō. — Die Stoiker widersprechen dem Epikur.

2 Präpositionen sind weder Satzglieder (↗ 35.1/2/3) noch Satzgliedteile (↗ 35.4), sondern sie gehen in der Regel mit einem Substantiv oder Pronomen eine Verbindung ein. In dieser Verbindung unterstreichen sie im Lateinischen die semantische Grundfunktion (↗ 42) des Kasus, in dem das Nomen jeweils steht. Präpositionen gehen nur mit einem Nomen im **Akkusativ** oder **Ablativ** eine Verbindung ein:

Akkusativ	(der Richtung)	In **Italiam** redīmus.	Wir kehren nach **Italien** zurück.
Ablativ	(des Ortes)	In **Italiā** vīvimus.	Wir leben in **Italien**.
Ablativ	(der Trennung)	Sine **dolōre** vīvimus.	Wir leben **ohne** Schmerz.

Die so entstandenen **präpositionalen Verbindungen** ergänzen zumeist als Adverbiale[2] das Prädikat.

[1]) < prae-positiō, -ōnis < praepōnere (voranstellen)

[2]) Seltener stellen präpositionale Verbindungen das Attribut (↗ 41.2.3) zu einem Substantiv (z.B.: omnēs in orbe terrārum hominēs) oder das Objekt zu einem Verb (↗ 39; 66.1.1, z.B.: admonēre dē officiīs) dar.

2.1 Die enge Beziehung zwischen dem Nomen und seiner Präposition kann nur durch die Zwischenstellung eines Attributs unterbrochen sein:

ultrā **septimum** diem	über den siebenten Tag hinaus
propter **hominum** multitūdinem	wegen der großen Zahl von Menschen

2.2 Die Präposition kann gelegentlich auch zwischen Adjektiv/Pronomen und Substantiv stehen:

summō cum studiō	mit höchstem Eifer

2.3 Die sog. **Postposition**[1] zeugt von einer ursprünglich kasusunterstützenden Funktion der Präposition. Sie findet sich in der Prosa nur noch bei
cum in Verbindung mit dem Ablativ von Pronomina (↗ 28.1.1; 30.2)
mēcum   mit mir
quibuscum   mit welchen

und bei **causā/grātiā** (um … willen, wegen, um … zu) mit dem Genitiv:

amīcōrum causā	um der Freunde willen
exemplī grātiā	zum Beispiel, beispielsweise

Häufiger findet sich Postposition *bei Dichtern*:

tē propter	deinetwegen

3 Präpositionen wirken als **Präfixe** bei der Bildung von **Verba composita** (↗ 13) mit, z.B.
ab-dūcere   weg-führen   ante-pōnere   voran-stellen, vor-ziehen

4 Durch Präpositionen erfasste Verhältnisse können **örtlich** (*ö.*), **zeitlich** (*z.*) oder **übertragen** (*ü.*) sein. Manche Präpositionen erfassen alle drei Bedeutungsbereiche. In übertragener Bedeutung haben sie u.a. **instrumentale**, **kausale** und **modale** Sinnrichtung.

68 Präpositionale Verbindungen

1 Präpositionen beim Akkusativ

1. **ad/ūsque ad**		
ö. zu, an, bei, bis zu	pūgna ad Cannās (facta)	die Schlacht bei Cannae
z. bis zu, gegen	(ūsque) ad hoc tempus	bis zu dieser Zeit, bisher
	ad lūcem	gegen Morgen
	ad prīmum tumultum	auf den ersten Lärm hin
ü. zu	idōneus ad rem gerendam	für die Durchführung der Aufgabe geeignet
	Quid id ad mē?	Was geht mich das an?
	ad ūnum omnēs	alle bis auf den Letzten, alle ohne Ausnahme
	ad verbum	Wort für Wort, wörtlich
2. **adversus**		
ö. gegen(-über)	adversus montem	gegen den Berg, gegenüber dem Berg
ü. gegen(-über)	adversus patrum superbiam	gegen den Hochmut der Patrizier
	pietās adversus deōs	Ehrfurcht gegenüber den Göttern
3. **ante**		
ö. vor	ante oculōs	vor Augen
z. vor	ante lūcem	vor Tagesanbruch

[1]) < post-positiō, -ōnis < postpōnere (hinten anfügen)

4. **apud**

ö. bei (meist bei Personen)	apud senātum	vor dem Senat
	apud Platōnem	bei Platon
	apud īnferōs	in der Unterwelt

5. **circā/circum**

ö. um ... herum, rings um	circā forum	in der Umgebung des Forums
um ... herum, nahe bei	circum sē amīcōs habēre	Freunde um sich haben
z. um ... herum, gegen	circā eandem hōram	um dieselbe Stunde
ü. um ... herum, betreffs	circā hoc disputāre	über dieses Thema reden

6. **contrā**

ö. gegenüber	īnsula contrā lītus sita	die Insel gegenüber der Küste
ü. gegen (feindlich)	contrā iūs gentium	gegen das Völkerrecht

7. **extrā**

ö. außerhalb	extrā fīnēs cīvitātis	außerhalb des Staatsgebietes
ü. außerhalb, über ... hinaus, außer	extrā modum	über das Maß hinaus, übermäßig

8. **īnfrā**

ö. unterhalb	īnfrā arcem	unterhalb der Burg
ü. unter, geringer als	māgnitūdine īnfrā elephantōs	kleiner als Elefanten

9. **inter**

ö. zwischen, unter	inter amīcōs	unter Freunden
z. zwischen, während	inter cēnam	während des (Abend-) Essens
ü. zwischen, unter	multum interest inter mē et tē	es ist ein großer Unterschied zwischen mir und dir

10. **intrā**

ö. innerhalb	intrā mūrōs	innerhalb der Mauern
z. innerhalb, binnen	intrā paucissimās hōrās	binnen ganz weniger Stunden

11. **iūxtā**

ö. neben, nahe bei	iūxtā viam Appiam	neben der Via Appia

12. **ob**

ö. gegen ... hin, entgegen	ob oculōs habēre	vor Augen haben
ü. um ... willen, wegen	ob eam causam	aus diesem Grund, deswegen
	quam ob rem	weswegen, deswegen

13. **per**

ö. durch ... hindurch	per flūmen	durch den Fluss hindurch
z. während	per multōs diēs	viele Tage lang

ü. durch (Vermittlung von)	per lēgātōs	durch (Vermittlung von) Gesandte(n)
	per dolum	durch List, hinterlistig
	per deōs iūrāre	bei den Göttern schwören
14. **post**		
ö. nach, hinter	post tergum	hinter dem Rücken
z. nach, seit	post Chrīstum nātum	nach Christi Geburt
	post hominum memoriam	seit Menschengedenken
ü. nach (in der Rangfolge)	post Mercurium māximē Apollinem colere	nach Merkur Apollo am meisten ehren
15. **praeter**		
ö. an ...vorbei	praeter urbem vehī	an der Stadt vorbeifahren
ü. außer, abgesehen von	omnēs praeter ūnum	alle außer einem
16. **prope**		
ö. nahe bei	prope urbem	nahe bei der Stadt
z. nahe bei, um	prope Kalendās Aprīlēs	um den 1. April
ü. beinahe, nahe an	prope virtūtem esse	der Tugend nahe sein
17. **propter**		
ö. neben, nahe bei	propter eum cōnsīdere	neben ihm Platz nehmen
ü. wegen	propter hominum multitūdinem	wegen der großen Zahl von Menschen, wegen der Menschenmenge
	propter aliquem cīvitātem servātam habēre	jemandem die Rettung des Staates verdanken
18. **secundum**		
ö. längs, entlang	secundum flūmen currere	am Fluss entlang laufen
ü. nach, gemäß, entsprechend	secundum aliquem sentīre	mit jemandem gleicher Meinung sein
	secundum nātūram vīvere	gemäß/nach der Natur leben
19. **suprā**		
ö. oberhalb	suprā mare	über dem Meer
ü. über ... hinaus	suprā modum	über das Maß hinaus
20. **trāns**		
ö. über ... hinaus, jenseits	trāns flūmen mittere	über den Fluss schicken
	trāns Rhēnum cōnsistere	auf der anderen Seite des Rheins Halt machen
21. **ultrā**		
ö. über ... hinaus, jenseits	ultrā flūmen cōnsīdere	sich jenseits des Flusses niederlassen
	ultrā flūmen proficīscī	über den Fluss ziehen
z. über ... hinaus	ultrā septimum diem	über den siebten Tag hinaus
ü. über ... hinaus, mehr als	ultrā modum	über das Maß hinaus, übermäßig

2 Präpositionen beim Ablativ

1. **ā/ab**

ö. von … her, von … aus	ā latere	von der Seite, in der Flanke
	ab urbe proficīscī	von der Stadt abreisen
	procul/prope ā monte	fern vom/nah am Berg
z. von … an, seit	ab urbe conditā	seit Gründung der Stadt Rom
ü. von	ā dīs servārī	von den Göttern gerettet werden
	ā dīs salūtem exspectāre	von den Göttern Rettung erwarten
	incipere ā fīne	mit dem Ende anfangen
	ā senātū stāre	auf der Seite des Senats stehen

2. **cum**

ö. mit, in Begleitung von, zusammen mit	sēcum cōgitāre	im Stillen (bei sich) überlegen
	(ūnā) cum amīcīs	zusammen mit den Freunden
z. mit	simul cum morte	zugleich mit dem Tod
ü. mit, zu	cum dīligentiā	mit Gewissenhaftigkeit, sorgfältig
	cum summō dolōre nostrō	zu unserem größten Kummer

3. **dē**

ö. von, von … herab	dē montibus	vom Gebirge herab
z. von … an, noch während	dē tertiā hōrā	noch während der 3. Stunde
ü. über, hinsichtlich, an	dē rē pūblicā scrībere	über den Staat schreiben
	dē pāce agere	über den Frieden verhandeln
	dē salūte dēspērāre	an der Rettung verzweifeln, die Hoffnung auf Rettung aufgeben

4. **ē/ex**

ö. von … aus, von … heraus, aus	ex oppidō	aus der Stadt (heraus)
	ex alterā parte	auf der anderen Seite
z. von … an, seit	ex eō tempore	seit dieser Zeit
	ē labōre ōtiō sē dare	sich nach der Arbeit zur Ruhe begeben
ü. infolge	ex senātūs cōnsiliō/cōnsultō	infolge eines Senatsbeschlusses
	māximā ex parte	größtenteils

5. **prō**

ö. vor	prō castrīs pūgnāre	vor dem Lager kämpfen
ü. für, anstelle von	prō nihilō habēre	für nichts halten, nicht beachten
	grātiās agere prō beneficiō	Dank für eine Wohltat sagen
	certa prō incertīs captāre	nach Sicherem statt nach Unsicherem greifen
entsprechend, im Verhältnis zu	prō multitūdine hominum	im Verhältnis zur Bevölkerungszahl

6. **sine**

ü. ohne	nōn sine perīculō	nicht ohne Gefahr

3 Präpositionen beim Akkusativ oder Ablativ

1. a) **in** (*mit Akk.*)

ö. in, nach (Frage: *wohin?*)	in patriam redīre	in die Heimatstadt zurückkehren
z. auf, für	magistrātum in annum creāre	einen Beamten für/auf ein (ganzes) Jahr wählen
ü. gegen, gegenüber	in utramque partem disserere	nach beiden Seiten hin (das Für und Wider) erörtern
	pietās in deōs	Ehrfurcht gegenüber den Göttern
	in aliquem crūdēliter cōnsulere	gegen jemanden grausam vorgehen

b) **in** (*mit Abl.*)

ö. in, an, auf (Frage: *wo?*)	in senātū dīcere	in/vor dem Senat eine Rede halten
z. in, während	in rēbus adversīs	im Unglück
	in vītā	während des Lebens
	saepe in diē	oft am Tag
ü. in, bei, trotz	in summā inopiā	in/trotz höchster Not
	in eō laudāre	in diesem Punkt loben

2. a) **sub** (*mit Akk.*)

ö. unter (Frage: *wohin?*), nahe an	sub montem venīre	an den Fuß des Berges kommen
z. gegen, kurz vor	sub noctem	kurz vor Einbruch der Nacht
ü. unter	sub iūdicium sapientis cadere	dem Urteil eines Weisen überlassen werden

b) **sub** (*mit Abl.*)

ö. unter, unterhalb (Frage: *wo?*)	sub monte	am Fuß des Berges
z. während	sub Tiberiō Caesare	während der Regierung des Kaisers Tiberius
ü. unter	sub rēgnō alicuius	unter jemandes Herrschaft

4 Postpositionen beim Genitiv

causā/grātiā

ü. ... halber, um ... willen, wegen, um ... zu	honōris causā	ehrenhalber
	amīcitiae causā	um der Freundschaft willen
	exemplī grātiā	um ein Beispiel zu nennen, zum Beispiel
	suī pūrgandī causā	um sich zu entschuldigen

NOMINALFORMEN ALS SATZGLIEDER

69 Begriff, Bestand und syntaktische Funktion der Nominalformen

1 Die Nominalformen des Verbs nehmen eine Mittelstellung zwischen Nomen und Verb ein. Sie sind vom Verb hergeleitet, werden aber wie ein Nomen dekliniert. Eine Nominalform des Verbs heißt auch verbum infinitum (↗ 7.3.2).

2 Im Lateinischen unterscheidet man **fünf Nominalformen** des Verbs:

Infinitiv	Partizip	Gerundium	Gerundivum	Supinum

3 Die Nominalformen sind Bauelemente des Satzes; sie erfüllen im Satz die syntaktische Funktion des Subjekts, Objekts, Adverbiales oder des Attributs, oder sie sind Teil des Prädikats (Prädikatsnomen).

4 Eine Nominalform stellt häufig eine satzwertige Konstruktion dar, d.h. sie enthält die Information eines möglichen eigenständigen Satzes.
Dieser ‚Satz' (z.B. ex Italia expulsus erat) ist gewissermaßen in das übergreifende Satzgerüst (z.B. Cicero … maestus erat) ‚eingebettet'.

Cicerō	ex Italiā expulsus ,cum ex Italiā expulsus esset, ex Italiā expulsus erat; eā rē	maestus erat.

70 Infinitiv

Wo findet man was?

SUBJEKT	OBJEKT	PRÄDIKAT PRÄDIKATSNOMEN – COPULA
1. DEORUM IUSSIS PARE**RE** Subjektsinfinitiv ↗ 71		**DECET.**
2. AENEAS	IUSSA DEORUM NEGLEGE**RE** Objektsinfinitiv ↗ 72	NOLUIT.
3. AENEAS	TROIANOS MULTOS LABORES { TOLERAV**ISSE** / TOLERA**RE** / TOLERA**TUROS ESSE** **AcI:** ↗ 73–78 Zeitverhältnis ↗ 78 Infinitivformen ↗ 78.1	SCIEBAT.
4. DIDO	**SE** AB AENEA { AMAT**AM ESSE** / AMA**RI** / AMAT**UM IRI** **AcI:** Reflexiv-Pronomen ↗ 76.2 Prädikatsnomen ↗ 76.1 Zeitverhältnis ↗ 78 Infinitivformen ↗ 78.1	CREDEBAT.
5. AENEAS MAESTUS FU**ISSE** **NcI** ↗ 79		DICITUR.
6. VIVERE		COGITA**RE** EST. Infinitiv als Prädikatsnomen ↗ 37.2
7. (...) HOSTES	LAPIDES	CONCURRE**RE**, CONICE**RE**. historischer Infinitiv ↗ 37.1.2

Übersetzung:

1. Den Befehlen der Götter zu gehorchen gehört sich/Man soll ... gehorchen.
2. Äneas wollte die Befehle der Götter nicht missachten.
3. Äneas wusste, dass die Trojaner (schon) viele Schwierigkeiten auf sich genommen hatten – (nach wie vor) auf sich nahmen – (auch in Zukunft) auf sich nehmen würden.
4. Dido glaubte, dass sie von Äneas geliebt worden sei – (nach wie vor) geliebt werde – (auch in Zukunft) geliebt werde.
5. Man sagt, dass Äneas traurig gewesen sei./Äneas soll traurig gewesen sein.
6. Leben bedeutet/heißt (so viel wie) denken.
7. (...) Die Feinde liefen zusammen und warfen Steine.

1 Die **verbale Natur** des Infinitivs zeigt sich
1. in seiner Verwendung im Aktiv und Passiv (z.B.: adiuvāre – adiuvārī),
2. in der Bildung von unterschiedlichen Formen zur Bezeichnung von Zeitverhältnissen (z.B.: adiūvisse – adiuvāre – adiūtūrum esse ↗ 78.1),
3. in der Beibehaltung der Valenz[1] des Verbs (z.B.: amīcōs adiuvāre),
4. in der näheren Bestimmung durch ein Adverb und/oder eine präpositionale Verbindung (z.B. dīligenter/cum dīligentiā amīcōs adiuvāre).

2 Die **nominale Natur** des Infinitivs zeigt sich
1. darin, dass er dekliniert werden kann (↗ 90.1),
2. darin, dass er verschiedene syntaktische Funktionen erfüllen kann.

71 Der Infinitiv als Subjekt

1 Der Infinitiv als Subjekt (**Subjektsinfinitiv**) begegnet am häufigsten nach **unpersönlichen Ausdrücken** wie:

placet	es gefällt; man beschließt	interest	es ist wichtig
licet	es ist erlaubt, möglich; man darf	necesse est (aber ↗ 116.2.1a)	es ist notwendig
oportet (aber ↗ 116.2.1a)	es ist nötig, gehört sich	iuvat	es erfreut, macht Spaß
decet	es gehört sich, ziemt sich	praestat	es ist besser

Licet intrāre. — Es ist erlaubt einzutreten/Man darf eintreten.
Discere necesse est. — Lernen ist notwendig/Lernen tut not.

Im Satzmodell:

Subjekt		*Prädikat*
Discere	↔	necesse est.

2 Der Infinitiv als Subjekt steht auch häufig nach einem Adjektiv oder Substantiv, das im Nominativ oder im Genitivus possessoris (↗ 63.1) steht, in Verbindung mit der Copula ESSE.

Victīs parcere hūmānum est. — Besiegte zu schonen ist menschlich.

Rem pūblicam bene regere difficilis ars est. — Den Staat gut zu lenken ist eine schwierige Kunst.

Miserōs adiuvāre hūmānitātis est. — Notleidende zu unterstützen zeugt von Menschlichkeit.

3 Wenn zu einem Subjektsinfinitiv ein Adjektiv, Substantiv oder Partizip als Prädikatsnomen oder Praedicativum treten, so stehen diese im Akkusativ.

Lacedaemone pulchrum erat (aliquem) fortem esse/ laetum perīcula subīre (↗ 40.5)/ patriam dēfendentem occidere. — In Sparta war es rühmlich, tapfer zu sein/ freudig Gefahren auf sich zu nehmen/ bei der Verteidigung der Heimat zu fallen.

► Nach einem Dativ kann das Prädikatsnomen ebenfalls im Dativ stehen (Kasusangleichung); in der Regel ist dies beim Subjektsinfinitiv nach licet der Fall.

Cūr **hīs** nōn licet līber**īs**/līber**īs** homini**bus** esse? — Warum ist es diesen nicht erlaubt, frei/freie Menschen zu sein?

---

[1]) Valenz: ‚Wertigkeit' eines Verbs (↗ 7.3.1).

72 Der Infinitiv als Objekt

1 Der Infinitiv als Objekt (**Objektsinfinitiv**) begegnet in der Regel nach folgenden Verben:

velle	wollen	statuere	beschließen
nōlle	nicht wollen	cōnstituere	beschließen
mālle	lieber wollen	dēcernere	beschließen
studēre	sich bemühen, streben, wollen	audēre	wagen
contendere	sich anstrengen	solēre	pflegen
cupere	wünschen	incipere	anfangen, beginnen
posse	können	dēsinere	aufhören
dēbēre	sollen, müssen	pergere	fortfahren, weitermachen
cōgitāre	denken, beabsichtigen	cōnārī	versuchen
dubitāre	zögern, Bedenken haben	verērī (aber: ↗ 117.2)	sich scheuen

Cicerō { potuit / dēbuit / statuit / ausus est / cōnātus est } in patriam redīre.

Cicero { konnte / musste } in die Heimat zurückkehren.
Cicero { beschloss / wagte / versuchte } in die Heimat zurückzukehren. (die Rückkehr in die Heimat)

Im Satzmodell:

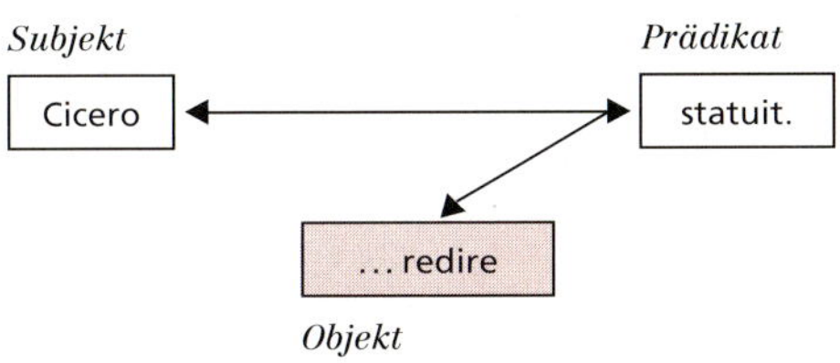

2 Der Objektsinfinitiv findet sich gelegentlich in einer Konstruktion mit doppeltem Akkusativ (↗ 46):

Amīcōs adiuvāre pulchrum putāmus.	Wir halten es für schön, Freunden zu helfen.

3 Wenn der Objektsinfinitiv eine Copula ist, dann steht das Prädikatsnomen, das sich auf das Subjekt des Satzes bezieht, im gleichen Kasus wie das Bezugswort (Subjekt), also im **Nominativ**.

Hominēs beātī esse { volunt. / student. / cupiunt. / cōnantur. }	Die Menschen { wollen glücklich sein. / streben danach, / wünschen / versuchen } glücklich zu sein.

73 Akkusativ mit Infinitiv (Accusativus cum Infinitivo: AcI)

Der Akkusativ mit Infinitiv ist ein Bauelement eines Satzes, das auch im Deutschen im Anschluss an bestimmte Verben (z.B. hören, sehen, fühlen) vorkommt:

Ich sehe **ihn kommen**.
Der Vater ließ **die Kinder weggehen**.

Das Bauelement ‚Akkusativ mit Infinitiv' hat den Aussagewert eines eigenständigen Satzes, der aus Subjekt und Prädikat besteht. Dies wird deutlich, wenn man den Sachverhalt, den der Akkusativ mit Infinitiv enthält, folgendermaßen umschreibt:

Ich sehe, dass **er kommt**.

Der Vater ließ zu, dass **die Kinder weggingen**.

Für das Lateinische ist der AcI eine charakteristische Konstruktion.

74 Erscheinungsform des AcI

1 Konstruktion

Lāocoōn putābat. Trōiānōs in perīculō esse	Laokoon glaubte, dass die Trojaner in Gefahr seien.

Das Bauelement AcI \ Trōiānōs in perīculō esse \ ist Bestandteil eines Satzes.

Es enthält ein ‚Subjekt' (im Akkusativ) und ein ‚Prädikat' (im Infinitiv).
Das Bauelement macht eine Aussage über einen Sachverhalt, die als eigenständiger Satz formuliert werden kann:

Trōiānī in perīculō sunt.

Der AcI stellt also eine **satzwertige Konstruktion** dar, die in den übergreifenden Satz ‚eingebettet' ist.

Trōiānī in perīculō sunt.
Lāocoōn **Trōiānōs in perīculō esse** putābat.

2 Übersetzung

Die satzwertige Konstruktion AcI kann häufig mit einem Gliedsatz, der mit ‚dass' eingeleitet ist, übersetzt werden (weitere Möglichkeiten der Wiedergabe ↗ 77). Dabei gilt folgende Umbauregel:

		AcI			
		(Subjekts-) Akkusativ		*(Prädikats-) Infinitiv*	
Lateinisch	Lāocoōn	Trōiānōs	in perīculō	esse	putābat.
Deutsch	Laokoon glaubte, **dass**	die Trojaner	in Gefahr	seien.	
		Subjekt		*Prädikat*	
		dass-Gliedsatz			

75 Anwendungsbereich des AcI

1 Der AcI enthält eine Aussage über eine Tatsache, eine Meinung oder ein Urteil. Dementsprechend steht er insbesondere bei bestimmten Verben:

1.1 Verben des Sagens und Mitteilens (verba dicendi)

dīcere	sagen	respondēre	antworten, erwidern
negāre	bestreiten; sagen, dass … nicht	docēre	lehren, unterrichten
		persuādēre (aber ↗ 117.1)	überzeugen
iubēre	befehlen, anordnen		
nūntiāre	melden, mitteilen	contendere (aber ↗ 117.1)	behaupten
affirmāre	bestätigen, behaupten		
iūrāre (*m. Inf. Fut.*)	schwören	fatērī	gestehen, behaupten

1.2 Verben des Wahrnehmens und Glaubens (verba sentiendi)

vidēre	sehen	cēnsēre	schätzen, meinen, der Ansicht sein
intellegere	erkennen, verstehen, einsehen	iūdicāre	urteilen
cognōscere	erkennen, bemerken	cōgitāre	denken
sentīre	empfinden, merken, meinen	meminisse	sich erinnern
audīre	hören	putāre	meinen, glauben
scīre	wissen	existimāre	meinen, glauben
spērāre (*m. Inf. Fut.*)	hoffen	arbitrārī	meinen, glauben

1.3 Verben der Gemütsbewegung (verba affectus); aber ↗ 116.1.1

dolēre	bedauern	indīgnārī	ungehalten sein, sich empören, entrüsten
gaudēre	sich freuen		
mīrārī	sich wundern	querī	klagen, sich beklagen

1.4 Verben des Wollens (verba voluntatis)

velle	wollen	mālle	lieber wollen
nōlle	nicht wollen	cupere	wünschen

Bei diesen Verben zeigt der AcI an, dass die Person, die etwas will, nicht identisch ist mit der Person, auf die sich der Wunsch bezieht.

1.5 Unpersönliche Ausdrücke

appāret	es ist offensichtlich	decet	es gehört sich, ziemt sich
cōnstat	es steht fest, ist bekannt	oportet (aber ↗ 116.2.1a)	es ist nötig, gehört sich
necesse est (aber ↗ 116.2.1a)	es ist notwendig	fāma est/fert	es geht das Gerücht

1. Lāocoōn dīxit Graecōs hostibus semper īnsidiās parāre. — Laokoon sagte, dass die Griechen ihren Feinden immer eine Falle stellten.

2. Sed Priamus
Trōiānōs in perīculō nōn esse
arbitrābātur.

Aber Priamus glaubte,
dass die Trojaner nicht in Gefahr seien.

3. Cassandra autem doluit
nēminem Lāocoontī crēdere.

Kassandra jedoch litt darunter,
dass niemand Laokoon glaubte.

4. Trōiānōs Sinōnī crēdere
nōluit.

Dass die Trojaner Sino Glauben schenkten,
wollte sie nicht.

5. Appāret
Lāocoontem cēterīs Trōiānīs
sapientiā praestitisse.

Es ist offensichtlich,
dass Laokoon die anderen Trojaner
an Einsicht übertraf.

2 Der AcI als Objekt oder Subjekt

Der AcI erfüllt je nach Art des Prädikats die **syntaktische Funktion** des **Objekts** (①) oder des Subjekts (②).

① Trōiānī sentiēbant.
Graecōs in urbe esse

Die Trojaner merkten,
dass Griechen in der Stadt waren.
(die Anwesenheit der Griechen …)

② Graecōs in urbe esse nūntiātum est.
Priamō

Dass Griechen in der Stadt waren,
(Die Anwesenheit der Griechen …)
wurde dem Priamus gemeldet.

Im Satzmodell:

①
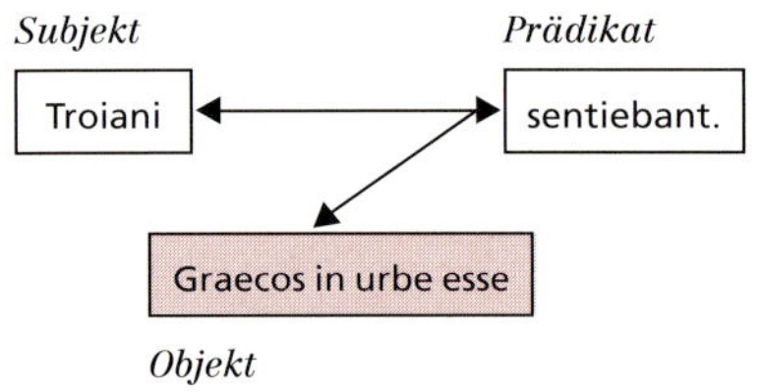

②
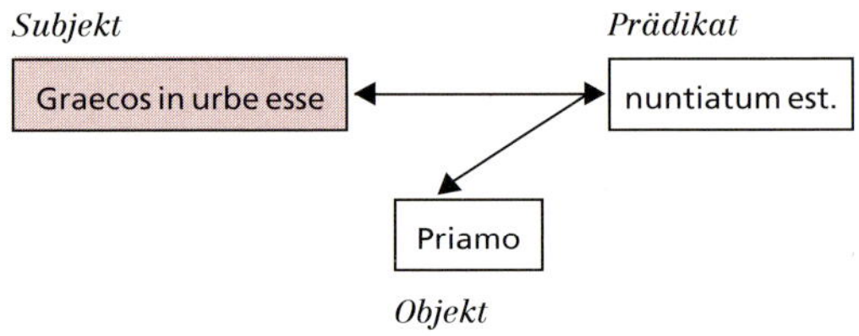

76 ‚Prädikatsnomen' im AcI und Pronomina der 3. Person im AcI

1 ‚Prädikatsnomen' im AcI

Besteht das ‚Prädikat' des AcI aus der Copula ESSE und einem adjektivischen Prädikatsnomen (↗ 40.5), dann richtet sich dieses in Kasus, Numerus und Genus (Kongruenz) nach dem ‚Subjekt' des AcI.

Trōiānī equ**um** līgneum pulcherrim**um** esse putant.	Die Trojaner sind der Ansicht, dass das hölzerne Pferd sehr schön sei.
Graecī fraud**em** Ulixis dētēct**am** nōn esse gaudent.	Die Griechen freuen sich, dass die List des Odysseus nicht entdeckt wurde.

2 Pronomina der 3. Person im AcI

Lāocoōn sōlus inter Trōiānōs prūdentiam Ulixis timēbat.	Unter den Trojanern fürchtete allein Laokoon die Gerissenheit des Odysseus.
① Lāocoōn EUM cum dolō EĪS īnsidiās parāre sciēbat.	Laokoon wusste, dass **er ihnen** listig eine Falle stellte.
② Itaque Lāocoōn	Deshalb glaubte Laokoon,
SĒ et cīvēs SUŌS in perīculō esse putābat.	dass **er** und **seine** Mitbürger in Gefahr seien.
Valdē dolēbat	Er litt sehr darunter,
Trōiānōs SĒ nōn audīre.	dass die Trojaner nicht auf **ihn** hörten.
③ Nam prō certō habēbat	Er sah es nämlich als sicher an,
Trōiānōs SĒ et oppidum SUUM dēfendere nōn posse.	dass die Trojaner **sich** und **ihre** Stadt nicht verteidigen könnten.

① Das **nicht-reflexive Personal-Pronomen** der 3. Person IS, EA, ID weist auf ein Nomen im vorausgehenden Satz hin: EUM → Ulixēs; EĪS → Trōiānī.
② Die **reflexiven Pronomina** SĒ, SIBĪ (personal) und SUUS, SUA, SUUM (possessiv) beziehen sich in der Regel auf das Subjekt des Satzes, in das der AcI eingebettet ist.
③ Die **reflexiven Pronomina** können sich auch auf das ‚Subjekt' des AcI beziehen.

Beachte:

Das Reflexiv-Pronomen SĒ kann sein:	Im Deutschen entspricht eine Wiedergabe mit:
– ‚Subjekt' des AcI	Personal-Pronomen im Nominativ (er, sie, es; sie)
– Objekt im AcI mit Bezug auf das Subjekt des Satzes	Personal-Pronomen im Akkusativ (ihn, sie, es; sie)
– Objekt im AcI mit Bezug auf das ‚Subjekt' des AcI	Reflexiv-Pronomen (sich)

Beachte:
Das Reflexiv-Pronomen SĒ kann alle Genera in Singular und Plural ausdrücken.
Vgl. folgende Übersicht:

Amīc**us**	SE	content**um** esse dīcit.
Amīc**a**		content**am** esse dīcit.
Amīc**ī**		content**ōs** esse dīcunt.
Amīc**ae**		content**ās** esse dīcunt.

77 Verschiedene Möglichkeiten der Wiedergabe des AcI

Der AcI lässt sich im Deutschen wiedergeben:

① mit einem **Gliedsatz**, der mit **‚dass'** eingeleitet ist,
② mit einem **verkürzten Gliedsatz** (abhängige Rede),
③ mit einem **Hauptsatz**; dabei wird das Prädikat, von dem der AcI abhängt, zu einer **präpositionalen Verbindung** oder zu einem **Einschub** (Parenthese: „so", „wie"),
④ mit einem **Infinitiv**, wenn das ‚Subjekt' des AcI (sē) mit dem Subjekt des Satzes übereinstimmt,
⑤ mit einem **Hauptsatz**; dabei wird der unpersönliche Ausdruck, von dem der AcI abhängt, zu einem **Adverb**.

Lāocoōn putābat Trōiānōs in perīculō esse.	① Laokoon glaubte, dass die Trojaner in Gefahr seien. ② Laokoon glaubte, die Trojaner seien in Gefahr. ③ Nach Meinung des Laokoon waren die Trojaner in Gefahr. Die Trojaner waren, so glaubte Laokoon (wie L. glaubte), in Gefahr.
Trōiānī putābant sē in perīculō nōn esse.	④ Die Trojaner glaubten, nicht in Gefahr zu sein.
Appāret autem eōs in perīculō fuisse.	⑤ Offensichtlich waren sie (aber) doch in Gefahr.

78 Zeitverhältnisse im AcI

Zwischen dem Vorgang des AcI und dem Vorgang des Satzes, in den der AcI eingebettet ist, kann es **drei verschiedene Zeitverhältnisse** geben:

Gleichzeitigkeit (GZ): Vorgang des AcI und Vorgang des Satzes verlaufen zeitgleich.
Vorzeitigkeit (VZ): Vorgang des AcI ist schon vor dem Vorgang des Satzes abgeschlossen.
Nachzeitigkeit (NZ): Vorgang des AcI setzt erst nach dem Vorgang des Satzes ein.

1 Diese drei Zeitverhältnisse sind durch unterschiedliche Formen des Infinitivs ausgedrückt.

Der Infinitiv der	**Infinitiv**					
Gleichzeitigkeit wird gebildet vom Präsens-Stamm:	**Präsens Aktiv:** **Präsens Passiv:**	vocā-*re* vocā-*rī*	docē-*re* docē-*rī*	audī-*re* audī-*rī*	dīc-e-*re* dīc-*ī*	es-se
Vorzeitigkeit wird gebildet vom Perfekt-Aktiv-Stamm: Partizip-Perfekt-Passiv-Stamm:	**Perfekt Aktiv:** **Perfekt Passiv:**	vocāv-*isse* vocā-*tum*	docu-*isse* doc-*tum* -*tam*, -*tum*, -*tōs*, -*tās*, -*ta* ***esse***	audīv-*isse* audī-*tum*	dīx-*isse* dic-*tum*	fu-*isse*
Nachzeitigkeit wird gebildet mit dem Partizip Futur Aktiv und dem Infinitiv ESSE:	**Futur Aktiv:**	vocā-*tūrum*	doc-*tūrum* -*tūram*, -*tūrum*, -*tūrōs*, -*tūrās*, -*tūra* ***esse***	audī-*tūrum*	dic-*tūrum*	fu-*tūrum* (fore)
mit dem Supinum auf -um und dem Infinitiv īrī:	**Futur Passiv:**	vocā-*tum*	doc-*tum* ***īrī***	audī-*tum*	dic-*tum*	

2 Die unterschiedlichen Formen des Infinitivs dienen zur Bezeichnung des Zeitverhältnisses und werden deshalb unabhängig von der Zeitstufe verwendet, auf der der Vorgang des Satzes abläuft.

Zeitverhältnis	Form des Infinitivs
gleichzeitig	① Präsens Aktiv/Passiv
vorzeitig	② Perfekt Aktiv/Passiv
nachzeitig	③ Futur Aktiv/Passiv

Dīdō putābat Aenēam sē	Dido glaubte, dass Äneas sie
① valdē **amāre**.	sehr **liebe**.
② ex animō **amāvisse**.	von Herzen **geliebt habe**.
③ in aeternum **amātūrum esse**.	auf ewig **lieben werde**.

3 Beachte:

3.1 Die Copula ESSE kann beim Infinitiv Perfekt Passiv und – sehr häufig – beim Infinitiv Futur Aktiv fehlen.

Cīvitātēs sē obsidēs datūrās et imperāta factūrās pollicentur.	Die Stämme versprechen Geiseln zu stellen und die Befehle auszuführen.

3.2 Der Infinitiv Futur der Copula ESSE lautet statt futūrum, -am, um, -ōs, -ās, -a esse auch fore (unveränderlich).

Caesar ea fore suspicātus erat.	Cäsar hatte vermutet, dass dies geschehen werde.

79 Nominativ mit Infinitiv (Nominativus cum Infinitivo: NcI)

1 Erscheinungsform des NcI

1.1 Konstruktion

Graecī diū errāvisse dīcuntur.	Man sagt/Es wird gesagt, dass die Griechen lange umhergeirrt seien/sind.

Bei dieser Infinitiv-Konstruktion ist das Subjekt des Satzes zugleich ‚Subjekt' des Infinitivs. Dieses ‚Subjekt' bildet zusammen mit dem Infinitiv eine in sich geschlossene Einheit. Sie macht eine Aussage, die als selbstständiger Satz formuliert werden kann: Graecī diū errāvērunt.
Die Verbindung eines Nominativs mit einem Infinitiv (NcI) ist **demnach satzwertig**.

1.2 Übersetzung
Die satzwertige Konstruktion NcI kann mit einem Gliedsatz übersetzt werden, der mit ‚dass' eingeleitet ist; dabei wird das Prädikat unpersönlich (man, es) ausgedrückt (andere Möglichkeiten der Wiedergabe ↗ 79.3).
Es gilt folgende Umbauregel:

	NcI			
		Nominativ	*Infinitiv*	*Prädikat*
Lateinisch		Graecī diū	errāv**isse**	dīc**untur**.
Deutsch	**Man** sagt, dass (Es wird gesagt)	die Griechen lange	umhergeirrt seien.	
		Subjekt	*Prädikat*	
		dass-Gliedsatz		

1.3 ‚Prädikatsnomen' im NcI

Besteht in der Konstruktion des NcI der Infinitiv aus der Copula ESSE und einem adjektivischen ‚Prädikatsnomen', so richtet sich das ‚Prädikatsnomen' in Kasus, Numerus und Genus (Kongruenz) nach dem Subjekt (①). Die Kongruenzregel gilt auch für das Praedicativum (②).

① Germānī līberī *esse* dīcuntur.	Man sagt, dass die Germanen unabhängig sind.
② Germānī laetī in proelium *īsse* putantur.	Man glaubt, dass die Germanen freudig in den Kampf gezogen sind.

2 Anwendungsbereich

2.1 Der NcI tritt nur bei den **Passivformen** bestimmter Verben meist nur in der 3. Person auf, z.B.

vidērī	man sieht,	dass	dīcī	man sagt,	dass	trādī	man überliefert,	dass
iubērī	man befiehlt,		putārī	man glaubt,		ferrī	man berichtet,	
vetārī	man verbietet,							

2.2 Funktion

Der NcI erfüllt im Satz die **syntaktische Funktion des Subjekts.**

Homēr**us** caec**us** *fuisse* dīcitur. Man sagt, dass Homer blind gewesen sei.

Im Satzmodell:

Subjekt — *Prädikat*

[Homerus caecus fuisse] ⟷ [dicitur.]

3 Verschiedene Möglichkeiten der Wiedergabe

Der NcI lässt sich im Deutschen wiedergeben:

① mit einem **Gliedsatz**, der mit **‚dass'** eingeleitet ist,
② mit einem **verkürzten Gliedsatz,**
③ bei manchen Verben mit einer **persönlichen Konstruktion** und einem entsprechenden Modaladverb bzw. einem Adverbiale,
④ bei dīcī auch mit dem **Modalverb ‚sollen',**
⑤ bei iubēre, vetāre u.ä. mit einem **Infinitivsatz.**

Dīcor bene cantāvisse.	① Man sagt/Es heißt, dass ich schön gesungen habe/hätte. ② Man sagt, ich hätte schön gesungen. ③ Angeblich habe ich schön gesungen. ④ Ich soll schön gesungen haben.
Bene cantāvisse vidēris.	③ Du scheinst schön gesungen zu haben./ Anscheinend hast du schön gesungen.
Gallī nāvēs mittere iussī sunt. Nāvēs mittī iussae sunt.	⑤ Die Gallier wurden beauftragt Schiffe zu schicken./ Den Galliern wurde befohlen Schiffe zu schicken. Man befahl Schiffe zu schicken.

4 Zeitverhältnisse

Die Zeitverhältnisse im NcI werden – wie beim AcI (↗ 78) – durch die unterschiedlichen Formen des Infinitivs ausgedrückt:

VZ		petīvisse		Man glaubte,	angestrebt habe.
GZ	Caesar rēgnum	petere	putābātur.	dass Cäsar die	anstrebe.
NZ		petītūrus esse		Königsherrschaft	anstreben werde.

80 Partizip

Wo findet man was?

SUBJEKT	OBJEKT	ATTRIBUT	ADVERBIALE	PRÄDIKAT PRÄDIKATSNOMEN	 COPULA
1. IUPPITER	AENEAM	AMA**NTEM** Partizip als Attribut ↗ 81.2	A DIDONE		AVOCAVIT.
2. IUPPITER	AMA**NTEM** substantiviertes Partizip ↗ 81.1.2		A DIDONE		AVOCAVIT.
3. AENEAS				AMA**NS** PATRIAE Partizip als Prädikats-nomen ↗ 81.3	ERAT.
4. AENEAS	DIDONEM		IOVE IMPERA**NTE** AMORE OPPRE**SSO** IOVE AUCTORE Ablativus absolutus ↗ 86–88 Nominale Wendung im Ablativ ↗ 86.1.2		RELIQUIT.
5. AENEAS	TURNUM		HUMI IACE**NTEM** SUBIEC**TUM** Participium coniunctum ↗ 83–85		INTERFECIT.

Übersetzung:
1. Jupiter rief den liebenden/verliebten Äneas/Äneas, der verliebt war, von Dido weg.
2. Jupiter rief den Liebenden/Verliebten von Dido weg.
3. Äneas (war vaterlandsliebend) liebte seine Heimat.
4. Äneas verließ Dido, weil Jupiter es befahl/auf Jupiters Befehl hin/auf Veranlassung Jupiters/nachdem er seine Liebe (zu Dido) unterdrückt hatte.
5. Äneas hat Turnus, als dieser auf dem Boden lag/nachdem er ihn niedergeworfen hatte, getötet.

1 Das **Partizip** ist ein von einem **Verb abgeleitetes Adjektiv** (Verbaladjektiv).

Seine **nominale Natur** zeigt sich darin,
1. dass es dekliniert wird,
2. dass es mit einem Bezugswort in Kasus, Numerus und Genus übereinstimmt (KNG-Kongruenz),
3. dass es verschiedene syntaktische Funktionen erfüllen kann.

Seine **verbale Natur** zeigt sich
1. in seiner Verwendung im Aktiv und Passiv,
2. in der Bildung von unterschiedlichen Formen zur Bezeichnung von Zeitverhältnissen,
3. in der Beibehaltung der Valenz[1] des Verbs,
4. in der näheren Bestimmung durch ein Adverb und/oder eine präpositionale Verbindung.

2 Die drei Formen des Partizips geben jeweils das Zeitverhältnis an, das zwischen dem im Partizip ausgedrückten Vorgang und dem Prädikatsvorgang herrscht.

Dabei erfasst – ähnlich wie die Formen des Infinitivs in AcI (↗ 78) und NcI (↗ 79) –
das **Partizip Perfekt** (↗ 12) die **Vorzeitigkeit**,
das **Partizip Präsens** (↗ 12) die **Gleichzeitigkeit**,
das **Partizip Futur** (↗ 12) die **Nachzeitigkeit**.

3 Die drei Zeitverhältnisse werden durch folgende Formen des Partizips ausgedrückt:

	vorzeitig	gleichzeitig	nachzeitig
Aktiv (Deponens)	– locūtus	dīcēns loquēns	dictūrus locūtūrus
Passiv	dictus	–	–

4 Das **Partizip** kann im Lateinischen alle syntaktischen Funktionen (mit Ausnahme der des Prädikats) erfüllen; es erfüllt aber vorrangig **die syntaktische Funktion des Adverbiales** (↗ 82).

81 Das Partizip als Attribut, Prädikatsnomen, Subjekt, Objekt

1 Erscheinungsformen

Außer als Verbaladjektiv (↗ 80.1) tritt das Partizip auch als Adjektiv oder Substantiv auf.

1.1 Einige Partizipien sind wie ‚echte' Adjektive verwendet und entsprechen einem deutschen Adjektiv, das meist eine dauernde Eigenschaft ausdrückt.

dīligēns	sorgfältig, gewissenhaft	*(dīligere)*	dēsertus	verlassen	*(dēserere)*
absēns	abwesend	*(abesse)*	futūrus	zukünftig	*(esse)*
neglegēns	nachlässig	*(neglegere)*			

1.2 Zuweilen tritt das Partizip als selbstständiges Substantiv auf. Es wird mit einem substantivierten Partizip oder einem Substantiv wiedergegeben.

amāns	der/die Liebende	scrīpta	die Schriftstücke
mortuus	der Tote	iussum	der Befehl
moritūrus	der Todgeweihte	futūrum futūra	die Zukunft
doctī	die Gelehrten		

[1]) Valenz: ‚Wertigkeit' des Verbs (↗ 35.3)

2 Das Partizip als Attribut

2.1 Das Partizip ist häufig einem Nomen ‚beigefügt' und stimmt mit diesem in Kasus, Numerus und Genus überein. Das Partizip als Attribut kann durch eine oder mehrere Angaben erweitert sein.
Es kann mit einem deutschen Partizip wiedergegeben werden, meist aber bietet sich die Wiedergabe mit einem Relativsatz an.

Puerī ā rēge Amuliō **expositī** fuērunt fīliī Rheae Silviae.	Die Jungen, **die** von König Amulius **ausgesetzt worden waren**, waren die Söhne der Rea Silvia.
Lupa puerōs **expositōs** servāvit.	Eine Wölfin hat die **ausgesetzten** Jungen gerettet.

2.2 Das Partizip Perfekt Passiv in der Funktion des Attributs kann gelegentlich mit einem Verbalsubstantiv wiedergegeben werden.

nūntius Sicili**ae āmissae**	die Nachricht vom **Verlust** Siziliens
Caesar occīs**us** multīs pulcherrimum facinus vidēbātur.	Die **Ermordung** Cäsars erschien vielen als eine herrliche Tat.
Cicerō **cōnservātae** patri**ae** pretium calamitātem fugae sustinuit.	Cicero hat als ‚Lohn' für die **Rettung** des Vaterlandes das Unglück der Verbannung hinnehmen müssen.

2.3 Auch die Partizipien, die zu einem ‚echten' Adjektiv geworden sind (↗ 81.1.1), können die Funktion des Attributs erfüllen.

puer **dīligēns**	ein gewissenhafter Junge
Rēs futūrās nōn prōvidēmus.	Die zukünftigen Ereignisse können wir nicht voraussehen.

Die Erweiterung solcher Partizipien des Präsens steht in der Regel im Genitivus obiectivus (↗ 63.4).

puer officiī neglegēns	ein pflichtvergessener Junge

2.4 Auch die substantivierten Partizipien (↗ 81.1.2) können die Funktion des Attributs erfüllen.

Iacet corpus **dormientis** ut **mortuī**.	Es liegt der Leib **des Schlafenden** da wie der **eines Toten**.

3 Das Partizip als Prädikatsnomen

3.1 Das Partizip Perfekt Passiv als Prädikatsnomen (↗ 37.2) bildet zusammen mit den Formen der Copula ESSE die Passivformen des Perfekts, Plusquamperfekts und Futur II (↗ 9.2.3).

Puerī ā rēge Amuliō **expositī** sunt.	Die Jungen sind vom König Amulius **ausgesetzt** worden.

3.2 Das Partizip Futur Aktiv drückt als Prädikatsnomen (↗ 37.2) zusammen mit den Formen der Copula ESSE eine bevorstehende oder beabsichtigte Handlung aus (umschreibendes Futur ↗ 37.2).

Bellum **scrīptūrus sum**, quod populus Rōmānus cum Iugurthā gessit.	**Ich werde/will** den Krieg **beschreiben**, den das römische Volk mit Jugurtha geführt hat.

3.3 Die Partizipien, die zu einem ‚echten' Adjektiv geworden sind (↗ 81.1.1), können die Funktion des Prädikatsnomens erfüllen.

Multī hominēs **dīligentēs**, nōnnūllī **labōris fugientēs**, paucī **officiī neglegentēs** sunt.	Viele Menschen sind **gewissenhaft**, einige sind **arbeitsscheu**, wenige **pflichtvergessen**.

4 Das Partizip als Subjekt

Die substantivierten Partizipien (↗ 81.1.2) können die Funktion des Subjekts erfüllen.

Avē, Caesar, **moritūrī** tē salūtant.	Sei gegrüßt, Cäsar, **die Todgeweihten** grüßen dich.

5 Das Partizip als Objekt

Die substantivierten Partizipien (↗ 81.1.2) können die Funktion des Objekts erfüllen.

Aenēās **iussa** deōrum sequitur.	Äneas folgt **den Befehlen** der Götter.

82 Das Partizip als Adverbiale

Das Partizip in der **syntaktischen Funktion** des **Adverbiales** (↗ 40.3.1) begegnet in folgenden Erscheinungsformen:
1. als Participium coniunctum (PC),
2. als Ablativus absolutus (Abl. abs.).

83 Participium coniunctum: Erscheinungsform, Beziehung und syntaktische Funktion

1 Erscheinungsform

Als **Participium coniunctum** drückt das Partizip einen näheren Umstand zum Prädikatsvorgang aus.

Scīpiō in Āfricam **missus** Carthāginem oppūgnāvit.	Als Scipio nach Afrika geschickt worden war, belagerte er Karthago.

Dieser Umstand könnte auch mit einem Gliedsatz formuliert werden:

Scīpiō	in Āfricam missus ,cum in Āfricam missus esset,	Carthāginem oppūgnāvit.

Die Konstruktion des Participium coniunctum ist demnach **satzwertig** und lässt sich deshalb im Deutschen stets mit einem konjunktionalen Gliedsatz wiedergeben.

2 Beziehung

Als Participium coniunctum bezieht sich das Partizip in der Regel auf das Subjekt des Satzes, auf ein Objekt oder ein Attribut (im Genitiv) und ist mit diesem Satzglied oder Satzgliedteil durch Kasus-, Numerus- und Genuskongruenz (↗ 24.1; 40.5) ‚verbunden'[1].

2.1 Nominativ

Scīpiō	Scipio belagerte,
ā senātū	als er vom Senat
in Āfricam **missus**	nach Afrika geschickt worden war,
Carthāginem oppūgnāvit.	Karthago.

2.2 Genitiv

Scīpiōnis	
in Āfricam **missī**	Als Scipio nach Afrika geschickt worden war,
cīvēs domī semper meminerant.	dachten die Bürger zu Hause ständig an ihn.

2.3 Dativ

Carthāginiēnsēs	Die Karthager waren dem Scipio,
Scīpiōnī	als er vom Senat nach Afrika
ā senātū in Āfricam **missō**	geschickt worden war,
pūgnā pares nōn erant.	im Kampf nicht gewachsen.

2.4 Akkusativ

Carthāginiēnsēs	Die Karthager konnten
Scīpiōnem ā senātū	Scipio, als er vom Senat
in Āfricam **missum**	nach Afrika geschickt worden war,
ab urbe arcēre nōn potuērunt.	nicht von der Stadt abhalten.

2.5 Ablativ

Scīpiōne	Als Scipio
ā senātū in Āfricam **missō**	vom Senat nach Afrika geschickt worden war,
Rōmae omnēs contentī erant.	waren in Rom alle mit ihm zufrieden.

---

[1]) < con-iungere (verbinden)

3 Syntaktische Funktion

3.1 Das Participium coniunctum erfüllt als satzwertige Konstruktion die **syntaktische Funktion des Adverbiales** (↗ 40.3.1).

Carthāginiēnsēs Scīpiōnī in Āfricam missō resistēbant.	Die Karthager versuchten Scipio, als er nach Afrika geschickt worden war, Widerstand zu leisten.

Im Satzmodell:

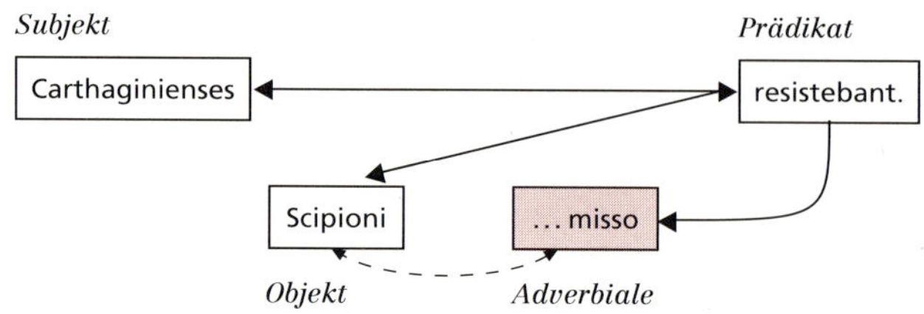

3.2 In Verbindung mit einigen Verben **ergänzt** das Partizip den Inhalt des **Prädikatsvorgangs**. Es erfüllt die Funktion des Adverbiales in Form des **Praedicativums** (↗ 40.5).

a) In Verbindung mit Verben der Wahrnehmung (bes. audīre, vidēre) betont das Partizip Präsens, dass die Wahrnehmung unmittelbar sinnlich stattfindet. Diese Konstruktion wird auch *Akkusativ mit Partizip (Accusativus cum Participio: AcP)* genannt.

Dīc, hospes, Spartae **nōs** tē hīc *vīdisse* **iacentēs**!	Sage, Fremder, in Sparta, du habest uns hier liegen sehen!

b) In Verbindung mit dem Verb facere (in der Bedeutung ‚lassen') erfasst das Partizip Präsens eine Handlung, die ein Autor eine Person (z.B. in einem Dialog oder einem Bühnenstück) ausführen lässt.

Xenophōn *facit* **Sōcratem** dē rēbus hūmānīs **disputantem**.	Xenophon lässt Sokrates über die Probleme der Menschen diskutieren.

c) In Verbindung mit den Verben habēre, tenēre, iacēre, haerēre verstärkt das Partizip den Prädikatsinhalt oder gibt einen dauerhaften Zustand an.

Hanc **rem** **compertam/cognitam** *habeō*.	Diese Sache habe ich erfahren/voll erkannt.
Post illud bellum atrōx multa **oppida vāstāta** *iacēbant*.	Nach jenem schrecklichen Krieg lagen viele Städte zerstört da.

84 Participium coniunctum: Zeitverhältnisse

1 Beim Participium coniunctum wird ein **dreifaches Zeitverhältnis** (↗ 80.2) unterschieden:

1.1 Das Partizip **Perfekt** drückt die **Vorzeitigkeit** aus:

Servus ā dominō caesus	fūgit.	Weil der Sklave vom Herrn geschlagen worden war, lief er weg.
	fugit.	Weil der Sklave vom Herrn geschlagen worden ist, läuft er weg.
	fugiet.	Wenn der Sklave vom Herrn geschlagen (worden sein) wird, wird er weglaufen.

1.2 Das Partizip **Präsens** drückt die **Gleichzeitigkeit** aus:

Valdē dolēns medicum	adhibuī.	Als ich starke Schmerzen hatte, ließ ich den Arzt kommen.
	adhibeō.	Weil ich starke Schmerzen habe, lasse ich den Arzt kommen.
	adhibēbō.	Wenn/Falls ich starke Schmerzen habe, lasse ich den Arzt kommen. (werde ich den Arzt kommen lassen.)

1.3 Das Partizip **Futur** drückt die **Nachzeitigkeit** aus:

Vēnit	mē adiūtūrus.	Er kam, da er mir helfen wollte/	um mir zu helfen.
Venit		Er kommt, da er mir helfen will/	
Veniet		Er wird kommen, da er mir helfen will/	

Das Partizip **Futur** bezeichnet demnach etwas,
- was man im Begriff ist zu tun,
- was man beabsichtigt/wozu man entschlossen ist/was man tun will.

2 Das **Partizip Perfekt** einiger Deponentien und Semideponentien drückt oft die **Gleichzeitigkeit** aus. Häufig treten auf:

arbitrātus, ratus	‚glaubend'; in der Meinung
veritus	‚fürchtend'; aus Angst
ūsus	‚gebrauchend'; mit Hilfe von
confīsus	‚vertrauend'; im Vertrauen auf

Dolum veritus Lāocoōn Trōiānōs monuit, nē equum līgneum in urbem traherent.	Aus Angst vor einer List warnte Laokoon die Trojaner davor, das hölzerne Pferd in die Stadt zu ziehen.

3 Wie das Participium coniunctum kann auch eine **nominale Wendung** (Substantiv oder Adjektiv) die syntaktische Funktion des Adverbiales, und zwar in der Form des **Praedicativums** (↗ 40.5), übernehmen.
Der in der nominalen Wendung ausgedrückte Vorgang ist zum Vorgang des Satzes immer **gleichzeitig**.

Hamilcar	Hamilcar nahm
Hannibalem **iam puerum**	Hannibal schon als Jungen/ schon in dessen Kindheit/ als dieser noch ein Junge war,
sēcum in Hispāniam dūxit.	nach Spanien mit.

85 Participium coniunctum: Sinnrichtungen und Wiedergabe

1 Die Sinnrichtungen des Participium coniunctum

Das Partizip in der Funktion des Adverbiales kann unterschiedliche Umstandsbestimmungen zum Prädikatsvorgang angeben.
Die Sinnrichtung **(semantische Funktion)** dieser Umstandsbestimmung durch ein Partizip kann nur aus dem Textzusammenhang erfasst werden.

1.1 temporal

Rōmānī ad Cannās **victī** Hannibalem Rōmam petītūrum putābant.	**Nachdem** die Römer bei Cannae **besiegt worden waren**, glaubten sie, dass Hannibal Rom angreifen werde.

1.2 kausal

Hannibal ā suīs in patriam **revocātus** Italiam relīquit.	Hannibal verließ Italien, **weil** er von den Seinen in die Heimat **zurückgerufen worden war**.

1.3 modal

Scīpiō iuvenēs fortēs sēcum **dūcēns** in Āfricam nāvigāvit.	Scipio segelte nach Afrika, **wobei** er tapfere junge Leute mit sich **führte**.

1.4 konzessiv

Rōmānī Hannibalem ā Scīpiōne **superātum** (tamen) timēre nōn dēsiērunt.	Die Römer hörten nicht auf Hannibal zu fürchten, **obwohl** er von Scipio **besiegt worden war**.

1.5 kondizional

Senātōrēs: „**Hannibal** cum novīs cōpiīs in Italiam **rediēns** nōs in summum perīculum vocābit.“	*Die Senatoren erklärten:* „**Wenn/Falls Hannibal** mit neuen Truppen nach Italien **zurückkehrt**, wird er uns in höchste Gefahr bringen.“

1.6 final (nur beim Partizip Futur)

Carthāginiēnsium **lēgātī** Rōmam vēnērunt pācem **petītūrī**.	Gesandte der Karthager kamen nach Rom **um** Frieden **zu erbitten**.

2 Möglichkeiten der Wiedergabe des Participium coniunctum

2.1 Das Participium coniunctum lässt sich im Deutschen wiedergeben:

① mit einem **satzwertigen Partizip**,
② mit einem **konjunktionalen Gliedsatz**,
③ durch **Beiordnung**,
④ durch eine **präpositionale Verbindung**.

Rōmānī ad Cannās **victī** Hannibalem Rōmam petītūrum (esse) putābant.

① Bei Cannae **besiegt**, glaubten die Römer, dass Hannibal Rom angreifen werde.
② **Nachdem** die Römer bei Cannae **besiegt worden waren**, glaubten sie, Hannibal werde Rom angreifen.
③ Die Römer **waren** bei Cannae **besiegt worden**; **daher/daraufhin** glaubten sie, dass Hannibal Rom angreifen werde.
④ **Nach ihrer Niederlage** bei Cannae glaubten die Römer, dass Hannibal Rom angreifen werde.

2.2 Die im Participium coniunctum enthaltene Sinnrichtung wird bei den Übersetzungsmöglichkeiten ②, ③ und ④ wiedergegeben

② durch eine **unterordnende Konjunktion**,
③ durch eine **beiordnende Konjunktion** (und, aber) **zusammen mit einem Adverb** oder nur **durch ein Adverb** (ohne beiordnende Konjunktion),
④ durch eine **Präposition**.

Die Möglichkeiten der Wiedergabe ②, ③ und ④ sind in der folgenden Tabelle zusammengestellt:

Sinnrichtung	Übersetzungsmöglichkeiten		
	mit konjunktionalem Gliedsatz	durch Beiordnung	durch präpositionale Verbindung
temporal gleichzeitig	während, wenn, als, wobei	(und) dabei, währenddessen	während, bei
vorzeitig	nachdem, als; sobald	(und) danach, daraufhin	nach
kausal	weil, da	(und) deshalb, (und) daher	wegen, infolge, aufgrund
modal	wobei, indem, dadurch dass, ohne dass *(negiert)*[1]	(und) dabei, (und) dadurch	bei, durch, ohne
konzessiv	obwohl, auch wenn	(und) trotzdem, (und) dennoch	trotz
kondizional	wenn, falls	–	im Falle
final	damit weil (... wollen)[2]	–	um ... willen

86 Ablativus absolutus: Erscheinungsform, syntaktische Funktion, Übersetzung

1 Erscheinungsform

Beim **Ablativus absolutus**[3] handelt es sich um eine für die lateinische Sprache charakteristische Konstruktion.

[1]) Bei negierter Aussage kann die modale Sinnrichtung auch durch erweiterten Infinitiv (‚ohne ... zu‘) wiedergegeben werden.
[2]) Bei gleichem Subjekt kann das Partizip Futur mit finaler Sinnrichtung auch durch erweiterten Infinitiv (‚um ... zu‘) wiedergegeben werden.
[3]) Der Ablativus absolutus wird auch ‚Ablativ mit Partizip‘ (AmP) genannt.

1.1 Der Ablativus absolutus besteht aus einem **Nomen im Ablativ** und einem **Partizip im Ablativ**; er gibt einen näheren Umstand zum Prädikatsvorgang an.

Nerōne imperante ①	**Als** Nero **herrschte**,
multī Chrīstiānī	wurden viele Christen,
urbe īgne **dēlētā** ②	**weil** die Stadt durch einen Brand **zerstört worden war**,
necātī sunt.	getötet.

Dieser Umstand könnte jeweils auch in einem Gliedsatz formuliert werden:

① **Nerōne imperante**		② **urbe īgne dēlētā**	
	multī Chrīstiānī		necātī sunt.
Cum Nerō imperāret,		, **cum** urbs īgne dēlēta esset,	

Die **Konstruktion des Ablativus absolutus** ist demnach **satzwertig** und lässt sich im Deutschen stets mit einem konjunktionalen Gliedsatz wiedergeben.

1.2 Ähnlich wie ein Ablativus absolutus wird auch eine **nominale Wendung**, die aus zwei Nomina (Pronomen/Substantiv und Substantiv/Adjektiv) im Ablativ besteht, verwendet (häufig auftretende nominale Wendungen ↗ 88.2.3).

Nerōne imperātōre	**Als Nero Kaiser war**,
multī Chrīstiānī necātī sunt.	wurden viele Christen getötet.

2 Syntaktische Funktion

Das Partizip Präsens Aktiv *imperante* ① bezieht sich auf den Ablativ *Nerōne* und das Partizip Perfekt Passiv *dēlētā* ② auf den Ablativ *urbe*. Beide Partizipien stimmen mit ihrem Bezugswort in Kasus, Numerus und Genus überein (Kongruenz). Die Nomina im Ablativ haben für sich keine syntaktische Funktion; sie scheinen vom Satz ‚losgelöst' zu sein (absolūtus: losgelöst). Erst in der Verbindung mit dem Partizip im Ablativ erhält die Einheit **‚Nomen und Partizip'** eine **syntaktische Funktion**, und zwar die **des Adverbiales**. Ebenso erfüllt die nominale Wendung die syntaktische Funktion des Adverbiales.

Im Satzmodell:

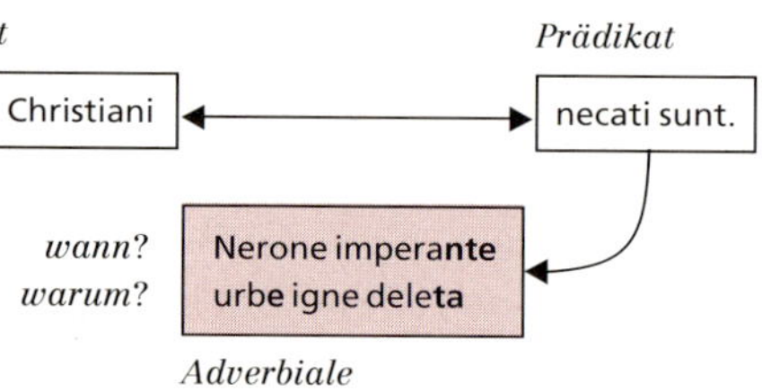

3 Übersetzung

3.1 Der Ablativus absolutus kann mit einem konjunktionalen Gliedsatz wiedergegeben werden (weitere Möglichkeiten der Wiedergabe ↗ 88.2).
Dabei gilt folgende Umbauregel:

	Ablativus absolutus			
		Nomen im Abl.	*Partizip im Abl.*	
Lateinisch		Nerōne Urbe	imperante dēlētā	multī Chrīstiānī necātī sunt.
		↓	↓	
Deutsch	Als Weil	Nero die Stadt	herrschte, zerstört worden war,	wurden viele Christen getötet.
		Subjekt	*Prädikat*	
	Gliedsatz			

3.2 Bei der Übersetzung ist zu beachten, dass die Partizipien unterschiedliche Zeitverhältnisse ausdrücken (↗ 80.2/3; 87) und das Partizip Präsens aktivische Bedeutung, das Partizip Perfekt (außer bei Deponentien) passivische Bedeutung hat.
Häufig bezeichnet das Partizip Perfekt jedoch einen Vorgang, der nur der äußeren Form nach im Passiv steht, dem Sinn nach aber vom Subjekt des Satzes ausgeführt wird. Diese Erscheinung wird deshalb als **kryptoaktiv**[1] bezeichnet.

Augustus **clausīs templī Iānī portīs** rem pūblicam pāce augēre studuit.	Augustus wollte, **nachdem** er die Tore des Janustempels **hatte schließen lassen**, den Staat im Frieden fördern.

87 Ablativus absolutus: Zeitverhältnisse

1 Das **Partizip Präsens** drückt eine **Gleichzeitigkeit** im Aktiv aus:

Tarquiniō Superbō rēgnante Pȳthagorās in Italiam vēnit.	**Als Tarquinius Superbus herrschte**, kam Pythagoras nach Italien.

2 Das **Partizip Perfekt** drückt eine **Vorzeitigkeit** im Passiv (bei einem Deponens im Aktiv) aus.

Rōmā īgne **dēlētā** Chrīstiānī crūdēliter vexātī sunt.	**Als Rom** durch einen Brand **zerstört worden war**, wurden die Christen grausam verfolgt.

3 Das Partizip Futur zur Bezeichnung einer Nachzeitigkeit im Aktiv tritt im Ablativus absolutus sehr selten auf:

Nerōne in Chrīstiānōs crūdēliter **cōnsultūrō** multī urbem relīquērunt.	**Als Nero sich anschickte** gegen die Christen grausam vorzugehen/**Als zu erwarten war, dass Nero** gegen die Christen grausam vorgehen werde, verließen viele die Hauptstadt.

---

[1]) griech. krýptein (verbergen): Der Vorgang ist sozusagen im Verborgenen aktiv; im Deutschen sollte die Wiedergabe im Aktiv gewählt werden.

4 Der in einer nominalen Wendung im Ablativ ausgedrückte Vorgang kann gleichzeitig oder – seltener – vorzeitig sein.

Cicerōne auctōre senātus Antōnium hostem iūdicāvit.	**Auf Veranlassung Ciceros** erklärte der Senat Antonius zum Staatsfeind.
Caesare mortuō Cicerō līberam rem pūblicam cōnstituere cupiēbat.	**Nach dem Tod Cäsars** wollte Cicero die Republik wiederherstellen.

88 Ablativus absolutus: Sinnrichtungen und Wiedergabe

1 Die Sinnrichtungen beim Ablativus absolutus

Im Ablativus absolutus können dieselben Sinnrichtungen ausgedrückt sein wie beim Participium coniunctum, mit Ausnahme der finalen Sinnrichtung (↗ 85.1.6).

1.1 temporal

Caesare interfectō Antōnius imperium occupāre cōnstituit.	**Nachdem Cäsar ermordet worden war,** beschloss Antonius die Herrschaft an sich zu reißen.

1.2 kausal

Senātū nihil **agente** Octāviānus exercitum contrā Antōnium dūxit.	**Weil der Senat** nichts **unternahm,** führte Oktavian ein Heer gegen Antonius.

1.3 modal

Cicerōne iterum atque iterum **hortante** factum est, ut Octāviānō māgnī honōrēs tribuerentur.	**Dadurch, dass Cicero** immer wieder **dazu aufforderte,** kam es dazu, dass Oktavian große Ehren erwiesen wurden.

1.4 konzessiv

Omnibus, quī Antōnium relīquerant, māximīs laudibus **ōrnātīs** senātus cōnsulem hostem iūdicāre dubitāvit.	**Obwohl alle,** die Antonius verlassen hatten, mit größten Ehren **ausgezeichnet worden waren,** zögerte der Senat den Konsul zum Staatsfeind zu erklären.

1.5 kondizional

Senātōrēs Antōnium hostem nōn iūdicāre **nisī condiciōnibus repudiātīs** dēcrēvērunt.	Die Senatoren beschlossen Antonius nur dann zum Staatsfeind zu erklären, **wenn er ihre Bedingungen ablehne.**

2 Möglichkeiten der Wiedergabe

2.1 Der Ablativus absolutus lässt sich – ähnlich wie das Participium coniunctum (↗ 85.2) – im Deutschen wiedergeben:

① mit konjunktionalem Gliedsatz,
② durch Beiordnung,
③ durch eine präpositionale Verbindung.

Caesare interfectō Antōnius imperium occupāre cōnstituit.

① Nachdem Cäsar getötet worden war, beschloss Antonius
② Cäsar war getötet worden; daraufhin beschloss Antonius
③ Nach der Ermordung Cäsars beschloss Antonius
} die Herrschaft an sich zu reißen.

2.2 Die im Ablativus absolutus enthaltene Sinnrichtung wird – ähnlich wie beim Participium coniunctum (↗ 85.2.2) – wiedergegeben:
① durch eine unterordnende Konjunktion,
② durch ein Adverb,
③ durch eine Präposition.

2.3 Für die **nominale Wendung** als Ablativus absolutus bietet sich meist die Übersetzung durch eine präpositionale Verbindung an. Häufig auftretende nominale Wendungen sind:

(Hannibale) duce	unter der Führung (Hannibals)
(Cicerōne) auctōre	auf Veranlassung (Ciceros)
(Sullā) cōnsule	unter dem Konsulat (Sullas)
(Catōne) vīvō	zu Lebzeiten (Catos)
(parentibus) invītīs	gegen den Willen (der Eltern)
(Caesare) mortuō	nach dem Tod (Cäsars)

89 Gerundium und Gerundivum (-nd-Formen)

Wo findet man was?

SUBJEKT	OBJEKT	ATTRIBUT	
1. AENEAS	REGNA**ND**I OCCUPA**ND**I REGNUM REGNI OCCUPA**ND**I hier im Genitiv: – Gerundium ↗ 90.2.1 – Gerundium mit Objekt ↗ 90.1.2 – Nomen und attributives Gerundivum ↗ 92.2.1		
2. AENEAS	CONSILIUM	FUGIE**ND**I PATRIAM RELINQUE**ND**I PATRIAE RELINQUE**ND**AE hier im Genitiv: – Gerundium ↗ 90.2.1 – Gerundium mit Objekt ↗ 90.1.2 – Nomen und attributives Gerundivum ↗ 92.2.1	
3. AENEAS	REGNUM		
4. MULTI LABORES		MISERA**ND**O Gerundivum als adjektivisches Attribut ↗ 91.3	
5.			
6. AENEAS	ANCHISEM PATREM		

Übersetzung:
1. Äneas war darauf aus zu herrschen –, die Herrschaft an sich zu reißen.
2. Äneas fasste den Entschluss zu fliehen – das Vaterland zu verlassen.
3. Äneas versuchte die Herrschaft zu erlangen, indem er Kriege führte.
4. Der bedauernswerte Mann musste viele Schwierigkeiten auf sich nehmen.
5. Äneas musste tapfer kämpfen.
6. Äneas sorgte dafür, dass sein Vater Anchises auf höchste Weise geehrt wurde.

	ADVERBIALE	ADVERBIALE	PRÄDIKAT PRÄDIKATSNOMEN COPULA
			CUPIDUS ERAT.
			CEPIT.
		GERE**ND**O BELLA BELLIS GERE**ND**IS – Gerundium ↗ 90.2.1 – Nomen und attributives Gerundivum ↗ 92.2.1	APPETIVIT.
	VIRO Dativus auctoris ↗ 93.1.4		TOLERA**ND**I ERANT. Gerundivum als Prädikatsnomen ↗ 93
	AENE**AE** Dativus auctoris ↗ 93.1.4	FORTITER	PUGNA**ND**UM ERAT. Gerundivum als Prädikatsnomen (unpersönlich) ↗ 93.1.3
	SUMMIS HONORIBUS	COLE**ND**UM Gerundivum als Adverbiale in Form des Praedicativums ↗ 92.1	CURAVIT.

Vom Verb sind im Lateinischen auch Formen gebildet, die im Deutschen keine unmittelbare Entsprechung haben:
1. das Gerundium (↗ 90)
2. das Gerundivum (↗ 91–93)

Da diese Formen mit dem **Suffix -nd-** gebildet werden, nennt man sie auch zusammenfassend **-nd-Formen**.
Die -nd-Formen stellen charakteristische lateinische Strukturen dar; sie übernehmen im Satz verschiedene Funktionen.

90 Gerundium

1 Erscheinungsform

Als Gerundium bezeichnet man die deklinierten Formen des Infinitiv Präsens (↗ 70.2). Es ist demnach ein Verbalsubstantiv; von ihm treten nur Singularformen auf. Es ersetzt die fehlenden vier Kasus des substantivierten Infinitivs (den Akkusativ aber nur in Verbindung mit der Präposition ad).

1.1 Das Gerundium ist gebildet aus Wortstamm, -nd-Infix (ggf. in Verbindung mit einem Bindevokal) und den Singular-Ausgängen der o-Deklination.

Beispiele für die Deklination des Gerundiums:

	docēre	audīre	īre
Genitiv	docendī	audiendī	eundī
Dativ	docendō	audiendō	eundō
Akkusativ	ad docen**dum**	ad audien**dum**	ad eun**dum**
Ablativ	docendō	audiendō	eundō

Docendō discimus. — Durch Lehren lernen wir.

1.2 Als **Verbal**substantiv kann das Gerundium durch Objekte und/oder Adverbialia erweitert sein.

Augustus **rem pūblicam bene gerendō** summam sibī parāvit glōriam. — Augustus hat sich **durch gute Verwaltung des Staates** (, indem er den Staat gut verwaltete,) größten Ruhm erworben.

2 Funktion

2.1 Das Gerundium kann folgende syntaktische Funktionen erfüllen:

a) **Objekt** (im Genitiv, selten im Dativ oder Ablativ)

Homō nātūrā **discendī** cupidus est. — Der Mensch will von Natur aus **lernen**/ ist . . . **lern**begierig.

b) **Attribut** (im Genitiv)

Prīncipibus Germānōrum nōn tam **imperandī** quam **suādendī** iūs erat.	Die Fürsten der Germanen hatten nicht so sehr das Recht **zu befehlen** (‚des Befehlens') als vielmehr das **zu raten** (‚des Ratens').

c) **Adverbiale**
- im Ablativ (ohne Präposition) ①
- als präpositionale Verbindung
  mit den Postpositionen causā, grātiā (mit Genitiv) ②
  (seltener mit den Präpositionen ā/ab, ē/ex, dē mit Ablativ) und
  mit der Präposition ad (mit Akkusativ) ③

①	Germānī iūs suum contrā adversāriōs plūs **pūgnandō** quam **agendō** obtinēbant.	Die Germanen behaupteten ihr Recht gegenüber Gegnern mehr **durch Kämpfen** als **durch Verhandeln/** mehr **dadurch, dass sie kämpften,** als **dass sie verhandelten**.
②	Germānī **cōnsulendī causā** conveniēbant.	Die Germanen kamen **zur Beratung/um sich zu beraten** zusammen.
③	Germānōs semper **ad pūgnandum** parātōs fuisse trāditum est.	Es ist überliefert, dass die Germanen immer **zum Kämpfen** bereit gewesen seien/bereit gewesen seien **zu kämpfen**.

Im Satzmodell:

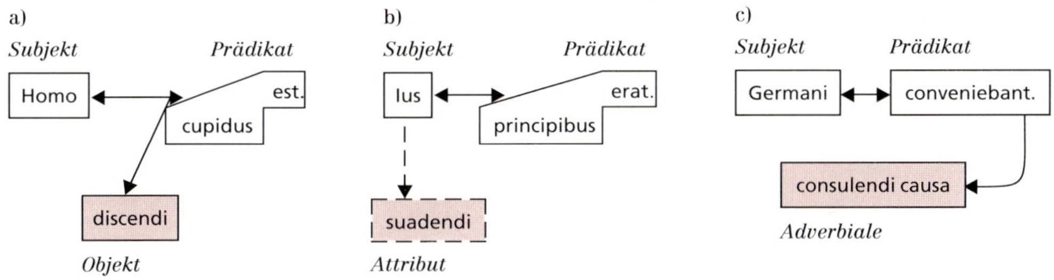

2.2 In der **syntaktischen Funktion** des **Adverbiales** gibt das Gerundium einen **näheren Umstand zum Prädikatsvorgang** an. Dieser Umstand könnte auch mit einem Gliedsatz ausgedrückt werden:

Nōnnūllī artem philosophandī	ad bene vīvendum bene vīvendī causā , ut bene vīvant,	discunt.

In dieser Funktion stellt das Gerundium eine **satzwertige Konstruktion** dar.

3 Möglichkeiten der Wiedergabe

3.1 Das Gerundium kann auf verschiedene Weise übersetzt werden, insbesondere

① mit einem Vorgangssubstantiv,
② mit einem Infinitiv,
③ mit einer präpositionalen Verbindung,
④ mit einem konjunktionalen Gliedsatz (Modalsatz, Finalsatz).

①	Cicerō arte **dīcendī** flōrēbat.	Cicero war wegen seiner (Kunst **des Redens**) **Rede**kunst angesehen.
②	Tempus est **agendī**.	Es ist Zeit **zu handeln**.
③	Amīcī interdum **tacendō** perduntur.	Freunde verliert man bisweilen **durch Schweigen**.
④	Cicerō Graecōrum philosophiam **docendō** cīvēs suōs ērudīvit.	Cicero hat **dadurch, dass er** die Philosophie der Griechen **lehrte**, seine Mitbürger gebildet.

Häufig begegnen z.B.

doce**ndī causā**	**um zu** lehren
ad cōgita**ndum**	**zum** Denken
in scrībe**ndō**	**beim** Schreiben

3.2 Zusammenfassung der Übersetzungsmöglichkeiten

–	-nd	-ī (causā)	zu / um zu
ad	-nd	-um	zu / um zu
	-nd	-ō	durch / *Gliedsatz*: indem; dadurch, dass; wobei; wenn
in	-nd	-ō	bei / *Gliedsatz*: wenn

3.3 Wenn das Gerundium durch Objekt und/oder Adverbiale erweitert ist, erfordert die Übersetzung ins Deutsche einen Umbau der Struktur.
Dabei gelten folgende Umbauregeln:

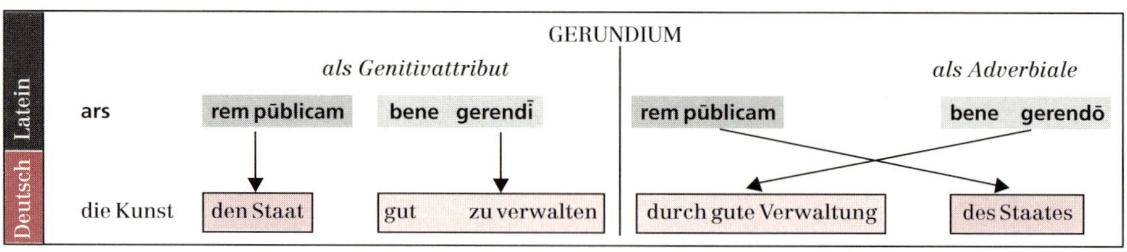

91 Gerundivum

1 Erscheinungsform

Das Gerundivum ist ein **passivisches Verbaladjektiv** (↗ 7.3.2).
Es ist gebildet aus Wortstamm, **-nd-** Infix (ggf. in Verbindung mit einem Bindevokal) und den **Ausgängen der o-/ā-Deklination**.
Es richtet sich in Kasus, Numerus und Genus nach einem Bezugswort und kommt demnach in allen Genera in Singular und Plural vor.

Beispiele für die Deklination des Gerundivums:

	Singular		
	Maskulinum	Femininum	Neutrum
Nominativ	laudandus	mittenda	audiendum
Genitiv	laudandī	mittendae	audiendī
Dativ	laudandō	mittendae	audiendō
Akkusativ	laudandum	mittendam	audiendum
Ablativ	laudandō	mittendā	audiendō
	Plural		
	Maskulinum	Femininum	Neutrum
Nominativ	laudandī	mittendae	audienda
Genitiv	laudandōrum	mittendārum	audiendōrum
Dativ	laudandīs	mittendīs	audiendīs
Akkusativ	laudandōs	mittendās	audienda
Ablativ	laudandīs	mittendīs	audiendīs

2 Das Gerundivum bezeichnet
- einen **sich vollziehenden Vorgang** (↗ 92),
- in Verbindung mit der Copula ESSE **die Notwendigkeit eines Vorgangs** (↗ 93).

3 Das Gerundivum einiger Verben hat **adjektivischen Charakter** angenommen.

virtūs laudanda	eine lobenswerte Tugend
superbia nōn toleranda	unerträglicher Hochmut
fābula horrenda	eine schauderhafte Geschichte, ein Schauermärchen

92 Gerundivum zur Bezeichnung eines Vorgangs

Das Gerundivum zur Bezeichnung eines sich vollziehenden Vorgangs ist – wegen seines passivischen Charakters – nur bei transitiven Verben (↗ 7.3.2) möglich.
Es hat im Satz stets ein Bezugswort und erfüllt die **syntaktische Funktion** des **Adverbiales** (in Form des Praedicativums) oder die des **Attributs**.

1 Gerundivum als Adverbiale (in Form des Praedicativums)

1.1 Syntaktische Funktion

Philippus Aristotelī fīlium **ēducandum** trādidit.	Philipp übergab seinen Sohn dem Aristoteles **zur Erziehung**.

Im Satzmodell:

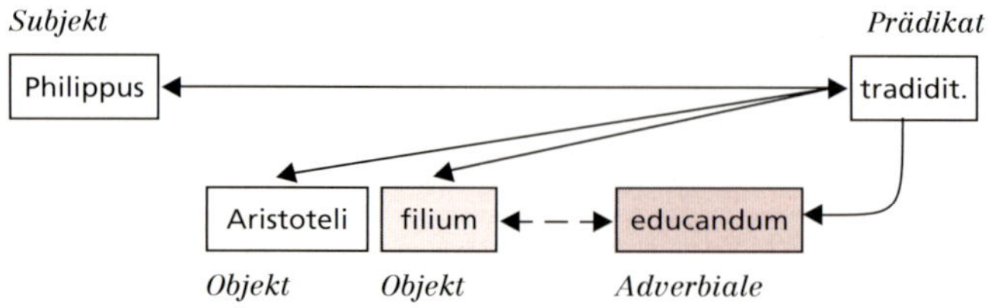

Das Gerundivum als Adverbiale steht nur nach bestimmten Verben wie dare, trādere, cūrāre und bezeichnet einen Vorgang, der sich – nach der Absicht des Subjekts – mit Hilfe eines anderen vollziehen soll (finale Sinnrichtung).

1.2 Möglichkeiten der Wiedergabe

Das Gerundivum als Adverbiale kann wiedergegeben werden

① durch einen **finalen Gliedsatz** (‚damit'),
② durch eine **präpositionale Verbindung**:
zu …, für … mit substantiviertem Infinitiv oder Vorgangssubstantiv,
③ bei cūrāre (‚lassen') mit Infinitiv.

Philippus Alexandrum fīlium Aristotelī **ēducandum** trādidit.	Philipp übergab seinen Sohn Alexander dem Aristoteles ①, **damit er ihn erziehe**. ② **zur Erziehung**.
Nerō **Rōmam renovandam** cūrāvit.	③ Nero ließ **Rom wieder aufbauen**.

2 Das Gerundivum als Attribut

2.1 Syntaktische Funktion

Das Gerundivum zur Bezeichnung eines sich vollziehenden Vorgangs tritt oft als Attribut zu einem Nomen, das **für sich allein** im Satz noch keine syntaktische Funktion erfüllt; erst **die Verbindung von Bezugswort und attributivem Gerundivum** als Einheit erfüllt eine syntaktische Funktion, und zwar:

① die **des Attributs** (im Genitiv),
② die **des Adverbiales**,
③ gelegentlich die **des Objekts**.

① Nerō cōnsilium **Rōmae renovandae** cēpit.	Nero fasste den Entschluss **zum Wiederaufbau Roms/** **Rom wieder aufzubauen**.

② Nerō glōriam **Rōmā renovandā** appetīvit. — Nero wollte **, indem er Rom neu aufbaute,/ durch den Wiederaufbau Roms** Ruhm erwerben.

Incenditne Nerō Rōmam **urbis renovandae causā?** — Hat Nero Rom angezündet **um die Stadt wieder aufzubauen?**

③ Nerō **urbis renovandae** cupidus erat. — Nero war darauf aus, **die Stadt wieder aufzubauen.**

Im Satzmodell:

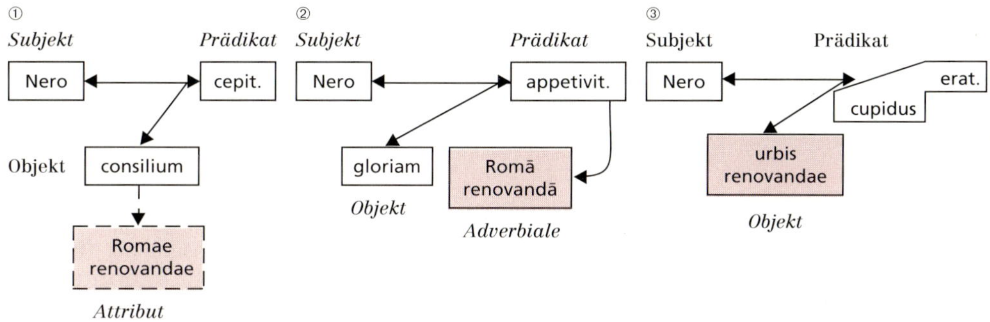

Beachte:

a) Als transitiv gelten, wenn das Gerundivum als Attribut verwendet wird, auch die Deponentien ūtī, fruī, fungī, die sonst ein Ablativobjekt bei sich haben (↗ 56.1.3).

Hannibal occāsiōnem victōriae ūtendae praetermīsit. — Hannibal ließ die Gelegenheit, seinen Sieg zu nützen, verstreichen.

b) Beim Genitiv des Personal-Pronomens (meī, tuī, suī, nostrī, vestrī, suī) steht ohne Rücksicht auf Genus und Numerus die Gerundivumform immer im Singular Maskulinum: -ī.

Antōnius	suī servandī causā	fūgit.	Antonius floh	um sich zu retten.
Cleopatra		fūgit.	Kleopatra floh	
Mīlitēs		fūgērunt.	Die Soldaten flohen	

2.2 Satzwertigkeit des Gerundivums

Das Gerundivum zur Bezeichnung eines sich vollziehenden Vorgangs geht als Attribut häufig mit einem Nomen eine Verbindung ein, die die **syntaktische Funktion** des **Adverbiales** erfüllt. In solchen Fällen könnte der sich vollziehende Vorgang auch in einem Gliedsatz formuliert werden:

Nerō glōriam [Rōmā renovandā / ,cum Rōmam renovāvit,] appetīvit.

Diese **Verbindung eines Nomens mit einem Gerundivum**, die die Funktion des Adverbiales erfüllt, ist demnach **satzwertig**.

2.3 Möglichkeiten der Wiedergabe

a) Das Gerundivum zur Bezeichnung eines sich vollziehenden Vorgangs in der **syntaktischen Funktion** des **Attributs** wird zumeist im Wechsel mit dem Gerundium gebraucht.
Deshalb kann es grundsätzlich wie das Gerundium übersetzt werden und es gelten dieselben Umbauregeln (↗ 90.3.3):

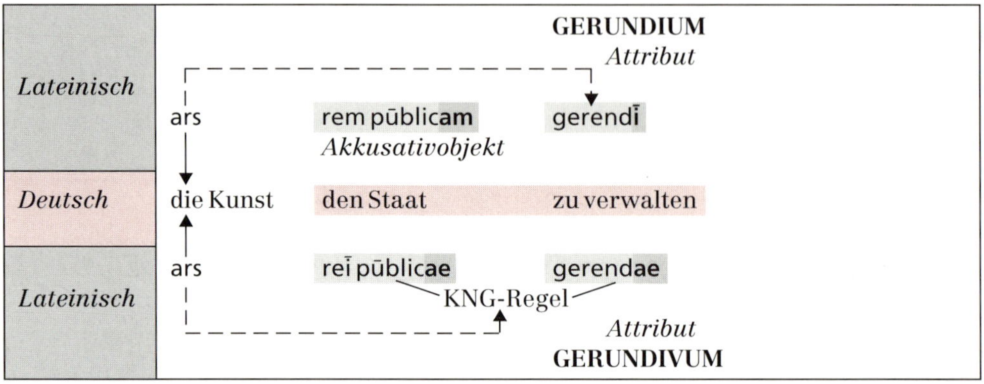

b) Das attributive Gerundivum, das in der Einheit mit seinem Bezugswort die **syntaktische Funktion** des **Attributs** (im Genitiv) oder des **Adverbiales** erfüllt, kann auf verschiedene Weise wiedergegeben werden:

> ① mit einem bloßen Infinitiv,
> ② mit einem Vorgangssubstantiv,
> ③ mit einer präpositionalen Verbindung,
> ④ mit einem konjunktionalen Gliedsatz:
> – Modalsatz (bei bloßem Ablativ),
> – Finalsatz (bei ad/causā).

Rōmulus et Remus	Romulus und Remus fassten den Entschluss
cōnsilium **urbis condendae**	① **eine Stadt zu gründen.**
cēpērunt.	② **zu einer Stadtgründung.**
Urbe condendā	③ **Durch die Stadtgründung**
	④ **Indem sie eine Stadt gründeten,**
deīs grātiās agere cupiēbant.	wollten sie den Göttern danken.
Rōmulus	Romulus wollte, dass
certāminis vītandī causā	② ③ **zur Vermeidung eines Streits**
	④ **um einen Streit zu vermeiden**
avēs cōnsulī voluit.	die Vögel befragt werden.

93 Gerundivum zur Bezeichnung der Notwendigkeit

1 Erscheinungsform

1.1 In Verbindung mit der Copula ESSE bezeichnet das Gerundivum entweder etwas, was (aus Notwendigkeit oder Zwang) **getan werden muss oder soll** bzw. – bei Verneinung – etwas, was **nicht getan werden darf oder nicht getan zu werden braucht**. Es liegt hier also eine passivische Konstruktion vor.

1.2 Die **Person oder Sache**, auf die die Handlung gerichtet ist, steht

a) im **Nominativ**, wenn das Verb transitiv ist.
Hier liegt eine **persönliche Konstruktion** vor, d.h.:
Das Gerundivum richtet sich in Kasus, Numerus und Genus nach dem Subjekt, die Form der Copula ESSE richtet sich nach dem Numerus des Subjekts.

Pāx serv**anda est**.	Der Friede muss bewahrt werden.
Cīv**ēs** dēfend**endī erant**.	Die Bürger mussten geschützt werden.
Beachte im AcI:	
Cēterum cēnseō Carthāgin**em esse** dēl**endam**.	Im Übrigen stelle ich den Antrag, dass Karthago **zerstört werden soll**.
Cicerō cīv**ēs** dēfend**endōs** (esse)[1] cēnsuit.	Cicero meinte, dass die Bürger **geschützt werden müssen**.

b) in einem anderen **Kasus**, wenn das Verb **intransitiv** ist. Hier liegt eine **unpersönliche Konstruktion** vor, d.h.:
Das Gerundivum steht immer im Nom. Sing. Neutrum, die Copula ESSE steht immer in der 3. Pers. Sing.

Salūtī reī pūblicae prōvid**endum est**.	Für das Wohl des Staates **muss gesorgt werden**.
Tempore rēctē ūt**endum est**.	Die Zeit **muss** richtig **genützt werden**.

1.3 Wenn sich die Handlung **nicht auf eine Person oder Sache** bezieht, steht bei transitiven und intransitiven Verben immer die **unpersönliche Konstruktion**.

Ag**endum est**.	**Es muss gehandelt werden/Man muss handeln.**
Hīc clām**andum nōn est**.	**Es darf hier nicht geschrien werden/Man darf hier nicht schreien.**

1.4 Die Person, die etwas tun muss/soll bzw. nicht tun darf/nicht zu tun braucht, steht sowohl bei der persönlichen als auch bei der unpersönlichen Konstruktion im Dativ (**Dativ der handelnden Person: Dativus auctoris** (↗ 52.1)).

Pāx *omnibus* serv**anda est**.	(Für alle besteht die Notwendigkeit den Frieden zu erhalten.) Alle **müssen** den Frieden **erhalten**.

---

[1]) Die Copula ESSE ist bei der Einbeziehung der Gerundivumkonstruktion in den AcI häufig weggelassen (Ellipse).

Nihil *tibī* timen**dum erat**.	(Für dich bestand keine Notwendigkeit etwas zu befürchten.) Du **brauchtest nichts zu befürchten**.
Mihī agen**dum erit**.	(Für mich wird die Notwendigkeit bestehen zu handeln.) Ich **werde handeln müssen**.
Cōnsulibus (Ā cōnsulibus) coniūrātīs resisten**dum est**.	Von Konsuln muss Verschwörern Widerstand geleistet werden./ Konsuln müssen Verschwörern Widerstand leisten.

Stehen in einem Satz, der eine Gerundivum-Konstruktion mit ESSE enthält, mehrere Dative, so ist darauf zu achten, ob Dativus auctoris vorliegt oder Objektsdativ.

2 Syntaktische Funktion

Das Gerundivum zur Bezeichnung der Notwendigkeit erfüllt im Satz als Prädikatsnomen zusammen mit einer Form von ESSE die **syntaktische Funktion** des **Prädikats**.

Im Satzmodell:

3 Möglichkeiten der Wiedergabe

3.1 Für die Wiedergabe des **Gerundivums als Prädikatsnomen + Copula ESSE** gibt es folgende Möglichkeiten:

> Wenn die handelnde Person im Dativ angegeben ist:
> ① mit den **Modalverben** *müssen*, *sollen* bzw. *nicht dürfen*, *nicht brauchen (zu)* mit **Aktiv** oder gelegentlich mit **Passiv**.
>
> Wenn keine handelnde Person im Dativ angegeben ist:
> ② mit dem **Hilfsverb** *sein* mit **Infinitiv** (‚zu'),
> ③ mit den **Modalverben** *müssen*, *sollen* bzw. *nicht dürfen*, *nicht brauchen* (*zu*)
> mit **Passiv** (persönlich/unpersönlich mit ‚es')
> oder (besser) mit **Aktiv** (‚Man …').

Omnibus **pāx** serva**nda est**.	① Alle **müssen den Frieden bewahren.**
Tibī agen**dum erit**, non dīcen**dum**.	① Du **wirst handeln müssen** (und) **nicht nur reden** (dürfen).
Pāx serva**nda est**.	Der Friede ② **ist zu bewahren.** ③ **muss bewahrt werden.**
Agen**dum est**, nōn dīcen**dum**.	③ **Es muss gehandelt werden, es darf nicht nur geredet werden./** Man muss handeln, man darf nicht nur reden.

3.2 Für das Gerundivum zur Bezeichnung der Notwendigkeit gilt – bei persönlicher Konstruktion und bei Angabe des Dativus auctoris – folgende Umbauregel:

Lateinisch	*Adverbiale (Dativus auctoris)*		*Subjekt*	*Prädikat (Gerundivum*	*mit Copula)*
	Omnibus Mihī		pāx	petenda	est.
Deutsch	Alle Ich	**müssen** **muss**	den Frieden	erstreben.	
	Subjekt	*Prädikat (Modalverb)*	*Objekt (Akkusativobjekt*	*Objektsinfinitiv)*	

94 Supinum

1 Erscheinungsform

Das Supinum ist ein Verbalsubstantiv.
Es ist in der Regel durch Anfügen des Bildungselementes -tu- an den Präsens-Stamm, den Wortstock oder die Wortwurzel gebildet; das Anfügen des Bildungselements bewirkt häufig Veränderungen an der Nahtstelle (vgl. die Bildung des Partizips Perfekt Passiv ↗ 8.1.3).
Es gibt zwei Arten von Supinum:
- das Supinum auf -um (auch Supinum I genannt),
- das Supinum auf -ū (auch Supinum II genannt).

2 Supinum auf -um

Das Supinum auf -um (Akkusativ der Richtung ↗ 48.1) bezeichnet den Zweck bzw. die Absicht einer Handlung (finale Sinnrichtung).

2.1 Verwendung

a) Das Supinum auf -um steht insbesondere bei **Verben der Bewegung** (z.B. īre, venīre, mittere).

īre salūtāt**um**	gehen **um zu** begrüßen
venīre spectāt**um**	kommen **um zu**zuschauen
mittere rogāt**um**	schicken **um zu** erbitten

Spectāt**um** veniunt, veniunt, spectentur ut ipsae.	Sie kommen **um zu** sehen, sie kommen (aber auch) um selbst gesehen zu werden.

b) Es kann durch ein Objekt oder Adverbiale ergänzt sein.

mittere rogāt**um** auxilium	schicken **um** Hilfe **zu** erbitten
venīre ubīque spectāt**um**	kommen **um** sich überall um**zu**schauen

2.2 Syntaktische Funktion
Das Supinum auf -um erfüllt die **syntaktische Funktion** des **Adverbiales**.

Cīvēs spectāt**um** veniunt.	Die Bürger kommen **um** zu**zu**schauen.

Im Satzmodell:

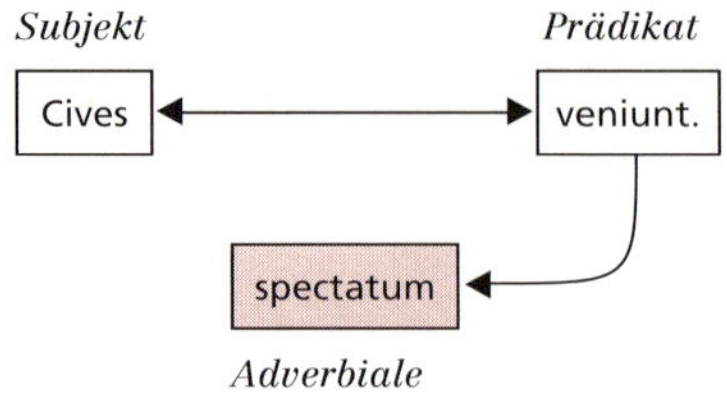

Der im Supinum auf -um ausgedrückte Zweck der Handlung kann auch durch einen Gliedsatz ausgedrückt werden:

Das Supinum auf -um ist demnach satzwertig.

2.3 Übersetzung
Das Supinum auf -um kann wiedergegeben werden:

① mit einem erweiterten Infinitiv (‚um … zu'),
② mit einer präpositionalen Verbindung.

Haeduī ad Caesarem vēnērunt rogāt**um** auxilium.	Die Häduer kamen zu Cäsar ① **um** (von ihm) Hilfe **zu** erbitten./ ② **mit der Bitte** um Hilfe.

3 Supinum auf -ū

Das Supinum auf -ū (ein finaler Dativ ↗ 51.2.1) bezeichnet den Bereich, dem eine Wertung zugeschrieben wird.

3.1 Verwendung
Das Supinum auf -ū steht nur bei bestimmten Adjektiven (z.B. facilis, difficilis, horribilis, mīrābilis, incrēdibilis, optimus) und bestimmt diese näher.
Das Supinum auf -ū gibt es nur von wenigen Verben (z.B. facere, dīcere, audīre, vidēre, cognōscere, intellegere).

Hoc est	facile fact**ū**. horribile dict**ū**. incrēdibile audīt**ū**. mīrābile vīs**ū**. facilius cognit**ū**. difficile intellēct**ū**.	Dies ist	leicht **zu** tun. schrecklich **zu** sagen. unglaublich **zu** hören wunderbar **zu** sehen. leichter **zu** erkennen. schwer **zu** begreifen.

3.2 Syntaktische Funktion
Das Supinum auf -ū erfüllt die **syntaktische Funktion** des **Adverbiales**, da es ursprünglich ein finaler Dativ ist.

3.3 Übersetzung
Das Supinum auf -ū kann insbesondere wiedergegeben werden:

① mit einem **Infinitiv** (‚zu'),
② in **freierer Weise.**

Quod optimum **factū** vidēbitur, faciēs.	① Was dir am besten **zu tun** scheint, wirst du tun.
Plēraque faciliōra sunt **dictū** quam **factū**.	Sehr vieles ② ist leichter **gesagt** als **getan**. ② **lässt sich** leichter **sagen** als **tun**.
Quod Catilīna dīxit, incrēdibile est **audītū**.	Was Catilina gesagt hat, ② ist unglaublich, **wenn man es hört**. ② **hört sich** unglaublich **an/klingt** unglaublich.

DER UNABHÄNGIGE SATZ – HAUPTSATZ

95 Arten des unabhängigen Satzes

Je nach der Absicht des Sprechenden und seiner Stellungnahme zur Wirklichkeit (↗ 96.1) lassen sich **drei Arten von unabhängigen Sätzen unterscheiden:**

- Aussagesätze
- Fragesätze
- Wunsch- und Aufforderungssätze

1 Aussagesätze

Aussagesätze enthalten eine **Mitteilung** des Sprechenden über einen Sachverhalt, den er als **tatsächlich** oder **nicht-wirklich** darstellt oder den er sich als **möglich** oder **nicht möglich** vorstellt.

1.1 **Vorherrschender Modus** im Aussagesatz ist der **Indikativ** (↗ 96.1; 97–98). Wenn Aussagesätze im Konjunktiv stehen, bezeichnen sie den Potentialis (↗ 99.1; 100.5) oder den Irrealis (↗ 99.1; 100.6).

1.2 Aussagesätze sind in der Regel in allen **drei Zeitstufen** (↗ 102.1) formuliert.

1.3 Aussagesätze sind in der Regel durch die **Negation nōn** oder durch die folgenden Wörter bzw. Wortverbindungen verneint:

Konjunktionen	neque/nec	und nicht, auch nicht, aber nicht	neque ... neque	weder ... noch
Pronomina	nēmō nihil	niemand nichts	nūllus, -a, -um	keiner
Adverbien	nihil	keineswegs	numquam nusquam	niemals nirgends

2 Fragesätze

In Fragesätzen formuliert der Sprecher sein Bedürfnis Auskunft zu erhalten oder sich zu vergewissern.
Fragesätze sind gekennzeichnet durch einleitende Interrogativ-Adverbien, Interrogativ-Pronomina oder Interrogativ-Partikeln.
In manchen Fällen kann eine solche Kennzeichnung entfallen (↗ 98.4.1).

2.1 Der Sprechende formuliert die Frage nach seinem jeweiligen Bedürfnis einer **Beantwortung**. Die Frage kann zielen:

a) auf eine **konkrete Antwort** zu dem erfragten Sachverhalt:
Diese Fragen werden mit **Interrogativ-Adverbien**, z.B.: cūr, quōmodo, quandō (↗ 33.2.2c) oder **Interrogativ-Pronomina**, z.B.: quis, quid, ā quō (↗ 30.2) eingeleitet.
Diese Art von Fragen wird auch **Wort-** oder **Ergänzungsfrage** genannt (↗ 98.3).

b) auf eine **Entscheidung** in der von ihm angesprochenen Situation:
Diese Fragen werden mit **Interrogativ-Partikeln**, z.B.: num, nōnne, -ne; utrum … an (↗ 34.1) eingeleitet.
Die mit num, nōnne, -ne eingeleiteten Fragen werden auch **Satz-** oder **Entscheidungsfragen** genannt (↗ 98.4), die mit utrum … an gekennzeichneten Fragen auch **Wahl-** oder **Doppelfragen** (↗ 98.5).

c) auf eine **Zustimmung** zu einer Aussage, die zwar als Frage formuliert, aber als Behauptung gedacht ist:
Diese Art der Frage wird **rhetorische Frage** genannt (↗ 98.6).

2.2 **Vorherrschender Modus** in Fragesätzen ist der **Indikativ** (↗ 98).
Wenn der Fragesatz im Konjunktiv steht, bezeichnet er den Deliberativ (↗ 99.1; 100.7) oder den Potentialis (↗ 100.5.1).

2.3 Fragesätze können in allen **drei Zeitstufen** (↗ 102.1) formuliert sein.

3 Wunsch- und Aufforderungssätze

Wunsch- und Aufforderungssätze enthalten eine **Erwartung** des Sprechenden, die nach seinem Willen **Wirklichkeit werden** oder **Nichtwirklichkeit bleiben soll**.

3.1 **Vorherrschende Modi** in Wunsch- und Aufforderungssätzen sind der **Imperativ** (↗ 101) und der **Konjunktiv** (↗ 99–100).

3.2 Wunsch- und Aufforderungssätze beziehen sich auf eine (unvollendete) Gegenwart oder auf die Zukunft; sie sind demnach im **Imperativ I oder II** bzw. im **Konjunktiv Präsens** formuliert; Imperfekt oder Plusquamperfekt treten nur in besonderen Fällen auf (↗ 100.1.2).

3.3 Wunsch- und Aufforderungssätze werden in der Regel durch die **Negation** nē oder durch die folgenden Wörter bzw. Wortverbindungen verneint:

Konjunktionen	neque/nec neque/nec … neque/nec	und/auch/aber nicht weder … noch	nē … nēve/neu nē quid/quis … !	nicht … und nicht nichts/niemand … !
Pronomina	nēmō nihil	niemand nichts	nūllus, -a, -um	keiner
Adverbien	nihil	keineswegs	numquam nusquam	niemals nirgends
Verb	nōlle	nicht wollen		

96 Modi im unabhängigen Satz

1 Der **Modus** (die Aussageweise) des Prädikats zeigt an, in welchem Verhältnis zur Wirklichkeit der Sprechende den Inhalt seines Satzes sieht.
Im Lateinischen gibt es – wie im Deutschen – **drei Modi**:

Indikativ	als Modus der Wirklichkeit
Konjunktiv	als Modus der Möglichkeit, der Vorstellung, des Wunsches, der Nichtwirklichkeit
Imperativ	als Modus des Befehls

2 Die Modusform des Verbs kann (mit Ausnahme des Imperativs, der als Modus des Befehls auf den Aufforderungssatz beschränkt ist) je nach Satzart unterschiedliche Funktionen übernehmen; vor allem der Konjunktiv tritt in allen drei Arten unabhängiger Sätze in verschiedener Funktion auf.

97 Indikativ im Hauptsatz

Mit dem Indikativ als dem Modus der Wirklichkeit (↗ 96.1) können im Hauptsatz **verschiedene Sinnrichtungen** (semantische Funktionen) gekennzeichnet werden:

1 In **Aussagesätzen** zeigt der **Indikativ** an, dass der Sprechende den Inhalt seiner Aussage als **wirklich** und **tatsächlich** auffasst (Realis) oder zu einem Sachverhalt Stellung nimmt. Die Negation ist nōn (↗ 95.1.3).

2 In **Fragesätzen** zeigt der **Indikativ** das Bedürfnis des Fragenden nach einer Antwort, einer Auskunft über einen Sachverhalt, einer Vergewisserung oder einer Entscheidung an. Die Negation ist wie bei den Aussagesätzen nōn (↗ 95.1.3).
Die verschiedenen Sinnrichtungen des Indikativs im Hauptsatz sind in der folgenden Übersicht zusammengestellt.

Der Indikativ im Hauptsatz bezeichnet:

1. eine Tatsache	REALIS	in Aussagesätzen
2. eine Stellungnahme		
3. eine Frage nach einem Sachverhalt	Wort- oder Ergänzungsfrage	in Fragesätzen
4. eine Frage nach einer Entscheidung	Satz- oder Entscheidungsfrage	
5. eine Frage nach einer Entscheidung zwischen zwei oder mehr Möglichkeiten	Wahl- oder Doppelfrage	
6. eine vorweggenommene Behauptung	Rhetorische Frage	

98 Sinnrichtungen des Indikativs im Hauptsatz

1 Der Indikativ bezeichnet als **Realis**, dass der Sprecher den Inhalt seiner Aussage als **wirklich** und **tatsächlich** auffasst.

Sapiēns omnia sua sēcum portat.	Der Weise trägt all das Seine bei sich.
Nōn omnia possumus omnēs.	Wir können nicht alle alles.
Rēctē fēcistī.	Du hast richtig gehandelt.

2 Der Indikativ bei bestimmten Ausdrücken kann eine **Stellungnahme des Sprechenden zur Wirklichkeit** bezeichnen; es sind dies Ausdrücke für ein **Können**, **Müssen**, **Sollen**, für die **Beurteilung** eines Sachverhalts oder für ein **Beinahe-Geschehen** (‚... paene ...').
Im Deutschen steht in diesen Fällen der Konjunktiv: Während im Deutschen durch den Konjunktiv die Auffassung betont wird, dass der Inhalt der Aussage nicht ausgeführt ist, wird im Lateinischen durch den Indikativ hervorgehoben, dass der Inhalt der Aussage als wirklich aufzufassen ist.

2.1 Der Indikativ Präsens bezeichnet dabei die Zeitstufe der Gegenwart, der Indikativ Imperfekt oder Perfekt die Zeitstufe der Vergangenheit.

Accidere potest.	Es könnte geschehen.
Accidere poterat/potuit.	Es hätte geschehen können.
Paene vīcī.	Beinahe hätte ich gesiegt.

2.2 Beispiele für Ausdrücke, die eine **Stellungnahme des Sprechenden zur Wirklichkeit** bezeichnen können:

oportet	es würde sich gehören, gehörte sich
oportēbat/oportuit	es hätte sich gehört
iūstum est	es wäre gerecht
iūstum erat/fuit	es wäre gerecht gewesen
meum est	es wäre meine Aufgabe, es wäre meine Pflicht
longum est	es würde zu weit führen, führte zu weit
discere dēbeō/mihī discendum est	ich müsste lernen, ich sollte lernen
discere poteram/potuī	ich hätte lernen können

3 In **Fragesätzen**, die mit Interrogativ-Adverbien (↗ 33.2.2c) oder -Pronomina (↗ 30.2) eingeleitet sind (Wort- oder Ergänzungsfragen), zeigt der Indikativ an, dass der Fragende eine **konkrete Antwort** erhalten will zu einem Sachverhalt, der von ihm als **wirklich** angesehen wird.

Ubī fuistī?	Wo bist du gewesen?
Quis Rōmam condidit?	Wer hat Rom gegründet?
Quid cōnsiliī mihī datis?	Welchen Rat gebt ihr mir?

4 In **Fragesätzen**, die mit den Interrogativ-Partikeln nōnne, num, -ne eingeleitet sind (Satz- oder Entscheidungsfragen), zeigt der **Indikativ** an, dass der Fragende eine Entscheidung (‚ja' oder ‚nein') erwartet zu einer **Situation**, die von ihm als **wirklich** angesehen wird. Die Art der Entscheidung und die Antwort, die der Fragende erwartet, wird durch die einleitenden Interrogativ-Partikel angezeigt.

Interrogativ-Partikel	Wiedergabe im Deutschen	erwartete Antwort
nōnne (< nōn-ne)	(etwa)/(denn) nicht ...?	ja
num	etwa ...?	nein
-ne	(unübersetzt) ... ?	ja oder nein

Nōnne interdum melius est tacēre? — Ist es nicht zuweilen besser zu schweigen?
Num quis resistit? — Widersetzt sich etwa jemand?
Possumúsne vītam in summīs bonīs pōnere? — Können wir das Leben zu den höchsten Gütern rechnen?

▶ -ne hebt das Wort hervor, an das es angehängt ist.

4.1 In Fragen, die Überraschung oder Unwillen ausdrücken, kann -ne fehlen.
Servus: Tū modo mē līberum dīmīsistī. — Ein Sklave: Du hast mich gerade freigelassen.
Dominus: Ego tē dīmīsī? — Der Herr: Ich habe dich freigelassen?

4.2 Kurze Entscheidungsfragen können auch durch an eingeleitet sein; sie erhalten dadurch einen Unterton der Verärgerung:
An īgnōrātis? — Wisst ihr etwa nicht? / Oder wisst ihr nicht?

4.3 Beantwortet werden diese Fragen:
- durch die Wiederholung des erfragten Wortes,
- durch folgende Ausdrücke:

certē, immō, etiam, sīc; ita est, ita vērō est	gewiss/**ja**/in der Tat
nōn ita, minimē (vērō); nōn ita est	keineswegs/**nein**/durchaus nicht

Possumúsne vītam in summīs bonīs pōnere? — Können wir das Leben zu den höchsten Gütern rechnen?
– Possumus./Certē. — – Ja.
– Nōn possumus./Minimē. — – Nein.

5 In **Fragesätzen**, die mit Interrogativ-Partikeln wie utrum ... an gekennzeichnet sind (Wahl- oder Doppelfragen), zeigt der Indikativ an, dass der Fragende in einer als **wirklich angenommenen Situation** zwei oder mehr Möglichkeiten zur Wahl stellt, zwischen denen der Gefragte zu entscheiden hat.
Die verschiedenen Möglichkeiten werden durch folgende gliedernde Partikeln aneinander gereiht:

utrum ... an ... (an)
-ne ... an ... (an)
... an ... (an)

In der deutschen Übersetzung bleiben die einleitenden Partikeln utrum und -ne unberücksichtigt.

Utrum amīcī **an** inimīcī estis?
Amīc**ne** **an** inimīcī estis?
Amīcī **an** inimīcī estis?
} Seid ihr Freunde **oder** Feinde?

▶ Partikel an zur Einleitung kurzer Entscheidungsfragen ↗ 98.4.2

6 Durch den Indikativ können auch **rhetorische Fragen** ausgedrückt werden:
Sie sind zwar als Fragen formuliert, zielen aber nicht auf eine Beantwortung, sondern nehmen die Antwort vorweg.
Im Deutschen kann in rhetorischen Fragen statt des Indikativs auch der Konjunktiv stehen.

Quis māior ōrātor fuit Cicerōne?	Wer war ein größerer Redner als Cicero? (gemeinte Behauptung: Es gab keinen größeren Redner als Cicero.)
Quid avāritiā pēius dīcī potest?	Was könnte Schlimmeres als Habsucht genannt werden? (gemeinte Behauptung: Es kann nichts Schlimmeres genannt werden.)

99 Konjunktiv im Hauptsatz

Mit dem Konjunktiv als dem Modus des Wunsches, der Vorstellung, der Möglichkeit und der Nichtwirklichkeit (↗ 96.1) können im Hauptsatz **verschiedene Sinnrichtungen** ausgedrückt werden:
In **Wunsch- und Aufforderungssätzen** zeigt der Konjunktiv an, dass ein Geschehen oder Sein als erwünscht, als möglich oder als gefordert erscheint. Die Negation ist in der Regel nē (↗ 95.3.3).
In **Aussagesätzen** zeigt der Konjunktiv an, dass der Sprechende ein Geschehen als möglich, als nur vorgestellt oder als nicht wirklich auffasst. Die Negation ist nōn (↗ 95.1.3).
In **Fragesätzen** bezeichnet der Konjunktiv eine Überlegung des Sprechers.

99

1 Die **verschiedenen Sinnrichtungen des Konjunktivs** im Hauptsatz sind in der folgenden **Übersicht** zusammengestellt.

Der Konjunktiv im Hauptsatz bezeichnet:

① eine **Wunschvorstellung**: Der Sprecher kann den Wunsch als erfüllbar (möglich) oder als unerfüllbar (unmöglich) formulieren. Es gibt erfüllbar und unerfüllbar gedachte Wünsche der Gegenwart und der Vergangenheit. ② ein **Zugeständnis**: Etwas wird als wünschbar oder möglich angesehen, die Folgen daraus werden aber vom Sprecher nicht berücksichtigt. Es gibt den Konzessiv der Gegenwart und der Vergangenheit. ③ eine **Aufforderung**: Sie richtet sich an die 1. Person Plural oder an die 3. Person Singular oder Plural. ④ ein **Verbot**: Es richtet sich an die 2. Person Singular oder Plural.	OPTATIV[1] KONZESSIV[2] HORTATIV[3] JUSSIV[4] PROHIBITIV[5]	in Wunsch- und Aufforderungssätzen
⑤ die **Annahme einer Möglichkeit**: Der Inhalt einer Aussage erscheint als bloße Annahme oder eine Behauptung wird abgeschwächt. Es gibt den Potentialis der Gegenwart und der Vergangenheit. ⑥ **Unwirklichkeit**: Der Sprecher stellt den Inhalt einer Aussage als nicht wirklich, nur in Gedanken vorgestellt dar. Es gibt den Irrealis der Gegenwart und der Vergangenheit.	POTENTIALIS[6] IRREALIS[7]	in Aussagesätzen
⑦ eine **überlegende Frage**: Sie ist an die 1. Person Singular oder Plural gerichtet; dabei überlegt sich der Fragende, für welche Möglichkeit des Handelns er sich in einer Situation entscheiden soll oder hätte entscheiden sollen. Es gibt den Deliberativ der Gegenwart und der Vergangenheit.	DELIBERATIV[8]	in Fragesätzen

[1]) < optāre (wünschen) [2]) < concēdere (zugestehen, einräumen) [3]) < hortārī (auffordern) [4]) < iubēre (befehlen) [5]) < prohibēre (verbieten, hindern) [6]) < posse (können). Da die angenommene Möglichkeit sich in der Regel auf die Zukunft bezieht, kommt dem Konjunktiv hier auch eine prospektive Bedeutung zu. [7]) < ir-reālis (nicht wirklich) [8]) < dēlīberāre (überlegen)

2 Die **verschiedenen Sinnrichtungen** des Konjunktivs sind durch die Konjunktivformen in verschiedenen Zeiten verdeutlicht:

Sinnrichtung		Zeitstufe	Konjunktiv			
			Präsens	**Imperfekt**	**Perfekt**	**Plusquamperf.**
Optativ	erfüllbar	Ggw.	↗ 100.1.1			
		Verg.			↗ 100.1.1	
	unerfüllbar	Ggw.		↗ 100.1.2		
		Verg.				↗ 100.1.2
Konzessiv		Ggw.	↗ 100.2.1			
		Verg.			↗ 100.2.2	
Hortativ			↗ 100.3.1			
Jussiv			↗ 100.3.2			
fac…			↗ 100.3.3			
Prohibitiv					↗ 100.4	
cavē…			↗ 100.4			
Potentialis		Ggw.	↗ 100.5.1		↗ 100.5.1	
		Verg.		↗ 100.5.2		
Irrealis		Ggw.		↗ 100.6.1		
		Verg.				↗ 100.6.2
Deliberativ		Ggw.	↗ 100.7.1			
		Verg.		↗ 100.7.2		

100 Sinnrichtungen des Konjunktivs im Hauptsatz

OPTATIV: WUNSCH

1 Der Konjunktiv bezeichnet als **Optativ** eine **Wunschvorstellung**.
Ob sich der Sprechende seinen Wunsch als erfüllbar (möglich) oder unerfüllbar (unmöglich) vorstellt, wird durch den Konjunktiv verschiedener Tempora angezeigt.

1.1 Der als **erfüllbar gedachte Wunsch** der **Gegenwart** bzw. der **Vergangenheit** ist durch **Konjunktiv Präsens** bzw. **Perfekt** ausgedrückt.

Die als erfüllbar gedachten Wünsche werden häufig durch utinam (‚hoffentlich', ‚wenn doch') oder die Konjunktiv-Präsens-Formen velim, mālim, bei Verneinung nōlim gekennzeichnet.

Mihī īgnōscātis!	Hoffentlich verzeiht ihr mir! Verzeiht mir doch! Verzeiht mir bitte!

(Utinam/Velim) redeat salvus amīcus!	Hoffentlich kehrt der Freund wohlbehalten heim! Wenn nur der Freund wohlbehalten heimkehrte!
(Utinam/Velim) amīcus salvus redierit!	Hoffentlich ist der Freund wohlbehalten heimgekehrt! Wenn nur der Freund wohlbehalten heimgekehrt ist!

1.2 Der **unerfüllbar gedachte Wunsch** der **Gegenwart** bzw. der **Vergangenheit** ist durch **Konjunktiv Imperfekt** bzw. **Plusquamperfekt** ausgedrückt.
Die unerfüllbaren Wünsche werden stets durch utinam (wenn doch (bloß), ... doch ...) oder die Konjunktiv-Imperfekt-Formen vellem, māllem, bei Verneinung nōllem gekennzeichnet.

Utinam/Vellem amīcus vīveret!	Wenn doch der Freund noch lebte/am Leben wäre!
Utinam nē/Nōllem amīcus perīsset!	Wäre der Freund doch nicht umgekommen!

1.3 Der Sprecher kann auch einen Wunsch an sich selbst richten, den er jedoch als nicht ernst zu nehmend betrachtet. In der Regel handelt es sich dabei um formelhafte Wendungen, die als **Beteuerungen** dienen. Eine solche Beteuerung wird durch **Konjunktiv Präsens** ausgedrückt.

Peream!	Ich will tot umfallen!
Nē vīvam, sī vērum nōn dīcō!	(Ich will nicht leben) Ich will auf der Stelle tot umfallen, wenn ich nicht die Wahrheit sage!
Ita vīvam!	So wahr ich lebe!

KONZESSIV: ZUGESTÄNDNIS

2 Durch den Konjunktiv als **Konzessiv** wird ein Zugeständnis als wünschbar oder möglich eingeräumt, welches aber vom Sprecher in seinen Folgen nicht berücksichtigt wird.

2.1 Der **Konzessiv der Gegenwart** ist durch Konjunktiv Präsens ausgedrückt.

Dīcās vērum; tamen tibī fidem nōn habeō.	Magst du auch die Wahrheit sagen, ich schenke dir dennoch keinen Glauben.

2.2 Der **Konzessiv der Vergangenheit** ist durch **Konjunktiv Perfekt** ausgedrückt.

Dīxeris vērum; tamen tibī fidem nōn habeō.	Magst du auch die Wahrheit gesagt haben, ich schenke dir dennoch keinen Glauben.
Fuerit cupidus, fuerit īrācundus: improbus nōn fuit.	Mag er habgierig, mag er jähzornig gewesen sein: schlecht war er nicht.

HORTATIV, IUSSIV: AUFFORDERUNG

3 Der **Hortativ**, eine Aufforderung an die 1. Person Plural, und der **Jussiv**, eine Aufforderung an die 3. Person Singular oder Plural, sind (wegen ihrer Nähe zum erfüllbar gedachten Wunsch der Gegenwart) durch **Konjunktiv Präsens** ausgedrückt.

3.1 **Hortativ**

Taceāmus!	Lasst uns schweigen! Wir wollen schweigen! Schweigen wir!

3.2 **Jussiv**

Taceat!	Er/Sie soll schweigen!
Nē taceant!	Sie sollen nicht schweigen!
Videant cōnsulēs, nē quid rēs pūblica dētrīmentī capiat!	Die Konsuln sollen dafür sorgen, dass der Staat keinen Schaden leidet!

3.3 Eine Aufforderung kann durch age, agedum oder fac verstärkt sein.

Age (Agedum) rem expōnāmus!	Los, legen wir die Sache dar!
Fac abeās!	Mach, dass du wegkommst!

PROHIBITIV: VERBOT

4 Mit dem **Prohibitiv** wird ein Verbot ausgedrückt, das sich an die 2. Person Singular oder Plural richtet (verneinter Befehl ↗ 101.1). Der Prohibitiv ist durch **Konjunktiv Perfekt** ausgedrückt.

Nē tacueris!	Schweige nicht!
Nē cunctāti sitis!	Zögert nicht!

Einem Verbot kann ein größerer Nachdruck verliehen sein durch Konjunktiv Präsens in Verbindung mit dem Imperativ cavē.

Cavē dīcās!	Sprich ja nicht! (Hüte dich zu sprechen!)

POTENTIALIS: ANNAHME EINER MÖGLICHKEIT

5 Als **Potentialis** schränkt der Konjunktiv den Grad der Gültigkeit einer Aussage ein oder schwächt eine Behauptung ab.

5.1 Der **Potentialis der Gegenwart** ist durch **Konjunktiv Präsens** bzw. **Perfekt** ausgedrückt.

Crēdat / Crēdiderit } aliquis …	Jemand könnte/dürfte glauben, … Jemand wird wohl glauben, …
Crēdās … / Putēs …	Man könnte/dürfte glauben, …
Quis hoc nōn dubitet?	Wer wird daran nicht zweifeln?

5.2 Der **Potentialis der Vergangenheit** ist durch **Konjunktiv Imperfekt** ausgedrückt.

Dīceret aliquis …	Jemand hätte sagen können, …
Numquam crēderēs/putārēs …	Man hätte niemals glauben können, …
Quis umquam exīstimāret …?	Wer hätte wohl je gemeint …?

5.3 Der Potentialis erscheint häufig in der kondizionalen Periode (↗ 129.3).

Si quis neget deōs esse, erret.	Wenn jemand die Existenz der Götter leugnen sollte, irrt er wohl.

IRREALIS: UNWIRKLICHKEIT

6 Als **Irrealis** lässt der Konjunktiv den Inhalt einer Aussage als **nicht-wirklich, nur in Gedanken vorgestellt** erscheinen.
Der Irrealis tritt in der **kondizionalen Periode** (↗ 129.3) auf oder, wenn eine solche sinngemäß vorliegt.

6.1 Der **Irrealis der Gegenwart** ist durch **Konjunktiv Imperfekt** ausgedrückt.

Nisī mors esset,	Wenn es den Tod nicht gäbe,
vīta hominum quiēta esset.	wäre das Leben der Menschen von Beunruhigung frei.

6.2 Der **Irrealis der Vergangenheit** ist durch **Konjunktiv Plusquamperfekt** ausgedrückt.

Sine īnsidiīs	Ohne Anschläge
vīta Caesaris tūtior fuisset.	(Wenn es keine Anschläge gegeben hätte,) wäre Cäsars Leben sicherer gewesen.
Sī tacuissēs,	Wenn du geschwiegen hättest,
philosophus mānsissēs.	wärst du ein Philosoph geblieben.

DELIBERATIV: ÜBERLEGENDE FRAGE

7 Als **Deliberativ** kennzeichnet der Konjunktiv eine Frage, die an die 1. Person Singular oder Plural gerichtet ist. Der Fragende überlegt sich, für welche Möglichkeit des Handelns er sich in einer bestimmten Situation entscheiden soll oder hätte entscheiden sollen.

7.1 Der **Deliberativ der Gegenwart** ist durch **Konjunktiv Präsens** ausgedrückt.

Quid agam? An maneam?	Was soll ich tun? Soll ich bleiben?

7.2 Der **Deliberativ der Vergangenheit** ist durch **Konjunktiv Imperfekt** ausgedrückt.

Quid agerem? An manērem?	Was hätte ich tun sollen? Hätte ich etwa bleiben sollen?

101 Imperativ in Aufforderungssätzen

IMPERATIV: BEFEHL

Der Imperativ ist der Modus des Befehls[1].
Es gibt einen **Imperativ I** und einen **Imperativ II**.

1 Imperativ I

Der Imperativ I (↗ 10.2) drückt **Befehle** oder **Gebote** aus, die in einer **bestimmten Situation** unmittelbar an die 2. Person Singular oder Plural gerichtet sind.

Tacē!	Schweig!
Tacēte!	Schweigt!

[1]) Futur I zur Bezeichnung eines allgemeinen Gebots ↗ 107.1

Der Imperativ I wird in der Regel nicht durch eine Negation verneint.
Zum Ausdruck eines verneinten Befehls dienen
der Prohibitiv (↗ 100.4) oder die Verbindung nōlī/nōlīte (Imperativ I von nōlle) mit dem Infinitiv Präsens Aktiv.

Nē tacueris!	Schweige nicht!	Nōlī tacēre!
Nē tacueritis!	Schweigt nicht!	Nōlīte tacēre!

2 Imperativ II

Der Imperativ II (↗ 10.2) bezeichnet **Befehle oder Gebote allgemeiner Art**, wie sie sich in Erlassen, Gesetzen, Verträgen finden; sie sind an die 2. oder 3. Person Singular oder Plural gerichtet.

Salūs pūblica suprēma lēx estō!	Das Wohl des Volkes soll das höchste Gebot sein!
Virginēs Vestālēs custōdiuntō īgnem!	Die Vestalinnen sollen das Feuer bewachen!

Der Imperativ II wird durch die Negation nē verneint.

Nē occīditō!	Du sollst nicht töten! / Er soll nicht töten!	Nē occīditōte!	Ihr sollt nicht töten!
		Nē occīduntō!	Sie sollen nicht töten!

102 Tempora im unabhängigen Satz

1 Zeitstufen

1.1 Alle Handlungen, Vorgänge oder Zustände, die im Prädikat eines Satzes ausgedrückt werden, sind an die Zeit gebunden. Die Zeit ist aber keine feste Größe, sondern in **fortwährender Bewegung**. Eine Orientierung in ihr gelingt nur, indem der Sprechende von der Zeitstufe seiner Gegenwart auf die Vergangenheit zurückblickt oder in die Zukunft vorausschaut.

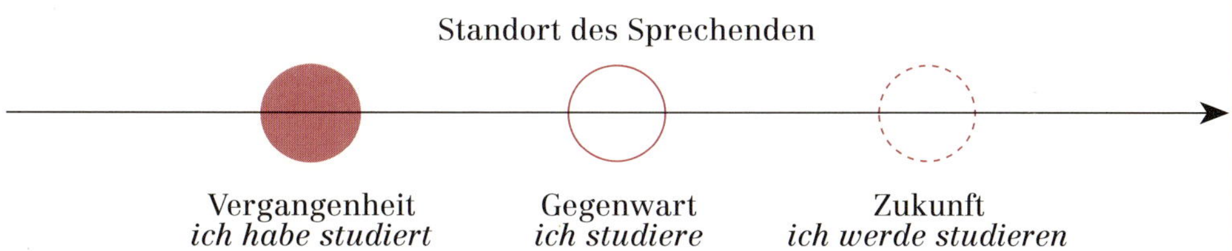

1.2 Da diese Zeitangaben in den drei Zeitstufen **unabhängig** vom zeitlichen Ablauf anderer Vorgänge erfolgen, werden sie als **absolute** (‚losgelöste') Zeitangaben bezeichnet.

1.3 Vorgänge können innerhalb einer Zeitstufe in ihrem zeitlichen Ablauf auch miteinander **in Beziehung** gebracht werden:
Im letzten Spiel war ich in Form; vorher hatte ich mir noch keine Kondition erworben.
Bald haben wir das Ziel erreicht (werden wir ... haben); vorher aber werden wir uns noch tüchtig anstrengen.
Hier liegen **relative Zeitangaben** vor.
Es gibt deshalb in den meisten Sprachen mehr Tempora (Zeiten) als Zeitstufen.

1.4 Den drei **Zeitstufen** entsprechen im lateinischen **sechs Tempora (Zeiten)**.

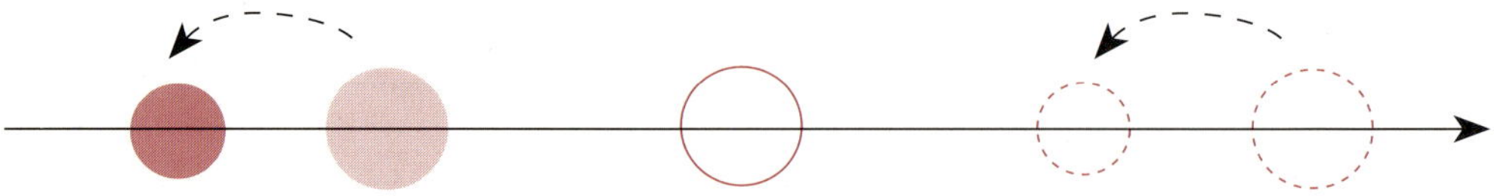

Die sechs Tempora verteilen sich folgendermaßen auf die Zeitstufen:

Zeitstufe	Tempora
Vergangenheit	Imperfekt (↗ 105) Perfekt (↗ 104) Plusquamperfekt (↗ 106)
Gegenwart	Präsens (↗ 103)
Zukunft	Futur I (↗ 107.1) Futur II (↗ 107.2)

Das Perfekt findet als **präsentisches Perfekt** (↗ 104.4) auch Verwendung auf der Zeitstufe der Gegenwart.
Das Präsens findet als **historisches/dramatisches Präsens** (↗ 103.3) auch Verwendung auf der Zeitstufe der Vergangenheit.
Die Zukunft kann auch durch eine Umschreibung (↗ 107.1.2) ausgedrückt werden.

2 Vollzugsstufe

2.1 Im Prädikat eines Satzes ist nicht bloß die Zeitstufe, sondern auch **die Vollzugsstufe eines Vorgangs** ausgedrückt.
An der **Vollzugsstufe** ist zu erkennen:

a) wie **ein Vorgang** oder eine Handlung **an sich** abläuft, z.B.
dauerhaft *(Ich suche das Buch schon seit Stunden.)*
einmalig *(Ich habe das Buch gefunden.)*

b) wie sich ein Vorgang oder eine Handlung **im Verhältnis zu anderen Vorgängen** oder Handlungen vollzieht, z.B.
im Ablauf befindlich *(Ich suchte das Buch noch,*
den Ablauf unterbrechend/abschließend *als meine Mutter kam.)*

c) wie ein Vorgang **vom Sprechenden aus betrachtet** wird, z.B.
als zusammenfassende Feststellung *(Ich habe das Buch gesucht.)*
als zeitlos gültiges Urteil *(Wer sucht, der findet.)*

Alle Tempora haben demnach neben der Zeitangabe immer auch eine **semantische Funktion**.

2.2 Die folgende Übersicht zeigt das Verhältnis zwischen Zeitstufe und Vollzugsstufe.
(Dabei sind Plusquamperfekt und Futur II als Tempora zur relativen Zeitangabe nicht berücksichtigt.)

	ZEIT-STUFE	Gegenwart	Vergangenheit		Zukunft
TEMPUS		Präsens	Perfekt	Imperfekt	Futur I
	VOLL-ZUGS-STUFE	aktuell gnomisch[1] historisch	narrativ[2] konstatierend[3] gnomisch[1] präsentisch	durativ[4] konativ[5] iterativ[6]	prospektiv[7] gnomisch[1]

103 Präsens

Durch das Präsens sind gekennzeichnet:

① Handlungen oder Vorgänge, die **in der Gegenwart eintreten**, ablaufen oder zum Abschluss kommen (**aktuelles Präsens**).
Wiedergabe im Deutschen durch Präsens.
② Feststellungen und Aussagen, die **für die Gegenwart gelten** oder **zeitlos** und allgemein **gültig** sind (**generelles/gnomisches Präsens**).
Wiedergabe im Deutschen durch Präsens.
③ vergangene Ereignisse und Handlungen, denen ein größeres Maß an **Anschaulichkeit, Lebhaftigkeit und Spannung** verliehen wird, indem man sie als gegenwärtig erscheinen lässt (**historisches/dramatisches Präsens**).
Statt einer finiten Verbform im Präsens kann in derselben Funktion auch ein Infinitiv Präsens stehen (**historischer Infinitiv** (↗ 37.1.2).
Wiedergabe im Deutschen: durch Präsens oder durch Präteritum.

① Ōrātor **venit**. Ōrātiōnem **habet**. **Fīnit**.	Der Redner kommt. Er hält eine Rede. Er beendet sie.
② Labiēnus Lūtētiam oppūgnābat. Id **est** oppidum Parīsiōrum.	Labienus belagerte Lutetia. Dies ist eine Stadt des Stammes der Parisier.
Semper aliquid **haeret**.	Es bleibt immer etwas hängen.
③ Helvētiī iam in Haeduōrum fīnēs pervēnerant eōrumque agrōs populābantur. Haeduī lēgātōs ad Caesarem **mittunt** rogātum auxilium. Eōdem tempore Ambarrī Caesarem certiōrem **faciunt** sē nōn facile ab oppidīs vim hostium prohibēre. Item Allobrogēs fugā sē ad Caesarem **recipere**.	Die Helvetier waren schon im Gebiet der Häduer angekommen und (waren) dabei, deren Land zu verwüsten. Die Häduer schick(t)en Gesandte zu Cäsar um ihn um Hilfe zu bitten. Gleichzeitig setz(t)en die Ambarrer Cäsar davon in Kenntnis, dass sie den gewaltigen Ansturm der Feinde nur mit Mühe von ihren Städten abwehrten (abwehren könnten). Ebenso flüchte(te)n die Allobroger sich zu Cäsar.

[1]) < griech. gnṓmē (Spruch, gültige Meinung) [2]) < nārrāre (erzählen) [3]) < cōnstāre (feststehen) [4]) < dūrāre (andauern) [5]) < cōnārī (versuchen) [6]) < iterāre (wiederholen) [7]) < prōspicere (vorausschauen)

104 Perfekt

Durch das Perfekt sind gekennzeichnet:

① Handlungen und Vorgänge in der Vergangenheit, die zusammenhängend erzählt werden. Diese Handlungen und Vorgänge sind die **Hauptereignisse der Erzählung**, die aufeinander folgend und das Geschehen vorantreibend den **Handlungsvordergrund** darstellen (**narratives Perfekt**).
Wiedergabe im Deutschen: durch Präteritum.

② Handlungen und Vorgänge, die der Sprechende als **geschichtlich abgeschlossene Tatbestände** rückblickend oder beurteilend feststellt (**resultatives/ konstatierendes Perfekt**).
Wiedergabe im Deutschen: durch Perfekt.

③ Erfahrungen aus der Vergangenheit, die sich jederzeit bestätigen können (**gnomisches Perfekt**).
Wiedergabe im Deutschen: durch Perfekt oder auch durch Präsens.

④ ein **Zustand**, der sich **aus dem Abschluss** einer Handlung oder eines Vorgangs **ergibt** und deshalb auf der Zeitstufe der Gegenwart erscheint (**präsentisches Perfekt**).
Wiedergabe im Deutschen: durch Perfekt oder Präsens.

①	Hostēs impetum nostrōrum mīlitum sustinēre nōn **potuērunt** ac terga **vertērunt**. Quōs mīlitēs nostrī **secūtī sunt**, complūrēs ex iīs **occīdērunt**, deinde sē in castra **recēpērunt**.	Die Feinde konnten dem Ansturm unserer Soldaten nicht standhalten und flohen. Unsere Soldaten verfolgten sie und töteten ziemlich viele von ihnen; daraufhin zogen sie sich ins Lager zurück.
②	Caesar decem ferē annōs bellum contrā Gallōs **gessit**.	Cäsar hat beinahe zehn Jahre lang Krieg gegen die Gallier geführt.
	Caesar Galliā occupātā Germānōs ā Rhēnō trānseundō **prohibuit**.	Cäsar hat durch die Eroberung Galliens die Germanen am Überschreiten des Rheins gehindert.
③	Dulcia nōn **meruit**, quī nōn **gūstāvit** amāra.	Süßes hat nicht verdient/verdient nicht, wer nicht das Bittere gekostet hat.
④	Illum **nōvī**.	Ihn habe ich kennen gelernt/Ihn kenne ich.
	Quis **meminit**?	Wer erinnert sich?
	Ōdī.	Ich hasse.
	Illud sibī **persuāsit**. }	Davon hat er/sie sich überzeugt.
	Illud eī **persuāsum est**. }	Davon ist er/sie überzeugt (worden).
	Accēpimus.	Wir haben erfahren./Wir wissen.

► Zum Verhältnis von Imperfekt und Perfekt ↗ 105.2.

105 Imperfekt

1 Durch das Imperfekt sind gekennzeichnet:

① Umstände und Vorgänge in der Vergangenheit, die zu Beginn des Geschehens **bereits bestanden** oder **das Geschehen begleiteten** und somit den **Geschehenshintergrund** abgaben (**duratives Imperfekt**).
Wiedergabe im Deutschen: durch Präteritum (zuweilen mit verdeutlichenden Ausdrücken wie ‚*dabei sein*, etwas zu tun', ‚*noch/gerade* etwas tun').
② Handlungen der Vergangenheit, die **versucht wurden**, aber unvollendet blieben (**konatives Imperfekt**).
Wiedergabe im Deutschen: Umschreibung durch „versuchen".
③ Handlungen und Vorgänge der Vergangenheit, die sich der Sprechende als **sich wiederholende** vorstellt, also auch Gewohnheiten, Sitten und Bräuche (**iteratives Imperfekt**).
Wiedergabe im Deutschen: durch Präteritum in Verbindung mit entsprechenden Ausdrücken (z.B. ‚immer wieder'); durch Wendungen wie ‚gewohnt sein', ‚wie es Sitte/Brauch ist' im Präteritum.

①	Gallī proeliō dēcertāre **parābant**.	Die Gallier *waren dabei* sich auf die Entscheidungsschlacht vorzubereiten.
	Nostrī in summā difficultāte **erant**; auxilia nōn **veniēbant**; nam māximum flūmen eōs ā castrīs **arcēbat**. Tum Caesar labōrantēs adiuvāre *cōnstituit*.	Die Unseren waren in einer höchst schwierigen Lage; Hilfstruppen kamen nicht; denn ein gewaltiger Strom hielt sie vom Lager fern. Da beschloss Cäsar den Bedrängten zu helfen.
②	Rōmānī flūmen nāvibus **trānsībant** suīsque opem **ferēbant**.	Die Römer *versuchten* den Fluss mit Schiffen zu überqueren und den Ihren Hilfe zu bringen.
③	Gallī diē nocteque legiōnem nostram **invādēbant**. Nam proelium diū **sustinēbant**.	Die Gallier griffen unsere Legion Tag und Nacht *immer wieder* an. Denn sie *waren es gewohnt*, einen Kampf lange durchzuhalten.
	Omnēs Gallī bellō **intererant**.	Alle Gallier beteiligten sich – *wie es Brauch war* – am Krieg.

2 Verhältnis von Imperfekt zu Perfekt

In Erzählungen kommen dem lateinischen Imperfekt und dem **Perfekt** verschiedene Aufgaben zu:
Der **Geschehenshintergrund** (begleitende Umstände, längere Vorgänge, Beschreibungen) wird durch das **Imperfekt** gekennzeichnet; der **Geschehensvordergrund** (Hauptereignisse, die aufeinander folgen und die Handlung vorantreiben) werden durch das **(narrative) Perfekt** gekennzeichnet. Das Perfekt ist demnach das Leittempus für Erzählungen (↗ 139,3).
Wiedergabe im Deutschen: sowohl Imperfekt als auch (narratives) Perfekt durch Präteritum (das Leittempus für Erzählungen im Deutschen).

Plānitiēs **erat** māgna et in eā tumulus terrēnus satis grandis. Hic locus aequum ferē spatium ā castrīs utrīusque **aberat**. Eō, ut erat dictum, ad colloquium **vēnērunt**. Caesar legiōnem passibus ducentīs ab eō tumulō **cōnstituit**. Equitēs Ariovistī parī intervallō **cōnstitērunt**.

Es war da eine weite Ebene und auf ihr ein ziemlich großer Erdhügel. Diese Stelle war ungefähr gleich weit vom Lager der beiden entfernt. Dorthin kamen sie, wie verabredet worden war, zur Unterredung. Cäsar ließ seine Legion 300 m von diesem Hügel entfernt Halt machen. Die Reiter des Ariovist postierten sich in der gleichen Entfernung.

106 Plusquamperfekt

Durch das Plusquamperfekt sind gekennzeichnet:

① Vorgänge, die auf der Zeitstufe der Vergangenheit, aber schon **vor einem anderen Vorgang** (gleichsam in einer Vorvergangenheit) abgelaufen sind (Plusquamperfekt als **relatives Tempus**).
Wiedergabe im Deutschen: durch Plusquamperfekt.
② ein **Zustand in der Vergangenheit** (vgl. präsentisches Perfekt ↗ 104.4) (Plusquamperfekt als **absolutes Tempus**).
Wiedergabe im Deutschen: durch Plusquamperfekt oder Präteritum.

① Caesar Rhēnum trānsīre **dēcrēverat**; sed nāvibus trānsīre nōn satis tūtum esse *arbitrābātur*. — Cäsar hatte beschlossen den Rhein zu überschreiten; aber ihn mit Schiffen zu überqueren hielt er nicht für hinreichend sicher.

② Illum **nōveram**. — Ihn hatte ich kennen gelernt./Ihn kannte ich.
Quis **meminerat**? — Wer erinnerte sich?
Ōderam. — Ich hasste.
Illud sibī **persuāserat**. } — Davon hatte er/sie sich überzeugt.
Illud eī **persuāsum erat**. } — Davon war er/sie überzeugt (worden).
Accēperāmus. — Wir hatten erfahren./Wir wussten.

107 Futur

1 Futur I

1.1 Durch das Futur I sind gekennzeichnet:

① Handlungen und Vorgänge, die der Sprechende als **in der Zukunft eintretend oder fortdauernd** darstellt (**prospektives Futur**).
Wiedergabe im Deutschen: durch Futur I, häufig aber durch Präsens (vor allem, wenn Adverbien der Zeit auf die Zeitstufe der Zukunft verweisen); auch mit den Modalverben ‚wollen' oder ‚können' im Präsens.
② **Urteile**, die sich als zeitlos, also **auch für die Zukunft gültig erweisen** (**gnomisches Futur**).
Wiedergabe im Deutschen: durch Futur I oder durch Präsens.
③ **allgemeine Gebote**, denen ein besonderes Gewicht verliehen werden soll (vgl. Imperativ ↗ 101).
Wiedergabe im Deutschen: durch das Modalverb ‚sollen' im Präsens.

① **Vidēbimus**.	Wir werden sehen.
Tacēbimus.	Wir werden schweigen.
Crās **aderimus**.	Morgen sind wir da.
Nōn **dubitābō** officia praestāre.	Ich will nicht zögern meine Pflichten zu erfüllen.
Quis **dubitābit**?	Wer will noch zweifeln?
② Omnēs hominēs **morientur**.	Alle Menschen werden sterben.
③ **Dīligēs** proximum tuum!	Du sollst deinen Nächsten lieben!
Nōn **occīdēs**!	Du sollst nicht töten!

1.2 Umschreibendes Futur
Durch das **umschreibende Futur** (Partizip Futur Aktiv in Verbindung mit der Copula ESSE ↗ 38.2) sind gekennzeichnet:

Handlungen, die **unmittelbar bevorstehen** oder in naher Zukunft **beabsichtigt** werden.
Wiedergabe im Deutschen: mit dem Modalverb ‚wollen' oder mit Ausdrücken wie ‚beabsichtigen', ‚die Absicht haben', ‚vorhaben'.

Līberē **dictūrus est/erat**.	Er will/wollte freimütig sprechen./ Er hat/hatte die Absicht frei zu sprechen.

2 Futur II

Durch das Futur II sind gekennzeichnet:

① Handlungen und Geschehnisse, die **vor Eintritt eines weiteren Geschehens in der Zukunft abgeschlossen** sind (Futur II als **relatives Tempus**).
Wiedergabe im Deutschen: in der Regel durch Präsens oder Perfekt.
② ein **Zustand in der Zukunft** (vgl. präsentisches Perfekt ↗ 104.4) (Futur II als **absolutes Tempus**).
Wiedergabe im Deutschen: durch Futur I; auch mit den Modalverben ‚wollen' oder ‚können' im Präsens.

① Si domum ad tempus **redierō**, epistulam scrībam. Mox epistulam **scrīpserō**; tum ad tē veniam. — Falls ich rechtzeitig nach Hause *komme*, schreibe ich den Brief. Bald *habe* ich den Brief *geschrieben*; dann komme ich zu dir.

② Illud **nōverō**. — Das werde ich wissen/kennen. (Das werde ich kennen gelernt haben.)

Quis **meminerit**? — Wer wird/kann sich erinnern?
Ōderō. — Ich werde hassen.
Accēperō. — Ich werde wissen. (Ich werde erfahren haben.)

108 Satzreihe

Hauptsätze können zu **Satzreihen** verbunden sein.

► Die Verbindung stellen in der Regel sprachliche Elemente her: (beiordnende) Konjunktionen, Pronomina, Adverbien, Wortgruppen.

► Sind Hauptsätze nicht miteinander verbunden (asyndetisch[1]), so ist damit eine bestimmte Sinngebung beabsichtigt.

1 **Additive**[2]) **Reihung** wird hergestellt

1.1 durch **beiordnende Konjunktionen**:

a) anreihende (kopulative) Konjunktionen

et	und, auch	*einfach verbindend*
-que atque/ac	und und, und dazu	*eng verbindend*
etiam	auch, sogar	*steigernd*
quoque *(nachgestellt)*	auch	*gleichstellend*
neque/nec nē ... quidem	und nicht, auch nicht, aber nicht nicht einmal	*verneinend*
et ... et	sowohl ... als auch	*gleich gewichtend*
modo ... modo	bald ... bald	
neque ... neque nec ... nec	weder ... noch	
cum ... tum	sowohl ... als (ganz) besonders, zwar ... besonders aber	*den zweiten Teil des Satzes hervorhebend*
nōn sōlum ... sed etiam	nicht nur ... sondern auch	

[1]) griech. a-sýndeton (un-verbunden)
[2]) addere (hinzufügen)

b) ausschließende (disjunktive) Konjunktionen

aut	oder	*stark trennend*
vel -ve	oder	*schwach trennend*
an	oder	*Wahl-/Doppelfrage*
aut ... aut vel ... vel	entweder ... oder	*gleich gewichtend*
sīve ... sīve/seu ... seu	sei es, dass ... oder dass	

1.2 durch **Asyndeton**[1] (↗ 143.2.1):
Häufig werden vom Sprecher in der Aufzählung reihende Konjunktionen ausgelassen. Die dadurch entstehende Kürze zielt auf rhetorische Wirkung.

Vēnī, vīdī, vīcī.	Ich kam, sah **und** siegte.

1.3 durch **Pronomina**:

a) **Demonstrativer Satzanschluss**
Demonstrativ-**Pronomina** oder demonstrative Pronominaladverbien können anstelle einer anreihenden Konjunktion die **Beiordnung** herstellen:

is, ea, id	(und) dieser, diese, dieses
ibī	(und) dort

Rem novam expōnam; eam statim intellegēs.	Ich will die neue Sachlage darlegen (und) **die** wirst du sofort begreifen.

b) Sind anreihende Konjunktionen und Demonstrativ-Pronomina kombiniert, so hat der angereihte Satz **erklärende** (appositionelle) Funktion:

et is, ea, id isque, eaque, idque atque is, ea, id	(und) zwar

Ūnam rem expōnam eamque māximam.	Eine einzige Sache werde ich darlegen, **und zwar** die wichtigste.

c) **Relativischer Satzanschluss** (↗ 135)
Relativ-**Pronomina** oder relative **Pronominaladverbien** können die **Beiordnung** herstellen. Anstelle des Relativ-Pronomens wird im Deutschen ein Demonstrativ-Pronomen gesetzt; die Anreihung wird häufig durch die Konjunktion ‚und' geleistet.

quī, quae, quod	(und) dieser, diese, dieses
ubī	(und) dort

Rem novam expōnam; quam statim intellegēs.	Ich will die neue Sachlage darlegen (und) **die** wirst du sofort begreifen.

---

[1]) griech. a-sýndeton (un-verbunden)

2 **Logische Satzverknüpfung** wird geleistet

2.1 durch **beiordnende Konjunktionen**:

a) entgegensetzende (adversative) Konjunktionen

autem *(nachgestellt)*	aber, und ferner	*schwach entgegensetzend, weiterführend*
vērō *(nachgestellt)*	aber, wirklich, vollends	*steigernd*
sed vērum at	aber, sondern aber, vielmehr aber, jedoch, hingegen	*stark entgegensetzend*
atquī	aber doch	*berichtigend, einschränkend*
tamen	doch, dennoch, trotzdem	

b) begründende (kausale) Konjunktionen

nam enim *(nachgestellt)*	denn, nämlich	*begründend, erklärend*
neque enim	denn nicht	

c) folgernde (konklusive) Konjunktionen

ergō igitur itaque ideō	also, folglich also, daher, nun daher, infolgedessen daher, deshalb	
proïnde	daher, demnach	*vor Aufforderungen und Ermahnungen*

2.2 durch **relativischen Satzanschluss** (↗ 135):
Relativ-**Pronomina** oder relative Pronominal**adverbien** können auch logische Satzverknüpfungen leisten. In solchen Fällen wird im Deutschen das Demonstrativ-Pronomen mit einer logischen Konjunktion zusammengesetzt.

quī ubī	dieser jedoch, der aber dort aber	*entgegensetzend*
quī ubī	denn dieser, der nämlich denn dort	*begründend*
quī ubī	dieser also, der nun dort also	*folgernd*

Legāmus poētās! — Wollen wir die Dichter lesen!
Quī amīcissimī sunt nōbīs. — Denn diese sind für uns sehr liebe Freunde.

2.3 durch **Asyndeton**:

a) entgegensetzend

Helvētiī:	*Die Helvetier betonen*:
Vincere solēmus, nōn vincī.	Wir sind gewohnt zu siegen, nicht **aber** besiegt zu werden.

b) begründend

Grāta in illum virum cīvitās fuit: statua in forō posita est.	Gegen jenen Mann zeigte sich die Bürgerschaft dankbar: es wurde ihm **nämlich** ein Standbild auf dem Forum errichtet.

c) folgernd

Nox est: Iam domum discēdite!	Es ist Nacht: Geht **also** nun nach Hause!

DER ABHÄNGIGE SATZ – GLIEDSATZ

109 Beziehungen zwischen Gliedsatz und Hauptsatz

Zwischen Gliedsatz und Hauptsatz bestehen mehrfache Beziehungen; diese sind durch jeweils verschiedene sprachliche Elemente geregelt.
Aus der Art der Beziehungen ergeben sich verschiedene Kriterien, nach denen die Gliedsätze eingeteilt werden können.

1 Abhängigkeit

Die Gliedsätze sind anderen Sätzen **untergeordnet**. Die Abhängigkeit eines Gliedsatzes wird durch ein **einleitendes Wort** angezeigt. Diese Einleitung kann sein:
- eine unterordnende Konjunktion (Subjunktion),
- ein Interrogativ-Pronomen oder Interrogativ-Adverb oder eine Interrogativ-Partikel,
- ein Relativ-Pronomen.

Nach diesem formalen Kriterium lassen sich die Gliedsätze einteilen in:
- **Konjunktionale** (Subjunktionale) **Gliedsätze** (↗ 116–117, 119–130),
- **Abhängige** (Indirekte) **Fragesätze** (↗ 118),
- **Relativsätze** (131–134).

► Zu Gliedsätzen ohne einleitendes Wort ↗ 116,2.1a; 117.2.

2 Zeitverhältnis

Das **zeitliche Verhältnis**, das zwischen dem Vorgang des Gliedsatzes und dem des Hauptsatzes herrscht, ist in der **Tempusangabe** des Gliedsatz-Prädikats ausgedrückt (↗ 112–113).

3 Modus

Die Art der Wirklichkeitserfassung, die in den aufeinander bezogenen Vorgängen des Hauptsatzes und Gliedsatzes vorliegt, ist in der Regel durch die **Modusangabe** im Gliedsatz gekennzeichnet (↗ 114).
Man unterscheidet **indikativische** und **konjunktivische** Gliedsätze.

4 Syntaktische Funktion

Die syntaktische Funktion, die ein Gliedsatz innerhalb des Satzgefüges erfüllt, wird vielfach durch die einleitenden Wörter (Konjunktionen, Pronomina) angezeigt; sie ist zuweilen aber erst aus dem größeren Satzzusammenhang erschließbar.
Der Gliedsatz erfüllt die syntaktische Funktion von Satzgliedern bzw. Satzgliedteilen, und zwar des Subjekts oder Objekts, des Adverbiales oder des Attributs.
Nach der syntaktischen Funktion, die ein Gliedsatz erfüllt, unterscheidet man:
- **Subjekt- bzw. Objektsätze** (↗ 115–118; 132.2),
- **Adverbialsätze** (↗ 119–130; 132.2),
- **Attributsätze** (↗ 132.1; 133).

Im Satzmodell:

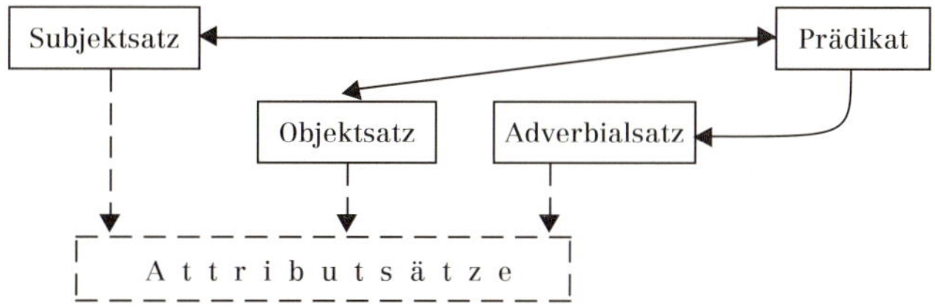

5 Semantische Funktion (Sinnrichtung)

Der Gliedsatz enthält für die Hauptaussage des Satzes, dem er untergeordnet ist, eine zusätzliche, oft notwendige Information, da er Sinn und Bedeutung der Hauptaussage präzisiert und erweitert. Dem Gliedsatz kommt deshalb auch eine **semantische Funktion** zu.
Die Sinnrichtung eines Gliedsatzes wird durch die einleitenden Wörter (Konjunktionen, Pronomina) festgelegt; bei mehrdeutigen Konjunktionen ist die Sinnrichtung in der Regel erst aus dem größeren Zusammenhang oder aus dem logischen Verhältnis von Glied- und Hauptsatz zu erschließen.
Nach der semantischen Funktion eines Gliedsatzes unterscheidet man:

Erläuterungssätze	↗ 116	**Kausalsätze**	↗ 124
Begehrsätze	↗ 117	**Finalsätze**	↗ 125
Fragesätze	↗ 118	**Konsekutivsätze**	↗ 126
Lokalsätze	↗ 121	**Konzessivsätze**	↗ 127
Modalsätze	↗ 121	**Adversativsätze**	↗ 128
Temporalsätze	↗ 122	**Kondizionalsätze**	↗ 129
		Komparativsätze	↗ 130

110 Satzgefüge – Periode

1 Hauptsatz und Gliedsatz bzw. Gliedsätze bilden zusammen ein Satzgefüge. Ein Gliedsatz kann dabei wieder einem anderen Gliedsatz untergeordnet sein. Somit können Gliedsätze gegenüber dem Hauptsatz auf der 1., 2., 3. … Stufe der Unterordnung stehen. Folglich kann man verschiedene Stufen oder **Grade der Unterordnung** von Gliedsätzen unterscheiden: GS_1, GS_2, GS_3 … .
Eine Folge von Hauptsatz und Gliedsätzen wird auch als **Periode** bezeichnet.

2 Je nach der Reihenfolge, in der Hauptsatz und Gliedsätze erscheinen, unterscheidet man verschiedene **Typen von Perioden**, deren häufigste nachfolgend gezeigt werden:

2.1 ‚Fallende' Periode
Auf den Hauptsatz folgt der Gliedsatz.

Caesar Rhodum īnsulam adiit, **cum** ibī clārissimī ēloquentiae magistrī essent.

Cäsar besuchte die Insel Rhodos, **weil** es dort hochberühmte Redelehrer gab.

Im Schema:

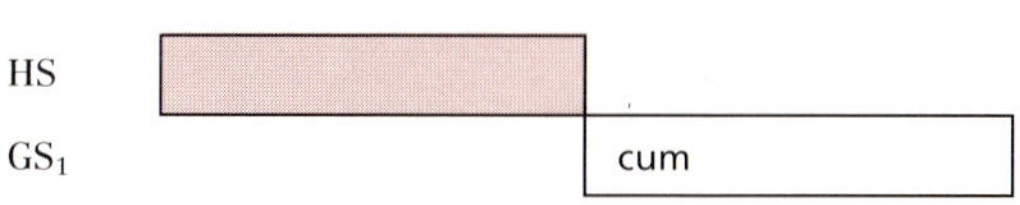

2.2 ‚Steigende' Periode

Der Gliedsatz steht vor dem Hauptsatz.

Cum Rhodus īnsula fāmā litterārum praestāret, multī iuvenēs Rōmānī eam adībant.

Da die Insel Rhodos durch den Ruhm ihrer Wissenschaften glänzte, besuchten sie viele junge Römer.

Im Schema:

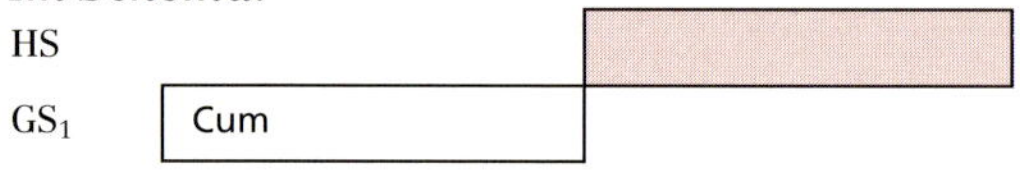

2.3 ‚Brückenperiode'

Vor und nach dem Hauptsatz steht ein Gliedsatz.

Cum nōbilēs Rōmānī in Graeciā studiīs sē darent,
etiam Cicerō Rhodum nāvigāvit,
ut ibī clārissimōs ēloquentiae magistrōs audīret.

Da vornehme Römer in Griechenland studierten,
reiste auch Cicero nach Rhodos
um dort die hochberühmten Redelehrer **zu** hören.

Im Schema:

2.4 ‚Flügelperiode'

Der Hauptsatz ist durch einen eingeschobenen Gliedsatz getrennt.

Multī Rōmānī fīliōs,
ut Graecīs litterīs īnstituerentur,
aut Athēnās aut Rhodum mīsērunt.

Viele Römer schickten ihre Söhne,
damit sie in den griechischen Wissenschaften ausgebildet würden,
nach Athen oder Rhodos.

Im Schema:

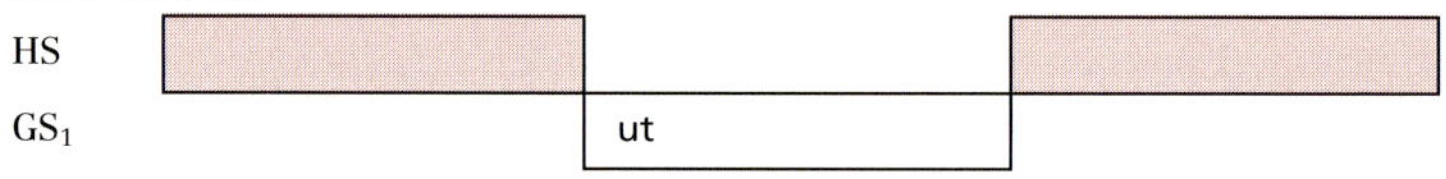

2.5 ‚Stufenperiode'

Auf den Hauptsatz folgen mehrere Gliedsätze auf einer jeweils niedrigeren Stufe:

Catō Māior Rōmānōs monuit,
nē filiōs in Graeciam mitterent,
ut eōrum mōrēs integrī servārentur,
sī Graecā scientiā abstinērent.

Cato der Ältere mahnte die Römer,
dass sie ihre Söhne nicht nach Griechenland gehen ließen,
damit ihr Charakter unverdorben bliebe,
wenn sie sich von griechischer Wissenschaft fern hielten.

Im Schema:

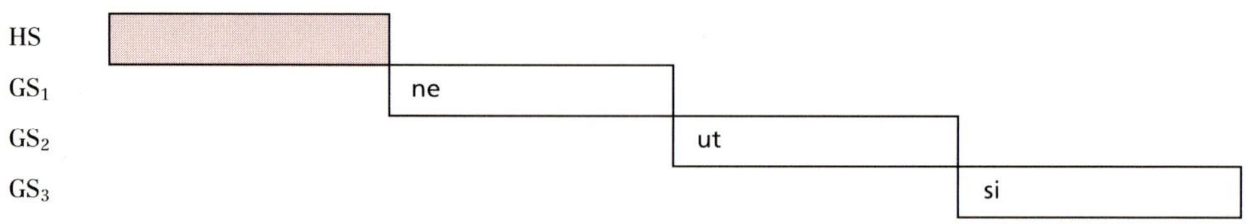

2.6 ‚Janus-Periode'

In den Hauptsatz sind zwei auf gleicher Stufe stehende Gliedsätze eingeschoben, von denen der erste nach vorne, der zweite nach hinten ‚schaut'.

Catō Māior veritus,
  nē iuvenēs Rōmānī ā Graecīs corrumperentur,
  ut eōrum philosophī quam celerrimē Rōmā discēderent,
omnem operam dedit.

Cato setzte sich aus Angst,
  dass die römische Jugend von den Griechen verdorben würde,
entschieden dafür ein,
  dass ihre Philosophen möglichst schnell Rom verließen.

Im Schema:

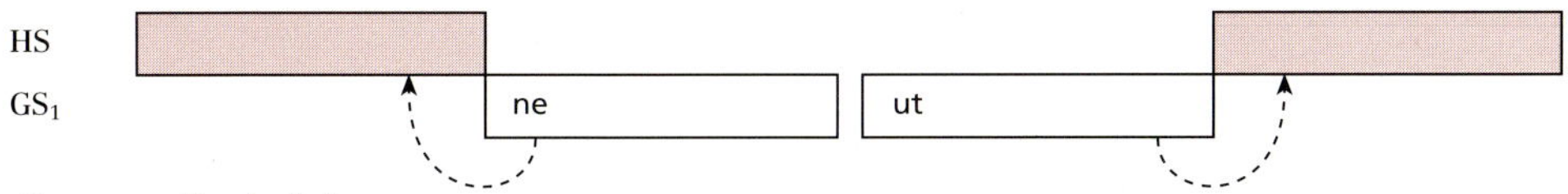

2.7 ‚Sprung-Periode'

Die zunächst ‚fallende' Periode ($GS_1 \rightarrow GS_2$) überspringt eine Gliedsatzstufe (hier GS_1) um die Hauptsatzebene zu erreichen.

  Cum Rōmānī timēre dēsiissent,
    nē Graeca studia mōribus suīs nocērent,
etiam Rōmam multī ē Graeciā philosophī vēnērunt,
  ut adulēscentēs Graecīs doctrīnīs īnstituerent.

  Als die Römer nicht mehr befürchteten
    dass die Beschäftigung mit griechischen Wissenschaften ihrem Charakter schade,
kamen auch nach Rom viele Philosophen aus Griechenland
  um die jungen Leute in den griechischen Wissenschaften zu unterrichten.

Im Schema:

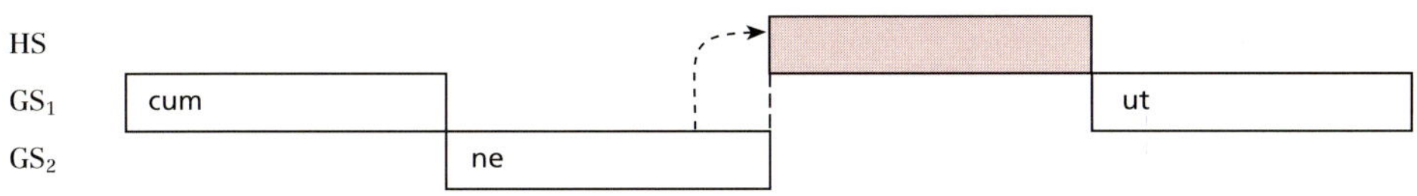

111 Übersicht über die Einleitungen der Gliedsätze

1 Alphabetisch geordnete Liste

Einleitung	Modus	Gliedsatzart/ semantische Funktion	deutsche Bedeutung	↗
(utrum ...) an	Konj.	Fragesatz (Wahlfrage)	ob nicht; (ob) ... oder	118.2; 3
antequam	Ind./Konj.	Temporalsatz (m. final. Nebensinn)	ehe; bevor/ bevor; damit nicht später ...	122.1
atque/ac	Ind.	Komparativsatz	wie	130.1.2

Einleitung	Modus	Gliedsatzart/ semantische Funktion	deutsche Bedeutung	↗
cum	Ind.	Modalsatz	indem; dadurch, dass	121.2
	Ind.	Temporalsatz	(damals) als; (dann) wenn	122.3
	Ind. (Perf.)	Temporalsatz	als (plötzlich); da	122.4
	Ind. (Impf./ Plqpf.)	Temporalsatz	jedes Mal, wenn; sooft	122.5
	Konj.	Modalsatz	wobei	121.2
	Konj.	Temporalsatz	als; nachdem	122.1
	Konj.	Kausalsatz	da; weil	124
	Konj.	Konzessivsatz	obwohl; wenn auch	127.1
	Konj.	Adversativsatz	während; während dagegen	128
cūr	Konj.	Fragesatz	warum	118.1
dōnec	Ind.	Temporalsatz	solange	122.2
dum	Ind. (Präs.)	Temporalsatz	während	122.2
	Ind./Konj.	Temporalsatz (m. final. Nebensinn)	solange; (solange) bis	122.6
etiamsī/etsī	Ind./Konj.	Konzessivsatz	auch wenn; selbst wenn	127.1
licet	Konj.	Konzessivsatz	mag auch; wenn auch	127.1
nē	Konj.	Begehrsatz	dass nicht; ... zu	117.1
	Konj.	Begehrsatz (nach Verben des Fürchtens)	dass; ... zu	117.2
	Konj.	Begehrsatz (nach Verben des Hinderns)	dass; ... zu	117.3
	Konj.	Finalsatz	damit nicht; um nicht ... zu	125
nē ... nēve	Konj.	Finalsatz	damit nicht ... und (damit) nicht	125.1
-ne	Konj.	Fragesatz	ob	118.2
-ne ... an	Konj.	Fragesatz (Wahlfrage)	ob ... oder (ob)	118.3
nisī	Ind./Konj.	Kondizionalsatz	wenn nicht; falls nicht	129
nōnne	Konj.	Fragesatz	ob nicht/ob	118.2
num	Konj.	Fragesatz	ob	118.2
postquam	Ind. (Perf).	Temporalsatz	nachdem	122.1
praesertim cum	Konj.	Kausalsatz	zumal da	124
priusquam	Ind./Konj.	Temporalsatz (m. final. Nebensinn)	ehe; bevor/ bevor nicht	122.1
propterеā quod	Ind.	Kausalsatz	deshalb, weil	124
quā	Ind. Konj.	Lokalsatz Fragesatz	wo wie	121.1 118.1

Einleitung	Modus	Gliedsatzart/ semantische Funktion	deutsche Bedeutung	↗
quācumque	Ind.	Lokalsatz	wo auch immer	121.1
quālis (tālis . . . -)	Ind.	Komparativsatz	wie (so *beschaffen* . . .)	130.1.1
quam (-. . .tam)	Ind.	Komparativsatz	wie (- . . .so)	130.2
	Konj.	Fragesatz	wie	118.1
quamdiū	Ind.	Temporalsatz	solange	122.2
quam ut	Konj.	Konsekutivsatz	als dass	126
quamquam	Ind.	Konzessivsatz	obwohl; wenn auch	127
quamvīs	Konj.	Konzessivsatz	wenn auch (noch so sehr)	127
quantus (tantus...-)	Ind.	Komparativsatz	wie (so groß . . .-)	130.1
	Konj.	Fragesatz	wie groß	118.1
quasi	Konj.	Komparativsatz	(so) als ob	130.2
quemadmodum (-. . .sīc/ita)	Ind.	Komparativsatz	wie (-. . . so)	130.2
	Konj.	Fragesatz	wie	118.1
quī, quae, quod	Ind.	Relativsatz	. . ., der	132
	Konj.	Relativsatz (m. adverb. Nebensinn)		133
	Konj.	Fragesatz	welcher . . .	118.1
quī (īdem. . . -)	Ind.	Komparativsatz	wie (derselbe. . .-)	130.1
quia	Ind./Konj.	Kausalsatz	da, weil	124
quid	Konj.	Fragesatz	was; wozu, warum	118.1
quīn	Konj.	Erläuterungssatz	dass	116
	Konj.	Relativsatz	der, die, das nicht	133.1.3b
quis	Konj.	Fragesatz	wer	118.1
quō	Ind.	Lokalsatz	wohin	121.1
(-. . .eō)	Ind.	Komparativsatz	je (-. . . desto)	130.1
	Konj.	Fragesatz	wohin	118.1
	Konj.	Finalsatz (mit Komparativ)	damit um so	125
quoad	Ind./Konj.	Temporalsatz (m. final. Nebensinn)	solange/ (solange) bis	122.6
quod	Ind./Konj.	Erläuterungssatz (faktisch)	dass	116.1
	Ind./Konj.	Kausalsatz	da; weil	124

Einleitung	Modus	Gliedsatzart/ semantische Funktion	deutsche Bedeutung	↗
quodsī	Konj.	Kondizionalsatz	wenn nun; wenn also	129.5
quōmodo	Konj.	Fragesatz	wie	118.1
quoniam	Ind.	Kausalsatz	da ja; weil ja	124
quot (tot...-)	Ind.	Komparativsatz	wie (so viele...-)	130.1
	Konj.	Fragesatz	wie viele	118.1
quotiēnscumque	Ind.	Temporalsatz	jedes Mal, wenn; sooft	122.5
sī	Ind./Konj.	Kondizionalsatz	wenn; falls	129
sīcut (-...ita/sīc)	Ind.	Komparativsatz	wie (-... so)	130.2
simul(atque/ac)	Ind. (Perf.)	Temporalsatz	sobald	122.6
sīn (autem/vērō)	Ind./Konj.	Kondizionalsatz	wenn aber	129.1; 5
sīve ... sīve	Ind.	Kondizionalsatz	sei es, dass ... oder dass	129.1; 5
tamquam	Konj.	Komparativsatz	wie wenn; als ob	130.2
ubī	Ind.	Lokalsatz	wo	121.1
(prīmum)	Ind. (Perf.)	Temporalsatz	sobald	122.6
	Konj.	Fragesatz	wo	118.1
ubicumque	Ind.	Lokalsatz	wo auch immer	121.1
unde	Ind.	Lokalsatz	woher	121.1
	Konj.	Fragesatz	woher	118.1
ut	Ind. Perf.	Temporalsatz	sobald	122.6
... (ita/sīc)	Ind.	Komparativsatz	wie ... (so)	130.2
	Konj.	Erläuterungssatz	(nämlich) dass; ... zu	116.2
	Konj.	Begehrsatz	dass; ... zu	117.1
	Konj.	Begehrsatz (nach Verben des Fürchtens)	dass nicht; nicht ... zu	117.2
	Konj.	Finalsatz	damit; um ... zu	125
	Konj.	Konsekutivsatz	(so) dass	126
	Konj.	Konzessivsatz	angenommen, dass; selbst wenn	127
	Konj.	Fragesatz	wie	118.1
ut nōn	Konj.	Konsekutivsatz	(so) dass nicht	126
utrum ... an	Konj.	Fragesatz (Wahlfrage)	ob ... oder	118.3

2 Mehrdeutige Gliedsatzeinleitungen

Einleitung	Gliedsatzart/ semantische Funktion	Modus	deutsche Übersetzung	↗
quod	faktisch	Ind.	dass	116.1
	kausal	Ind.	da; weil	124
	relativisch	Ind.	das (der/die); welch ...	132
		Konj.	*(Nebensinn)*	133
	interrogativ	Konj.	was; welch ...	118.1
	(relativischer Satzanschluss)		dies(er/e)	135
ut	bei Erläuterungssatz	Konj.	dass	116.2
	bei Begehrsatz	Konj.	dass; zu ...	117.1
	nach Verben des Fürchtens	Konj.	dass nicht; ... zu ...	117.2
	bei Konsekutivsatz	Konj.	(so) dass	126
	bei Finalsatz	Konj.	damit; um ... zu ...	125
	bei Konzessivsatz	Konj.	angenommen, dass; selbst wenn	127
	bei Temporalsatz	Ind. Perf.	sobald	122.6
	bei Komparativsatz	Ind.	wie	130.2
nē	bei Begehrsatz	Konj.	dass nicht; ... zu ...	117.1
	nach Verben des Fürchtens	Konj.	dass; ... zu ...	117.2
	nach Verben des Hinderns/Abhaltens	Konj.	dass; ... zu ...	117.3
	bei Finalsatz	Konj.	damit nicht; um nicht ... zu ...	125
cum	historicum	Konj.	als; nachdem	122.1
	causale	Konj.	da; weil	124
	modale	Konj.	wobei, indem	121.2
	concessivum	Konj.	obwohl; wenn auch	127.1
	adversativum	Konj.	während (dagegen)	128
	relativum	Ind.	(damals) als; (dann) wenn	122.3
	inversivum	Ind. (Perf.)	als (plötzlich); da	122.4
	iterativum	Ind.	jedes Mal, wenn; sooft	122.5
	coïncidens	Ind.	indem; dadurch, dass	121.2
dum	bei unverzüglicher Abfolge	Ind./Konj.	(solange) bis	122.6
	bei zeitlichem Zusammenfallen	Ind. (Präs.)	während; solange	122.2
quō	interrogativ	Konj.	wohin	118.1
	relativisch	Ind./Konj.	wodurch/wohin	121.1; 132 f.
	final (mit Komparativ)	Konj.	damit (um so)	125
	korrelativ	(m. Ind.; ... eō)	je ... desto	130.1
	(relativischer Satzanschluss)		(dadurch)	135
ubī	lokal	Ind.	wo	121.1
	interrogativ	Konj.	wo	118.1
	temporal	Ind. Perf.	sobald	122.6

112 Zeitverhältnis zwischen indikativischem Gliedsatz und Hauptsatz

1 Die dem Lateinischen eigene genaue Zeitbeobachtung tritt **im Satzgefüge** noch stärker als in den absoluten Zeitangaben (↗ 102.1) hervor. Das Prädikat des Gliedsatzes wird in der Regel in seinem **zeitlichen Verhältnis** zum Prädikat des **übergeordneten Satzes** gesehen.[1]
Zum Vorgang des übergeordneten Satzes kann der Vorgang des Gliedsatzes in **drei Zeitverhältnissen** stehen:
Gleichzeitigkeit
Vorzeitigkeit
Nachzeitigkeit

2 Wenn das Geschehen des Gliedsatzes in der **gleichen Zeit** wie das des **übergeordneten** Satzes liegt (**Gleichzeitigkeit**), stimmen beide Sätze im Tempus überein.

Dum spīrō, spērō.	Solange ich atme, hoffe ich.
Dum cīvitās **erit**, iūdicia **fīent**.	Solange ein Staat besteht, werden Urteile gefällt werden.

3 Wenn das Geschehen des Gliedsatzes **vor der Zeit** liegt, in der das Geschehen des **übergeordneten Satzes** stattfindet (**Vorzeitigkeit**), wird dies im Gliedsatz gekennzeichnet:

– durch das **Perfekt**, wenn im übergeordneten Satz **Präsens** steht.

Quī glōriam sibī comparā**vit**, in invidiam venit.	Wer Ruhm erwirbt (erworben hat), gerät in Missgunst/wird beneidet.

– durch das **Plusquamperfekt**, wenn im übergeordneten Satz ein **Tempus der Vergangenheit** steht.

Pompēius quod glōriam sibī parā**verat**, in invidiam vēnit.	Weil Pompejus Ruhm erworben hatte, geriet er in Missgunst/wurde er beneidet.

– durch das **Futur II**, wenn im übergeordneten Satz **Futur I** steht.

Glōriam sī tibī comparā**veris**, in invidiam veniēs.	Wenn du Ruhm erwirbst/erworben hast, gerätst du/wirst du in Missgunst geraten/ wirst du beneidet (werden).

[1]) Es gibt im Lateinischen aber auch Gliedsätze, in denen die strenge ‚Zeitenfolge' unbeachtet bleibt; in diesen Fällen steht im Gliedsatz das Tempus, das in unabhängigen Sätzen stehen würde (*absolutes Tempus*; ↗ 122.1 postquam, ↗ 122.6 ubī prīmum, ↗ 122.2 dum in der Bedeutung ‚während').

4	Übergeordneter Satz	Untergeordneter Satz als indikativischer Gliedsatz	
	Tempora	Zeitverhältnisse	
		gleichzeitig	vorzeitig
4.1	Präsens Respondeō, Ich antworte,	Präsens cum pos**sum**. wenn ich kann.	Perfekt cum interrogā**tus sum**. wenn ich gefragt werde (worden bin).
4.2	Vergangenheitstempus (Imperfekt, Perfekt, Plusquamperfekt) Respondēbam, Ich antwortete,	Vergangenheitstempus (Imperfekt, Perfekt, Plusquamperfekt) cum pot**eram**. wenn ich konnte.	Plusquamperfekt cum interrogā**tus eram**. wenn ich gefragt wurde (gefragt worden war).
4.3	Futur I (und Imperativ, Potentialis, Hortativ, Jussiv, Gerundivum) Respondēbō, Ich werde antworten,	Futur I cum pot**erō**. wenn ich kann.	Futur II cum interrogā**tus erō**. wenn ich gefragt werde (worden bin).

Beachte:
Die Vorzeitigkeit wird im Lateinischen in Sätzen mit iterativem[1] Sinn und in Sätzen mit futurischem Sinn viel genauer gekennzeichnet als im Deutschen.
Iterativer und futurischer Sinn begegnen vor allem in Temporalsätzen (↗ 122) und Konditionalsätzen (↗ 129), ebenso in verallgemeinernden Relativsätzen (↗ 30.1; 132.2.4).

Quaecumque amīcus aut **audīverat** aut **vīderat**, in memoriā eius haerēbant.	Alles, was der Freund hörte oder sah (gehört oder gesehen hatte), haftete in seinem Gedächtnis.
Tū quoque memoriae mandā, quaecumque aut aud**īveris** aut vī**deris**!	Präge auch du dir alles ein, was du hörst oder siehst (gehört oder gesehen hast)!

[1]) < iterāre (wiederholen)

113 Zeitverhältnis zwischen konjunktivischem Gliedsatz und Hauptsatz

1 Die Zeitenfolge im konjunktivischen Gliedsatz (*Consecutio temporum*) ist im Lateinischen **streng geregelt**. Wie in indikativischen Gliedsätzen werden, auf das Tempus im übergeordneten Satz bezogen, **Gleichzeitigkeit**, **Vorzeitigkeit** und **Nachzeitigkeit** unterschieden.
Hinsichtlich der Zeitstufe im übergeordneten Satz wird zusammenfassend von den **Tempora der Gegenwart** (sog. Haupttempora) und den **Tempora der Vergangenheit** (sog. Nebentempora) gesprochen:

Tempora der Gegenwart	Tempora der Vergangenheit
Präsens (Indikativ[1], Imperativ, Konjunktiv) **Futur I** **Futur II**	**Imperfekt** (Indikativ und Konjunktiv) **Perfekt** (Indikativ[2] und Konjunktiv[3]) **Plusquamperfekt** (Indikativ und Konjunktiv) historischer Infinitiv

2 Das Zeitverhältnis des Gliedsatzes zum Hauptsatz wird durch die Form des Konjunktivs im Gliedsatz angezeigt.

2.1 **Gleichzeitigkeit** des Geschehens im Gliedsatz wird angezeigt:

bei **Tempora der Gegenwart** im Hauptsatz (sog. Haupttempora)	durch **Konjunktiv Präsens** im Gliedsatz (Beispiele ↗ 113.3)
bei **Tempora der Vergangenheit** im Hauptsatz (sog. Nebentempora)	durch **Konjunktiv Imperfekt** im Gliedsatz (Beispiele ↗ 113.3)

2.2 **Vorzeitigkeit** des Geschehens im Gliedsatz wird angezeigt:

bei **Tempora der Gegenwart** im Hauptsatz (sog. Haupttempora)	durch **Konjunktiv Perfekt** im Gliedsatz (Beispiele ↗ 113.3)
bei **Tempora der Vergangenheit** im Hauptsatz (sog. Nebentempora)	durch **Konjunktiv Plusquamperfekt** im Gliedsatz (Beispiele ↗ 113.3)

2.3 **Nachzeitigkeit** des Geschehens im Gliedsatz wird angezeigt[4]:

bei **Tempora der Gegenwart** im Hauptsatz (sog. Haupttempora)	durch eine Form mit **-ūrus, -a, -um sim** im Gliedsatz (Beispiele ↗ 113.3)
bei **Tempora der Vergangenheit** im Hauptsatz (sog. Nebentempora)	durch eine Form mit **-ūrus, -a, -um essem** im Gliedsatz (Beispiele ↗ 113.3)

[1]) Das historische Präsens (↗ 103) kann aufgrund seiner Bedeutung auch als Tempus der Vergangenheit gelten.
[2]) Das präsentische Perfekt (↗ 104.4) kann aufgrund seiner Bedeutung auch als Tempus der Gegenwart gelten.
[3]) Der Konjunktiv Perfekt in seiner Verwendung als Potentialis und als Prohibitiv gilt als Tempus der Gegenwart.
[4]) Die Nachzeitigkeit wird oft, z.B. in Finalsätzen, nicht angezeigt.

3

Übergeordneter Satz	Untergeordneter Satz als konjunktivischer Gliedsatz		
Tempora	**Zeitverhältnis**		
	gleichzeitig	**vorzeitig**	**nachzeitig**
der Gegenwart (Präsens, Futur)	**Konj. Präsens**	**Konj. Perfekt**	**(-ūrus, -a, -um sim)**
Ā tē quaerō, Ich frage dich,	quid dīc**ās**. was du dazu sagst.	quid dīx**eris**. was du dazu gesagt hast.	quid **dictūrus sīs**. was du dazu sagen wirst/willst.
der Vergangenheit (Imperfekt, Perfekt, Plusquamperfekt)	**Konj. Imperfekt**	**Konj. Plusquamperfekt**	**(-ūrus, -a, -um essem)**
Ā tē quaesīvī, Ich habe dich gefragt,	quid dīc**erēs**. was du dazu sagst/sagtest.	quid dīx**issēs**. was du dazu gesagt hast/hattest.	quid dic**tūrus essēs**. was du dazu sagen willst/wolltest.

4 Die **Nachzeitigkeit** wird im Lateinischen nur in wenigen Fällen durch die Formen auf -ūrus, -a, -um sim/essem gekennzeichnet, und zwar in *abhängigen Fragesätzen* (↗ 118) und in *Erläuterungssätzen*, die mit quīn eingeleitet sind (↗ 116.2.3b).

4.1 Die Nachzeitigkeit ist aber auch in diesen Gliedsätzen **nicht** durch die Formen -ūrus, -a, -um sim/essem **ausgedrückt**, wenn deren Prädikat im Passiv steht oder das Partizip Futur Aktiv (**-ūrus**, **-a**, **-um**) nicht gebildet werden kann. Dann sind die Regeln der Gleichzeitigkeit angewendet und das Zeitverhältnis der Nachzeitigkeit ist durch ein *Adverb der Zeit* (z.B. mox, brevī, iam) gekennzeichnet.

Ā tē quaerō (quaerēbam), nōnne tē iam huius reī mox paenite**at** (paenit**ēret**).
Ich frage (fragte) dich, ob dich diese Tat nicht schon bald reuen wird/werde.

4.2 Die Nachzeitigkeit ist in *konjunktivischen Begehrsätzen*, deren Aussage immer als in der Zukunft erfüllbar bzw. nicht erfüllbar erscheint, nicht durch die Formen -ūrus, -a, -um sim/essem ausgedrückt: Hier drückt der Konjunktiv (in seiner prospektiven Bedeutung) das nachzeitige Zeitverhältnis aus.

Postulō, ut in tempore rede**ātis**/ nē sērō veni**ātis**.
Ich verlange, dass ihr rechtzeitig zurückkommt/ dass ihr nicht zu spät kommt.

5 Absolutes Tempus in konjunktivischen Gliedsätzen

5.1 **Konsekutivsätze** und **abhängige Fragesätze** folgen gewöhnlich den Regeln der *Consecutio temporum*. Ihr Zeitverhältnis **kann** aber auch **losgelöst** vom Prädikat des übergeordneten Satzes betrachtet werden. Nach einem sog. Nebentempus im übergeordneten Satz kann das Prädikat des Gliedsatzes auch im Konjunktiv Präsens bzw. im Konjunktiv Perfekt stehen. Dadurch wird angezeigt, dass

a) die **Folge bis in die Gegenwart nachwirkt** (↗ 103: *generelles/gnomisches Präsens*),

Aristīdēs tam iūstum sē praest**itit**, ut summā laude **sit** dīgnus.
Aristides zeigte sich so gerecht, dass er höchste Anerkennung verdient.

b) die **Folge als ein historischer Tatbestand festgestellt wird** (↗ 104: *resultatives/konstatierendes Perfekt*).

Aristīdēs in tantā inopiā dēce**ssit**, ut, unde efferrētur, vix relī**querit**.
Aristides starb in so großer Armut, dass er kaum etwas hinterließ, wovon er hätte bestattet werden können.

5.2 Ihre *Selbstständigkeit als absolutes Tempus* in konjunktivischen Gliedsätzen bewahrt die Form des *Konjunktiv Imperfekt* als *Potentialis der Vergangenheit* (↗ 100.5.2), als *Irrealis der Gegenwart* (↗ 100.6.1) und als *Deliberativ der Vergangenheit* (↗ 100.7.2).

114 Modi in Gliedsätzen

Die Modi Indikativ und Konjunktiv bezeichnen in Gliedsätzen grundsätzlich dieselbe Aussageweise wie in unabhängigen Sätzen (↗ 96.1).

1 Der **Indikativ** steht demnach in der Regel in Gliedsätzen, welche eine **Aussage als objektives Faktum** hinstellen.

T. Mānlius Torquātus fīlium suum necārī iussit, quod is contrā eius imperium in hostem pūgnā**verat**.	T. Manlius Torquatus ließ seinen eigenen Sohn töten, weil er gegen seinen Befehl mit dem Feind gekämpft **hatte**.

2 Der **Konjunktiv** steht in der Regel in Gliedsätzen, deren Inhalt dem Bereich der Wirklichkeit entzogen wird, also

2.1 in solchen Gliedsätzen, die sich aus **unabhängigen Aussagesätzen im Konjunktiv** (↗ 100.5/6.1 Potentialis, Irrealis) herleiten,

Sī quis neg**et** deōs esse, err**et**.	Wenn jemand die Existenz von Göttern leugnen sollte, wird er wohl irren.
Sī quis tum terram movērī affirmā**visset**, nēmō eī crēd**idisset**.	Wenn einer damals behauptet hätte, die Erde bewege sich, hätte ihm niemand geglaubt.

2.2 in solchen Gliedsätzen, die sich aus **unabhängigen Wunsch- und Aufforderungssätzen** im Konjunktiv (↗ 99.1) oder Imperativ (↗ 101) herleiten,

Optāmus omnēs, ut amīcus rede**at** salvus.	Wir wünschen alle, dass der Freund wohlbehalten heimkehrt.
Quis imperāvit, ut tacē**rēmus**?	Wer hat befohlen, dass wir schweigen?

2.3 in solchen Gliedsätzen, deren Inhalt **in engster Beziehung zum Subjekt des Hauptsatzes** als dessen ‚subjektive' Vorstellung oder Meinung hingestellt wird (obliquer Konjunktiv in innerlich abhängigen Gliedsätzen). Auch im Deutschen steht in **‚innerlich abhängigen' Gliedsätzen** der oblique Konjunktiv (↗ 136.2).

T. Mānlius Torquātus fīlium suum necārī iussit, quod is contrā suum imperium in hostem pūgnā**visset**.	T. Manlius Torquatus ließ seinen eigenen Sohn hinrichten, weil dieser gegen seinen Befehl mit dem Feind gekämpft **habe**.

a) Zu den innerlich abhängigen Gliedsätzen zählen **abhängige Begehr- und Fragesätze** (↗ 117; 118) sowie **Finalsätze** (↗ 125).

Mānlius statim custōdibus imperāvit, **ut** suīs patris rēbus neglēctīs fīlium necā**rent**.	Sofort befahl Manlius den Wachen seinen Sohn ohne Rücksicht auf seine Interessen als Vater zu töten.
Ē fīliō nōn quaesīverat, **cūr** sibī nōn pār**uisset**.	Er hatte den Sohn nicht gefragt, warum er ihm nicht gehorcht habe.

b) In innerlich abhängigen Gliedsätzen stehen wegen der engen ‚Rückbeziehung' auf das Subjekt des Hauptsatzes **Personal- und Possessiv-Pronomina der 3. Person in reflexiver** Form (suum imperium, suīs rēbus, sibī). Ein Reflexiv-Pronomen, das sich auf das Subjekt des übergeordneten Satzes bezieht, heißt **indirekt reflexiv**[1].

3 In einige Gliedsatzarten, z.B. in **Konsekutivsätze** oder manche **Temporal- und Kausalsätze**, ist der Konjunktiv erst im Laufe der Sprachentwicklung eingedrungen. In diesen Gliedsätzen lässt sich der Konjunktiv **nicht von seiner Grundfunktion** (↗ 99) herleiten.

4 In einigen Fällen steht in Gliedsätzen **statt des Indikativs**, der normalerweise zu erwarten wäre, der **Konjunktiv**:

4.1 Wenn Gliedsätze, die normalerweise im Indikativ stehen, im **obliquen Konjunktiv** (↗ 136.2) auftreten, so zeigt dies, dass sich ihre Aussage eng an einen **Gedanken** anschließt, der **im Infinitiv/AcI** ausgedrückt ist.

Bonī ducis est eōrum, quibus prae**sit**, rēbus studēre.	Es ist die Pflicht eines guten Vorgesetzten, sich für die Interessen der Menschen einzusetzen, die er führt.

4.2 Manchmal sind Gliedsätze (häufig Relativsätze ↗ 133.2), in denen normalerweise der Indikativ erwartet wird, von einem übergeordneten Satz abhängig, der im Konjunktiv steht. Wenn diese Gliedsätze im Konjunktiv auftreten, gleichen sie ihren Modus dem des übergeordneten Satzes an (*Modusangleichung*). Dadurch wird angezeigt, dass sie eine **wesentliche Ergänzung** des übergeordneten Satzes darstellen.

Nōbīs causa est, cūr eōs dīligā**mus**, quibus virtūs inesse videā**tur**.	Wir haben Grund diejenigen hoch zu schätzen (warum wir ... hoch schätzen), bei denen Tüchtigkeit vorhanden zu sein scheint.

115 Gliedsätze als Subjekt- oder Objektsätze

1 Die **syntaktische Funktion** des **Subjekts** oder **Objekts** kann innerhalb eines Satzes auch von einem Gliedsatz erfüllt werden. Derartige Subjekt- bzw. Objektsätze sind jeweils von verschiedenen Verbgruppen abhängig und werden mit bestimmten Konjunktionen eingeleitet.

2 Man unterscheidet dabei zwischen abhängigen Erläuterungssätzen (↗ 116), abhängigen Begehrsätzen (↗ 117) und abhängigen Fragesätzen (↗ 118); in ihnen ist immer etwas ausgedrückt, was **ist**, was **sein kann** oder **sein soll**. Der Modus ist demgemäß der Indikativ oder Konjunktiv.

---

[1]) ‚Direkt reflexiv' ist ein Personal- oder Possessiv-Pronomen der 3. Person, wenn es sich innerhalb desselben Haupt- oder Gliedsatzes auf das jeweilige Subjekt bezieht.

3 Ob der Gliedsatz ein **Subjektsatz** oder **Objektsatz** ist, hängt ab von der Art des Prädikats im übergeordneten Satz:

Prädikat im übergeordneten Satz	syntaktische Funktion des Gliedsatzes
Passiv	Subjekt ①
Aktiv (unpersönlich)	Subjekt ②
Aktiv (persönlich)	Objekt ③ ④

Subjektsatz

① **Quid** { **fēcisset**, quaesītum est. — Was er getan { hatte, wurde gefragt.
② **Quid** { **fēcerit**, incertum est. — Was er getan { hat, ist ungewiss.

Objektsatz

③ Iūdicēs, **quid fēcisset**, quaesīvērunt. — Die Richter fragten, was er getan habe.

④ Reus, **ut sibī venia darētur**, ōrābat. — Der Angeklagte bat darum, dass ihm Nachsicht geschenkt werde/ihm Nachsicht zu schenken.

Im Satzmodell:

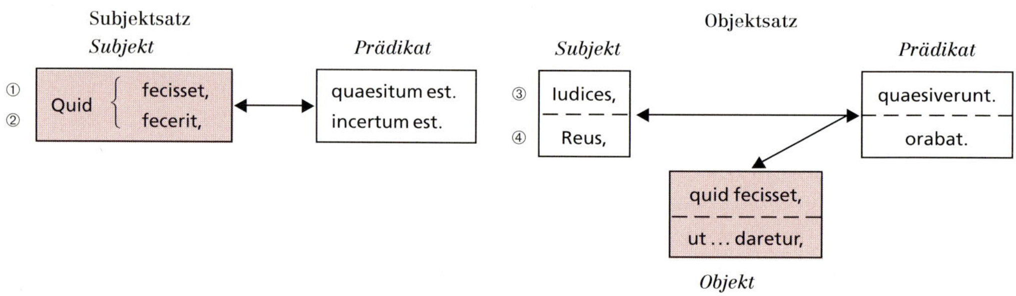

116 Abhängige Erläuterungssätze

Abhängige Erläuterungssätze (Explikativsätze[1]) stehen im Indikativ oder Konjunktiv.

Einleitende Konjunktionen:

quod (*faktisches quod*)	mit Ind./ Konj.	dass; die Tatsache, dass; der Umstand, dass
ut	mit Konj.	dass
quīn	mit Konj.	dass

[1]) < explicāre (erklären)

1 **Erläuterungssätze**, die mit der Konjunktion **quod** (‚dass'; ‚die Tatsache, dass'; ‚der Umstand, dass') eingeleitet sind, stehen im Indikativ oder Konjunktiv. Sie erfassen eine Tatsache oder einen Umstand. Man nennt sie deshalb auch Sätze mit **faktischem**[1] **quod**.

1.1 Sätze mit faktischem quod stehen am häufigsten

a) bei Verben der **Gemütsbewegung** und inhaltlich verwandten Verben:

accūsāre, quod	Klage erheben; anklagen, dass
crīminī dare, quod	zum Vorwurf machen; vorwerfen, dass
molestē ferre, quod	schwer daran tragen, dass
mīrārī, quod	sich wundern, dass
querī, quod	klagen, dass
gratiās agere, quod	Dank dafür sagen, dass

Quīdam Sōcratem accūsāvērunt, **quod** rēs in caelō appārentēs quaesīverat.
Einige klagten Sokrates an, **dass** er Himmelserscheinungen untersucht hatte/Himmelserscheinungen untersucht zu haben.

b) bei transitiven Verben, deren Inhalt durch ein beurteilendes Adverb näher bestimmt ist:

bene / male / prūdenter	facere, quod	gut / schlecht / klug	daran tun, dass/wenn

Bene facis, **quod** vērum dīcis.
Du tust gut daran, **dass/wenn** du die Wahrheit sagst.

1.2 Besonderheiten:

a) Zuweilen ist der quod-Satz die Erklärung für ein vorausgehendes Demonstrativ-Pronomen (*quod explicativum*).

illud/hoc/id, quod — jene/diese Tatsache, dass
ex eō, quod — daraus, dass

b) Faktisches quod an der Satzspitze wird gewöhnlich mit *wenn/was das betrifft, dass* übersetzt.

Quod mē tibī invidēre putās, falleris.
Wenn du meinst, ich würde dich beneiden, so täuschst du dich.

c) Wenn der quod-Satz im Konjunktiv steht, so zeigt dies in der Regel, dass zwischen dem quod-Satz und dem übergeordneten Satz innere Abhängigkeit (↗ 114.2.3) besteht.

Sōcratēs ab Athēniēnsibus accūsātus est, quod adulēscentēs corrūpisset.
Sokrates wurde von den Athenern angeklagt, dass er die jungen Leute verdorben habe.

---

[1]) < factum (das Getane, das Geschehene, die Tatsache). Das faktische quod ist eng mit dem kausalen quod (↗ 124.1) verwandt.

d) Die feste Verbindung nihil nisī quod bedeutet *nichts außer dass*.

Nihil hominī crīminī damus, nisī quod querī nōn dēsinit.	Nichts werfen wir dem Menschen vor, außer dass er nicht aufhört zu klagen.

e) Nach vorangehendem Komparativ wird quod mit *als (insofern)* übersetzt.

Haec inopia ā mē eō levius sustinētur, quod eā multī opprimuntur.	Diese Notlage wird von mir um so leichter ertragen, als davon viele hart betroffen sind.

Häufiger begegnen:

eō/hōc minus ... quod	um so weniger ... als
eō/hōc magis ... quod	um so mehr ... als

f) Wenn der quod-Satz nach folgenden Ausdrücken im Konjunktiv steht, so zeigt dies, dass das im quod-Satz Ausgedrückte nicht als etwas Tatsächliches, sondern als etwas Mögliches gedacht wird.

(nōn/nihil/nihil causae) est, quod	es besteht (kein) Grund, dass
(nōn/nihil) habeō, quod	ich habe (keinen) Grund, dass
quid est, quod	was ist der Grund dafür, dass

Nihil est, quod metuam.	Es besteht kein Grund, dass ich mich fürchte/fürchten müsste/mich zu fürchten.

2 **Erläuterungssätze**, die mit den Konjunktionen **ut** (**dass**) oder **quīn** (**dass**) eingeleitet sind, stehen im Konjunktiv.

2.1 Mit der Konjunktion ut (verneint: ut nōn) eingeleitete Erläuterungssätze hängen von unpersönlichen Ausdrücken bzw. Verben ab, die ein Geschehen oder die Folgeerscheinung aus einer Lage bzw. einer Handlung angeben.

Solche unpersönlichen Ausdrücke bzw. Verben sind:

accidit, ut	es ereignet sich, dass
ēvenit, ut	es ereignet sich/trifft sich, dass
contingit, ut	es gelingt zu ...
fit, ut	es geschieht/ist der Fall, dass
perficere, ut	durchsetzen, dass
efficere, ut	erreichen/bewirken, dass

Sōlī hoc contingit sapientī, ut nihil agat invītus.	Allein dem Weisen gelingt es, nichts gegen seinen Willen zu tun.
Rōmānī Carthāginiēnsēs vīcērunt; quō ēvēnit, ut Carthāgō dēlērētur.	Die Römer haben die Karthager besiegt; dadurch/so ist es gekommen, dass Karthago zerstört wurde.

Besonderheiten:

a) Häufig ist ut weggelassen nach:

oportet	es gehört sich, dass; man soll
necesse est	es ist notwendig, dass

Beneficium colāmus oportet.	Es gehört sich, eine gute Tat zu schätzen.

b) Zuweilen stellt der ut-Satz die Erklärung eines Wortes oder einer Wortgruppe des übergeordneten Satzes dar (*ut explicativum*[1]). In diesem Fall erfüllt der Gliedsatz die syntaktische Funktion des Attributs.

Apud Epicūrum duo bona sunt, ut corpus dolōre, animus errōre careat.	Bei Epikur gibt es zwei Güter, (nämlich) dass der Körper vom Schmerz, die Seele von Irrtum frei sei.

---

[1]) explicare (erklären)

2.2 Mit der Konjunktion quīn eingeleitete Erläuterungssätze stehen in der Regel nach folgenden verneinten Verben und Ausdrücken:

nōn dubitāre, quīn	nicht zweifeln, dass
dubium nōn est, quīn	es besteht kein Zweifel, dass
nōn multum abest, quīn	es fehlt(e) nicht viel, dass
paulum abest, quīn	es fehlt(e) wenig, dass/und

Nēmō dubitat, / Dubium nōn est,	**quīn** Homērus caecus fuerit.	Niemand zweifelt, / Es besteht kein Zweifel,	**dass** Homer blind gewesen ist.

Paulum āfuit,
quīn domus īgne dēlērētur.

Es hätte wenig gefehlt,
(dass das Haus durch Feuer zerstört wurde.)
und das Haus wäre ... zerstört worden.

2.3 Besonderheiten:

a) Als negiert gelten die Verben und Ausdrücke des Zweifelns auch in der rhetorischen Frage.

Cicerō: Quis dubitābit,
quīn in rē pūblicā nostrā
ēloquentia prīmam teneat partem?

Cicero sagt: Wer wird daran zweifeln,
dass in unserem Staat
die Redekunst die führende Rolle spielt?

b) Die Nachzeitigkeit ist im quīn-Satz durch eine Form mit -ūrus, -a, -um sim/essem gekennzeichnet (↗ 113.4).

Nōn erat dubium,
quīn tē Tarentī vīsūrus essem.

Es bestand für mich kein Zweifel,
dass ich dich in Tarent sehen würde.

2.4 Durch ut und quīn wird in den folgenden (festen) Wendungen Unterschiedliches ausgedrückt:

Facere nōn possum, / Fierī nōn potest,	**ut** tē dēseram.	Ich bringe es nicht fertig, / Es kann nicht geschehen,	dich zu verlassen/ dass ich dich verlasse.	Ich *kann* dich *unmöglich* verlassen.
Facere nōn possum, / Fierī nōn potest,	**quīn** tē dēseram.	Ich bringe es nicht fertig, / Es kann nicht geschehen,	dich *nicht* zu verlassen/ *dass* ich dich *nicht* verlasse.	Ich *muss* dich *unbedingt* verlassen.

117 Abhängige Begehrsätze

Abhängige Begehrsätze (↗ 115.3) stehen im Konjunktiv.

1 Abhängige Begehrsätze nach Verben des Bittens, Begehrens, Befehlens, Strebens und Sorgens

Einleitende Konjunktionen:

ut	dass
nē	dass nicht

ōrāre, rogāre	bitten
postulāre, petere	fordern
monēre	mahnen, auffordern
suādēre	raten, den Rat geben
persuādēre[1]	überreden
prōvidēre	dafür sorgen; sich vorsehen
cūrāre	sorgen, sich bemühen
contendere[2]	sich anstrengen, sich bemühen
id agere/id studēre[3]	darauf hinarbeiten, sich darum bemühen
pellere, movēre	veranlassen
imperāre	befehlen

Ubiī Caesarem ōrābant, **ut** sibī (↗ 114.2.3) adesset. — Die Ubier baten Cäsar, dass er ihnen beistehe/ihnen beizustehen.

Id agāmus, **nē** iniūstī videāmur! — Wollen wir uns darum bemühen, **dass** wir **nicht** als ungerecht erscheinen/nicht als ungerecht zu erscheinen!

1.1 Wenn der verneinte abhängige Begehrsatz durch **ut nē** eingeleitet ist, so erhält er dadurch einen finalen Sinn mit starkem Nachdruck; ut nē wird z.B. durch *dass nur ja nicht* wiedergegeben.

Parentēs prōvident, **ut nē** quā rē egeant līberī. — Eltern sorgen dafür, *dass* ihre Kinder *nur ja* an *nichts* Mangel leiden.

1.2 Die Negation nē geht folgende Verbindungen ein:

nē quis/nē quisquam	dass niemand	nē … nēve	dass nicht … und nicht
nē quid/nē quicquam	dass nichts	nē aut … aut	dass weder … noch
nē quandō/nē umquam	dass niemals		

Id studēbō, nē **aut** industriam meam **aut** dīligentiam dēsīderēs. — Ich will mich darum bemühen, **dass** du weder meinen Fleiß noch meine Umsicht vermisst.

2 Abhängige Begehrsätze nach Verben und Ausdrücken des Fürchtens

Einleitende Konjunktionen:

nē	dass
nē nōn / ut	dass nicht

---

[1]) *aber* persuādēre mit AcI: überzeugen (↗ 75.1.1)
[2]) *aber* contendere mit AcI: behaupten (↗ 75.1.1)
[3]) *aber* studēre mit Objektsinfinitiv (↗ 72.1)

timēre/metuere/verērī	fürchten
cavēre	sich hüten
perīculum est	es besteht Gefahr

Incolae timēbant, **nē** brevī famēs in urbe esset. — Die Einwohner befürchteten, **dass** in Kürze Hunger in der Stadt herrsche.

Diese Konstruktion erklärt sich aus einem ursprünglich beiordnenden Satzbau:

Nē animō dēficiās. Timeō.	Dass du nur nicht den Mut verlierst! Ich fürchte es (aber).
Timeō, nē animō dēficiās.	Ich fürchte, dass du den Mut verlierst.
Omnēs labōrēs tē subīre videō;	Ich sehe, dass du alle Mühen auf dich nimmst;
timeō, { **nē nōn** / **ut** } sustineās.	ich fürchte (aber), **dass** du sie **nicht** aushältst.

► Nach cavēre ‚sich hüten' ist nē in der Regel ausgelassen (↗ 100.4).
Cavē cadās! — Hüte dich hinzufallen! Falle ja nicht hin!

3 Abhängige Begehrsätze nach Verben des Hinderns und Abhaltens

Einleitende Konjunktion: **nē**[1] dass

impedīre	hindern
prohibēre	abhalten, verbieten

Mē mala valētūdō impedīvit, **nē** ad lūdōs venīrem. — Mein schlechter Gesundheitszustand hat mich davon abgehalten, dass ich zu den Spielen kam/zu den Spielen zu kommen.

118 Abhängige Fragesätze

Abhängige Fragesätze (Interrogativsätze; auch indirekte Fragen genannt) stehen als innerlich abhängige Gliedsätze (↗ 114.2.3) im Konjunktiv.
Abhängige Fragesätze können – wie die unabhängigen Fragesätze (↗ 95.2; 98.3 – 5) – als Wort- oder Ergänzungsfragen eingeleitet sein durch
Interrogativ-Adverbien (↗ 33.2.2c) bzw. Interrogativ-Pronomina (↗ 30.2) oder
als Satz- oder Entscheidungsfragen bzw. Wahl- oder Doppelfragen durch
Interrogativ-Partikeln (↗ 34).

[1]) Statt nē steht zuweilen quōminus.

1 **Wort- oder Ergänzungsfragen** sind am häufigsten eingeleitet mit folgenden Interrogativ-Pronomina bzw. Interrogativ-Adverbien:

deklinierbar	quis	wer	quālis, -e	wie beschaffen
	quid	was	quantus, -a, -um	wie groß
	quī, quae, quod *(adjektivisch)*	welcher, welche, welches		
undeklinierbar	ubī	wo	quot	wie viele
	unde	woher	quam *(bei Adjektiv und Adverb)*	wie
	quō	wohin	ut	wie
	cūr	warum, weshalb	quā	wie
	quid *(Adverb)*	wozu, warum	quōmodo	wie
			quemadmodum	wie

Mē interrogat, **cūr** { redierim. / redeam. / reditūrus sim. } — Er fragt mich, **warum** ich { zurückgekehrt sei. / zurückkehre. / zurückkehren werde. }

Nescīs, **quid** proximus diēs vectūrus sit. — Du weißt nicht, **was** der nächste Tag bringen wird/ bringt.

1.1 Folgende feste Wendungen begegnen:

Nōn habeō, cūr … — Ich habe keinen Grund, warum/dass/zu …
Quid est, cūr … ? — Was ist der Grund (dafür), warum/dass … ?

Quid est, **cūr** virtūs ipsa per sē nōn efficiat hominēs beātōs? — Was ist der Grund dafür, **dass** Tugend allein schon/an und für sich die Menschen noch nicht glücklich macht?

1.2 Ein angehängtes -nam verstärkt das Fragepronomen (↗ 30.2).
quisnam? wer denn? — ubinam? wo denn?

Auch tandem dient zur Verstärkung:
Quid tandem? Was eigentlich? — Quō usque tandem … ? Wie lange noch …?

1.3 Der Konjunktiv im abhängigen Fragesatz kann gelegentlich auch den *Deliberativ* (↗ 100.7) bezeichnen.

Dīc, quid illīs respondeam! — Sag, was ich jenen antworten soll!
Dīc, quid illīs responderem! — Sag, was ich jenen hätte antworten sollen!

1.4 Zuweilen ist der abhängige Fragesatz mit einer anderen Konstruktion (zumeist AcI) ‚verschränkt' (vgl. Relativsätze ↗134).

Interrogāvī eum, quid vellet fierī. — Ich fragte ihn, was nach seinem Wunsch geschehen solle.

1.5 Mit den Pronominal-Adverbien ubī, unde, quō kann auch ein Lokalsatz eingeleitet sein (↗ 121.1).

2 **Satz- oder Entscheidungsfragen** sind am häufigsten eingeleitet mit folgenden Interrogativ-Partikeln:

num	ob
-ne	ob
nōnne	ob nicht; ob (*nur nach* quaerere)
an	ob nicht (*nach Verben des Nichtwissens und Zweifelns*)

Dubitāmus, { **num** hoc vērum sit. / hoc**ne** vērum sit. } — Wir haben Zweifel, **ob** dies wahr ist.

Croesus ex Solōne quaesīvit, **nōnne** beātissimus omnium esset. — Krösus fragte Solon, **ob** er **nicht** der Allerglücklichste sei.

2.1 Die Wendung haud sciō, an wird mit *vielleicht* wiedergegeben.
Bisweilen steht nach haud sciō an kein Prädikat.

Contigit nōbīs, quod haud sciō an nēminī.	Uns ist gelungen, was vielleicht keinem (gelungen ist).

2.2 Wird in einer rhetorischen Frage (↗ 98.6) ein Verb oder ein Ausdruck des Zweifelns verwendet, so steht danach quīn (↗ 116.2.2).

3 **Wahl- oder Doppelfragen** sind eingeleitet mit folgenden Interrogativ-Partikeln:

utrum...an -ne...an ...an	ob...oder	utrum...necne -ne...necne ...necne	ob...oder nicht

Quaerāmus, **utrum** hoc vērum sit/ vērum**ne** hoc sit/ hoc sit vērum/ **an** falsum!	Lasst uns untersuchen, **ob** dies wahr **oder** falsch ist!

119 Gliedsätze als Adverbialsätze

1 Die **syntaktische Funktion** des **Adverbiales** kann innerhalb eines Satzes auch von einem Gliedsatz übernommen werden. Solche Gliedsätze, die jeweils von einer **Konjunktion** eingeleitet sind, werden **Adverbialsätze** genannt.
Adverbialsätze können je nach Betonung an verschiedenen Stellen eines Satzgefüges stehen.

①	**Ubī fīnem ōrātiōnis Caesar fēcit,** clāmor ortus est.	**Sobald Cäsar seine Rede beendet hatte,** erhob sich ein Geschrei.
②	Hamilcar, **postquam in Hispāniam vēnit,** māgnās rēs gessit.	Hamilkar hat, **nachdem er in Spanien angekommen war,** große Taten vollbracht.
③	Ager arātur, **ut meliōrēs frūgēs ferat.**	Der Acker wird gepflügt, **damit er bessere Früchte bringt.**

Im Satzmodell:

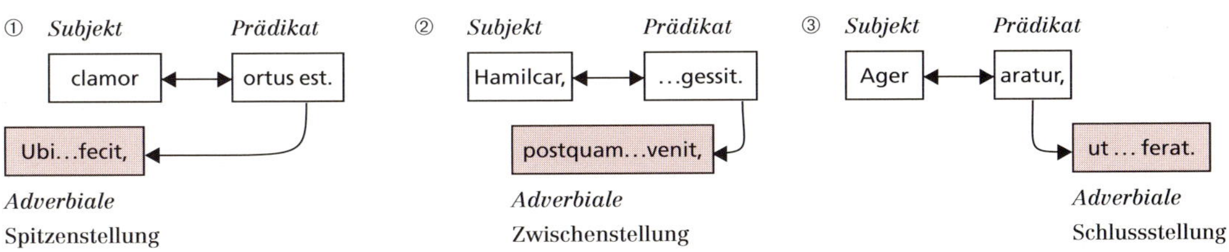

119

2 Entsprechend den vier Angaben, die das Adverbiale im Satz enthalten kann, unterscheidet man **vier Arten von Adverbialsätzen**:

Adverbialsätze
- ① **des Ortes**
- ② **der Zeit**
- ③ **der Art und Weise**
- ④ **des Grundes**

Die **Adverbialsätze des Grundes** umfassen all jene Gliedsätze, die zum übergeordneten Satz (meist Hauptsatz) in einem **Begründungszusammenhang (kausallogischen Verhältnis)** stehen.

Das folgende Schema verdeutlicht den Zusammenhang aller adverbialen Gliedsätze (GS):

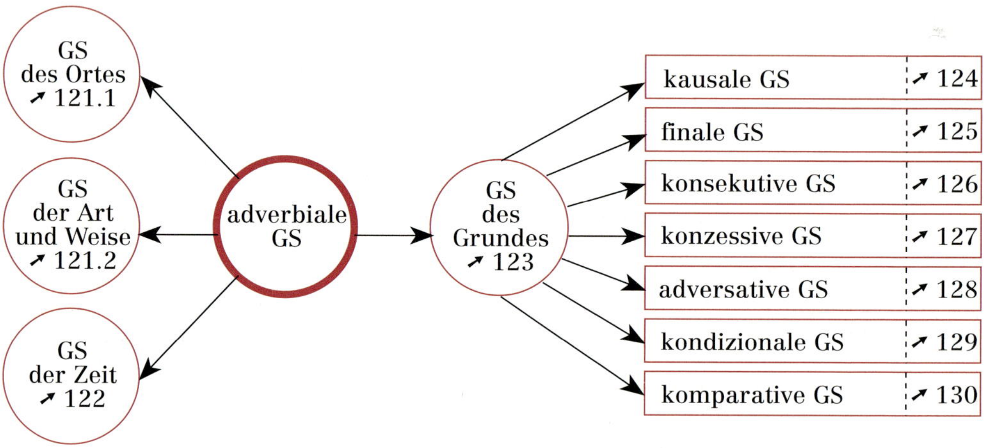

3 Adverbialsätze können sowohl im Indikativ als auch im Konjunktiv stehen (↗ 114).

120 Adverbialsätze des Ortes (Lokalsätze), der Art und Weise (Modalsätze), der Zeit (Temporalsätze)

Übersichtstabelle

Gliedsatzart	Konjunktion	Bedeutung	Modus	Semantische Funktion
Lokalsatz	**ubī/quā** **unde** **quō (cumque)** ubicumque/ quācumque	**wo** **woher** **wohin (auch immer)** wo auch immer	Ind.	Ort und Richtung eines Vorgangs (↗ 121.1)
Modalsatz	cum (*coincidens*[1]/ *explicativum*[2])	indem; dadurch, dass	Ind.	Zusammenfallen zweier Vorgänge (↗ 121.2)
	cum (*modale*)	wobei; indem (dabei)	Konj.	Begleitumstand (↗ 121.2)
Temporalsatz 1.	**cum** (*historicum*) **postquam**	**als; nachdem** **nachdem**	Konj. Ind. Perf.	Bloßes Registrieren des Vorgangs (↗ 122.1)
	antequam/ priusquam	ehe; bevor bevor nicht	Ind. und Konj.	
2.	**dum**	**während**	Ind. (Präs.)	Zeitliches Zusammenfallen der Vorgänge (↗ 122.2)
	dum dōnec quamdiū quoad	solange	Ind.	
3.	(tum) cum (*relativum*[3])	(damals) als; (dann) wenn	Ind.	Zeitliche Fixierung von Vorgängen (↗ 122.3)
4.	cum (subitō) (*inversivum*[4])	als (plötzlich); da	Ind. (Perf.)/ hist. Präsens	Plötzlicher Eintritt eines Vorgangs (↗ 122.4)
5.	cum (*iterativum*) quotiēnscumque	sooft; jedes Mal/ immer, wenn	Ind.	Wiederholung der Vorgänge (↗ 122.5)
6.	ubī (prīmum) ut simul simulatque (simulac)	sobald	Ind. (Perf.)	Unverzügliche Abfolge der Vorgänge (↗ 122.6)
7.	dum dōnec quoad	(solange) bis	Ind./Konj.	Scharfe Abgrenzung der Vorgänge (↗ 122.7)

[1]) < co-incidere (zusammenfallen) [2]) < explicāre (erklären) [3]) < referre (sich beziehen) [4]) < invertere (umdrehen, umkehren; inversīvum bedeutet also: eine Umkehr, Vertauschung der Aussageschwerpunkte kennzeichnend)

121 Lokal- und Modalsätze

1 Die **Lokalsätze** geben eine **Ortsbestimmung** an; sie erfüllen die **syntaktische Funktion** des **Adverbiales** (↗119.2) und sind meist von Pronominal-Adverbien eingeleitet. Der Modus ist der Indikativ.

Einleitende Pronominal-Adverbien:

ubī/quā	wo
unde	woher
quō(cumque)	wohin (auch immer)
ubicumque/ quācumque	wo auch immer/ überall, wo

Patria est, **ubicumque** est bene.	Meine Heimat ist **überall, wo** es mir gut geht.

1.1 Der Lokalsatz lässt sich zumeist auch den Relativsätzen in der syntaktischen Funktion des Adverbiales (↗ 132.2.5) zuweisen; denn mit den Adverbien, die den Relativsatz einleiten, steht häufig ein demonstratives Wort in enger Beziehung, z.B.: ibī – ubī; eō(dem) – unde.

Legiōnēs in eum locum, **unde** discesserant, omnēs rediērunt.	Die Legionen kehrten alle an den Ort zurück, **von dem** sie ausgerückt waren.

1.2 Die Pronominal-Adverbien ubī, unde, quō können auch einen abhängigen Fragesatz einleiten (↗ 118.1)

2 Die **Modalsätze** geben die **Art und Weise** an, in der eine Tätigkeit ausgeführt wird oder ein Vorgang sich vollzieht.
Sie können im Indikativ oder im Konjunktiv stehen.
Der **Indikativ** drückt aus, dass der Gliedsatz- und der Hauptsatzvorgang zeitlich und sachlich zusammenfallen oder dass im Gliedsatz eine Erklärung des Hauptsatzvorganges erfolgt.
Der **Konjunktiv** zeigt an, dass im Gliedsatz begleitende Nebenumstände als wichtig herausgestellt werden.

Einleitende Konjunktionen:

cum (*coincidens/explicativum*)	mit Ind.	indem; dadurch, dass
cum (*modale*)	mit Konj.	wobei

Cum tacēs, cōnsentīre videris.	**Dadurch, dass/Indem** du schweigst, scheinst du zuzustimmen.
Intrāvit in cūriam, **cum** rīdēret.	Er betrat die Kurie, **wobei** er lachte/ **indem** er dabei lachte.

122 Temporalsätze

Die Temporalsätze geben eine **Zeitbestimmung** an; sie erfüllen die **syntaktische Funktion** des **Adverbiales** (↗ 119.2). Sie drücken aber nicht nur aus, **wann** der von ihnen erfasste Vorgang im Verhältnis zum übergeordneten Satz abläuft, sondern auch, **wie** er abläuft. Diese besondere Sinnrichtung (semantische Funktion) wird durch die einleitenden Konjunktionen und den von ihnen bestimmten Modus verdeutlicht. Im Folgenden sind die einzelnen Temporalsätze nach diesen Sinnrichtungen aufgegliedert.

1 Bloßes Registrieren des Zeitvorgangs

Im Temporalsatz werden Vorgänge ausgedrückt, die den Hauptsatzvorgang zeitlich begleiten, ihm vorangehen oder ihm folgen.

Einleitende Konjunktionen:

cum (*historicum*)	mit Konj.	als; nachdem
postquam	mit Ind. Perf.	nachdem
antequam / **priusquam**	mit Ind./Konj.	ehe; bevor/bevor nicht

Cum Caesar in Galliam vēn**isset**, undique lēgātī Gallōrum ad eum convēnērunt.
Als Cäsar nach Gallien **kam (gekommen war)**, trafen von überall her gallische Gesandte bei ihm ein.

Postquam Germānī agrōs Gallōrum adamā**vērunt**, plurēs Rhēnum nāvibus trānsiērunt.
Nachdem die Germanen die Gebiete der Gallier **schätzen gelernt hatten**, setzten noch mehr auf Schiffen über den Rhein.

Caesar, **priusquam** castra mō**vit**, lēgātōs ad Haeduōs mīsit.
Ehe Cäsar **aufbrach**, schickte er Gesandte zu den Häduern.

1.1 Die Konjunktionen antequam/priusquam können getrennt sein.

Hostēs terga vertērunt neque **prius** fugere dēstitērunt, **quam** ad flūmen Rhēnum pervēnērunt.
Die Feinde wandten sich zur Flucht und hörten nicht **eher** auf zu fliehen, **bis** sie am Rhein angelangt waren/ **bevor** sie **nicht** am Rhein angelangt waren.

1.2 Wenn ein mit postquam eingeleiteter Temporalsatz im **Indikativ Plusquamperfekt** steht, so zeigt dies an, dass der zeitliche Abstand des Gliedsatzvorgangs zum Hauptsatzvorgang durch eine genaue Zahlenangabe hervorgehoben wird. Die Konjunktion kann durch die Zahlenangabe getrennt sein.

Rōmānī **post** diēs decem, **quam** eō ventum erat, oppidum expūgnāvērunt.
Die Römer eroberten zehn Tage, nachdem man dorthin gekommen war, die Stadt.

1.3 Wenn ein mit antequam/priusquam eingeleiteter Temporalsatz im **Konjunktiv** steht, so wird damit ein **finaler Nebensinn** angezeigt.

Germānī, priusquam reliquī Menapiī id cognōscerent, Rhēnum trānsiērunt.
Die Germanen überquerten, bevor die übrigen Menapier dies bemerkten, den Rhein. (*Nebensinn*: damit die übrigen Menapier dies nicht erst bemerken sollten)

2 Zeitliches Zusammenfallen der Vorgänge

Das Geschehen oder die Vorgänge im übergeordneten Satz und im Temporalsatz laufen zeitlich parallel ab.

Einleitende Konjunktionen:

dum	mit Ind. Präs.	während
dum / **dōnec** / **quoad** / **quamdiū**	mit Ind.	solange

Archimēdēs **dum** fōrmās geōmetricās in pulvere dēscrī**bit**, patriam expūgnātam esse nōn sēnsit.	**Während** Archimedes geometrische Figuren in den Staub zeichnete, bemerkte er die Einnahme seiner Heimatstadt nicht.
Lacedaemoniōrum gēns fortis erat, **dum/dōnec/quoad** Lycūrgī lēgēs valē**bant**.	Das Volk der Lakedämonier war stark, **solange** die Gesetze des Lykurg Gültigkeit hatten.

► Wenn ein mit dum (auch: dummodo) eingeleiteter Temporalsatz im **Konjunktiv** steht, hat er einen finalen Nebensinn. Dum (dummodo) kann mit ‚wenn nur, wenn bloß' wiedergegeben werden.

Nōnnūllī omnia honesta neglegunt, **dum(modo)** potentiam suam obtineant.	Manche missachten alles Anständige, wenn sie nur ihre Macht behaupten.

3 Zeitliche Fixierung von Vorgängen

Der Temporalsatz ‚bezieht' sich auf ein vorausgehendes Zeitadverb (z.B. tum) oder ein Zeitsubstantiv (z.B. diēs, tempus) und bestimmt sie genauer.

Einleitende Konjunktion:

(tum) … **cum** (*relativum*[1])	mit Ind.	(damals …) als; (dann …) wenn

Sex librōs dē rē pūblicā **tum** scrīpsī, **cum** rem pūblicam administrābam.	Die sechs Bücher über den Staat habe ich **damals** verfasst, **als** ich politisch tätig war.

► Die zeitliche Fixierung von Vorgängen kann auch durch einen Relativsatz ausgedrückt sein (↗ 132.2.5).

4 Plötzlicher Eintritt eines Vorgangs

Das Verhältnis zwischen Hauptsatz und Gliedsatz ist ‚umgekehrt': Im Hauptsatz wird nur das Nebenereignis, die bestehende Situation dargestellt; der Gliedsatz bringt das oft überraschend eintretende, für den Fortgang der Erzählung wichtige Hauptereignis. Im Deutschen lässt sich der Gliedsatz deshalb auch durch einen mit ‚da' eingeleiteten Hauptsatz wiedergeben.

Einleitende Konjunktion:

cum (subitō) (*inversivum*[2])	mit Ind. Perf.	als (plötzlich); da

Modo Vārus silvam intrāverat, **cum** undique Germānī in Rōmānōs invā**sērunt**.	Eben war Varus in den Wald eingedrungen, **als** die Germanen von allen Seiten die Römer angriffen./… eingedrungen; **da** griffen … an.

---

[1]) < referre (sich beziehen).

[2]) < invertere (umdrehen, umkehren; inversīvum bedeutet also: eine Umstellung bewirkend, kennzeichnend)

5 Wiederholung der Vorgänge

Im Temporalsatz werden Vorgänge oder Ereignisse, die häufig auftreten oder sich wiederholen, ausgedrückt.

Einleitende Konjunktionen:

cum (*iterativum*[1])	mit Ind.	jedes Mal/immer, wenn;
quotiēnscumque	mit Ind.	sooft

Cum/Quotiēnscumque rem pūblicam prāvī hominēs ger**ēbant**, cīvēs in malīs erant.

Sooft schlechte Leute den Staat lenkten, waren die Bürger im Unglück.

6 Unverzügliche Abfolge der Vorgänge

Im Temporalsatz wird ein Vorgang genannt, dem der Vorgang im Hauptsatz zeitlich unmittelbar folgt.

Einleitende Konjunktionen:

ubī (prīmum) **ut** (prīmum) **simul** **simulatque** **(simulac)**	Ind. Perf.	sobald

Ubī/Simul ōrātor fīnem ōrātiōnī imposuit, clāmor māgnus ortus est.

Sobald der Redner seine Rede beendet hatte, erhob sich großes Geschrei.

6.1 Wenn in Temporalsätzen, die mit ut/ubī (quisque)/simul/simulatque eingeleitet sind, Indikativ Plusquamperfekt steht, wird die unverzügliche Abfolge **wiederholter** Handlungen ausgedrückt. Indikativ Plusquamperfekt bezeichnet dann die Vorzeitigkeit.

Ut quisque Verris animum offenderat, in carcerem statim coniciēbātur.

Sobald/Sowie einer Verres beleidigte, wurde er sofort ins Gefängnis geworfen.

7 Scharfe Abgrenzung der Vorgänge

dum **dōnec** **quoad**	Ind./Konj.	(solange) bis

Pūgnā abstinuit Achillēs, **dum** Hector Patroclum necāvit.

Achilles hielt sich (solange) vom Kampf fern, bis Hektor Patroklus tötete.

7.1 Wenn ein mit dum/quoad eingeleiteter Temporalsatz im Konjunktiv steht, so zeigt dies einen finalen Nebensinn an. Dies ist besonders nach den Verben des Wartens der Fall.

Exspectā, **dum/quoad** ipse tē convenia**m**. — Warte, **bis** ich dich persönlich aufsuche!

---

[1]) < iterāre (wiederholen)

123 Adverbialsätze des Grundes (kausallogische Sätze)

Übersichtstabelle

Glied-satzart	einleitende Konjunktion	Bedeutung	Modus	Semantische Funktion
Kausalsatz	**cum** (*causale*) **quod/quia** praesertim cum propterea quod quoniam	**da; weil** zumal da deshalb, weil da ja; weil ja	Konj. Ind. Konj. Ind. Ind.	eine Begründung angebend (↗ 124): tatsächlicher Grund
Finalsatz	**ut** **nē** nē … nēve quō (*mit Komparativ*)	**damit** **damit nicht** damit nicht … und nicht damit um so	Konj.	eine Absicht angebend (↗ 125): beabsichtigter Grund
Kon-sekutiv-satz	**ut** **ut nōn** quam ut (*nach Komparativ*)	**(so) dass** **(so) dass nicht** als dass	Konj.	eine Folge angebend (↗ 126): Folge eines Grundes
Kondizional-satz	**sī** **nisī** sīn sīve … sīve	**wenn** **wenn nicht** wenn aber sei es dass … oder dass	Ind.: Realis/ Konj.: Potentialis; Irrealis	eine Bedingung angebend (↗ 129): vorausgesetzter Grund
Komparativ-satz	tantus … quantus quō … eō (*mit Komparativ*) **ut** … (ita/sīc) **quasi/** tamquam/velut (sī)	so groß … wie je … desto **wie** … (so) **so als ob**/wie wenn	Ind. Ind. Konj.	einen Vergleich angebend (↗ 130): im Vergleich wirksamer Grund
Konzessiv-satz	**cum** (*concessivum*[1]) **quamquam** etsī quamvīs	**obwohl** wenn auch wie sehr auch	Konj. Ind. Ind. Konj.	ein Zugeständnis angebend (↗ 127): Missachtung eines Gegengrundes
Adver-sativ-satz	cum (*adversativum*[2])	während; während dagegen	Konj.	einen Gegensatz angebend (↗ 128): in einem Gegen-satzverhältnis wirksamer Grund

[1]) < concēdere (einräumen, zugestehen)
[2]) < adversārī (im Gegensatz stehen zu; vgl. adversus)

124 Kausalsätze

1 Die Kausalsätze (**syntaktische Funktion** des **Adverbiales** ↗119.2) geben die Begründung für eine Tätigkeit oder einen Vorgang an; sie stehen im **Indikativ** oder im **Konjunktiv**, je nach der inneren Darstellungsabsicht. Durch die Art der einleitenden Konjunktion oder durch hinzugefügte Partikeln kann der Kausalsatz eine besondere Sinn-Schattierung erhalten.

Einleitende Konjunktionen:

cum (*causale*)	mit Konj.	da; weil
quod/quia	mit Ind.	da; weil
praesertim cum	mit Konj.	zumal da
propterea quod	mit Ind.	deshalb, weil
quoniam	mit Ind.	da ja; weil ja

Hannibal dolō pūgnābat, **cum** Rōmānīs nōn esset aequus vīribus. — Hannibal kämpfte mit List, **weil** er den Römern mit seinen Streitkräften nicht gewachsen war.

Sapiēns lēgibus pāret, **quod** id māximē ūtile iūdicat. — Der Weise gehorcht den Gesetzen, **weil** er dies für besonders nützlich hält.

Quoniam nox est, in vestra tēcta discēdite! — **Da ja** bereits Nacht ist, geht in eure Häuser!

2 Besonderheiten

2.1 Wenn in Kausalsätzen, die mit quod/quia eingeleitet sind, der Konjunktiv steht, so zeigt dies eine innere Abhängigkeit des Gliedsatzes an: Die Begründung ist nicht tatsächlich gegeben, sondern stellt die Meinung einer gewissen Person, zumeist die des Subjekts des übergeordneten Satzes, dar. In der Übersetzung kann dies durch einen Zusatz wie ‚ihrer Meinung nach', ‚wie sie meinten' u.ä. ausgedrückt werden.

Cīvēs Aristīdem ob eam causam patriā expulērunt, **quod** ultrā modum iūstus **esset**. — Die Bürger verbannten Aristides deshalb aus der Heimatstadt, weil er – nach ihrer Meinung – über die Maßen gerecht war.

2.2 Nach den festen Verbindungen nōn quod (‚nicht als ob') und nōn quod nōn (‚nicht ... als ob nicht') zeigt der Konjunktiv an, dass ein fälschlich angenommener Grund zurückgenommen wird:

Facta Caesaris servanda cēnseō, **nōn quod** probem, sed quod ratiōnem pācis habendam exīstimō. — Cäsars Maßnahmen müssen, meine ich, beibehalten werden, nicht als ob ich sie billigte, sondern weil man nach meiner Überzeugung auf den inneren Frieden Rücksicht nehmen muss.

125 Finalsätze

1 Die Finalsätze (**syntaktische Funktion** des **Adverbiales** ↗119.2) geben eine **Absicht** oder einen **Zweck** an; sie stehen immer im **Konjunktiv**. Die Negation ist nē.

Einleitende Konjunktionen:

ut	Konj.	damit
nē	Konj.	damit nicht
nē ... nēve	Konj.	damit nicht ... und nicht
quō	Konj.	damit dadurch
quō (*mit Komparativ*)	Konj.	damit um so

Bei gleichem Subjekt im Gliedsatz und im übergeordneten Satz wird in der deutschen Wiedergabe der Infinitiv mit **‚um … zu'** bevorzugt.

Multī ad lūdōs veniunt, **ut** spectentur.	Viele kommen zu Spielen, **damit** sie gesehen werden/**um** gesehen **zu** werden.
Caesar Rōmā in Galliam properāvit, **nē** Helvētiī in prōvinciam invāderent.	Cäsar eilte von Rom nach Gallien, **damit** die Helvetier **nicht** in die Provinz eindrangen.
Caesar legiōnēs in Ariovistum coēgit, **nē** quam multitūdinem hominum amplius trāns Rhēnum in Galliam trādūceret **nēve** Haeduīs bellum īnferret.	Cäsar sammelte seine Legionen gegen Ariovist, **damit** er **nicht** noch mehr Menschen über den Rhein nach Gallien führe **und** die Häduer **nicht** bekriege/bekriegen könne.
Lēx brevis estō, **quō** facilius teneātur!	Ein Gesetz soll kurz sein, **damit** es **dadurch/um so** leichter (im Gedächtnis) behalten wird!

2 Besonderheiten

2.1 Im übergeordneten Satz weist gelegentlich ein Demonstrativum auf den Finalsatz hin:

ob hanc causam, ut	darum, dass
eō cōnsiliō, ut	in der Absicht, dass
eā condiciōne, ut	unter der Bedingung, dass

2.2 Häufig begegnen als finale Einschübe folgende feste Wendungen:

nē dīcam	um nicht zu sagen
ut ita dīcam	sozusagen
ut taceam dē aliīs	um von Anderem zu schweigen/ von Anderem ganz zu schweigen
ut alia omittam	um Anderes zu übergehen

126 Konsekutivsätze

1 Die Konsekutivsätze (**syntaktische Funktion** des **Adverbiales** ↗119.2) geben eine **Folge** oder einen **Folgezustand** an. Sie stehen immer im **Konjunktiv**. Die Negation ist nōn.

Einleitende Konjunktionen:

ut	mit Konj.	(so) dass
ut nōn	mit Konj.	(so) dass nicht
quam ut (*nach Komparativ*)	mit Konj.	als dass

2 Demonstrative Hinweise

2.1 In der Regel weist ein Demonstrativum im übergeordneten Satz auf den Konsekutivsatz hin. Dies können sein

a) **demonstrative Adverbien**, z.B.

sīc, ita (bei Verben)	so; so sehr
tam, adeō (bei Adjektiven)	so; so sehr

Atticus *sīc* Graecē loquēbātur, **ut** Athēnīs nātus vidērētur.	Atticus sprach *so* (*gut*) Griechisch, **dass** er in Athen geboren zu sein schien.

b) **demonstrative Adjektive und Pronomina**, z.B.

tālis	so beschaffen	eiusmodī	von solcher Art
tantus	so groß	is; hic	solcher

Alcibiadēs *eā* erat prūdentiā, **ut** nēmō eum fallere posset. — Alkibiades war von *solcher* Klugheit, **dass** niemand ihn täuschen konnte.

2.2 Zuweilen fehlt im übergeordneten Satz ein demonstrativer Hinweis; ut ist dann mit ‚so dass' wiederzugeben.

Hominēs dissimilēs sunt, **ut** aliōs dulcia, aliōs acerba dēlectent. — Die Menschen sind verschieden, **so dass** die einen Süßes erfreut, die anderen Bitteres.

3 Besonderheiten

3.1 Gelegentlich ist ut nōn mit ‚ohne dass' / ‚ohne ... zu' zu übersetzen.

Nōn possunt in cīvitāte multī fortūnās āmittere, **ut nōn** plūrēs sēcum in eandem trahant calamitātem. — Es können im Staat nicht viele ihren Besitz verlieren, **ohne dass** sie noch mehr mit sich in dasselbe Unglück reißen (**ohne ... zu** reißen).

3.2 Ein mit quam ut eingeleiteter Konsekutivsatz kann die Folge eines Vergleichs im übergeordneten Satz darstellen. Im Deutschen wird hier gewöhnlich der irreale Konjunktiv verwendet.

Hannibalī haec victōria māior est vīsa, **quam ut** eam statim animō capere **posset**. — Hannibal schien dieser Sieg zu bedeutend, als dass er ihn sogleich innerlich hätte bewältigen können.

3.3 Im Konsekutivsatz folgt die Tempussetzung häufig nicht den Regeln der Consecutio temporum (↗ 113), der im Gliedsatz erfasste Folgezustand ist vielmehr vom Standpunkt des Sprechenden aus betrachtet und festgelegt (↗ 113.5.1: absolutes Tempus).

Ita vīxī, ut nōn frūstrā mē nātum exīstimem. — Ich habe so gelebt, dass ich nicht vergeblich geboren zu sein glaube.

127 Konzessivsätze

1 Die **Konzessivsätze** (**syntaktische Funktion** des **Adverbiales** ↗119.2) geben einen als **wirklich** oder **möglich** angenommenen Gedanken an, der ein **Zugeständnis** bzw. eine **Einräumung** zum Ausdruck bringt. Sie erfassen gewissermaßen einen Gegengrund, der zwar bekannt ist, aber nicht beachtet wird.

Einleitende Konjunktionen:

cum (*concessivum*[1]) (... tamen)	mit Konj.	obwohl; wenn auch; obgleich (... dennoch)
quamquam	mit Ind.	obwohl
etsī, tametsī	mit Ind.	auch wenn; selbst wenn
etiamsī	mit Ind./Konj.	auch wenn; selbst wenn
quamvīs	mit Konj.	wenn auch (noch so sehr); wie sehr auch
licet	mit Konj.	mag auch; wenn auch
ut (*concessivum*[1])	mit Konj.	angenommen, dass; selbst wenn

Sōcratēs, **cum** facile posset ēvādere ē vinculīs, nōluit. — **Obwohl** Sokrates leicht aus dem Gefängnis hätte entkommen können, wollte er dies nicht.

Caesar, **etsī** cōnsilium Britannōrum nōn cognōverat, tamen mīlitēs castrīs discēdere vetuit. — Cäsar verbot, **wenn** er **auch** den Plan der Britannier nicht kannte, dennoch den Soldaten das Lager zu verlassen.

Licet omnēs clāment: dīcam, quod sentiō. — **Mögen auch** alle schreien: ich werde sagen, was ich denke.

2 Besonderheiten

2.1 Wenn quamquam am Anfang eines Hauptsatzes steht, schränkt es den vorausgehenden Gedanken ein oder berichtigt ihn; quamquam ist dann mit ‚indes'/‚jedoch' wiederzugeben.

Quamquam quid agō? — Jedoch, was tue ich?

2.2 Gelegentlich steht quamvīs bei einem Adjektiv (seltener bei einem Adverb). Bei der Übersetzung empfiehlt es sich häufig, ein Gliedsatzprädikat zu ergänzen.

Germānī ad omnēs equitēs quamvīs paucī adīre audēbant. — Die Germanen wagten es, alle Reiter, auch wenn sie selbst noch so wenige waren, anzugreifen.

128 Adversativsätze

Die Adversativsätze (**syntaktische Funktion** des **Adverbiales** ↗119.2) geben einen **Gegensatz** zum Vorgang des übergeordneten Satzes an.

Einleitende Konjunktion:

cum (*adversativum*[2])	mit Konj.	während; während dagegen

Hominī sōlī inest ratiō, **cum** cētera animālia eā careant. — Einzig im Menschen wohnt Vernunft, **während** (dagegen) die übrigen Lebewesen sie nicht haben.

[1]) < concēdere (einräumen)
[2]) < adversārī (im Gegensatz stehen zu; vgl. adversus)

129 Kondizionalsätze

1 Die **Kondizionalsätze (syntaktische Funktion** des **Adverbiales** ↗119.2) geben die **Bedingung** an, unter der sich der Vorgang des übergeordneten Satzes vollzieht. Der Hauptsatz enthält die Folgerung, die sich aus der im Gliedsatz stehenden Bedingung ergibt. Bedingungssatz und Folgerungssatz ergeben die **kondizionale Periode**.

Einleitende Konjunktionen:

sī	wenn; falls
nisī	wenn nicht; falls nicht
sīn	wenn aber
sīve … sīve	sei es dass … oder dass

2 Modi in Kondizionalsätzen

Der **Modus** in der kondizionalen Periode wird bestimmt vom Verhältnis, in dem die Aussagen des Haupt- und Gliedsatzes zur Wirklichkeit stehen.

2.1 Der **Indikativ aller Tempora** zeigt an, dass der Sprechende die Aussage der kondizionalen Periode als wirklich, tatsächlich auffasst.
Deshalb spricht man hier von einem **Realis** (↗ 98.1).

2.2 Der **Konjunktiv Präsens/Perfekt** zeigt an, dass der Sprechende die Aussage der kondizionalen Periode als nur möglich, in Gedanken vorgestellt auffasst oder dass eine Behauptung abgeschwächt wird.
Deshalb spricht man hier von einem **Potentialis** (↗ 100.5).

2.3 Der **Konjunktiv Imperfekt/Plusquamperfekt** zeigt an, dass der Sprechende die Aussage der kondizionalen Periode als unwirklich auffasst.
Deshalb spricht man hier von einem **Irrealis** (↗ 100.6).

3 Kondizionale Perioden

	Bedingungssatz: mit **sī** eingeleitet	Folgerungssatz	deutsche Wiedergabe
Realis	**Indikativ** Sī manēs/manēbis,	**Indikativ** gaudeō/gaudēbō.	Wenn du bleibst (bleiben willst), freue ich mich (werde ich mich freuen).
	Sī vēneris,	gaudēbō.	Wenn du kommst (gekommen bist), freue ich mich (werde ich mich freuen).
Potentialis	**Konj. Präs./Perf.** Sī maneās/mānseris,	**Konj. Präs.** gaudeam.	Wenn du bleiben solltest, könnte/dürfte ich mich wohl freuen.
Irrealis der Gegenwart	**Konj. Imperf.** Sī manērēs,	**Konj. Imperf.** gaudērem.	Wenn du bliebest, würde ich mich freuen.
Irrealis der Vergangenheit	**Konj. Plusquamperf.** Sī mānsissēs,	**Konj. Plusquamperf.** gāvīsus essem.	Wenn du geblieben wärst, hätte ich mich gefreut.

▶ Irrealis der Vergangenheit und Gegenwart treten manchmal in Mischform auf; die Bedingung liegt in der Vergangenheit, die sich daraus ergebende Folgerung wirkt bis in die Gegenwart weiter.

Sī tacuissēs, philosophus (adhūc) putārēris.	Wenn du geschwiegen hättest, würdest du (jetzt noch) als Philosoph gelten.

4 Kondizionale Perioden in Abhängigkeit

Gelegentlich sind die kondizionalen Perioden abhängig
entweder von einer Infinitivkonstruktion oder von einem konjunktivischen Gliedsatz. Dabei erfahren Bedingungssatz (Gliedsatz) und Folgerungssatz (Hauptsatz) syntaktische Veränderungen; für alle kondizionalen Perioden mit Ausnahme des Irrealis werden die Regeln der Consecutio temporum (↗ 113) wirksam. In irrealen Perioden bleibt der Bedingungssatz unverändert, der Folgerungssatz wird je nach Zeit und Abhängigkeit abgewandelt.

4.1 Beispiele für abhängige kondizionale Perioden:

Gliedsatz: Bedingungssatz	Hauptsatz: Folgerungssatz			
Sī ad nōs vēn**eris**, Wenn du zu uns kommst,	omnēs gā**vīsūrōs esse** putō.	werden sich, so glaube ich, alle freuen.	AcI	Realis der Zukunft
	dubium nōn est, *quīn* omnēs gā**vīsūrī sint**.	werden sich, darüber besteht kein Zweifel, alle freuen.	GS	
Sī ad nōs ven**īrēs**, Wenn du zu uns kämest,	omnēs gā**vīsūrōs fuisse** putō/putāvī.	würden sich, so glaube/glaubte ich, alle freuen.	AcI	Irrealis der Gegenwart
	dubium nōn est/fuit, *quīn* omnēs gaud**ērent**.	würden sich, darüber besteht/bestand kein Zweifel, alle freuen.	GS	
Sī ad nōs vēn**issēs**, Wenn du zu uns gekommen wärest,	omnēs gā**vīsūrōs fuisse** putō/putāvī.	hätten sich, so glaube/glaubte ich, alle gefreut.	AcI	Irrealis der Vergangenheit
	dubium non est, *quīn* omnēs gā**vīsūrī fuerint**.	hätten sich, darüber besteht kein Zweifel, alle gefreut.	GS	

4.2 Der Konjunktiv Plusquamperfekt steht nicht selten als Ersatz für den fehlenden Konjunktiv Futur II im Bedingungssatz des Realis der Zukunft, und zwar dann, wenn der Hauptsatz der Periode in Form eines nachzeitigen AcI ein Prädikat ergänzt, das im Präteritum steht.

Nōnne sciēbās mē, sī id **fēcissēs**, tibī māgnam habitūrum grātiam?	Wusstest du nicht, dass ich dir, wenn du das tust, sehr dankbar sein würde/werde?
Caesar sē Gallīs parsūrum esse, sī sē **dēdidissent**, prōmīsit.	Cäsar versprach die Gallier zu schonen, falls sie sich ergäben.

5 Durch die Verbindung von sī/nisī mit bestimmten Wörtern erhält der Kondizionalsatz eine zusätzliche Sinnrichtung; diese lässt sich in entsprechenden deutschen Wendungen angemessen erfassen.

sīn (autem/vērō)	wenn aber
quodsī	wenn nun; wenn also
sīve ... sīve	sei es dass ... oder dass; ob ... oder ob
nisī forte	wenn nicht etwa; es sei denn (, dass)
sī quidem	wenn wirklich
nihil nisī	nichts außer; nur
nōn nisī	nur
sī modo[1]	wenn nur; sofern nur

Satis locūtus sum dē hāc rē,
nisī forte quid dēsīderātis.
Veniet tempus mortis,
sīve prohibēbis
sīve properābis.
Hunc mihī timōrem ēripe!
Sī est vērus,
nē opprimar,
sīn falsus,
ut tandem timēre dēsinam.

Darüber habe ich genug gesprochen,
es sei denn, ihr habt noch einen Wunsch.
Der Zeitpunkt des Todes wird kommen,
ob du ihn aufhalten
oder ob du ihn beschleunigen willst.
Nimm mir diese Furcht!
Wenn sie wahr ist,
damit ich nicht von ihr überwältigt werde,
wenn sie aber falsch ist,
damit ich mich endlich nicht mehr zu fürchten brauche.

130 Komparativsätze

Die Komparativsätze (**syntaktische Funktion** des **Adverbiales** ↗119.2) enthalten einen **Vergleich**. Dabei sind entweder zwei Vorgänge in einem einzigen Wirklichkeitsbereich in eine unmittelbare Entsprechung (Korrelation) zueinander gebracht oder es sind zwei Vorgänge, die in zwei verschiedenen Wirklichkeitsbereichen liegen, zum Vergleich (Komparation) nebeneinander gestellt.

1 Korrelativische Komparativsätze

Der Modus ist in der Regel der **Indikativ**. Der Vergleich wird mittels Korrelativ-Pronomina, Adjektiven oder Adverbien eingeleitet.

1.1 Häufig begegnen folgende Korrelativa:

tantus	... quantus	so groß	... wie
tālis	... quālis	so (*beschaffen*)	... wie
tot	... quot	so viele	... wie
quō	... eō (*beim Komparativ*)	je	... desto
īdem	... quī	derselbe	... wie
nōn tam	... quam	nicht so sehr	... als vielmehr

Quālis homō ipse est,
tālis eius est ōrātiō.

Wie der Mensch selbst beschaffen ist,
so ist auch seine Rede.

Quot hominēs,
tot sententiae.

Wie viele Menschen,
so viele Meinungen.

Hominēs, **quō** plūra habent,
eō plūra dēsīderant.

Je mehr die Menschen besitzen,
desto mehr begehren sie.

[1]) Dieselbe Bedeutung hat dummodo mit Konj. (↗ 122.2); der Gliedsatz hat dann einen finalen Nebensinn.

Quāle sit honestum, **nōn tam** ratiōne intellegī potest **quam** commūnī omnium iūdiciō.	Von welcher Art das Gute ist, lässt sich nicht so sehr mit dem Verstand begreifen als vielmehr aus dem gemeinsamen Urteil aller.

1.2 Besonderheiten

a) Nach Ausdrücken der Gleichheit und Ähnlichkeit sowie deren Gegenteil wird der Komparativsatz mit atque/ac eingeleitet, z.B.

īdem	... atque/ac	derselbe	... wie
aequē	... atque/ac	in gleicher Weise/ebenso	... wie
alius	... atque/ac	ein anderer	... als
aber:			
nihil aliud	... nisī	nichts anderes	... als

Virtūs eadem in homine **ac** in deō est.	Im Menschen wohnt dieselbe sittliche Kraft wie in Gott.
Ea rēs mihī aequē nōta est **ac** tibī.	Dieser Sachverhalt ist mir ebenso bekannt wie dir.
Nihil aliud fēcistī **nisī** rem distulistī.	Du hast nichts anderes getan als die Sache aufgeschoben.

b) Nach einem Komparativ oder nach Verben mit komparativischem Sinn (praestat, mālle) übersetzt man quam mit ‚**als**'.

Accipere **quam** facere praestat iniūriam.	Unrecht zu erleiden ist besser **als** Unrecht tun.

c) Negierte Vergleiche mit quam lassen sich im Deutschen im Positiv wiedergeben:

nōn minus ... quam	nicht weniger ... als **ebenso(sehr) ... wie**
nōn magis ... quam	nicht mehr ... als, **ebenso wenig ... wie**

Patria hominibus **nōn minus** cāra esse dēbet **quam** līberī.	Das Vaterland muss den Menschen **ebenso** teuer sein **wie** ihre Kinder.

d) quam beim Superlativ wird mit **möglichst** und Positiv wiedergegeben(↗ 25.3.1).

quam māximus numerus	eine möglichst große Zahl
quam celerrimē	möglichst schnell

2 ‚Kondizionale' Komparativsätze

Einleitende Konjunktionen:

ut/sīcut	**... ita (sīc)**	wie ... so
quemadmodum	**... sīc (ita)**	
quōmodo	... sīc	wie ... so
quam	... tam	
quasi	mit Konj.	so als ob
tamquam/velut	mit Konj.	wie wenn; als ob

2.1 Der Wirklichkeitsbereich des Komparativsatzes, zu dem die Aussage des Hauptsatzes in Vergleich gesetzt ist, kann vom Sprechenden unter einer jeweils verschiedenen Bedingung betrachtet sein.

a) Der Wirklichkeitsbereich kann als **objektiv gültige Tatsache** angegeben sein; der Modus in diesem ‚realen' Vergleich ist der **Indikativ**.

Quemadmodum animus corporī, ita rēx populō imperat.	Wie der Geist über den Körper, so herrscht ein König über das Volk.

b) Der Wirklichkeitsbereich kann als nur **möglich**, **in Gedanken vorgestellt** oder als **unwirklich** angenommen sein; der Modus im ‚potentialen' Vergleich ist der **Konjunktiv Präsens**, der Modus im ‚irrealen' Vergleich ist der **Konjunktiv Imperfekt/Plusquamperfekt**.

Quasi imperātor **sīs**, nōbīs imperās.	**Als ob** du ein Feldherr wärest, so gebietest du uns.
Sēquanī absentis Ariovistī crūdēlitātem, **tamquam** cōram **adesset**, horrēbant.	Die Sequaner entsetzten sich vor der Grausamkeit des abwesenden Ariovist **so, als ob** er persönlich anwesend wäre.

2.2 Besonderheiten

a) ut, (‚wie') ist häufig bei kurzen vergleichenden oder erklärenden Einschüben verwendet.

ut āiunt	wie man sagt	ut opīnor	wie ich glaube/vermute

b) ut … sīc/ita bezeichnet manchmal einen Gegensatz; im Deutschen ist die Übersetzung mit ‚*zwar … aber*' entsprechend.

Ut nihil bonī est in morte, sīc certē nihil malī.	Im Tode liegt zwar nichts Gutes, aber sicherlich auch nichts Schlechtes.

c) ut leitet gelegentlich einen begründenden Vergleich ein.

Caesar, ut erat prūdēns, ē Germāniā sē recēpit.	Klug wie er war, zog sich Cäsar aus Germanien zurück.

131 Relativsätze

Relativsätze werden eingeleitet mit Relativ-Pronomina (↗ 30.1), verallgemeinernden Relativ-Pronomina (↗ 30.1) oder Relativ-Adverbien.
Der Relativsatz kann die syntaktische Funktion des Subjekts, des Objekts, des Adverbiales oder des Attributs erfüllen.
Der Modus im Relativsatz ist entweder der Indikativ oder der Konjunktiv.

132 Relativsätze im Indikativ

1 Relativsätze als Attribut

Die **syntaktische Funktion** des **Attributs** wird zumeist dann von einem Relativsatz erfüllt, wenn die attributive Angabe durch größere Zusätze erweitert ist oder wenn der attributiven Angabe eine besondere Sinnrichtung gegeben ist, die durch ein Adjektiv bzw. Substantiv nicht angemessen ausgedrückt werden kann. Man nennt solche Relativsätze auch **Attributsätze**.

Adjektiv als Attribut:	Relativsatz als Attribut:
īnsula remōta eine ferne Insel	īnsula, quam procul vidēs die Insel, die du in der Ferne siehst
campus lātus ein weites Feld	campus, in quō/ubī exercitus cōnsēderat das Feld, auf dem sich das Heer gelagert hatte

① Imperātor Augustus, **quī** Rōmānīs pācem dedit, cūnctīs nōtus est.

Kaiser Augustus, **der** den Römern den Frieden gab, ist allen bekannt.

② Rōmānī Augustum, **cui** multa dēbēbant, valdē colēbant.

Die Römer verehrten Augustus, **dem** sie viel verdankten, sehr.

③ Rōmānī eā aetāte, **quā** Augustus prīnceps erat, bellīs vix vexātī sunt.

Die Römer wurden in der Zeit, **in der** Augustus Prinzeps war, kaum von Kriegen heimgesucht.

Im Satzmodell:

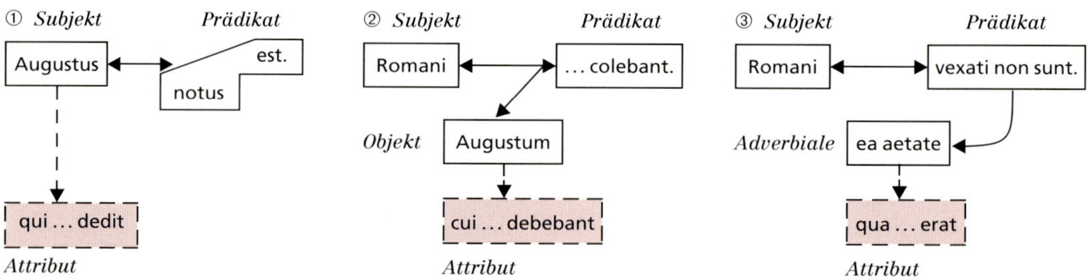

1.1 Das Relativ-Pronomen richtet sich im **Genus** und **Numerus** nach seinem Bezugswort im übergeordneten Satz, im **Kasus** jedoch nach seiner syntaktischen Funktion innerhalb des Relativsatzes:

Fortūna Rōmānīs,
① **quibus** multa perīcula imminēbant,
② **quōs** māgna bella perturbābant,
favēbat.

Fortuna war den Römern,
– denen viele Gefahren drohten,
– die große Kriege beunruhigten,
gewogen.

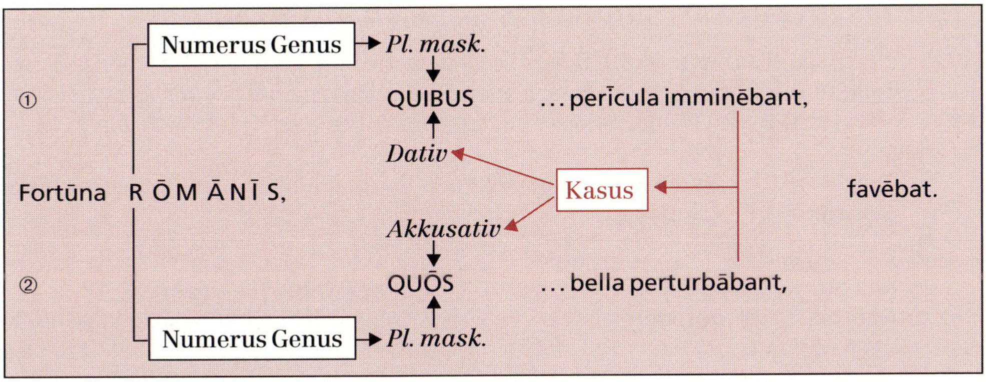

1.2 Bezieht sich das Relativ-Pronomen auf den ganzen Satz, so steht es im Neutrum Singular: quod (häufig in der Verbindung id quod). Gelegentlich ist dafür quae rēs gesetzt. Man bezeichnet diese Erscheinung als **Satz-Apposition.**

Graecīs Alexandrum mortuum esse nūntiātum est,	Den Griechen wurde gemeldet, dass Alexander gestorben sei,
(id) quod / **quam rem** } omnēs valdē dolēbant.	**was** / **ein Ereignis, das** } alle sehr bedauerten.

1.3 Erfüllt das Relativ-Pronomen die syntaktische Funktion des Subjekts, so stimmt es im Genus und Numerus gegebenenfalls mit dem Prädikatsnomen des Relativsatzes überein (↗ 38.3).

Properāvī Thēbās, **quod** Boeōtiae est caput.	Ich eilte nach Theben, das die Hauptstadt Böotiens ist.

1.4 Besonderheiten in der Stellung des Bezugswortes

a) Häufig ist das Bezugswort in den Relativsatz gezogen; in diesem Fall ist oft ein Demonstrativ-Pronomen **nachgestellt.**

Quae gravissimē afflīctae erant *nāvēs*, **eārum** māteriā Caesar ad reliquās reficiendās ūtēbātur.	Cäsar benutzte das Material der Schiffe, die am schwersten beschädigt waren, zur Wiederherstellung der übrigen.

b) Gelegentlich ist der Relativsatz zwischen Demonstrativum und Bezugswort **‚eingebettet'**.

Lēgēs semper **eum**, **quem** probāmus, cīvitātis **statum** servantō!	Die Gesetze sollen immer die Verfassung des Staates bewahren, die wir billigen!

c) Das Bezugswort ist zuweilen im Relativsatz **wiederholt**.

In **ea loca** vēnimus, **quibus** in *locīs* vetera Graecōrum templa erant.	Wir kamen in die Gegend, in der die alten Tempel der Griechen standen.

2 Relativsätze als Subjekt, Objekt oder Adverbiale

Wenn das **Bezugswort** (Substantiv, Demonstrativ-Pronomen) im übergeordneten Satz **fehlt**, dann treten Relativsätze gelegentlich auch als **Satzglieder** auf. Sie erfüllen dann die **syntaktische Funktion** des Subjekts, des Objekts oder des Adverbiales.

2.1 Der Relativsatz steht in der syntaktischen Funktion als Subjekt bzw. als Objekt **an verschiedenen Positionen** des Satzes.

a) als Subjekt:

① **Quī tacet**, nōn mentītur.	**Wer schweigt**, lügt nicht.
② Rem bene agit, **quī agere audet**.	Erfolgreich handelt, **wer zu handeln wagt**.

Im Satzmodell:

①
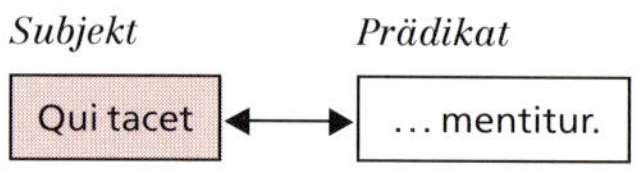

②
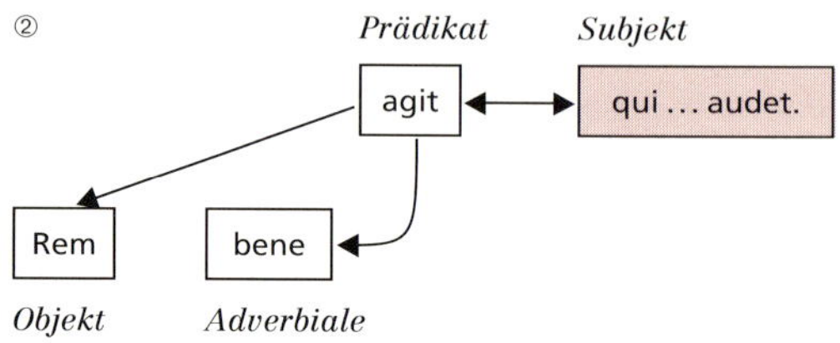

b) als Objekt:

③ Multī, **quod sentiunt**, nōn dīcunt.	Viele sagen nicht (das), **was sie denken**.

Im Satzmodell:

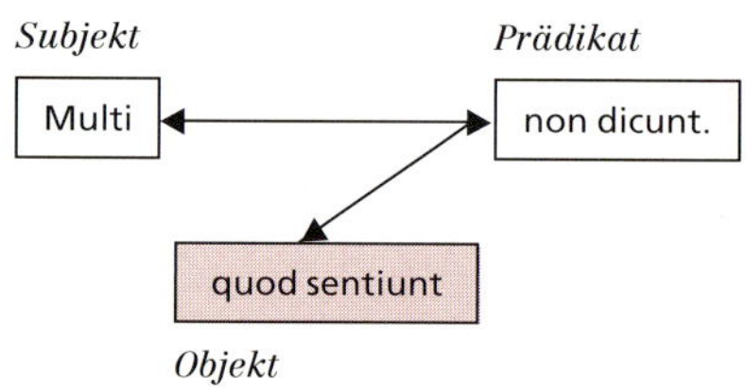

2.2 Die syntaktische Funktion des Relativsatzes als Subjekt bzw. Objekt wird zuweilen durch ein **nachgestelltes Demonstrativum** verdeutlicht.

Quod virtūte impetrārī dēbet, **id** haud rārō temptātur pecūniā.	Was durch Tüchtigkeit erreicht werden sollte, **das** versucht man nicht selten mit Geld (zu erreichen).

2.3 Gelegentlich übernimmt der Relativsatz die syntaktische Funktion eines **Objekts im Dativ**; im Deutschen ist hier das entsprechende Demonstrativum im Dativ zu ergänzen.

Dōnum dabō, quī mōnstrabit mihī viam rēctam. (*statt*: eī, quī ...)	Ein Geschenk gebe ich **dem**, der mir den richtigen Weg zeigt.

2.4 Mit einem **verallgemeinernden Relativ-Pronomen** (↗ 30.1) eingeleitete Relativsätze übernehmen fast immer die syntaktische Funktion des **Subjekts** oder **Objekts**.

Quidquid ortum est, aliquandō interībit.	**Alles, was** entstanden ist, wird einmal vergehen.

2.5 Relativsätze in der syntaktischen Funktion des Adverbiales

Der Relativsatz übernimmt gelegentlich die syntaktische Funktion des Adverbiales; er ist dann mit einem Pronominaladverb (z.B. ubī, quō, unde) eingeleitet. In dieser Funktion gibt der Relativsatz eine Ortsbestimmung an; deshalb lässt er sich auch als Lokalsatz einordnen (↗ 121.1.1).

133 Relativsätze im Konjunktiv

1 Relativsätze mit adverbialem Nebensinn

Relativsätze, die die syntaktische Funktion des Attributs erfüllen (Attributsätze), bestimmen oft nicht nur ein Satzglied näher, sondern enthalten zusätzlich eine adverbiale Angabe (Grund, Absicht, Folge, Einschränkung) zu dem im übergeordneten Satz dargestellten Vorgang.
Der Modus im Relativsatz mit adverbialem Nebensinn ist der **Konjunktiv**.

1.1 Relativsätze mit kausalem Nebensinn

Rōmānī, (quippe) **quī** multās gentēs fīnitimās amīcitiā sibī adiūnx**issent**, imperium diū tenēre poterant.	Die Römer, **die** (ja) viele benachbarte Völker in Freundschaft an sich gebunden hatten, konnten die Herrschaft lange behaupten. (**Da** die Römer ...)

a) Der durch den Konjunktiv ausgedrückte kausale Nebensinn lässt sich im Deutschen durch die Partikel ‚ja'/‚doch' berücksichtigen. Der Relativsatz kann bei der Wiedergabe auch in einen Kausalsatz umgewandelt werden.

b) Der kausale Nebensinn des Relativsatzes wird zuweilen durch ein vor dem Relativ-Pronomen stehendes quippe oder ut verdeutlicht.

quippe quī } der ja/doch
ut quī }

1.2 Relativsätze mit finalem Nebensinn

Saguntīnī lēgātōs Rōmam mīsērunt, **quī** auxilium contrā Hannibalem pet**erent**.	Die Bewohner von Sagunt schickten Gesandte nach Rom, **die** Hilfe gegen Hannibal **fordern sollten**.

a) Der durch den Konjunktiv ausgedrückte finale Nebensinn lässt sich durch die Wiedergabe mit ‚sollen' berücksichtigen.

b) In bestimmten Fällen muss der Relativsatz im Deutschen in einen Finalsatz umgesetzt werden; dabei wird das Relativ-Pronomen zu einem Demonstrativum.

Hannibal pontem fēcit in Rhodanō, **quō** cōpiās trānsportāret.	Hannibal ließ eine Brücke über die Rhone schlagen *um* auf dieser/so Truppen hinüber*zu*bringen.

1.3 Relativsätze mit konsekutivem Nebensinn

Scīpiō nōn is erat, **quī** Hannibalis virtūte atque cōnsiliō terr**ērētur**.	Scipio war nicht der Mann, **der** sich von Hannibals Tatkraft und kluger Planung **erschrecken ließ**. (dass er sich ... **hätte erschrecken lassen**.)

a) Der durch den Konjunktiv ausgedrückte konsekutive Nebensinn lässt sich im Deutschen oft durch eine Umsetzung in einen konsekutiven Gliedsatz berücksichtigen.

b) Nach verneintem Satz kann quīn einen Relativsatz einleiten:

Nēmō est, quīn sciat .. Es gibt niemanden, der nicht wüsste ...

c) Ein konsekutiver Nebensinn, der im Deutschen nicht berücksichtigt wird, liegt bei folgenden Wendungen vor:

multī sunt, quī ... nōn dēsunt, quī ... nēmō invenītur, quī ...	mit Konj.	es gibt viele, die ... es fehlt nicht an Leuten, die ... es lässt sich niemand finden, der ...

d) Der konjunktivische Relativsatz nach dīgnus/indīgnus ist im Deutschen immer in eine andere Konstruktion umzusetzen.

Dīgnī estis, **quōrum** salūtem dēfend**āmus**. — Ihr seid es wert/verdient es, *dass* wir uns für euer Wohlergehen einsetzen.

1.4 Relativsätze mit konzessivem Nebensinn

Ego, quī sērō Graecās litterās attigissem, tamen Athēnīs complūrēs diēs sum morātus. — Ich, der ich (obwohl ich) erst spät mit griechischer Wissenschaft in Berührung gekommen war, blieb doch mehrere Tage in Athen./ Obwohl ich erst spät mit griechischer Wissenschaft in Berührung gekommen war, blieb ich doch mehrere Tage in Athen.

1.5 Relativsätze mit einschränkendem Nebensinn

Quod litterīs cōnstet, Pherecȳdēs Syrius prīmus dīxit animōs esse hominum aeternōs. — **Soweit** durch schriftliche Überlieferung gesichert ist, hat Pherekydes von Syros zuerst gesagt, dass die Seelen der Menschen unvergänglich sind.

Der lateinische Konjunktiv ist in solchen Fällen im Deutschen nicht zu berücksichtigen; der Relativsatz muss in einen anderen Gliedsatz umgesetzt werden.

Häufiger begegnende Relativsätze mit einschränkendem Nebensinn sind z.B.:

quod sciam — soviel ich weiß; quod meminerim — soweit ich mich erinnere

2 Modusangleichung im Relativsatz

Nicht immer zeigt der Konjunktiv im Relativsatz einen adverbialen Nebensinn an. Der **Konjunktiv** steht in Attributsätzen oft aus Gründen der **Modusangleichung** (↗ 114.4.2), d.h.: Wird ein Satzglied des übergeordneten Satzes, der im Konjunktiv steht, von einem Relativsatz näher bestimmt, so gleicht sich dessen Modus diesem Konjunktiv an.

Quis eum dīlig**at**, quem metu**at**? — Wer liebt wohl den, den er fürchtet?

3 Innerliche Abhängigkeit des Relativsatzes

Der Konjunktiv im Relativsatz steht auch, wenn dieser innerhalb einer **Infinitivkonstruktion** steht; die Aussage des Relativsatzes gilt hier nicht als selbstständig, sondern ist in die Infinitivkonstruktion, die satzwertig ist, einbezogen (↗ 114.4.1).

Eōs, quī aliīs imper**ent**, amīcitiā, nōn armīs prōtēctōs esse oportet. — Diejenigen, die über andere herrschen, sollen durch Freundschaft, nicht durch Waffen geschützt sein.

134 Verschränkte Relativsätze

Das Relativ-Pronomen geht häufig mit anderen Konstruktionen, die im Relativsatz stehen, eine sehr **enge Verbindung** ein; sie sind gleichsam ineinander ‚**verschränkt**'. Diese Verschränkung muss im Deutschen meist aufgehoben werden; es gibt verschiedene Übersetzungsmöglichkeiten.

1 In einen AcI oder NcI verschränkt

Vom Prädikat des Relativsatzes hängt ein AcI ①, ② oder NcI ③ ab. Das Relativ-Pronomen stellt das ‚Subjekt' des AcI bzw. NcI dar.

① Rōmānī, **quōs** multīs gentibus **imperāvisse** cōnstat, Germānōs valdē timēbant.	Die Römer, **die** bekanntlich über viele Völker **herrschten**, fürchteten die Germanen sehr.
② Nōnne multae gentēs, **quibus** ā Rōmānīs servitūtem **impositam esse** putāmus, eōrum ipsōrum imperiō auctae sunt?	Sind nicht viele Völker, **denen**, wie wir glauben, von den Römern die Knechtschaft **auferlegt wurde**, gerade durch deren Herrschaft gefördert worden?
③ Ā Calgacō Rōmānōrum imperium, **quod** gentibus victīs pācem **dare** exīstimābātur, servitium vocātum est.	Von Calgacus ist die Herrschaft der Römer, **die**, wie man glaubte, den besiegten Völkern den Frieden **brachte**, Knechtschaft genannt worden.

Übersetzungsmöglichkeiten[1] (es sind nicht immer alle Lösungen möglich):

1. Hilfsübersetzung:	von denen bekannt ist, dass sie ... von denen wir glauben, dass ihnen ... von der man glaubte, dass ...	① ② ③
2. Parenthese: (eingeschobener Satz, eingeleitet mit ‚wie')	die, wie bekannt ist, ... denen, wie wir glauben, ... die, wie man glaubte, ...	① ② ③
3. Adverb:	die bekanntlich ...	①
4. Präpositionale Verbindung:	die unserer Meinung nach ... die nach allgemeiner Meinung ...	② ③

2 In eine Partizipialkonstruktion verschränkt

Das Relativ-Pronomen stellt zusammen mit einem Partizip oder einem Substantiv bzw. Adjektiv einen Ablativus absolutus (↗ 86.1.1) bzw. eine nominale Wendung (↗ 86.1; 87.4.2) dar.
Es bietet sich eine Wiedergabe durch eine präpositionale Verbindung an.

[1]) Zu den Übersetzungsmöglichkeiten des AcI ↗ 77.

Ariovistus,	Ariovist,
– **quō victō** bellum Germānicum nōndum fīnītum erat,	– **nach dessen Niederlage** der Germanenkrieg noch nicht beendet war,
– **quō auctōre** Germānī Gallīs bellum intulerant,	– **auf dessen Veranlassung** die Germanen die Gallier in kriegerischer Absicht angegriffen hatten,
trāns Rhēnum fugiēns interiit.	kam auf der Flucht über den Rhein um.

3 In einen Gliedsatz verschränkt

Wenn von einem Relativsatz ein weiterer Gliedsatz abhängt, kann das Relativ-Pronomen zu einem Satzglied dieses Gliedsatzes geworden sein. Bei der Übersetzung muss die syntaktische Funktion, die das Relativ-Pronomen im Relativsatz hat, beachtet werden.

In mentem mihī venit Catōnis,	Ich erinnere mich an Cato,
quem cum multī ōdissent,	**der**, **obwohl** viele **ihn** hassten,
tamen minās adversāriōrum nōn timuit.	trotzdem die Drohungen seiner Gegner nicht fürchtete.

Nicht selten ist der Relativsatz auch in einen indirekten Fragesatz verschränkt:

Multī glōriam appetunt,	Viele jagen dem Ruhm nach,
quae num sibī prōfutūra sit, īgnōrant.	von dem sie nicht wissen, ob er ihnen nützen werde.

4 In einen Ablativus comparationis verschränkt

In einem Relativsatz, der einen Vergleich enthält, kann das Relativ-Pronomen als Ablativus comparationis (↗ 55.4) stehen. Für die Übersetzung empfiehlt es sich, den Komparativ als Superlativ auszudrücken und als Apposition zu formulieren, an die sich ein Relativsatz anschließt; die Negation entfällt.

Sōlem ē mundō tollere vidētur,	Die Sonne scheint aus der Welt zu entfernen,
quī amīcitiam ē vītā tollit,	wer die Freundschaft aus dem Leben entfernt,
quā nihil ā dīs immortālibus **melius** habēmus, nihil **iūcundius.**	**das Beste** und **Angenehmste, was** wir von den unsterblichen Göttern erhalten haben.
	Hilfsübersetzung: im Vergleich zu der wir nichts Besseres, nichts Angenehmeres von den unsterblichen Göttern haben.

135 Relativischer Satzanschluss

Das Relativ-Pronomen kann zwischen zwei Sätzen eine **enge Verbindung** herstellen. Dabei schließt das Relativ-Pronomen an den vorausgehenden Satz eng an, indem es diese enge Verbindung zu einem Wort oder dem ganzen Satzinhalt herstellt.
Das Relativ-Pronomen steht **immer an der Spitze des Satzes**.
Das Relativ-Pronomen kann dabei einleiten
- einen Hauptsatz,
- eine satzwertige Konstruktion des nachfolgenden Satzes,
- einen Gliedsatz, der ggf. Teil eines folgenden Satzgefüges ist.

Diese Art der Verbindung heißt **relativischer Satzanschluss** (↗ 108.1.3c).
Die auf diese Weise verbundenen Sätze stehen oft in einem adversativen oder kausalen Verhältnis zueinander.
Im Deutschen ist das Relativ-Pronomen mit einem anderen Pronomen (in der Regel einem Demonstrativ-Pronomen) wiederzugeben; das logische Verhältnis ist gegebenenfalls mit entsprechenden beiordnenden Konjunktionen (z.B. *aber, nämlich*) zu berücksichtigen.

1 Das Relativ-Pronomen als Teil des nachfolgenden Hauptsatzes

Quis īgnōret Nerōnem?	Wer kennt wohl Nero nicht?
Quī in Chrīstiānōs crūdēliter cōnsuluit.	**Dieser** ist (**nämlich**) gegen die Christen grausam vorgegangen.
Caesar ad flūmen Tamesim exercitum dūxit;	Cäsar führte das Heer zur Themse;
quod flūmen ūnō omnīnō locō pedibus trānsīrī potest.	**dieser** Fluss (**aber**) kann nur an einer einzigen Stelle zu Fuß überquert werden.
Atticus omnēs incitābat studiō suō.	Atticus spornte alle durch seinen Eifer an.
Quō in numerō fuērunt L. Torquātus, C. Marius fīlius, M. Cicerō;	(Unter **diesen**) **Darunter** waren/**Dazu** zählten L. Torquatus, der jüngere C. Marius und M. Cicero;
quōs cōnsuētūdine suā sīc dēvīnxit, ut nēmō iīs cārior esset.	**diese** band er durch seinen Umgang mit ihnen so an sich, dass ihnen niemand lieber war.

2 Das Relativ-Pronomen als Teil einer satzwertigen Konstruktion

Abl. abs.:

P. Crassus exercitum in fīnēs Sotiātum dūxit.	P. Crassus führte das Heer ins Gebiet der Sotiaten.
Cuius adventū cognitō Sotiātēs māgnās cōpiās coēgērunt.	Als die Sotiaten von **seiner** Ankunft erfuhren, zogen sie starke Streitkräfte zusammen.

AcI:

A nōnnūllīs nātiōnibus lēgātiōnēs ad Caesarem missae sunt.	Von einigen Stämmen wurden Gesandtschaften zu Cäsar geschickt.
Quās (lēgātiōnēs) Caesar, quod in Italiam properābat, initiō proximae aestātis ad sē revertī iussit.	**Diesen** (Gesandtschaften) (aber) befahl Cäsar, weil er eilends nach Italien wollte, zu Beginn des folgenden Sommers wieder zu ihm zu kommen.

Gerundivum:

In Galliā rēs novās accidere Rōmam nūntiātum est;	In Gallien gebe es, so wurde in Rom gemeldet, Unruhen;
ad **quās** cognōscendās Caesar in prōvinciam properāvit.	um über **diese/darüber** Näheres zu erfahren eilte Cäsar in die Provinz.

Folgende Verbindungen begegnen häufig:

quō factō	nach diesem Ereignis; hierauf
quibus rēbus cognitīs	als er/man davon erfahren hatte; in Kenntnis dieser Vorgänge
quibus rēbus commōtus	(durch diese Ereignisse veranlasst) unter dem Eindruck/aufgrund dieser Ereignisse

3 Das Relativ-Pronomen als Teil eines nachfolgenden Gliedsatzes

Omnēs deī ad epulās convocātī erant exceptā Discordiā.	Alle Götter waren zum Festmahl geladen, mit Ausnahme der Discordia.
Quae cum posteā supervēnisset, ad epulās admissa nōn est.	Als **diese** später hinzukam, wurde sie nicht zum Festmahl zugelassen.
Caesar oppidum Biturīgum oppūgnāre īnstituerat.	Cäsar hatte Anstalten getroffen die Stadt der Bituriger zu belagern.
Quō ex oppidō cum lēgātī ad eum vēnissent, obsidēs darī iussit.	Als aus **dieser** Stadt Gesandte zu ihm kamen, befahl er Geiseln zu stellen.

4 Das Relativ-Pronomen mit Bezug auf den Gesamtinhalt

Die Verbindung zum Gesamtinhalt des vorangegangenen Satzes wird hergestellt durch das Relativ-Pronomen im Neutrum Singular **quod** (auch im Plural: **quae**) oder die Verbindung **quae rēs** u.ä.

Vārī exercitus in Germāniā dēlētus est.	Das Heer des Varus wurde in Germanien vernichtet.
Quod ubī Rōmam est nūntiātum,/ **Quā rē** Rōmam nūntiātā cīvium animī perturbātī sunt.	Sobald / Als **dies** in Rom gemeldet wurde, herrschte unter den Bürgern große Aufregung.
Nerō Rōmam īgne dēlērī iussisse dīcitur.	Nero soll befohlen haben Rom niederzubrennen.
Quae rēs populī īram mōvit./ **Quā dē rē** populus īrātus erat.	**Dies** erregte den Zorn des Volkes./ **Darüber** war das Volk erzürnt.

Folgende Verbindungen begegnen häufig:

quod ubī audīvit	sobald er dies gehört hatte
quae dum geruntur (Präsens ↗ 122.2)	während dies geschah
quae cum ita sint	da dies so ist
quamobrem / quā dē causā	deshalb

136 Indirekte Rede (Oratio obliqua)

Die sprachliche Äußerung einer Person kann von einer anderen Person, z.B. einem Erzähler, auf zwei Arten wiedergegeben werden: entweder **wörtlich/direkt berichtet** (Zitat) oder **indirekt ‚vermittelt'** (Oratio obliqua[1]: **abhängige/indirekte Rede**). In letzterem Fall steht die Rede in Abhängigkeit von Verben, die man sich als Äußerung des ‚Vermittlers' eingeschoben denken kann, und zwar – je nach Absicht des ursprünglich Sprechenden – von Verben des **Sagens**, **Fragens** oder **Begehrens**.
Diesem Abhängigkeitsverhältnis zufolge stehen ursprünglich unabhängige Sätze
- im **AcI**, wenn Verben des Sagens zu denken sind,
- im **Konjunktiv**, wenn Verben des Fragens oder Begehrens zu denken sind.

Wiedergabe im Deutschen:

Für die **indirekte Rede im Deutschen** gelten folgende Regeln: Die Prädikate aller Sätze stehen im Konjunktiv, und zwar im Konjunktiv I; nur wenn die Formen des Konjunktiv I identisch sind mit Indikativformen, stehen die Formen des Konjunktiv II (oder Umschreibung mit ‚würde').

1 AcI in der Oratio obliqua

Im AcI stehen
- (ursprünglich unabhängige) **Aussagesätze** (↗ 95.1),
- (ursprünglich unabhängige) **rhetorische Fragen** (↗98.6).

Davon zu unterscheiden ist der AcI, der in Verbindung mit bestimmten Verben die Funktion des Subjekts oder Objekts erfüllt (↗75.2).

---

[1]) oblīquus: schief

1.1 **Aussagesätze** stehen – aufgrund der zu denkenden Abhängigkeit von einem Verb des Sagens – im AcI.

ARIOVISTUS ā Caesare monitus, nē Haeduīs bellum īnferret, HAEC …

direkt:	indirekt:	deutsche Wiedergabe:
… DIXIT: „*Haeduī* iūre ā mē stīpendiāriī *factī sunt.*“	**Haeduōs** iūre ā **sē** stīpendiāriōs **factōs esse**.	**Die Häduer seien** zu Recht von ihm tributpflichtig **gemacht worden**.

▶ Auch Sätze mit **relativischem Satzanschluss** (↗ 135) erscheinen im AcI.

„*Quibus* bellum *illātūrus* nōn *sum*, sī …“	Quibus **sē** bellum **illātūrum** nōn **esse**, sī …	**Er habe** nicht **vor** diese **anzugreifen**, wenn …

1.2 **Rhetorische Fragen** sind zwar von einen Verb des Fragens abhängig zu denken, sie stehen aber im AcI, da ihr Sinn gleichbedeutend mit einer Aussage ist.

ARIOVISTUS ā Caesare monitus, nē Haeduīs bellum īnferret, HAEC …

direkt:	indirekt:	deutsche Wiedergabe:
… ROGAVIT: „*Nōnne populus Rōmānus* victīs suā voluntāte *imperat*? (Haud secus populus Rōmānus victīs suā voluntāte imperat.)	Nōnne **populum Rōmānum** victīs suā voluntāte **imperāre**?	**Ob das römische Volk** etwa nicht nach seinem Willen die Herrschaft über die Besiegten **ausübe**?/ **Übe** etwa das römische Volk nicht … **aus**?
Quis īgnōrat populum Rōmānum suō iūre ūtī?“ (Nēmō īgnōrat populum Rōmānum suō iūre ūtī.)	**Quem īgnōrāre** populum Rōmānum suō iūre ūtī?	**Wer wisse nicht**, dass das römische Volk von seinem Recht Gebrauch mache?

2 Konjunktiv in der Oratio obliqua

Im Konjunktiv stehen
- (ursprünglich unabhängige) **Fragesätze** (↗ 95.2),
- (ursprünglich unabhängige) **Wunsch- und Aufforderungssätze** (↗ 95.3),
- Gliedsätze (↗ 115–133).

Dabei wird durch die Form des Konjunktivs – nach den Regeln der Zeitenfolge (Consecutio temporum ↗ 113) – das Zeitverhältnis zum übergeordneten Prädikat ausgedrückt, durch das die indirekte Rede eingeleitet wird.

2.1 **Fragesätze** stehen – aufgrund der zu denkenden Abhängigkeit von einem Verb des Fragens – wie abhängige Fragesätze (↗ 118) im Konjunktiv.

ARIOVISTUS ā Caesare monitus, nē Haeduīs bellum īnferret, HAEC ...

direkt:	indirekt:	deutsche Wiedergabe:
... ROGAVIT:		
„*Vīsne* tū, Caesar, iniūriam facere?	**Velletne** ille iniūriam facere?	**Ob er** (– Cäsar –) Unrecht begehen **wolle**?/ **Wolle er** ... begehen?
Cūr mihī *praecēpistī* neque rēs tuās *agis*?"	**Cūr** ipsī **praecēpisset** neque rēs suās **ageret**?	**Warum er** ihm Vorschriften **gemacht habe** und **sich** nicht um seine eigenen Angelegenheiten **kümmere**?

2.2 **Wunsch- und Aufforderungssätze** stehen – aufgrund der zu denkenden Abhängigkeit von einem Verb des Begehrens – wie abhängige Begehrsätze (↗ 117) im Konjunktiv.

CAESAR ARIOVISTUM MONUIT:

direkt:	indirekt:	deutsche Wiedergabe:
„Armīs *dēcerne*, cum vīs!	Armīs **dēcerneret**, cum vellet.	**Er solle** nur mit Waffen **die Entscheidung suchen**, wenn er wolle.
Nē quid temere *ēgeris*!"	**Nē** quid temere **ageret**.	**Er solle nichts** unüberlegt **tun**.

2.3 **Gliedsätze**, und zwar sowohl die in der direkten Rede indikativischen als auch die konjunktivischen, stehen im Konjunktiv, da sie als ‚innerlich abhängig' (↗ 114.2.3) angesehen werden.

ARIOVISTUS ā Caesare monitus, nē Haeduīs bellum īnferret, HAEC ...

direkt:	indirekt:	deutsche Wiedergabe:
... DIXIT:		
„Iūs est bellī, *ut, quī vīcērunt,* iīs, *quōs vīcērunt, imperent*."	Iūs esse bellī, ut, quī **vīcissent**, iīs, quōs **vīcissent**, **imperārent**.	Es sei Kriegsrecht, **dass** die Sieger (die, **die gesiegt hätten**,) über die Besiegten (die, **die** sie **besiegt hätten**,) die Herrschaft **ausübten**.
... PROMISIT:		
„Haeduīs bellum nōn īnferam, *sī* in eō *manēbunt*, *quod* inter mē et eōs *convēnit* (convēnerit)."	Haeduīs sē bellum illātūrum nōn esse, **sī** in eō **manērent**, **quod** inter sē et illōs **convēnisset**.	Er werde die Häduer nicht angreifen, **wenn sie** das **einhielten**, **was** zwischen ihm und ihnen **vereinbart worden sei**.

3 Pronomina in der Oratio obliqua

Für den ‚Vermittler' einer direkten Rede werden alle Personen, die dort als 1. und 2. Person angesprochen werden, zu 3. Personen, von denen er aus der Distanz des Unbeteiligten spricht. Deshalb sind ausschließlich Pronomina der 3. Person verwendet.

3.1 Das reflexive Personal-Pronomen und Possessiv-Pronomen der 3. Person (↗ 28.1/2) können sich in der Oratio obliqua beziehen
- auf die Person, die in der direkten Rede die ‚sprechende' Person (**1. Person**: ich/wir) ist, oder
- auf eine **Person**, die auch in der direkten Rede eine ‚besprochene' Person (**3. Person**: er, sie, es/sie) ist.

ARIOVISTUS ā Caesare monitus, nē Haeduīs bellum īnferret, HAEC …

direkt:	indirekt:	deutsche Wiedergabe:
… DIXIT: „Nōn oportet", inquit, „**mē** in **meō** iūre impedīrī. Haeduī iūre ā **mē** stīpendiāriī factī sunt."	Nōn oportēre **sē** in **suō** iūre impedīrī. Haeduōs iūre ā **sē** stīpendiāriōs factōs esse.	Es sei nicht in der Ordnung, dass **er** in **seinem** Recht behindert werde. Die Häduer seien zu Recht von **ihm** tributpflichtig gemacht worden.
„Nōnne *populus Rōmānus* victīs ad **suum** arbitrium imperat?"	Nōnne *populum Rōmānum* victīs ad **suum** arbitrium imperāre?	Ob das römische Volk etwa nicht nach **seinem** Gutdünken die Herrschaft über die von ihm Besiegten ausübe?
„Quis īgnōrat **eum suō** iūre ūtī?"	Quem īgnōrāre **eum suō** iūre ūtī?	Wer wisse nicht, dass **es** von **seinem** Recht Gebrauch mache?

3.2 Demonstrativ-Pronomina (↗ 29), gegebenenfalls das Personal-Pronomen der 3. Person (↗ 28.1), bezeichnen in der Oratio obliqua die in der direkten Rede angesprochene Person (**2. Person**: du/ihr).

Ariovistus ā Caesare monitus, nē Haeduīs bellum īnferret, HAEC …

direkt:	indirekt:	deutsche Wiedergabe:
… DIXIT/ROGAVIT: „Vīsne **tū**, Caesar, iniūriam facere?	Velletne **ille** iniūriam facere?	Ob **er** (– Cäsar –) Unrecht begehen wolle?/ Wolle er … begehen?
Cūr mihī praecēpistī neque rēs **tūas** agis?"	Cūr ipsī praecēpisset neque rēs **sūas** ageret?	Warum habe er ihm Vorschriften gemacht und kümmere sich nicht um **seine eigenen** Angelegenheiten?

DIE LEHRE VOM TEXT

137 Textgrammatische Grundlagen

Wörter verbinden sich zu einem **Satz**, indem sie innerhalb dieses Satzes jeweils verschiedene Positionen einnehmen und Funktionen übernehmen. Sätze verbinden sich zu einer größeren sprachlichen Einheit, dem **Text**, indem sie durch ihre Aussagen einen inhaltlich stimmigen Zusammenhang (**Textkohärenz**) in einer geordneten Abfolge (**Textgliederung**) herstellen. Die Kohärenz und Gliederung eines Textes, seine Struktur, werden durch verschiedene satzübergreifende sprachliche Elemente und Gestaltungsmittel ermöglicht und gestützt.
Der Zusammenhang zwischen den einzelnen Sätzen und Abschnitten eines Textes wird durch die Anzahl, die Dichte, die Form und die Schwerpunktsetzung der sprachlichen Elemente auf unterschiedliche Weise bestimmt; diese Elemente stehen untereinander in einem deutlichen syntaktischen, semantischen oder stilistischen Bezug; dies hängt zum einen von der Absicht ab, die der Autor eines Textes jeweils verfolgt, zum anderen von der Art des Textes, der Textsorte.

Die Lehre vom Text umfasst somit grammatisch die Bereiche
Textsyntax (↗ 139),
Textsemantik (↗ 140),
Textpragmatik (↗ 141),
Texttypik (↗ 142) und die
Textgestaltung durch Stilmittel (↗ 143).

138 Zur Einführung in die Textgrammatik: Ein Arbeitsbeispiel aus Cäsars Bellum Gallicum

An dem folgenden Kapitel aus Cäsars Bellum Gallicum (IV 31) sollen einführend und exemplarisch Beobachtungen an einem Text als Ganzem gezeigt werden. Dazu wird der lateinische Text mit einer deutschen Übersetzung vorgestellt; die zu beobachtenden textgrammatischen Elemente werden im Text gekennzeichnet und erläutert.

1 Textvorlage

Inhaltliche Vorbemerkungen: Cäsar ist in Britannien, nachdem er mit den Einheimischen bereits Frieden geschlossen hatte, durch ein gewaltiges Unwetter in Bedrängnis geraten. Ein Großteil der römischen Flotte ist vernichtet, die Britannen verschwören sich von neuem gegen die Römer. Die Situation ist für Cäsar äußerst schwierig.

2

At Caesar, etsi nondum eorum consilia cognovera-t,
tamen et ex eventu navium suarum
et ex eo,
quod obsides dare intermisera-nt,
fore id,
quod accidi-t,
suspicaba-tur.
Itaque ad omnes casus subsidia comparaba-t.
Nam et frumentum ex agris cottidie in castra confereba-t
et,
quae gravissime adflictae era-nt naves,
earum materia atque aere ad reliquas reficiendas uteba-tur
et, quae ad eas res era-nt usui,
ex continenti comportari iubeba-t.
Itaque, cum summo studio a militibus administrare-tur,
XII navibus amissis,
reliquis ut navigari satis commode posset, effeci-t.

Caesar, B.G. IV 31

Übersetzung

Aber wenn Cäsar auch von ihren Absichten noch nicht erfahren hatte, so vermutete er doch aufgrund der Havarie seiner Schiffe und der Tatsache, dass sie plötzlich die Stellung von Geiseln ausgesetzt hatten, es werde das eintreten, was dann tatsächlich auch geschah.

Er traf daher für alle Fälle seine Vorkehrungen: Täglich ließ er nämlich von den Feldern Getreide ins Lager bringen, verwendete das Holz und die Eisenteile der Schiffe, die am schwersten beschädigt waren, zur Reparatur der übrigen und ließ, was (sonst noch) dafür nötig war, vom Festland heranbringen.

So erreichte er, da von den Soldaten mit höchstem Einsatz gearbeitet wurde, dass trotz des Verlustes von 12 Schiffen mit den restlichen die Fahrt zur See einigermaßen ordentlich durchgeführt werden konnte.

3 Textanalyse

Dieser Text ist durch verschiedene sprachliche Elemente zu einem Ganzen zusammengefügt, die in unterschiedlicher Weise den Charakter des Textes bestimmen.[1]

3.1 Textsyntaktische Beobachtungen

① Der Text ist durch verbindende Wörter parataktisch in vier Abschnitte gegliedert: Mit at wird Cäsars Gegenreaktion auf die bedrohliche Situation eingeleitet. Durch itaque wird folgernd auf die daraus resultierenden Maßnahmen hingeführt. In dem mit nam eingeleiteten Satz werden diese Maßnahmen erklärt. Mit itaque beginnt der Schlusssatz, in dem das positive Ergebnis der Gegenmaßnahmen Cäsars festgestellt wird. Solche den Text gliedernden Verbindungswörter werden **Konnektoren** genannt (↗ 139.1).

② Am Kapitelanfang wird Caesar genannt; er wird in den folgenden Sätzen in sieben Prädikaten in der 3. Person Singular wieder aufgenommen: cognovera(t), suspicaba(tur), comparaba(t), confereba(t), uteba(tur), iubeba(t), effeci(t). Nur einmal wird ein weiteres handelndes Subjekt (die Britannen, ohne Namensnennung) durch ein Prädikat eines Gliedsatzes in der 3. Person Plural bezeichnet: intermisera(nt). Cäsar erweist sich demnach als die die Handlung beherrschende Person; er ist der agierende und alles regelnde Feldherr. Diese **Personenverteilung** bestimmt in auffälliger Weise den inneren Zusammenhang des Textes (↗ 139.2).

---

[1]) Die sprachlichen Elemente werden nachfolgend (↗ 139 ff.) systematisch dargestellt.

③ Die Prädikate stehen fast ausschließlich im Imperfekt oder – in Gliedsätzen – im Plusquamperfekt: suspicabatur, comparabat, conferebat, utebatur, iubebat; (etsi) cognoverat, (quod) intermiserant, (quae) afflictae erant. Das Perfekt erscheint bei zwei Prädikaten: Bei accidit im quod-Satz, welcher eine Feststellung aus späterer Sicht enthält, und mit starker Betonung am Kapitelende: effecit. Die Imperfekte (Plusquamperfekte) zeichnen den Geschehenshintergrund, vor dem sich der Geschehensvordergrund, die Feststellung des Erfolgsgeschehens am Ende, markant abhebt.
Diese **Zeitenverwendung**, auch **Tempus-Relief** genannt, gibt dem Text ein besonderes Gepräge (↗ 139.3).

④ Nahezu alle Prädikate stehen im Aktiv: cognoverat, suspicabatur, comparabat, conferebat, utebatur, iubebat, effecit. Im Passiv steht nur das, was auf Befehl Cäsars von den Soldaten ausgeführt wird (administraretur, navigari posset). Dadurch wird Cäsar als treibender und für die Handlung verantwortlicher Akteur hervorgehoben.
Die **Verwendung von Aktiv und Passiv**, die sog. **Diathese**, ist aufschlussreich für die Tendenz des Textes (↗ 139.4).

⑤ Die Prädikate stehen vornehmlich im Indikativ: cognoverat, suspicabatur usw.; der Konjunktiv erscheint nur in zwei Gliedsätzen, von denen der eine (cum ... administraretur) eine Begründung für das berichtete Geschehen angibt, der andere (ut ... navigari posset) die inhaltlich notwendige Ergänzung zu der Indikativform effecit ist. Damit wird angezeigt, dass es nur um die Feststellung von wirklichem Geschehen und realen Vorgängen geht.
Die **Verwendung und Verteilung der Modi** geben dem Text eine bestimmte Färbung und Richtung (↗ 139.5).

3.2 Textsemantische Beobachtungen

⑥ Mit reliquas und reliquis wird auf die zuvor genannten naves verwiesen; ebenso verweist earum auf quae ... naves zurück. Weitere verweisende Wörter oder Wortgruppen liegen vor in ad omnes casus, das sich auf die vorher genannten Pläne der Britannen und deren Folgen bezieht, und in ad eas res, das auf die zuvor angesprochenen Versuche der Schiffsreparatur verweist.
Diese **Verweis-Wörter** (Pro-Formen) verknüpfen Wortgruppen miteinander, indem sie auf bereits genannte Textelemente zurückverweisen (oder auf später folgende vorverweisen), und stellen den thematischen Zusammenhang her (↗ 140.1).

⑦ Verteilt über den Text wiederholt sich eine Wortfamilie: naves, navigari: navium suarum; quae naves; navibus amissis; zu erg. in ad reliquas ⟨naves⟩, reliquis ⟨navibus⟩; ut satis navigari posset.
Diese **Wortwiederholungen** (Rekurrenzen), die gleichsam Leitwörter darstellen, verstärken den Zusammenhang des Textes entscheidend und geben seinem Thema oder einem Themenaspekt ein besonderes Gewicht (↗ 140.2).

⑧ Durch zwei Umschreibungen wird auf die neuen, Cäsar unbekannten Pläne der Britannen Bezug genommen: ex eo, quod obsides dare intermiserant und ad omnes casus umschreiben eorum consilia. Dadurch wird der Umstand deutlich, der – neben dem Missgeschick mit den Schiffen – Cäsars Lage so schwierig macht.
Solche **Umschreibungen** (Paraphrasen) unterstützen den Zusammenhang des Textes dadurch, dass sie bestimmte Aussagen des Textes wieder aufgreifen oder auch näher bestimmen oder durch weitere Aspekte ergänzen (↗ 140.3).

⑨ Folgende Wortgruppen markieren Aussageschwerpunkte (vgl. ⑥ und ⑦.): ex eventu navium – quae gravissime erant adflictae ⟨naves⟩ – ad reliquas reficiendas ⟨naves⟩ – XII navibus amissis – reliquis ut navigari satis commode posset. Es geht deutlich um die Beschädigung und Wiederherstellung der Schiffe.
In diesen **Sach- oder Bedeutungsfeldern**, die einen Text vorherrschend bestimmen und ihn so als Einheit erfahren lassen, ist in der Regel zugleich die Thematik des Textes angezeigt (↗ 140.4).

⑩ Zu dem Hinweis auf die Pläne der Britannen (consilia) am Anfang des Textes tritt als neue Mitteilung Cäsars Vermutung über diese Pläne (suspicabatur); die daraus resultierenden Gegenmaßnahmen (subsidia comparabat) werden dann als neue Aussage hinzugefügt. Diese wird erweitert durch die erklärende Aufzählung der Gegenmaßnahmen (nam conferebat usw.). Daran schließt sich die weitere Mitteilung, dass mit dem höchsten Einsatz der Soldaten die Maßnahmen durchgeführt wurden (summo studio administraretur); dem fügt sich die neue Feststellung an, dass Cäsar alles erfolgreich zu Ende geführt hat (effecit).
Vor dem Hintergrund des **Themas** eorum consilia beginnt der Text mit einer für den Leser neuen Mitteilung. Eine solche Information nennt man **Rhema**. Für den Ablauf des Textes wird diese Information als bekannt vorausgesetzt und nimmt somit den Charakter eines Themas an. Zu diesem tritt dann eine weitere neue Information (Rhema), die wieder zum Thema wird usw. So baut sich allmählich der Gesamtzusammenhang des Textes auf.
Durch die **Thema-Rhema-Abfolge** ist die Geschlossenheit des Textes am stärksten gewährleistet (↗ 140.5).

3.3 Zusammenfassung aus den Beobachtungen

Auf der Basis der textgrammatischen Beobachtungen lassen sich Aussagen über die Gestaltung der Textstruktur und die Form der Leserlenkung (durch Wahl der Textsorte, Kohärenz und Gliederung sowie Setzung von Aussageschwerpunkten) treffen:
In Form eines erzählenden Berichtes will der Autor Cäsar die Leser von Folgendem überzeugen: Trotz widriger Umstände schafft er es, dank seiner alles bedenkenden Umsicht alle Schwierigkeiten souverän zu meistern.
An einem einzigen Text lassen sich, wie am Beispiel erkennbar, alle wichtigen Elemente, die den inneren Zusammenhang eines Textes (**Kohärenz**) herstellen und ihn gliedern, in unterschiedlich deutlicher Weise herausarbeiten. Dieses Vorgehen der satzübergreifenden Texterschließung nennt man **Kohärenz-Analyse**.
In jedem Text werden dabei, je nach Aussageabsicht und Textsorte, unterschiedliche Elemente vorherrschend oder textbestimmend sein; häufig sind es, wie im vorliegenden Textbeispiel, die **Konnektoren**, die **Tempusverwendung**, die **Personenverteilung**, die **Diathese** und das **Sach- und Bedeutungsfeld**.
Insgesamt schafft eine solche textgrammatische Erschließungsarbeit die unverzichtbaren Voraussetzungen für ein ganzheitliches Verständnis des Textes und damit für eine angemessene Übersetzung und Deutung (Interpretation).

139 Textsyntax

Grammatische Beziehungen, die über die Satzgrenzen hinauswirken und die die Einheit und Struktur eines Textes herstellen, werden durch die Textsyntax erfasst.
Die satzübergreifende Funktion der syntaktischen Sprachelemente bestimmt die Einheit und den Wechsel von Aussagen innerhalb eines Textzusammenhanges.

Zur Textsyntax zählen insbesondere folgende sprachliche Elemente:

a) Satzverbinder	KONNEKTOREN
b) Handlungsträger	PERSONENVERTEILUNG
c) Verbalinformationen	TEMPUS
	DIATHESE
	MODUS

1 Konnektoren

Konnektoren werden Wörter bzw. Wortgruppen genannt, die innerhalb eines Textzusammenhangs der satzübergreifenden Verknüpfung und Verbindung dienen.
Die verknüpfende Funktion von Konnektoren erfüllen

1.1 direkte Konnektoren

- beiordnende Konjunktionen,
- unterordnende Konjunktionen (Subjunktionen),
- parallel anordnende Wörter (Korrelativa),
- gliedernde Adverbien,
- vor- oder rückverweisende Wörter bzw. Wortgruppen (↗ 140.1).

1.2 indirekte Konnektoren

- Pronomina beim relativischen Satzanschluss
- Ablativus absolutus
- Participium coniunctum
- Gerundivum

(Ablativus absolutus, Participium coniunctum, Gerundivum:) als in sich geschlossene Wortgruppen (↗ 140.1)

Formen der Verknüpfung				
	begründend/ folgernd/ erläuternd	bestätigend/ korrigierend	zeitlich/räumlich einordnend	reihend/ ausschließend
beiordnende Konjunktionen	nam, enim, itaque, ergō, igitur	autem, tamen, sed, at, vērō (‚aber')		et, atque, neque, etiam, aut, vel
unterordnende Konjunktionen (Subjunktionen)	quod, quia, cum; ut (‚nämlich dass')	cum (‚während dagegen'), quamquam, cum (‚obwohl'), etsī	cum (‚als, nachdem'), postquam, antequam, ubī (‚sobald'/‚wo'), unde	
parallel anordnende Wörter (Korrelativa)	nōn sōlum … sed etiam sīve … sīve	cum … tum	iam … iam modo … modo	et … et neque … neque vel … vel aut … aut
gliedernde Adverbien	propterea; quārē	certē, immō, vērō, fortāsse, profectō	posteā, quandō, intereā, tandem; ibī, eō, inde, hīc, ubī	praetereā, prīmum … deinde … tum … postrēmō

2 Personenverteilung

Unter textlicher Personenverteilung versteht man die Art und Weise, wie Personen (1., 2., 3. Person) an der Aussage des Textes beteiligt sind.

Aus der Personenverteilung wird beispielsweise erkennbar,
- welche Rolle der Schreibende spielt,
- ob eine Person beherrschend hervortritt,
- wie eine Person in ein Verhältnis zu einer anderen Person tritt,
- ob zwischen dem Autor (Sprecher in der 1. Person) und dem Leser ein fiktives Gespräch stattfindet,
- ob andere Personen (3.) miteinander in sprachlichen Kontakt treten,
- ob über Personen, Sachen oder Vorgänge gesprochen oder berichtet wird.

In welcher Form eine Person in einem Text vertreten ist oder im Text handelt, hängt entscheidend ab von der Aussageabsicht, die mit der Person verbunden ist, und von der Textsorte (↗ 142.1).

3 Tempus

Tempora haben eine besondere textverknüpfende Kraft; die Einheitlichkeit und der Wechsel im temporalen Aufbau eines Textes geben wichtige Hinweise darauf, wie die Textaussage verstanden werden soll.

3.1 Vor allem in erzählenden Texten (Erzählung, Bericht, Geschichtsdarstellung, Fabel, Epos) gibt die Tempusverwendung von Imperfekt, Plusquamperfekt und Perfekt Aufschluss über die Abfolge und Ordnung der erzählten Ereignisse und das im Text erfasste Geschehen. Mit Hilfe von Erzähl- und Berichttempora werden Geschehenshintergrund und -vordergrund gekennzeichnet.

▶ Das **Imperfekt**, das länger andauernde Vorgänge, begleitende Umstände, fortwirkende Gewohnheiten, Gedanken und Überlegungen erfasst, kennzeichnet den **Geschehenshintergrund** (↗ 105.2).

▶ Das **Plusquamperfekt**, das meist in Gliedsätzen steht, erfasst erzählend die Vorgeschichte der beschriebenen Situation oder des Hauptgeschehens, zeichnet also gleichfalls den **Geschehenshintergrund**. Die erzählende Rückschau nutzt – häufig am Textanfang oder am Textende – die Möglichkeit der Raffung oder der Zusammenfassung des vorher Geschehenen (↗ 106).

▶ Das **Perfekt**, das die aufeinander folgenden Hauptereignisse aneinander reiht und die Darstellung des Geschehens bzw. der Ereignisse vorantreibt, kennzeichnet den **Geschehensvordergrund** (↗ 104; 105.2). Sollen die Ereignisse oder das Geschehen unmittelbar vergegenwärtigt oder spannungserzeugend dargestellt werden, kann statt des erzählenden (narrativen) Perfekts auch das dramatische (historische) Präsens oder der historische Infinitiv stehen (↗ 37.1.2, 103).
Im Präsens können innerhalb einer Erzählung auch feststellende Äußerungen des Autors oder beschreibende Einschübe stehen.

3.2 In beschreibenden und erörternden Texten (z.B. Erörterung, Rede, Dialog, Brief) herrschen neben den Erzähltempora auch andere Tempora vor; sie haben z.T. eine andere Funktion.

▶ Das **Präsens** kennzeichnet aktuelle Vorgänge oder allgemeingültige Feststellungen (↗ 103).

▶ Das **Futur** erfasst Vorgänge, die von der Gegenwart in die Zukunft reichen oder in der Zukunft erfasst werden (↗ 107).

▶ Das **Perfekt** bringt häufig Handlungen und Vorgänge im Rückblick und stellt sie als abgeschlossen oder als Ergebnis fest (konstatierendes/resultatives Perfekt ↗ 104).

Übersicht über die hauptsächliche Verwendung der Tempora in Texten:

Textsorte	Erzählende Texte		
Textabsicht	Darstellung des Geschehens-hintergrundes	 des Geschehens-vordergrundes	Erklärender Einschub
Latein	Imperfekt Plusquamperfekt/	narratives Perfekt/ dramatisches Präsens/ historischer Infinitiv	Präsens
Deutsch	Präteritum Plusquamperfekt	Präteritum/ Präsens	Präsens

Textsorte	Beschreibende/erörternde Texte		
Textabsicht	Bezeichnung aktueller Ereignisse und allgemein gültiger Aussagen	Bezeichnung von in der Zukunft liegenden Vorgängen	Feststellung von abgeschlossenen Geschehnissen
Latein	Präsens	Futur	konstatierendes Perfekt
Deutsch	Präsens	Präsens (Futur)	Perfekt

4 Diathese

Die Diathese, d.h. der Wechsel in der Verwendung von Aktiv und Passiv innerhalb eines Textes, weist auf die Mitteilungsabsicht des Autors hin.
An der vorherrschenden Verwendung eines Genus verbi (↗ 7.3.1) oder am Wechsel zwischen Aktiv und Passiv zeigt der Autor innerhalb eines Textes,

- welche Person(en) er in den Vordergrund stellen will und welche er vom aktiven Handeln oder Geschehen ausgeschlossen sehen will,
- welche Person(en) oder Sachen vom Handeln oder Geschehen als betroffen gesehen werden sollen,
- ob die handelnde Person (der ‚Täter' oder Urheber) verschwiegen werden soll.

5 Modus

Die Verwendung des Modus gibt Textaussagen eine besondere Färbung und Richtung, z.B. als Tatsache und Feststellung oder Behauptung, als Unwirkliches, Mögliches oder Gewünschtes, als Überlegung, als Aufforderung oder Befehl bzw. Verbot.
Ein bestimmter Modus ist innerhalb eines Textes – je nach Aussageabsicht oder Textsorte – unterschiedlich stark vorherrschend.

Modus	Erzählende Texte	Beschreibende oder erörternde Texte
Indikativ	Darstellung eines wirklichen oder als wirklich angenommenen Geschehens	Beschreibung oder Feststellung von gegenwärtigen Ereignissen, allgemein gültigen Erfahrungen oder abgeschlossenen Vorgängen
Konjunktiv	adverbiale Angaben (z.B. temporal, kausal, final) in Gliedsätzen	Wünsche, Aufforderungen, Ermahnungen, Verbote, vorsichtige Behauptung, fragende Überlegung
Imperativ	–	Befehle

Die durch den Modus bedingte Färbung eines Textes kann auch durch Modalverben (z.B. posse), Modal-Adverbien (z.B. fortāsse, libenter) oder modifizierende Sprachelemente (z.B. Gerundivum als Prädikatsnomen) in besonderer Weise erzeugt werden.

140 Textsemantik

Beziehungen auf der Ebene der Bedeutung, die über die Satzgrenzen hinauswirken und den Zusammenhang eines Textes herstellen und verstärken, werden durch die Textsemantik erfasst. Solche textsemantischen Elemente und Erscheinungen sind besonders:

Verweis-Wörter (Pro-Formen)

Wortwiederholungen (Rekurrenzen)

Wortumschreibungen (Paraphrasen)

Sach- und Bedeutungsfelder

Thema-Rhema-Abfolge

1 Verweis-Wörter (Pro-Formen)

Sätze werden zu größeren Einheiten zusammengebunden (zu einem Text ‚verwoben') auch durch Wörter und Wendungen, die auf etwas Gemeintes und/oder Gesagtes zurück- oder vorverweisen. Solche rück- und vorverweisenden sprachlichen Elemente innerhalb eines Textes nennt man Verweis-Wörter / Verweis-Formen (Pro-Formen), da sie in der Regel als ‚Stellvertreter' für ein Nomen oder als ‚Begleiter' eines Nomens auftreten. Zu den Pro-Formen zählen Pronomina, (Pronominal-)Adverbien, verweisende und gliedernde Wortverbindungen und Korrelativa.

Beispiele für Verweis-Wörter (Pro-Formen):

Wortart	vornehmlich rückverweisend	vornehmlich vorverweisend
Pronomina	is (z.B. eā rē) ille (z.B. illō tempore) quī (z.B. quā rē)	is (quī) hoc/haec (‚Folgendes') iste (quī)
Adverbien/ Pronominal-adverbien	modal: sīc, ita temporal: tum, deinde, quondam lokal: hīc, ibī kausal: igitur, enim	modal: ita/sīc (‚folgendermaßen') temporal: deinde, postrēmō lokal: eō, illūc kausal: proptereā, ideō
Wortver-bindungen	ut suprā dēmōnstrāvī ob eam rem, quibus rēbus adductus	eō cōnsiliō, ut
Korrelativa	quot, quālis, quantum	tot, tālis, tantum

Auch Konnektoren können häufig die Funktion von Pro-Formen übernehmen wie umgekehrt Pro-Formen auch die Funktion von Konnektoren.

2 Wortwiederholungen (Rekurrenzen)

In jedem Text wiederholen sich bestimmte Wörter (Eigennamen, Bezeichnungen für Sachen und Vorgänge, Verbalaussagen u.a.m.) in unveränderter oder leicht veränderter Form. Solche Wörter sollen die Aufmerksamkeit des Lesers auf sich ziehen, indem er sich jeweils an ihr vorheriges Auftreten erinnert. Wortwiederholungen haben häufig als feste Punkte im Text den Charakter von Leit- oder Schlüsselwörtern, mit denen der Leser zum Thema, das im Text vorrangig behandelt ist, ‚geleitet' wird oder an denen sich das Verständnis einer wichtigen Textaussage entwickelt. Wortwiederholungen können auf Sach- und Bedeutungsfelder hinweisen und helfen einen Text thematisch zu strukturieren.

3 Wortumschreibungen (Paraphrasen)

Wörter und Ausdrücke können durch bedeutungsgleiche (synonyme) oder bedeutungsähnliche (homonyme) sprachliche Elemente in umschreibender Weise wieder aufgenommen werden; man spricht dabei von verdeutlichenden Umschreibungen. Auch Wortverbindungen oder Gliedsätze dienen als Umschreibungen dazu, den inhaltlich-thematischen und/oder gedanklichen Zusammenhang des Textes herzustellen und zu verstärken. Eine Umschreibung erfolgt auch häufig durch Pro-Formen (↗ 140.1).
Häufig haben Wortumschreibungen den Charakter von Definitionen.

4 Sach- und Bedeutungsfelder

Wörter, Begriffe und Wendungen, die in eindeutiger inhaltlicher Beziehung zueinander stehen oder thematisch zusammenhängen, fügen sich im Text häufig zu einem Sach- und Bedeutungsfeld zusammen. Dazu gehören Wörter und Begriffe mit gemeinsamen inhaltlichen Merkmalen oder begriffliche und inhaltliche Gegensätze (Opposition, Antithese, z.B. pāx – bellum) sowie Wortverbindungen und Junkturen, die in innerem sprachlichen Zusammenhang stehen (z.B. pāx aeterna, pācem facere, dē pāce agendā).
Anhand von Sach- und Bedeutungsfeldern kann man innerhalb von Texten das Thema bzw. inhaltliche Schwerpunkte erkennen und die inhaltliche Gliederung erschließen.

5 Thema-Rhema-Abfolge

Der Darstellungs-, Erzähl- und Gedankenfortschritt eines Textes wird – ausgehend von einem Thema oder Themenbegriff – durch ein bewusstes Aneinanderreihen von immer neuen Informationen, Aussagen und Fragestellungen erreicht.
Die erste Information stellt – wie ein Stichwort – den Ausgangspunkt dar (Thema). An dieses Thema schließt sich eine neue Information an (Rhema). Diese neue Information wird nach ihrem Abschluss als bekannt vorausgesetzt und damit wieder zum Ausgangspunkt (Thema) für die darauf folgende neue Information (Rhema).
Diese sprachlich und inhaltlich signalisierte Abfolge von Thema und Rhema lässt den inneren Zusammenhang und die Gliederung (die inhaltlich-thematische Kohärenz) des Textes wohl am stärksten erkennen.

141 Textpragmatik

Texte sind in verschiedenen persönlichen oder gesellschaftlichen **Situationen** vom Autor verfasst. Sie verfolgen eine jeweils verschiedene Absicht und üben auf Leser (oder Hörer) verschiedene **Wirkung** aus.
Diese im weitesten Sinne ‚sachlichen' Bedingungen, unter denen ein Text hergestellt und verwendet wird, nennt man – nach dem griechischen Wort ‚pragma' (Sache) – die **Textpragmatik**.
Die textpragmatischen Bedingungen prägen entscheidend Aufbau und Zusammenhang eines Textes. Deshalb seien sie hier kurz – unter dem Gesichtspunkt der Verwendungsabsicht – aufgeführt:

1 Texte verfolgen eine autorbezogene Absicht

Texte können dem Autor dazu dienen, sich selbst, seine Gefühle, seine Wünsche und Vorstellungen **auszudrücken**.

Sie sollen z.B. zeigen,
- durch wen oder wodurch sich der Autor zum Schreiben veranlasst sieht,
- wozu er sich beim Schreiben verpflichtet fühlt,
- unter welcher inneren Verfassung und Gefühlslage (z.B. Liebe, Eifersucht, Freude, Trauer, Verzweiflung, Erwartung) er den Text verfasst,
- was er mit dem Text äußern und bezwecken will (z.B. Selbstkritik, Anerkennung, Durchsetzung eigener Interessen).

Solche Texte zielen auf **Ausdruck**. Im Mittelpunkt steht das **‚Ich'**.

2 Texte verfolgen eine gegenstandsbezogene Absicht

Texte können dem Autor dazu dienen, einen Gegenstand oder Sachverhalt so objektiv wie möglich **darzustellen**.

Sie wollen z.B.
- über eine Sache informieren,
- über geschichtliche Ereignisse berichten,
- von Gestalten und Geschehnissen des Mythos erzählen,
- Themen der Philosophie und Wissenschaft erörtern.

Solche Texte zielen auf **Darstellung**. Im Mittelpunkt steht das **‚Es'**.

3 Texte verfolgen eine publikumsbezogene Absicht

Texte können dem Autor dazu dienen, seine Leser (oder Hörer) zu beeinflussen, an sie zu **appellieren**.

Sie wollen z.B.
- als phantasievolle Erzählung, (Liebes-)Gedicht, Roman unterhalten,
- als Beschreibung, Lehrgedicht, philosophisches Gespräch oder Traktat belehren und fördern,
- als Brief, Fabel, Satire ermahnen, ermuntern, warnen,
- als Werbeslogan, Nachricht, Rede überreden, eine Entscheidung beeinflussen.

Solche Texte zielen auf **Appell**. Im Mittelpunkt steht das **‚Du'**.
Texte verfolgen selten ausschließlich eine dieser Absichten. In der Regel finden sich in ihnen alle drei Absichten in fließendem Übergang.

142 Texttypik

Die unterschiedlichen Bedingungen, unter denen Texte verfasst und verwendet werden, bewirken deren jeweilige Eigenart. Diese ist geprägt vom Vorherrschen bestimmter sprachlicher Mittel in Aufbau und Zusammenhang des Textes. Man unterscheidet diesen Merkmalen entsprechend verschiedene Textsorten, die sich freilich nicht immer eindeutig voneinander abgrenzen lassen. Häufig finden sich typische Merkmale einer Textsorte auch innerhalb einer anderen Textsorte, auch im Rahmen einer Literaturgattung (z.B. Erzählendes innerhalb eines Briefes oder eine Rede in einem Epos).

1 Textsorte

Die Texttypik kennt folgende Textsorten:

1.1 Erzählende Texte

Erzählende (narrative) Texte haben entweder persönliche Erlebnisse des Erzählers oder vergangene Handlungen, Vorgänge und Ereignisse in der Form von Geschichten, Episoden, Fabeln oder auch Sagen zum Thema.
In der **Erlebnis**erzählung tritt der Erzähler in den Vordergrund (erste Person), in der **geschichtlichen** Erzählung bleibt er meistens im Hintergrund.

Tempus-Verwendung:
Die die Erzählung bestimmenden Tempora sind im Lateinischen das **Perfekt (narratives Perfekt** ↗ 104) und das **Präsens (historisches Präsens** ↗ 103). Beide Tempora kennzeichnen den im Vordergrund stehenden Erzählvorgang vom Anfang über den Höhepunkt bis zum Ende des erzählten Geschehens.
Innerhalb der Erzählung können aber auch andere Tempora auftreten.
Das **Plusquamperfekt** ist das Tempus, mit dem der Erzähler über die **Vorgeschichte** des Hauptgeschehens informiert (↗ 106).
Das **Imperfekt** kennzeichnet den **Geschehenshintergrund**, also Handlungen und Umstände, die die Haupthandlung begleiten (↗ 105).
Das **Präsens** wählt der Erzähler oft auch, wenn er den **Höhepunkt** des erzählten Vorgangs als unmittelbar erlebt darstellen will: **dramatisches Präsens**, dafür auch historischer Infinitiv (↗ 103).

Gliederung:
Die Phasen des erzählten Vorgangs lassen sich außer durch die Tempus-Verwendung vor allem nach den **Zeitkonnektoren** (temporale Adverbien und Konjunktionen) unterscheiden. Diese fehlen häufig auf dem Höhepunkt der Erzählung; dadurch entsteht der Eindruck einer beschleunigten Abfolge der Ereignisse.

1.2 Dialogisierte Texte

a) Das **Gespräch** (Dialog, Wechselrede) besteht aus mündlich gedachten Beiträgen von zwei oder mehreren Gesprächspartnern.
Diese Beiträge sind entweder in **Frage** und **Antwort** oder in **Rede** und **Gegenrede** aufeinander bezogen und bestimmen so den Fortgang des Gesprächs von seinem Anfang über seinen Höhepunkt bis zum Abschluss. Es herrschen dementsprechend die erste Person des Sprechenden oder Antwortenden und die zweite Person des Angesprochenen oder Befragten vor.

Tempus-Verwendung:
Leittempus des Gesprächs ist das **Präsens**, das ein Thema als für den Sprechenden gegenwärtig (aktuell) kennzeichnet. Daneben können auch Beiträge in Form der Erzählung (↗ 142.1.1) und in Form der Beschreibung (↗ 142.1.3) auftreten.

Gliederung und Kohärenz:
Die Gliederung des Gesprächs ist im Wesentlichen durch die Gedankenführung bestimmt. Sie wird erkennbar, wenn man auf die Bezüge zwischen den meist paarweise zusammengehörenden Beiträgen der Gesprächspartner achtet.
Signale hierfür sind sich wiederholende **Leitwörter** und thematische **Leitbegriffe** (↗ 140.2).
Das Fortschreiten der Wechselrede bis zu ihrem Ergebnis wird vor allem aus logischen **Konnektoren** (↗ 139.1) und der Verwendung von Gesprächspartikeln erkennbar.

b) Der **Brief** steht dem Gespräch sehr nahe, da er von einer, wenn auch einseitigen, Dialogsituation ausgeht, in der ein Sprecher in der 1. Person unterschiedliche Formen von Kontakten mit einem Adressaten in der 2. Person aufnimmt.

Verwendung der Tempora und Modi:
Leittempus des Briefes ist im Deutschen das **Präsens**, weil der Autor seine persönlichen Aussagen in der Regel aus der unmittelbar aktuellen Situation des Schreibens heraus formuliert.
Aber auch das **Perfekt** als Tempus der Erzählung oder des Berichts vergangener Geschehnisse und das **Futur** als Tempus für die Formulierung von Anliegen und Erwartungen treten auf.
Leittempus des Briefes ist **im Lateinischen** oft das **Imperfekt** (seltener Perfekt) bzw. bei Ereignissen, die für den Schreibenden bereits vergangen waren, das **Plusquamperfekt**; der Schreibende versetzt sich nämlich regelmäßig in die Zeit des Brieflesers, von der aus das, was im Brief berichtet wird, bereits vergangen erscheint. Charakteristisch für den Brief ist die Vielfalt der verwendeten **Modi**. So können neben dem Indikativ als dem Modus der Wirklichkeit die Modi **Konjunktiv** und **Imperativ** den Brieftext entscheidend prägen, z.B. in Überlegungen und Annahmen des Autors bzw. in seinen Absichten und Forderungen gegenüber dem Adressaten.

Gliederung und Kohärenz:
Die Aussagen des Briefautors lassen sich nach **logischen**, z.B. begründenden oder folgernden, **Konnektoren** (↗ 139.1) gliedern. **Zeitliche Konnektoren** sind verwendet, wenn eine längere Erzählung in den Brief aufgenommen ist.
Das vom Autor behandelte **Hauptthema** lässt sich an der Wiederholung von **Leitwörtern** (↗ 140.2) und an den **Verweis-Wörtern** (↗ 140.1) erkennen.
Der Brief nennt in der einleitenden Grußformel („... salutem plurimam dicit ..."/ „...s.p.d...") in der Regel den Namen des Autors/Absenders (Nominativ) sowie den Adressaten (Dativ), z.B. Cicero Attico s.p.d.; er wird mit einem Abschiedswort („Vale!") abgeschlossen.

1.3 Beschreibende Texte

Beschreibende (deskriptive) Texte stellen erkennbare Merkmale von Personen, Sachen oder Erscheinungen in anschaulich nachvollziehbarer Form dar.
Die direkte Charakterisierung einer Person erfolgt mit Hilfe von bestimmten **Wörtern**: Das Handeln erkennt man an den verwendeten **Verben**, die Eigenschaften an den verwendeten **Adjektiven** (oder entsprechenden Substantiven), die Beurteilung durch den Autor an den **Leitwörtern** (Substantive, Adjektive, Adverbien).
Indirekt charakterisiert wird eine **Person** durch eingestreute Reden oder Anekdoten und durch Situationen und Zusammenhänge, in die sie vom Autor gestellt wird. Dem gleichen Ziel dient die Einführung einer Kontrastfigur.
In der **Sach-** und **Bild**beschreibung sucht der Autor einen Gegenstand nach Form, Beschaffenheit und Funktion zu veranschaulichen und zu erklären.
Diese Art der Beschreibung ist dadurch gekennzeichnet, dass das Nebeneinander einer Sache oder eines Bildes im Ablauf des Textes in ein Nacheinander aufgelöst wird. **Konnektoren** (↗ 140.1) gliedern dieses Nacheinander; erst am Ende steht die beschriebene Sache bzw. das Gesamtbild deutlich vor Augen des Lesers.

1.4 Rhetorische Texte

Die Textsorten der Rede unterscheiden sich nach dem Empfängerbezug (z.B. die öffentliche Rede), dem Inhaltsbezug (z.B. Bericht, Bekanntmachung, Aufforderung) oder der Redeabsicht (z.B. Monolog, Versprechen).

Die öffentliche Rede zielt darauf ab, die **Angeredeten** mit festgelegten Strategien zu überzeugen, zu beeinflussen oder innerlich aufzurütteln.
Ihr Aufbau im Ganzen wie ihre Gestaltung im Detail stehen im Dienste dieser Aufgabe. Dafür wurden in der Antike klare Regeln der Rhetorik entwickelt. Die Redeteile, die den auf Steigerung angelegten Aufbau tragen, sind vorgegeben, ebenso die stilistischen Mittel (↗ 143), die dem Text Farbe und emotionale Wirkung verleihen.

Verwendung von Tempora, Modi und Personen:
Hervorstechendes Merkmal der Rede ist die enge Verbindung von Autor/Redner und Publikum; deshalb ist das **Tempus** in der Regel das **Präsens** (seltener Futur), als **Modus** erscheint der **Indikativ**, aber auch der **Konjunktiv** der Aufforderung und der überlegenden Frage, nicht selten der **Imperativ** als Befehl oder Warnung. **Erste** und **zweite Person**, Sprecher und Angesprochene, stehen im Vordergrund.
Wenn in der Rede über andere Personen, über Vorgänge oder Vorfälle berichtet wird (in der sog. *narratio*), so stehen die **narrativen Tempora** (Perfekt, dramatisches Präsens); dann erscheint auch häufig die **dritte Person**, auf die meist mit ille/iste verwiesen wird.

Kohärenz:
Besonders Wortwiederholungen (Leitwörter ↗ 140.2), Sachfelder (↗ 140.4), zeitliche und logische Konnektoren (↗ 139.1) unterstützen den Zusammenhang des Textes.

1.5 Erörternde und kommentierende Texte

Über Sachverhalte, Probleme, Fachthemen, Pläne oder Erkenntnisse wird sachlich distanziert und argumentativ darstellend gesprochen, oft mit einer Berücksichtigung von Gegenpositionen und häufig mit wertender Kritik. Die Gegenstände der Erörterung gehören den Bereichen der Politik, Wissenschaft, Philosophie und Lebenspraxis an.

Verwendung von Tempora, Modi und Personen:
Merkmale sind die vorherrschende Verwendung eines bestimmten **Tempus** (meist des **Präsens**) und der **dritten Person**. Als **Modus** erscheint in der Regel der **Indikativ**; Aussagen in vorsichtig zurückhaltender Formulierung stehen auch im Konjunktiv (Potentialis). Ein unterordnender Satzbau wird bevorzugt.

Gliederung und Kohärenz:
Die Erörterung entwickelt sich in der Regel in einer begründenden Gedankenfolge; sie zeigt demnach einen streng logischen Aufbau und ist in deutliche Abschnitte gegliedert, zwischen denen vor allem logische Konnektoren (↗ 139.1) den Zusammenhang herstellen.

2 Literaturgattungen

In der Antike, vor allem bei den Griechen, wurden die Literaturgattungen (,Großgattungen') geschaffen und definiert. Es handelt sich um:
- **epische Texte**, deren Charakteristikum der in größeren Einheiten erzählende Textfluss ist, in dem ein angenommener (fiktiver) Erzähler Ereignisse und Geschehnisse von tieferer Bedeutung vermittelt,
- **dramatische Texte**, die für die Aufführung auf der Bühne bestimmt sind und in denen sprachliche Äußerungen der handelnden Figuren in Monolog und Dialog ein dramatisches Geschehen veranschaulichen,
- **lyrische Texte**, in denen ein Dichter in festgelegter äußerer Form, hörbarem Klangbild und anschaulich bildlicher Sprache menschliche Empfindungen zeitlich ungebunden vermittelt.

Jede der Gattungen folgt in der Antike traditionellen Kriterien und Gesetzmäßigkeiten. Vor allem zeigt sich dies im Gesamtaufbau, in Figurenkonstellationen, in bestimmten Kompositionselementen und unverzichtbaren Merkmalen der jeweiligen Gattung (z.B. Metrum in der Lyrik).
Gattungen werden auch von vorherrschenden Textsorten bestimmt, die die Eigenart der Gattung wesentlich mitgestalten. So gehören z.B. zu einem epischen Geschichtswerk die Erzählung, die Rede, die Beschreibung und gelegentlich auch der Bericht, zu einer Tragödie der Dialog, die Rede und der Bericht usw.

2.1 Epische Gattungen

a) Epos

Das **Epos** ist die Hauptform der **erzählenden Dichtung**; sein **Versmaß** ist der **Hexameter**. Thema des Epos ist vornehmlich der griechische Mythos, vielfach auch in römischer Ausprägung.
Das Geschehen ist anschaulich in typisierend-monumentaler Form und in gehobener Sprache behandelt. Bei einer merklich politischen Zielsetzung, etwa der Selbstdarstellung der römischen Herrschaft, spricht man von einem **Nationalepos**. Charakteristische Elemente des Epos sind Vorrede (*Proöm*), Musenanruf, das Gegeneinander von Götter- und Menschenebene, Prophezeiungen, Rückblenden, Gleichnisse. Als kennzeichnende Textsorten begegnen innerhalb des Epos Erzählung, Gespräch, Rede und Gegenrede; auch der Beschreibung (von Gegenständen und Natursituationen) kommt eine wichtige Aufgabe zu.

b) Geschichtswerk

Das **Geschichtswerk** stellt eine in Prosa verfasste literarische Großform dar, in der sich schon bei den Griechen wissenschaftliche Forschungsanliegen anfangs mit Fabulierkunst, später mit der Freude an rhetorischer Durchdringung des Stoffes eng verbanden.
Bei den **Römern** sind den Geschichtswerken drei Ziele gesetzt: 1. die **Ermittlung** der **historischen Wahrheit**, die freilich großenteils von den anderen Absichten überlagert wird, 2. die **kunstvolle Darstellung**, durch die die historischen Persönlichkeiten zwar nicht immer geschichtstreu, aber durchaus lebenswahr, plastisch und psychologisch vertieft, in ihrer Größe oder in ihrem Versagen, in ihrem oft tragischen Schicksal eindrucksvoll erfasst werden, 3. das **Erschließen eines Sinnes für Geschichte** unter der Maßgabe, die Triebkräfte der historischen Entwicklungen so offen zu legen, dass die Nachwelt aus dem Nachdenken darüber Nutzen gewinnen soll. Dabei können vom Autor sowohl zeit- und gesellschaftskritische als auch Ideologie stützende (nationalistische) Absichten verfolgt werden.
Im Geschichtswerk treten neben den vorherrschenden Textsorten der Beschreibung (ethnografische und kulturgeschichtliche Exkurse) und der Erörterung (Vorgangsanalysen, Geschichtsdeutung) verstärkt auch das Gespräch, die Rede, der Brief und Elemente des Dramas auf. Dadurch gewinnt das Geschichtswerk einen poetischen Zug, es steht in Anlage und Wirkung dem Epos nahe.

c) Roman

Der **Roman** ist eine in Prosa verfasste literarische Großform; allerdings sind in der römischen Literatur nur wenige Beispiele dafür erhalten (z.B. von Petron und Apuleius).
Der Roman gehört zur epischen Gattung, gilt aber in der Antike nicht als Kunstprosa, da ihm die gebundene Form fehlt. Der Roman dient zu allererst der Unterhaltung durch einen fesselnden Stoff.
Im Mittelpunkt steht der Held, der in seinem Charakter, seinem individuellen Schicksal, seinem Verhalten in einer Gruppe von Menschen dargestellt wird – zumeist nicht geleitet vom Wirken großer Gottheiten oder des Schicksals, sondern z.B. vom Zufall (Fortuna).
Im Roman verstrickt sich der Handelnde in seinem Streben auf ein Ziel hin in viele krie-

gerische oder erotische Abenteuer, sodass sich das Geschehen in eine Reihe von Einzelepisoden aufgliedert, die nur von der Person des Helden zu einer Einheit zusammengehalten werden. Im Roman wirken verschiedene Textsorten zusammen: die Erzählung und Beschreibung, die Rede und das Gespräch; es begegnen auch Elemente anderer literarischer Gattungen wie Satire und Elegie.

2.2 Dramatische Gattungen

Das **Drama** ist eine literarische Großform, die in der Regel zur **Aufführung auf der Bühne** bestimmt ist. Das Geschehen des Dramas, das einen klar gegliederten Aufbau in Akte zeigt, wird durch Rede und Gegenrede der handelnden Personen entwickelt.
Im Drama begegnen Elemente der Textsorten Rede, Gespräch, Erzählung, gelegentlich auch der Beschreibung und Erörterung.

a) Tragödie

Die Tragödie stellt meist das unglückliche Schicksal einer Gestalt des griechischen Mythos dar. Die Tragödie zielt auf Ergriffenheit, Anteilnahme, Betroffenheit der Zuschauer.

b) Komödie

Die Komödie stellt eine Handlung aus dem politischen, gesellschaftlichen oder privaten Alltag dar, wobei in witzig-paradoxer Weise die römische Wirklichkeit, vor allem ihre Wertvorstellungen, auf den Kopf gestellt werden. Die Komödie zielt auf Belustigung und Unterhaltung der Zuschauer.

2.3 Lyrische Gattungen

a) Lyrisches Gedicht

Das **lyrische Gedicht** (carmen lyricum), ursprünglich als ein zur Lyra gesungenes Lied verstanden, bringt persönliche Gedanken, Gefühle, Empfindungen zum Ausdruck. Seine Themen sind sehr weit gefasst: Lob, Geburtstagsgruß, Hochzeitsfeier, Totenklage, Trost, Trinkspruch, Liebeserfahrung. Die Strophenform herrscht vor. Merkmale sind das Präsens und Futur als Tempora, der Indikativ als Modus der Feststellung, aber auch der Konjunktiv und Imperativ in appellativer Funktion. Die erste und zweite Person stehen im Vordergrund. Elemente des Gesprächs, des Briefes, der Rede schieben sich oft dicht ineinander.

b) Elegie

Die **Elegie** war ursprünglich – dem Epos nahe stehend – auf Handlungsdarstellung angelegt. Später gewann sie immer stärker den Charakter einer wehmutsvollen, klagendentsagenden **subjektiven Gefühlslyrik**.
In ihr drücken sich stärkstes inneres Erleben, schmerzlich-sentimentale Stimmungen und Reflexionen über die persönlichen Anliegen des Dichters aus. Zentrales Thema sind Liebe und Liebeskummer, worüber offen, freizügig und eindringlich gesprochen wird. Die Elegie ist in ihrer späteren Erscheinungsform immer in **Distichen** (Verknüpfung von Hexameter und Pentameter) gestaltet.

c) Epigramm

Das **Epigramm** hatte ursprünglich die Aufgabe ein Ereignis oder eine Situation in Form einer „Aufschrift“ festzuhalten. Es entwickelte sich dann zu einer Literaturform, in der eine Aussage über Dinge und Erfahrungen des menschlichen Lebens in prägnanter Kürze, oft nur in zwei Zeilen, formuliert ist. Im **objektiven ersten Teil** wird eine Tatsache festgestellt, ein Vorfall berichtet oder eine Beschreibung geliefert, im **subjektiven zweiten Teil** erfolgt die persönliche Stellungnahme des Dichters zum vorher Gesagten. Die dabei angebahnte witzige Paradoxie wird in extremer Pointierung oft bis zum letzten Wort hinausgezögert. Das Epigramm ist in der Regel als **Distichon** (Verknüpfung von Hexameter und Pentameter) gebaut.

2.4 Mischformen

a) Fabel

Die **Fabel** zielt auf Belehrung; indem sie eine erfundene Geschichte – oft in Versen – schildert, will sie eine Einsicht vermitteln und menschliches Verhalten berichtigen. Träger der Handlung sind in der Regel Tiere, die bestimmte menschliche Typen vertreten und sich entsprechend verhalten. Im dargestellten Geschehen spiegeln sich falsches Handeln und dessen Folgen, sodass sich der Leser (oder Hörer) davon abgeschreckt fühlt.

Die Fabel zeigt einen klaren Aufbau: entweder **Vorspruch** (*Promythion*) und **Erzählteil** (*narratio*) oder **Erzählteil** (*narratio*) und **Nachspruch** (*Epimythion*). Im Erzählteil begegnen die Elemente der Erzählung (meist im dramatischen Präsens) und des Gesprächs (bei schneller Abfolge von Rede und Gegenrede).

b) Satire

Die **Satire**, deren Name sich wohl von satura lanx („gefüllte Schüssel") ableitet, ist als ein buntes Allerlei zu verstehen; ursprünglich handelte es sich wohl um kunstlose, aber bissige Spottverse, die – teils im Wechselgesang – bei bäuerlichen Festen vorgetragen wurden. Unter den Händen römischer Meister entwickelte sich die Satire zu einer strengen Kunstform; in **Verse (Hexameter)** gefasst, will sie menschliche Schwächen und Verkehrtheiten angreifen; in ihr ist also eine aggressive Tendenz spürbar, die sich aber vielfach mit geistreichen, heiteren und offenherzigen Tönen verbindet. Der Dichter will „lachend die Wahrheit sagen" (rīdentem dicere verum).

Von der Vers-Satire unterscheidet sich die sog. **Menippeische Satire**, in der gebundene und ungebundene Sprache kontrastreich nebeneinander stehen. Ihr Ziel ist es, in phantasievollen, oft derb-witzigen Angriffen Personen und Zustände tadelnd bloßzustellen.

In der Satire mischen sich Elemente der Textsorten Gespräch, Rede, Erzählung und Erörterung.

143 Textgestaltung durch Stilmittel

Texte lateinischer Literatur sind fast immer kunstvoll gestaltet. Zu den Elementen, die dem Text Einheit und Struktur geben, treten zahlreiche und verschiedenartige stilistische Mittel hinzu, die zuallererst der Ausschmückung des Textes dienen und die Bildhaftigkeit der Aussage unterstützen (↗ 144.1.6). Ihre Verteilung über den ganzen Text verstärkt jedoch den Eindruck eines einheitlichen Ganzen. Wo solche Stilmittel in ihrer gestaltenden Wirkung über die Satzgrenze hinausreichen, unterstützen sie außerdem den Zusammenhang des Textes.

Die von den Griechen entwickelte rhetorische Theorie, die von den Römern übernommen wurde, unterscheidet diese Stilmittel in dreifacher Weise:

① in der Wahl von Einzelwörtern:	Wendungen (Tropen)
② in der Kombination von Wörtern:	Wortfiguren
③ im Aufbau von Wortgruppen:	Sinn-/Gedankenfiguren

1 Wendungen (Tropen)

1.1 **Litotes** (Schlichtheit): Durch doppelte Verneinung wird eine Aussage vorsichtig angedeutet oder verstärkt herausgestellt.

haud aliēnum	nicht abwegig
nōn īgnōrāre (nicht nicht-wissen)	genau kennen

1.2 **Metapher** (Übertragung): Eine bildliche Wendung steht in übertragener Bedeutung.

aquae mōns	ein Wasserberg
lūmen cīvitātis	eine Leuchte des Staates
oculīs ārdentibus	mit glühenden Augen

1.3 **Metonymie** (Namensvertauschung): Ein Begriff wird durch einen gedanklich nahe stehenden ersetzt.

ferrum (Eisen)	*statt*	gladius (Schwert)
in togā (in der Toga)	*statt*	in pāce (im Frieden)
cīvitās	*statt*	cīvēs (die Bürger)

1.4 **Synekdoche:** ‚quantitative' Metonymie, der übertragene Begriff umfasst mehr oder weniger als der eigentliche, z.B.

▶ ein Teil steht für das Ganze (*pars pro toto*):

tēctum (Dach)	*für*	domus (Haus)
rota (Rad)	*für*	currus (Wagen)

der Singular steht für den Plural:

Rōmānus (der Römer)	*für*	Rōmānī (die Römer)

▶ ein Einzelbegriff steht für den Oberbegriff oder umgekehrt:

pānis (Brot)	*für*	cibus (Nahrung)
quadrupēs (Vierfüßer)	*für*	equus (Pferd)

2 Wortfiguren

2.1 **Asyndeton** (unverbunden): Beiordnende Konjunktionen fallen weg

bei Aufzählungen:

Cimbrī et Teutonēs nōbīs **iūra, lēgēs, agrōs, lībertātem** reliquērunt.	Die Kimbern und Teutonen haben uns *Rechte, Gesetze, Land und Freiheit* gelassen.

bei Gegensätzen:

Vincere **scīs**, Hannibal, victōriā ūtī **nescīs**.	Zu siegen verstehst du, Hannibal, den Sieg zu nützen (aber) nicht.

2.2 **Geminatio** (Verdoppelung): Das gleiche Wort wird wiederholt.

Excitāte, excitāte eum, sī potestis, ab īnferīs!	*Weckt* ihn *auf*, *weckt* ihn *auf*, wenn ihr könnt, von den Toten!
Ēn **illa, illa**, quam saepe optāstis, lībertās!	Da ist **sie**, **sie**, die ihr euch oft gewünscht habt, die Freiheit!

2.3 **Synonymie** (Wörtergleichheit): Gleichbedeutende Wörter werden wiederholt.

Nōn **feram**, nōn **patiar**, nōn **sinam**!	Ich *werde* es nicht *hinnehmen*, ich *werde* es nicht dulden, ich *werde* es nicht *zulassen*!

2.4 Hendiadyoin (Eins-durch-zwei):
► Ein Begriff wird durch zwei sinnverwandte Wörter verstärkt.

ōrāre **atque** obsecrāre	(bitten und beschwören) inständig bitten

► Ein Begriff wird (mittels ac/atque) durch ein weiteres, nicht sinnverwandtes Wort zu einer Einheit ergänzt.

clāmor **et** admīrātiō	laute Bewunderung (Geschrei und Bewunderung)
metū **et** perīculō sē recipere	aus Furcht vor Gefahr zurückweichen (infolge von Furcht und Gefahr sich zurückziehen)
licentia **ac** lībertās	(Willkür und Freiheit) schrankenlose Freiheit

2.5 Anapher (Wiederaufnahme): Das gleiche Wort wird am Anfang von Sätzen oder Teilsätzen wiederholt.

Multī dubitābant,	*Viele* waren unschlüssig,
quid optimum esset,	was das Beste sei,
multī, quid sibī prōdesset,	*viele*, was ihnen nütze,
multī, quid decēret.	*viele*, was sich schicke.

2.6 Variatio (Abwechslung im Ausdruck): Ein synonymes Wort tritt für das zu wiederholende ein.

Pars ingenium,	*Ein Teil* übte den Geist,
aliī corpus exercēbant.	*die anderen* den Körper.

2.7 Paronomasie (Spielerische Abwandlung)

Amantēs āmentēs!	Liebende handeln ohne Vernunft!
Praetor iste vel potius praedō sociōrum.	Richter war der Kerl oder besser Räuber bei den Verbündeten.

2.8 Ellipse (Auslassung)

► Ein leicht ergänzbares Satzglied (meist das Prädikat) entfällt:

Vīta brevis ⟨est⟩, ars longa ⟨est⟩!	Das Leben ist kurz, die Kunst lang!

► Ein Satzglied in syntaktisch abgewandelter Form entfällt:

Utrum artium rudēs ⟨estis⟩ an didicistis ⟨eās⟩?	Seid ihr in den Künsten unerfahren oder habt ihr sie erlernt?

2.9 Zeugma (‚gewaltsame' Verbindung): Ein Satzglied (meist das Prädikat) wird unpassend auf zwei oder mehrere Satzglieder bezogen.

Germānia ā Sārmatīs Dācīsque mūtuō metū aut montibus sēparātur.	Germanien ist von den Sarmaten und den Dakern durch wechselseitiges Misstrauen oder Gebirgszüge geschieden.
Oculōs dextramque precantem prōtendit.	Er erhob (‚streckte ... aus) die Augen und die bittende Rechte.

2.10 **Alliteration** (Stabreim): Kurz aufeinander folgende, zusammengehörige Wörter beginnen mit demselben Buchstaben.

mūtuō **m**etū	von wechselseitiger Furcht
Fōrmae glōria **f**lūxa atque **f**ragilis est.	Der Ruhm der Schönheit ist flüchtig und vergänglich.

3 Sinn- und Gedankenfiguren

3.1 **Parallelismus** (Parallelform): Sich entsprechende oder ergänzende Satzabschnitte (Kola) sind gleichmäßig gebaut.

Laudāmus *dīvitiās*, **sequimur** *inertiam.*	Wir rühmen den Reichtum, wir ergeben uns der Trägheit.
Laudis *avidī*, **pecūniae** *līberālēs* erant.	Sie waren geizig mit Lob, freigebig mit Geld.

3.2 **Konzinnität** (Übereinstimmung): Satzabschnitte (Kola) sind gleich gebaut.

Causam, **quae sit**, *vidētis*. Nunc, **quid agendum sit**, *cōnsīderāte*!	Was der Sachverhalt ist, seht ihr. Nun überlegt, was zu tun ist!

3.3 **Inkonzinnität** (Abweichung): Syntaktisch ungleichartige Konstruktionen werden koordiniert.

Cupīdō pecūniae **superbiam,** **crūdēlitātem,** **deōs neglegere,** **omnia vēnālia habēre** ēdocuit.	Die Geldgier lehrte Hochmut, Grausamkeit, die Götter missachten und alles als käuflich anzusehen.

3.4 **Klimax** („Leiter"): Gedanklich sich steigernde Satzglieder folgen aufeinander.

Abiit, excessit, ēvāsit, ērūpit.	Er ist weg, verschwunden, fortgerannt, davongestürmt.

3.5 **Hyperbaton** (Sperrung): Syntaktisch zusammengehörende Wörter werden durch einen anderen Satzbestandteil getrennt (↗ 144.1.4).

Quis est **omnium** tam īgnārus **rērum**? (*statt*: tam īgnārus omnium rērum)	Wer ist in allen Dingen so unerfahren?

3.6 **Chiasmus**[1] (X-Form): Zusammengehörende Wortgruppen sind „kreuzweise" angeordnet.

Satis ēloquentiae, sapientiae parum.	Genug Beredsamkeit, Verstand zu wenig.

[1]) X (Chi) ist der griechische Buchstabe für den Laut ch.

Nōnne ēmorī per virtūtem praestat,	Ist's nicht besser, in Tapferkeit zu sterben,
quam vītam per dēdecus āmittere?	als in Schande das Leben zu verlieren?

3.7 **Antithese** (Gegenüberstellung)

In **māxumā** fortūnā **minuma** licentia est.	Bei *größtem* Glück gibt es die *geringste* Freiheit.

3.8 **Oxymoron**[1]: Gegensätzliche Begriffe werden trotz verschiedener Sinnrichtungen gedanklich verbunden.

Cum **tacent, clāmant.**	Indem sie *schweigen*, *schreien* sie laut.

144 Zur Form lateinischer Dichtung

Die lateinische Dichtung ist vornehmlich geprägt durch **den gehobenen Stil der Sprache** und durch den **Rhythmus** sowie durch die Regeln der **Prosodie** (↗ 144.3) und der **Metrik** (↗ 144.4). Lateinische Dichtung ist in Versen gestaltet; Endreim (Homoioteleuton) begegnet im klassischen Latein selten, ist aber im Latein des Mittelalters die Regel.

1 Gehobener Stil der Sprache

Kennzeichen des gehobenen Stils der lateinischen Dichtersprache sind

1.1 **die Wahl eines ungewöhnlichen Ausdrucks**, z.B.

– ein seltenes Wort	lētum ~ mors; tellūs ~ terra; nātus ~ fīlius
– Simplex statt Kompositum:	legere ~ colligere
– ein griechisches Wort:	antrum ~ specus

1.2 **die lautlichen Veränderungen von Wörtern**, z.B.

– durch Ausstoßung von Buchstaben (Synkope)	perīcla ~ perīcula
und Kontraktion (↗ L 19):	nīl ~ nihil; mūtāstis ~ mūtāvistis (↗ 20.2)

1.3 **die Verwendung besonderer Formen**

– griechische Formen:	Eurydicēs (Gen.), Eurydicēn (Akk.); Styga (Akk.)
– dichterischer Plural:	rēgna ~ rēgnum; aquae ~ aqua

1.4 **die Trennung zusammengesetzter Wörter (Tmesis)[2] aus Gründen der metrischen Gestaltung oder der Betonung**, z.B.

Quem fors diērum **cumque** dabit, lucrō appōne!	Jeden Tag, den das Los dir schenkt, nimm als Gewinn!

---

[1]) wörtlich: scharfsinnig-töricht < griech. oxýs (scharf, spitz) und môros (stumpf, dumm) [2]) griech. témnein: schneiden, trennen

1.5 die bewusste Ausnützung der freien Wortstellung

Durch Ausnützen der Tonstellen (Anfang und Ende des Verses), aber auch aus Gründen der Versgestaltung werden zusammengehörige Wörter (bes. Substantiv und Attribut) oft weit voneinander getrennt (Stilfigur des Hyperbaton: Überschreitung, Sperrung ↗ 143.3.5), zuweilen auch über die Zeilengrenzen (Stilfigur des Enjambements: Zeilensprung ↗ 144.4.3a) hinweg.

Dies erfordert für das Verstehen und Übersetzen ein genaues Beachten der Ausgänge und der Kongruenz in Kasus, Numerus und Genus (KNG), wodurch freilich auch das präzise Erarbeiten von Zusammenhängen gefördert wird.

Schon am ersten Satz von Ovids Metamorphosen lässt sich dies klar vor Augen führen:

In nova fert animus mūtātās dīcere fōrmās
corpora.

1.6 der Einsatz rhetorischer Stilmittel

Rhetorische Stilmittel (↗ 143) dienen dem Dichter dazu, seine Darstellung prägnant, wirkungsvoll und schön zu gestalten.

Der folgende Vers Ovids (Met. VIII 187) zeigt z.B. *Antithese* (↗ 143.3.7), *Chiasmus* (↗ 143.3.6) und *Iteratio* (Wortwiederholung) in einer eindrucksvollen Formulierung miteinander verbunden. In dieser Form ist der Satz zu einem geflügelten Wort geworden.

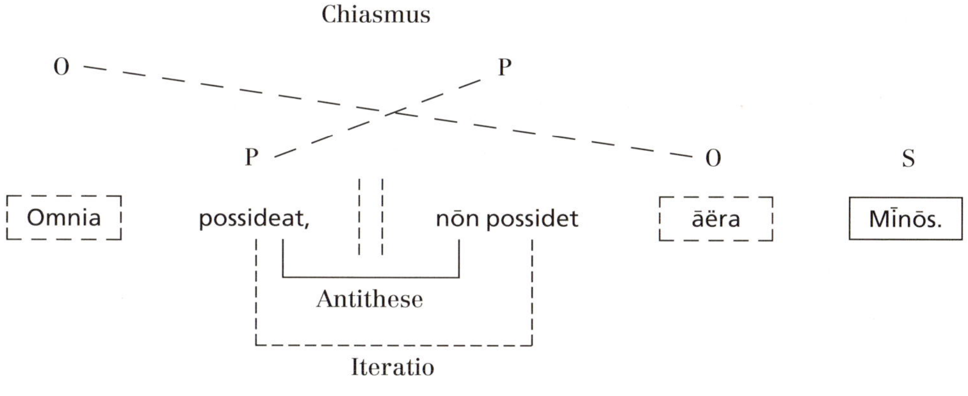

2 Rhythmus

Während für deutsche Verse in der Regel ein **akzentuierender Rhythmus** bestimmend ist (Wechsel von betonten und unbetonten Silben), ist der Rhythmus lateinischer Verse bestimmt durch eine geregelte Abfolge langer und kurzer Silben (**quantitierender Rhythmus**).

Erst in der lateinischen Dichtung des Mittelalters herrscht der akzentuierende Rhythmus vor. Ein Beispiel aus den Carmina Burana (Liedersammlung aus dem 13. Jahrhundert):

Écce grátum ét optátum	Sch*au*, der l*ie*be *u*nd ers*e*hnte
vér redúcit gaúdiá.	L*e*nz bringt *u*ns zur*ü*ck die L*u*st.

3 Prosodie

Die Lehre von der richtigen Aussprache und Silbenquantität nennt man Prosodie.

3.1 Betonungsregeln:

Die Betonung eines lateinischen Wortes hängt ab von der Anzahl und der Beschaffenheit der Silben. Silben sind entweder kurz oder lang. Wörter mit zwei Silben werden auf der ersten Silbe betont (z.B. fṓrma),

Wörter mit mehr als zwei Silben auf der
- vorletzten Silbe, wenn diese lang ist (z.B. mūtā́tur),
- drittletzten Silbe, wenn die vorletzte kurz ist (z.B. ánimus).

DREI-SILBEN-GESETZ

BETONUNG

3.2 Quantitätsregeln:

① Eine Silbe gilt als **lang** (–), wenn
a) sie einen langen Vokal oder einen Doppellaut (Diphthong) enthält (**Naturlänge**), z.B. nātūra, oboedit,
b) auf einen an sich kurzen Vokal zwei oder mehr Konsonanten folgen (sog. **Positionslänge**[1]). x und z gelten als Doppelkonsonanten, nicht aber qu, z.B. ōmnia, ārx.

② Alle anderen Silben sind kurz (◡).

③ Sonderfall: Folgt Muta (b, p, d, t, g, c) + Liquida (l, r) oder Nasallaut (m, n) auf kurzen Vokal, so kann die Silbe als lang oder als kurz gelten, z.B. pă*tr*is.

3.3 Hilfen:

① Lang sind alle Silben mit Diphthongen, z.B. āurea āetās.

② Ein Vokal ist meist kurz, wenn ein weiterer Vokal folgt, z.B. īgnĕus (Ausnahme: Wörter griechischer Herkunft, z.B. Orphēus: Adjektiv zu Orpheus).

③ In drei- und mehrsilbigen Wörtern sind ‚betonte' vorletzte Silben lang, z.B. mūtātus, ‚unbetonte' kurz, z.B. ánĭmus. (↗ 144.3.1).

④ Oft geht die Quantität einer Silbe aus der grammatischen Funktion der Form hervor, z.B. -ā und -īs beim Ablativ.

Im Wortschatz von Lehrbüchern, in Wörterbüchern, in Grammatiken und in Schülerkommentaren sind oft die langen Vokale gekennzeichnet.

3.4

Hiat[2], d.h. das Zusammentreffen eines Vokals (auch Vokal + m am Ende eines Wortes) mit einem Vokal (auch h + Vokal) am Anfang des folgenden Wortes wird beim Sprechen im Allgemeinen vermieden, und zwar
- durch Verschleifung der beiden Vokale (**Synaloephe**), z.B. silic*e i*n nūdā (Vergil, Buc. I, 15), *lies* ‚silice|in'; bzw.
- durch Unterdrückung des Auslautvokals oder einer Vokalverbindung mit -m (-am, -um u.a.) (**Elision**[3]), z.B. prīmāqu*e a*b orīgine (Ovid, Met. I 3)
  lies ‚primaqu|ab';
  mōnstr*um h*orrend*um ī*nfōrm*e i*ngēns (Polyphem: Vergil, Aeneis III 658)
  lies ‚monstr|orrend|inform|ingens';

---

[1]) positiō, -ōnis („Setzung", Festlegung, Vereinbarung)
[2]) hiātus,-ūs (Öffnung, Schlund, Kluft) [3]) ē-līdere (aus-stoßen)

– durch Unterdrückung des anlautenden e- bei est nach vokalisch oder auf -m auslautenden Wörtern (**Aphaerese**), z.B.
āurea prīma sat͡a e͡st aetās (Ovid, Met. I 89)
lies ‚sata|st‘;
– durch Verschmelzung zweier Vokale im Inneren eines Wortes zu einem Vokal (**Synizese**), z.B. d*ei*nde – *lies* ‚de͡inde‘; ‚ant*e͡hā*c‘ – *lies*: ‚ant|āc‘.

4 Metrik

Gegenstand der Metrik sind die Metren und Formen der Verse.

4.1 Der Versfuß

Das kleinste Element, das im Vers regelmäßig wiederkehrt, nennt man ‚Versfuß‘.

Die wichtigsten Versfüße sind:

Rhythmus	Bezeichnung	Form	Beispiel
steigend	Jambus Anapäst	∪— ∪∪—	potēns referō
fallend	Trochäus Daktylus	—∪ —∪∪	fīnis dūcere
stehend	Spondeus Kretikus	—— —∪—	rērī audiō

4.2 Die Versformen

Zwei Versfüße (des Jambus, Trochäus, Anapäst) oder jeweils ein Versfuß (des Daktylus, Spondeus, Kretikus) bilden eine metrische Einheit (*Metrum*[1]).

▶ Je nach der Zahl der Metren unterscheidet man:
Tri-meter (3 Metren), **Tetra**-meter (4), **Penta**-meter (5), **Hexa**-meter (6).

▶ Je nach der Zahl der Versfüße unterscheidet man:
Sen-are (6 Versfüße), **Septen**-are (7), **Okton**-are (8).

4.3 Die Versgliederung

a) In der Regel stimmt die Länge der Verszeile nicht mit der des Satzes überein.
Daher ergibt sich die Notwendigkeit
– über die Versgrenze hinüberzulesen: ‚Zeilensprung‘ (**Enjambement**);
– innerhalb einer Verszeile anzuhalten: **Atempause/Sinnpause**.

b) Solche **Verweilstellen** sind in den lateinischen Versen zwingend festgelegt:
Die **Zäsur**[2] (⁝)
zerschneidet einen Versfuß, z.B. | –∪ ⁝ ∪ | – ⁝ ∪∪ |.
Die **Dihärese**[3] (⁝ ⁝)
trennt Versfüße voneinander, z.B. | –∪ ⁝ ⁝ –∪ | | – ∪∪ ⁝ ⁝ – ∪∪ |.

---

[1]) griech. métron (Maß) [2]) < caedere; caesūra (Einschnitt) [3]) griech. dihaíresis (Auseinandernehmen)

c) Eine **Verszeile** kann mehrere Zäsuren (Haupt- und Nebenzäsuren) haben.

d) Der **letzte Versfuß** einer Zeile kann
vollständig sein (a-katalektischer Vers) oder
nur teilweise angefügt sein (katalektischer Vers).

e) Die **Quantität der letzten Silbe** eines Verses **schwankt** oft: *syllaba anceps*[1].

4.4 Die daktylischen Verse

a) Der Hexameter

Der Hexameter findet hauptsächlich in der erzählenden Dichtung, dem Epos, Verwendung (epischer Vers). Wegen seiner Länge wird dieser Vers in der Regel durch Zäsur und/oder Dihärese gegliedert.

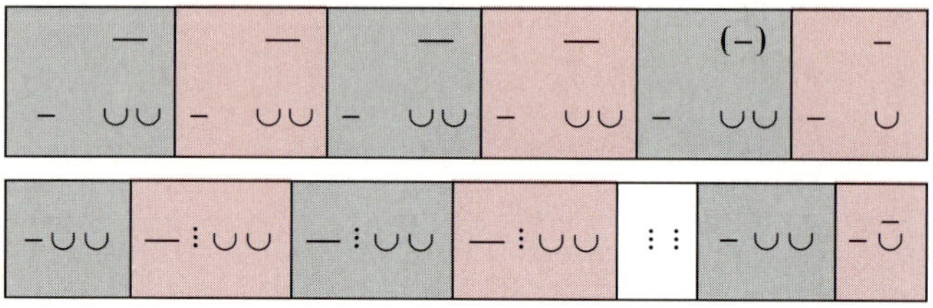

Daktylen (– ∪ ∪) können durch Spondeen (– –) ersetzt sein.
Der 5. Fuß ist in der Regel ein Daktylus.

Tū regere imperiō populōs, Rōmāne, mementō!
– ∪∪| – ∪∪|– ⁝ ∪∪|– ⁝ –| – ∪ ⁝ ∪ | – –

Du, Römer, denke daran, den Völkern mit Macht zu gebieten!

Hae tibi erunt artēs pācīque impōnere mōrem.
– ∪ ∪| – –|– ⁝ –|– –| – ∪∪ | – ∪

Das sei deine Kunst, dem Frieden Gesittung zu schaffen,

parcere subiectīs et dēbellāre superbōs.
– ∪∪| – –| – ⁝ –| – –|– ∪ ⁝ ∪|– –

Unterworf'ne zu schonen und niederzuringen die Stolzen.

(Vergil, Aen. VI 851–853)

Zäsuren: nach dem 3., 5., 7. Halbfuß (Trit-, Pent-, Hephthemimeres) (und nach dem dritten Trochäus)

Dihärese: nach dem 8. Halbfuß (bukolische Dihärese) und 3., 5., 7. Halbfuß

b) Der Pentameter

Der Pentameter steht niemals für sich allein, sondern ist stets einem Hexameter angefügt (Distichon).
Er besteht aus zwei symmetrischen Halbzeilen.
Bei diesen kann ein Teil der Daktylen durch Spondeen ersetzt sein.

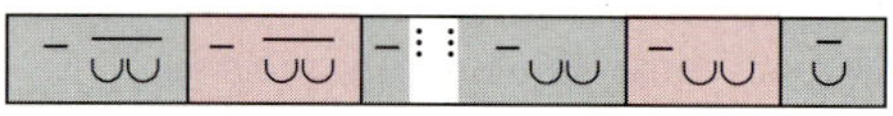

Pāx, ades et tōtō mītis in orbe manē!
– ∪ ∪| – –|– ⁝ – ∪ ∪|– ∪ ∪|–

Friede, komme und bleib hold überall auf der Welt!

(Ovid, Fasti I 713)

[1]) anceps: doppelköpfig, unentschieden, zweideutig.

c) Das Distichon

Das Di-stichon (Zwei-zeiler) besteht aus einem Hexameter und einem ihm folgenden Pentameter.

Das Distichon findet vornehmlich Verwendung in der Elegie (elegisches Versmaß) und im Epigramm.

Longa sit huic aetās dominaeque potentia terrae – ◡◡ | – –|– ⁝ ◡◡|– ◡ ◡ |–◡◡| – – sitque sub hāc oriēns occiduusque diēs! – ◡◡ | – ◡◡|–⁝⁝– ◡◡|– ◡◡|–	Lang sei ihre Zeit, ihre Macht als Herrin der Erde, ihr unterstehe der Ost und, wo sich neiget der Tag! (Ovid, Fasti IV 831f.)
Ōdī et amō. Quārē id faciam, fortāsse requīris. – ◡ ◡|–⁝ –|– ◡◡|– ⁝ –|– ◡⁝◡ |– ◡ Nesciō, sed fierī sentiō et excrucior. – ◡◡| – ◡◡|–⁝⁝– ◡ ◡| –◡◡|–	Hassen und lieben. Warum ich das tu? Das magst du wohl fragen. Weiß nicht. Doch dass es geschieht, fühl' ich und quäle mich ab. (Catull, c. 85)

4.5 Die jambischen Verse

Jamben werden meist zu jambischen Senaren (6 Versfüße) verbunden.

Die metrische Grundform lautet:

1.	2.	3.	4.	5.	6. Fuß
◡—	◡—	◡—	◡—	◡—	◡—

a) Die metrische Grundform kann mannigfach abgewandelt werden:

- Statt des Jambus ◡ – kann in den ersten fünf Versfüßen jeweils ein Spondeus – – stehen.
- Statt einer langen Silbe – können zwei kurze Silben ◡◡ stehen.
  Demnach kann ein jambischer Versfuß wie folgt aussehen:

◡	–	Jambus
–	–	Spondeus
◡◡	–	Anapäst
◡◡	◡◡	Prokeleusmatikus
–	◡◡	Daktylus
◡	◡◡	Tribrachys

b) Eine Verszeile wird regelmäßig durch Zäsuren und Dihäresen (↗ 144.4.3 b) zerlegt. Der wichtigste Einschnitt ist nach der dritten Kürze bzw. vor der Länge des 3. Fußes, ein zweiter Einschnitt erfolgt nach der 4. Kürze.

◡–\|◡ ⁝–\|◡ ⁝–\|◡ ⁝–\|◡ –\|◡ –

Inops, potentem dum vult imitārī, perit. ◡ – |◡ –|– ⁝ – |– ⁝◡◡ |–– | ◡–	Wer schwach es Starken gleichtun will, der geht zugrund. (Phädrus I 24,1)

ANHANG

145 Maße – Gewichte – Zahlungsmittel

1 Maße

1.1 Längenmaße

Grundmaß ist der **pēs** (*Fuß*) mit ca. 30 cm Länge.

Feinmaße		Grundmaß	Grobmaße	
digitus[1] (1,9 cm) =		1/16 pēs		
4 digitī =	1 palmus[2] = (ca. 7,5 cm)	1/4 pēs		
16 digitī =	4 palmī =	1 **pēs** (30 cm)		
		5 pedēs =	1 passus[3] (1,5 m)	
			5000 pedēs =	mīlle passūs (1 Meile = 1,5 km)
			50000 pedēs =	decem mīlia passuum (10 Meilen = 15 km)

1.2 Flächenmaße

Grundmaß ist das **iugerum**[4] (*Morgen*), ein Rechteck von 120 x 240 pedēs Seitenlänge (ca. 2500 m²).

1.3 Hohlmaße

Grundmaß für Flüssigkeiten ist der **congius**[5] (ca. 3,3 l),
Grundmaß für feste Stoffe ist der **modius**[6] (ca. 8,7 l).

Feinmaß	Grundmaß	Grobmaße	
sextārius (0,55 l)			
6 sextāriī =	1 **congius** (3,3 l)		
	4 congiī =	1 ūrna (13 l)	
	8 congiī =	2 ūrnae =	1 ámphora (26 l)
sextārius (0,55 l)			
	1 **modius** (8,7 l)		
	3 modiī =		1 ámphora (26 l)

[1]) digitus: Finger
[2]) palmus, auch palma, -ae: eine Hand (breit)
[3]) passus, -ūs: Doppelschritt
[4]) < iugum (< iungō): Gespann (also iugerum: so viel Land, wie mit einem Gespann Ochsen an einem Tag gepflügt werden kann)
[5]) < griech. konchē: Muschel
[6]) < modus (Wurzel med-: messen): Maß

2 Gewichte

Grundeinheit ist die **lībra**[1], auch **pondō** (*Pfund*) genannt, von ca. 330 g.

Feinmaße		Grundmaß
ūncia[2] (27,5 g)		
4 ūnciae =	1 litra (110 g)	
12 ūnciae =	3 litrae =	1 **lībra** (330 g)

3 Zahlungsmittel

3.1 Historische Entwicklung

Das Wort **pecūnia**[3] für Geld weist darauf hin, dass in früher Zeit das **Vieh** gängiges Zahlungsmittel war. Dieses wurde im Laufe der Entwicklung durch gewogene **Metallbarren** und schließlich durch **Münzen** aus immer edlerem Metall abgelöst. So erklärt sich, dass die Münzen nach ursprünglichen Gewichtsnamen bezeichnet wurden.

3.2 Münzwerte

Grundeinheit ist der **as** (*As*), ein Bronzebarren von einer lībra Gewicht: der **as lībrārius** wog 330 g. In späterer Zeit stellt der **as** die billigste Kupfermünze dar (11,2 g).
Seit Einführung des Silbergeldes (ca. 210 v.Chr.) wurde nach **sēstertiī**[4] (*Sesterzen*) gerechnet.

Grundeinheit			
as[5] (*Bronzemünze*)			
2 1/2 assēs =	1 sēstertius (*Messingmünze mit 27,5 g = 1 ūncia Gewicht*)		
10 assēs =	4 sēstertiī =	1 dēnārius (*Silbermünze mit 4 g Gewicht*)	
	100 sēstertiī =	25 dēnāriī =	1 aureus[6] (*Goldmünze mit 8,2 g Gewicht*)

3.3 Sestertius – Sestertium

Neben der Einheit **sēstertius** (*mask.*) wurde auch **sēstertium** (*neutr.*) verwendet; sēstertium bezeichnet höhere Summen, und zwar

- im **Plural** in Verbindung mit einer **Kardinal-** oder **Distributivzahl** (↗ 26) einen **„Tausender"**:
  z.B. tria/terna sēstertia (HS III): 3000 Sesterzen[7]
  decem/dēna sēstertia (HS X): 10000 Sesterzen[7]
- im **Singular** in Verbindung mit einem **Zahladverb** (↗ 26.3) einen **„Zehntausender"**:
  z.B. ter sēstertium (HS [III]): 30 000 Sesterzen („3x ein Zehntausender")
  deciēs sēstertium (HS [X]): 100 000 Sesterzen („10x ein Zehntausender")

---

[1]) lībra, -ae: Waage; vgl. £ (Zeichen für Pfund Sterling)
[2]) ūncia, -ae: ein Zwölftel, vgl. Unze
[3]) < pecus, pecoris: Vieh
[4]) < sēmis tertius = duo assēs sēmis tertius („2 Asse und ein halber als dritter"), bezeichnet mit HS; dieses Zeichen entwickelte sich aus der Schreibung für 2 1/2 asses: IIS (S Abkürzung für sēmis).
[5]) Diese Grundeinheit wurde duodezimal geteilt: ūncia (1/12 as), sextāns (1/6 as), quadrāns (1/4 as), triēns (1/3 as).
[6]) Seit der Münzreform durch Kaiser Augustus festgelegt.
[7]) Daneben auch tria mīlia sēstertium (*Gen. part.*) bzw. decem mīlia sēstertium (*Gen. part.*).

146 Der römische Kalender

1 Historische Entwicklung

Die Römer richteten sich seit ihren Anfängen in der Berechnung der Monate nach dem Umlauf des Mondes, in der Berechnung des Jahres aber nach dem Umlauf der Sonne. Da die zwölf Monate aber nur 355 Tage umfassten (Januar, April, Juni, August, September, November und Dezember hatten nur 29 Tage), musste das altrömische Jahr alle zwei Jahre durch einen Schaltmonat von abwechselnd 22 bzw. 23 Tagen dem Sonnenjahr angeglichen werden. Weil die dafür zuständigen Priester diese Korrekturen öfter versäumten, passten im Laufe der Zeit die Feste nicht mehr zu den Jahreszeiten.
Deswegen führte **C. Iulius Caesar** durch einen Mathematiker aus Alexandria das in Ägypten seit 4240 v. Chr. übliche Sonnenjahr von 365 $^1/_4$ Tagen mit der bis heute geltenden Zahl der Monatstage ein. So brauchte man statt eines Schaltmonats nur noch alle vier Jahre einen Schalttag, den man dem 24. Februar folgen ließ.
Dieser **Julianische Kalender** gilt mit einer von Papst Gregor XIII. im Jahr 1582 veranlassten Änderung noch heute.

2 Die Monate und die Tage

2.1 Die **Monatsnamen** lauteten

im **vorcäsarischen Mondjahr:**		im **julianischen Sonnenjahr:**	
Iānuārius[1]	29 Tage	Iānuārius	31 Tage
Februārius	28	Februārius	28
Mārtius	31	Mārtius	31
Aprīlis	29	Aprīlis	30
Māius	31	Māius	31
Iūnius	29	Iūnius	30
Quīntīlis	31	IULIUS	31
Sextīlis	29	AUGUSTUS	31
September	29	September	30
Octōber	31	Octōber	31
November	29	November	30
December	29	December	31
	355 Tage		365 Tage

Die Zählung **Quīntīlis** (*quīntus*), **Sextīlis** (*sextus*) bis **December** (*decem*) erklärt sich daraus, dass die Römer das Jahr ursprünglich nicht mit dem Januar, sondern mit dem Frühlingsmonat März begannen.
Quīntīlis und Sextīlis wurden zu Ehren Cäsars und des Kaisers Augustus in **Iūlius** bzw. **Augustus** umbenannt.

[1]) Der Wortart nach sind alle Monatsnamen Adjektive, z.B.: ⟨mēnsis⟩ Iānuārius: ⟨Monat⟩ Januar; ⟨mēnse⟩Mārtiō: im ⟨Monat⟩ März

2.2 Die später entstandenen **Wochentagsnamen** sind von den Namen römischer Gottheiten hergeleitet, die teilweise mit altgermanisch-sächsischen Gottheiten gleichgesetzt wurden:

lateinisch	deutsch	englisch	französisch	italienisch
Sōlis diēs	Sonntag	Sunday	[dimanche]	[doménica[1]]
Lūnae diēs	Montag	Monday	lundi	lunedì
Mārtis diēs	Dienstag = Zius[2] Tag	Tuesday	mardi	martedì
Mercuriī diēs	Mittwoch	Wednesday[3]	mercredi	mercoledì
Iovis diēs	Donnerstag = Donars[4]/ Thors Tag	Thursday	jeudi	giovedì
Veneris diēs	Freitag = Frigs[5] Tag	Friday	vendredi	venerdì
Sāturnī diēs	Samstag/ Sonnabend	Saturday	[samedi]	[sábato]

3 Das Datierungssystem

3.1 Jahresdatierung

Die Jahre wurden offiziell nach den beiden amtierenden Konsuln benannt, z.B.:

M. Mesallā M. Pīsōne cōnsulibus[6]	unter dem Konsulat des M. Mesalla u. des M. Piso

Daneben gab es die Datierung **ab urbe conditā**[7] (seit Gründung der Stadt). Diese Datierung lehnt sich an die erst von dem Gelehrten M. Terentius Varro (116–27 v.Chr.) vorgenommene Festlegung der Stadtgründung an. Das von ihm errechnete Gründungsjahr entspricht dem Jahr 753 v.Chr.

3.2 Tagesdatierung

Jeder Monat hatte **drei** besonders bezeichnete Tage. Alle übrigen Tage wurden auf diese **Fixdaten** bezogen und berechnet, wobei die beiden Grenztage mitgezählt wurden.

Fixdaten waren:

– Kalendae (Kal.):	**1. Tag** eines jeden Monats (*die Kalenden*)
– Nōnae (Nōn.):	**5. Tag** des Monats (als *9. Tag* vor den Iden: *die Nonen*); **7. Tag** der Monate März, Juli, Mai und Oktober (Merkwort: M–IL–M–O)
– Īdūs (Īd.): (*Gen.: Īduum*)	**Monatsmitte:** **13. Tag** des Monats (*die Iden*); **15. Tag** der Monate März, Juli (*ursprgl.:* Quīntīlis), Mai und Oktober (Merkwort: M–IL–M–O), weil diese Monate schon im vorcäsarischen Kalender zwei Tage mehr als die übrigen[8], also 31 Tage umfassten.

---

[1]) ‹ dominī diēs: Tag des Herrn
[2]) Ziu: sächsischer Kriegsgott, vgl. Mārs
[3]) Wodan: altgermanischer Gott und Totengeleiter, vgl. Mercurius
[4]) Donar: altgermanischer Donnergott, vgl. Iūppiter tonāns
[5]) Freya/Frig: altnordisch-westgermanische Liebesgöttin (‚Herrin'), Gattin des Wodan; Venus gleichgesetzt
[6]) abgekürzt: M. Messallā M. Pisōne **cōss.**
[7]) abgekürzt: **a.u.c.**
[8]) Allein der Februar umfasste – schon im vorcäsarischen Kalender – nur 28 Tage.

KALENDARIUM[1]

M IL M O	Mārtius Iūlius Māius Octōber (diēs XXXI)	Iānuārius Augustus December (diēs XXXI)	Aprīlis Iūnius September November (diēs XXX)	Februārius (diēs XXVIII)	*Schaltjahr*
Kalendīs	1.	1.	1.	1.	
a.d. VI Nōnās	2.	–	–	–	
V	3.	–	–	–	
IV	4.	2.	2.	2.	
III	5.	3.	3.	3.	
prīdiē Nōnās	6.	4.	4.	4.	
Nōnīs	7.	5.	5.	5.	
a.d. VIII Īdūs	8.	6.	6.	6.	
VII	9.	7.	7.	7.	
VI	10.	8.	8.	8.	
V	11.	9.	9.	9.	
IV	12.	10.	10.	10.	
III	13.	11.	11.	11.	
prīdiē Īdūs	14.	12.	12.	12.	
Īdibus	15.	13.	13.	13.	
a.d. XIX Kalendās	–	14.	–	–	
XVIII	–	15.	14.	–	
XVII	16.	16.	15.	–	
XVI	17.	17.	16.	14.	
XV	18.	18.	17.	15.	
XIV	19.	19.	18.	16.	
XIII	20.	20.	19.	17.	
XII	21.	21.	20.	18.	
XI	22.	22.	21.	19.	
X	23.	23.	22.	20.	
IX	24.	24.	23.	21.	
VIII	25.	25.	24.	22.	
VII	26.	26.	25.	23.	
VI	27.	27.	26.	24.	
VI (bisextum)	–	–	–	–	*25.*
V	28.	28.	27.	25.	*26.*
IV	29.	29.	28.	26.	*27.*
III	30.	30.	29.	27.	*28.*
prīdiē Kalendās	31.	31.	30.	28.	*29.*
Kalendīs	1.	1.	1.	1.	1.

Erläuterung:

- Der 2. bis 4. bzw. 6. Tag (Merkwort: M–IL–M–O) eines Monats wurde auf die **Nonen** des jeweiligen Monats bezogen,
  z.B. ante diem (a.d.) quārtum Nōnās Iūniās: am 2. Juni;
  ante diem (a.d.) tertium Nōnās Iūliās: am 5. Juli.
- Der 6. bis 12. bzw. bis 14. Tag (Merkwort: M–IL–M–O) wurde auf die **Iden** des jeweiligen Monats bezogen,
  z.B. prīdiē Īdūs Novembrēs: am12. November,
  ante diem (a.d.) septimum Īdūs Māiās: am 9. Mai.
- Die Tage der zweiten Monatshälfte wurden auf die **Kalenden** des folgenden Monats bezogen,
  z.B. ante diem (a.d.) octāvum Kalendās Februāriās: am 25. Januar,
  ante diem (a.d.) nōnum Kalendās Octōbrēs: am 23. September.

[1]) Das folgende Kalendarium gilt seit der cäsarischen Kalenderreform ab dem 1.1.46 v. Chr.

L Lateinische Schrift und Laute

1 Die lateinischen Schriftzeichen

Die lateinischen Schriftzeichen vererbten sich nicht nur auf die romanischen Völker, sondern wurden durch das Christentum auch den Germanen übermittelt.
In der klassischen Zeit kannten die Römer nur Großbuchstaben (*Majuskeln*). Aus ihnen entwickelten sich gegen Ende des Altertums die meist flüssiger zu schreibenden Kleinbuchstaben (*Minuskeln*).

Das **lateinische Alphabet** umfasst folgende Buchstaben:

Minuskel	a	b	c	d	e	f	g	h	i	k	l	m	n	o	p	q	r	s	t	u	v	x	y	z
Majuskel	A	B	C	D	E	F	G	H	I	K	L	M	N	O	P	Q	R	S	T	U	V	X	Y	Z

2 Die lateinischen Laute

VOKALE

Das Lateinische hat wie das Deutsche **lange** und **kurze Vokale** (*Selbstlaute*). Längen werden in unserer Sprache oft durch Vokalverdoppelung (z.B. *Paar*) oder Dehnungs-h (z.B. *Bahre*) kenntlich gemacht; gelängtes *-i-* wird vornehmlich durch *-ie-* dargestellt.

L1 Die lateinische Schreibweise verfügt nicht über diese Mittel zur Kennzeichnung langer Vokale. Deshalb wird in dieser Grammatik die **Länge eines Vokals** durch einen **Strich** (¯) über dem Vokal angegeben:

ā, ē, ī, ō, ū

L2 Die kurzen Vokale werden in der Regel nicht gekennzeichnet; nur wenn ausdrücklich auf eine **Kürze** hinzuweisen ist, erscheint ein **Häkchen** (˘) über dem Vokal:

ă, ĕ, ĭ, ŏ, ŭ

L3 In der lateinischen Sprache treten folgende Vokale auf:

Einfache Vokale: a, e, i, o, u
(y)

Doppellaute: au, eu,
(ae, oe)

L4 Der Vokal y (gesprochen wie deutsches ü) kommt nur in griechischen Fremdwörtern vor (z.B. *cyclus*).
Die Zwielaute (Diphthonge) **ae, oe** werden wie die Umlaute ä, ö oder als zwei getrennte Laute a-e, o-e gesprochen (z.B. *caelum*, *poena*).
Doppellaute sind im Lateinischen stets lang.

oe → ö/o-e
ae → ä/a-e
AUSSPRACHE

KONSONANTEN

L5 Die **Konsonanten** (*Mitlaute*) sind im Lateinischen und Deutschen weitgehend gleich. Von den deutschen Schriftzeichen fehlen im Lateinischen j, w, z (z kommt bisweilen in Fremdwörtern aus dem Griechischen vor, z.B. *zōna*); k begegnet nur selten, z.B. in *Kalendae* (↗146.3.2). Die ihnen entsprechenden Laute werden im Lateinischen durch folgende Zeichen erfasst: *i, c, v, c*. Das Lautzeichen **i** bezeichnet sowohl den Vokal **i** (→ L3) als auch den Konsonanten **i**.

i → j
c → k
v → w
AUSSPRACHE

Die lateinischen Konsonanten werden in **zwei Hauptgruppen** zusammengefasst:

L6 **Verschlusslaute** (*Mutae*)

Als Verschlusslaute oder Mutae[1] bezeichnet man Laute, bei denen die Luft durch ‚Verschluss' während einer gewissen Zeit am Ausströmen gehindert wird.
Man unterscheidet:

	stimmhaft	stimmlos	behaucht
K-Laute (*Kehllaute/Gutturale*[2])	g, gu	c, qu	ch
P-Laute (*Lippenlaute/Labiale*[3])	b	p	ph
T-Laute (*Zahnlaute/Dentale*[4])	d	t	th

Die behauchten Laute findet man in erster Linie in griechischen Fremdwörtern: monar**ch**ia, **ph**iloso**ph**ia, **the**ātrum.

L7 **Dauerlaute**

Als Dauerlaute bezeichnet man Laute, bei denen die Atemluft während der Lautbildung mehr oder weniger ungehindert ausströmen kann.
Man unterscheidet:

	Nasenlaute (*Nasales*[5])	Fließlaute (*Liquidae*[6])	Reibelaute (*Aspiratae*[7])
K-Laute (*Kehllaute/Gutturale*[2])	ng [η]	–	h (ch)
P-Laute (*Lippenlaute/Labiale*[3])	m	–	f, v
T-Laute (*Zahnlaute/Dentale*[4])	n	r, l	s, i [j]

---

1) Mutae (erg. vōcēs): stumme Laute (< mūtus, -a, -um: stumm)
2) Gutturale < guttur, -uris: Kehle
3) Labiale < labium: Lippe
4) Dentale < dēns, dentis: Zahn
5) Nasales (erg. vōcēs) < nāsus: Nase
6) Liquidae (erg. vōcēs) < liquidus, -a, -um: flüssig, fließend
7) Aspiratae (erg. vōcēs) < aspīrāre: anhauchen

REGELN

Aussprache

L8 **Im Lateinischen** werden die **Laute weitgehend wie im Deutschen** ausgesprochen.
Abweichend vom Deutschen werden ausgesprochen
- **c** wie **k** (z.B. caedere),
- **ch** wie **k** (z.B. pulcher),
- **v** wie **w** (z.B. vīvus),
- **s** stimmlos wie **ss** oder **ß** (z.B. sedeō, mānsērunt),
- **i** wie **i** (z.B. īre) oder – vor Vokalen – in der Regel wie **j** (z.B. iam, iūs),
- die Doppellaute (Diphthonge) **ae** und **oe** wie die Umlaute **ä** bzw. **ö** oder als zwei getrennte Laute: **a-e** bzw. **o-e**.

L9 **Abweichend** vom Deutschen werden folgende Lautverbindungen ausgesprochen:
- **gu** wie **gw** (z.B. lingua),
- **su** wie **sw** (z.B. suādēre), teilweise auch als zwei getrennte Laute (z.B. su-ā-dēre).

Schreibweise

L10 **Im Lateinischen** werden die **Wörter weitgehend wie im Deutschen** geschrieben.
Abweichend vom Deutschen gilt:
Lateinische Wörter werden in der Regel **klein geschrieben**.
Groß geschrieben werden nur **Eigennamen** (z.B. Rōma) und von ihnen **abgeleitete Wörter** (z.B. Rōmānus) sowie Wörter am **Satzanfang** (z.B. Urbs Rōma moenibus circumdatur).

Silbentrennung

L11 Die lateinischen Wörter werden wie die deutschen **nach Silben** getrennt (z.B.: ce-le-ri-tās).
Abweichend vom Deutschen gilt:
- **Zusammengesetzte Wörter** werden nach ihren **Bestandteilen** getrennt (z.B. post-eā, prōd-esse).
- Die Verbindung von **Muta mit Liquida** (z.B. tr, pl, chr) wird nicht getrennt (z.B. con-**tr**ā, com-**pl**ūrēs, pul-**chr**a; ferner vielfach auch *gn* z.B. mā-**gn**us).

Betonung

Die Betonung eines lateinischen Wortes hängt ab von der **Anzahl** und der **Beschaffenheit der Silben**. Silben sind entweder **kurz** oder **lang**.

DREI-SILBEN-GESETZ
BETONUNG

L12 **Wörter** mit **zwei Silben** werden auf der ersten Silbe betont.

L13 **Wörter** mit **mehr als zwei Silben** werden betont auf der
- vorletzten Silbe, wenn diese lang ist (z.B. nātū́ra),
- drittletzten Silbe, wenn die vorletzte kurz ist (z.B. muliéribus, homínibus).

L14 Als **lang** gilt eine Silbe, wenn
- sie einen **langen Vokal** oder einen **Doppellaut** enthält, (*Naturlänge*, z.B. nā-tū-rā, cāē-lum).
- auf einen an sich kurzen Vokal *-ns-* oder *-nf-* folgt, (*Naturlänge*, z.B. cōnsul, īnfirmus).
- auf einen an sich kurzen Vokal **zwei oder mehr Konsonanten** folgen (*Positionslänge*[1], z.B. ur-**bem**).

Bei Verbindungen von Muta mit Liquida (↗ L6; L7) wird der vorausgehende Vokal in der Regel nicht gelängt (z.B. ím-pe-**trat**).

L15 Wenn die Konjunktion **-que** oder die Fragepartikel **-ne** an ein Wort treten, wird in der Regel die **vorhergehende Silbe betont** (z.B.: pater mātérque; vēnistī́ne?).

Lautregeln der Vokale

In fast allen Sprachen lässt sich verfolgen, dass durch Abwandeln von Lauten *einzelner Wörter* jeweils eine neue *Ausdrucksform* gewonnen werden kann (z.B.: **gut** – **Gü**te, werden – gew**o**rden). Diese Erscheinung nennt man Ablaut: sie findet sich auch im Lateinischen.

L16 **Ablaut**

Ablaut ist ein **Wechsel der Vokale des Wortstockes**. Dieser Wechsel erfolgte bereits in sehr früher Zeit. Dabei konnte entweder die SPRECHDAUER (*Quantität*) oder die KLANGFARBE (*Qualität*) verändert werden.

1.	**Quantität:**	Dehnung	iŭvō	iūvī
		Kürzung	foedus (<* *foid-*)	fidēs
			fāma	făteor
		Schwund	es-te	s-unt
2.	**Qualität:**	Vokaländerung (e > o)	necō	noceō

L17 **Vokalschwächung in Binnensilben**

Eine weitere Veränderung kurzer Vokale trat – teilweise unter Einwirkung einer ursprünglichen Anfangsbetonung – ein, indem der Vokal abgeschwächt wurde (**Vokalschwächung**):

a > i	amīcus	>	inimīcus
	facere	>	efficere
i > e	appellābitur	>	appellāberis
u > i	caput	>	capitis
u > e	genus	>	generis
u > o	corpus	>	corporis

[1]) positiō,-ōnis: „Setzung", Vereinbarung
*) Das Sternchen * weist darauf hin, dass das Wort, vor dem es steht, eine ursprüngliche, nicht mehr vorhandene Erscheinungsform darstellt.

L18 Vokalkürzung – Vokaldehnung

1. **Endsilben** werden (außer vor -s) **gekürzt**:
   animăl (aber: animālis), diĕm (aber: diēs), vidĕt (aber: vidēs).
2. **Langer Vokal** wird vor unmittelbar folgendem Vokal **gekürzt**:
   rĕī (aber: rēs), placĕāmus (aber: placēmus), gaudĕō (aber: gaudēs).
3. **Kurze Vokale** werden im **Partizip Perfekt Passiv** (PPP) **gedehnt**, wenn der Präsens-Stamm auf **-g-** oder **-d-** auslautet:
   rēctum (<* *reg-tum*), aber rĕgere.
4. **Ersatzdehnung** tritt ein, wenn der **auslautende Konsonant** des Wortstocks **ausfällt**:
   mōtus <* *movtus*.

L19 Kontraktion

Zwei innerhalb eines Wortes **zusammenstoßende Vokale** werden häufig in einen langen Vokal **„zusammengezogen“** (*kontrahiert*): * *cŏ-ăgō* > cōgō; * *laudaō* > laudō; * *deīs* > dīs.

a-o > ō

KONTRAKTION

L20 Vokalentfaltung – Vokalschwund

1. Zur Erleichterung der Aussprache werden zwischen Konsonanten kurze Bindevokale (Hilfsvokale) **eingeschoben**: * *agr* > ager; * *laudāb-s* > laudābis.
2. Im Wortinnern **„schwindet“** in einigen Fällen der Vokal (*Synkope*): * *validē* > valdē.
   Am Wortende **entfällt auslautendes -e** bei manchen Wörtern:
   * *animāle* > * animal (→ L18.1); neque > * *neq* > nec.

L21 Vokaländerung in der Endsilbe

1. Kurzes **-o-** wird vor -s, -m, -nt zu **-u-**: domin**u**s < * *dominos*.
   Kurzes **-i** wird zu **-e**: mar**e** < * *mari*.
2. Im Auslaut wird **-oi** zu **-ī**: domin**ī** < * *dominoi*,
   -ai wird zu **-ae** oder **-ī**: cūr**ae** < * *cūrāi*, cūr**ī**s < * *curais*.

Lautregeln der Konsonanten

Konsonanten werden im Lateinischen nur verändert, wenn dadurch eine Vereinfachung der Aussprache oder Schreibung erreicht wird.

L22 Rhotazismus

-s- zwischen Vokalen wird zu **-r-**.

honōs – honōris <* honosis	esse – eris, erat	litus – litoris

L23 Assimilation

Ein Konsonant wird an den folgenden oder vorausgehenden **angeglichen**. Diese Erscheinung findet sich hauptsächlich in zusammengesetzten Wörtern.

ad-pellō > appellō	con-rigere > corrigere
pot-sum > possum	ad-ferre > afferre

L24 Annäherung von Konsonanten

Manchmal erfolgt zur leichteren Aussprache nur eine **„Annäherung"** der Konsonanten:

* con-parāre > comparāre	scrībo: * _scrib-si_ > scrīpsī
	augeō: * _aug-tum_ > auctum

L25 Dissimilation

Wenn zwei gleiche oder ähnliche, kurz aufeinander folgende Konsonanten den Sprachfluss erschweren, wird in der Regel der **erste** (meist zu -r-) **geändert**.

* _medi-diēs_ > merīdiēs	* _can-men_ > carmen

L26 Konsonantenschwund – Konsonanteneinschub

1. **Auslautende** Konsonantengruppen werden **verkürzt**:

* _es-s_ > es	* _ped-s_ > * _pes-s_ > pēs

2. Bei **Konsonantenhäufung** wird oft der **mittlere Konsonant ausgestoßen**:

* _sent-sī_ > sēnsī

3. Zwischen **-m-** und **folgendem -s-** bzw. **-t-** wird manchmal ein **Konsonant** zur Erleichterung der Aussprache **eingeschoben**:

* _sum-sī_ > sūmpsī	* _em-tum_ > ēmptum

Verbindung von -s- mit Verschlusslauten (Mutae)

L27 In Verbindung mit folgendem **-s** werden die **K-Laute** zu **-x**.

c-s > -x: pāx < * _pac-s_	g-s > -x: rēx < * _reg-s_

L28 In Verbindung mit folgendem **-s** werden die **T-Laute** zu einem **-s**.

t-s > -s: pars < * _part-s_	d-s > -s: pēs < * _pēs-s_ < * _ped-s_

REGISTER

Wort- und Sachverzeichnis

Die Ziffern geben das Kapitel und in der Regel die erste Teilzahl an.

Die Stammformen der Verben sind im „Register zu den Verben" S. 295 f. gesondert aufgeführt.

Register zu den Verben in §§ 14 – 19

Die erste Ziffer verweist auf das Kapitel, die zweite Ziffer auf die Nummer der mit den Stammformen angegebenen Verben

Satzpositionen und Füllungsarten

Die **fünf Positionen** des Satzmodells können von verschiedenen sprachlichen Elementen gefüllt sein: **Füllungsarten.**

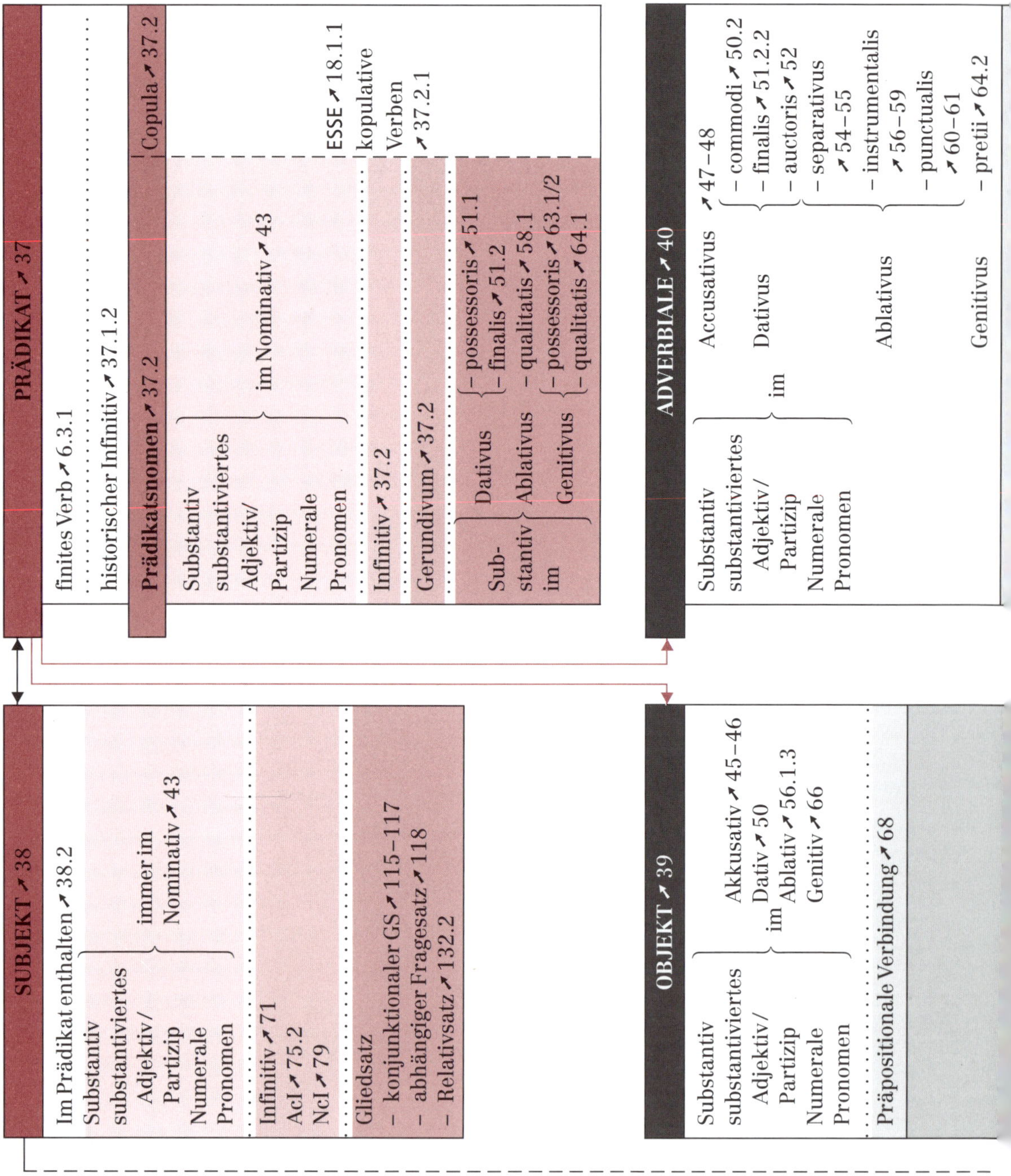

in	Itali-ā	arm-īs	fort-iter	peper-it, ...
Präposition ↗ 67; 68	Substantiv ↗ 4.1; 21; 22; 23	Substantiv ↗ 4.1; 21; 22; 23	Adverb ↗ 33	Verb ↗ 4.3
unveränderliche Partikel ↗ 34	Ablativ ↗ 22; 60	Ablativ ↗ 22; 56	unveränderliche Partikel ↗ 34	3. Sg. Ind. Perf. Aktiv ↗ 7.3.1; 9
ADVERBIALE ↗ 40 Präpositionale Verbindung		ADVERBIALE ↗ 40 im Ablativ	ADVERBIALE ↗ 40 Adverb	PRÄDIKAT ↗ 37.1
				(Modus/Tempus im Hauptsatz ↗ 97; 104)
in Italien		mit Waffen- gewalt	tapfer	erkämpft, ...

qu-am	adamāv-erat,	relinque-nd-am	es-se	comper-isset.
Pronomen ↗ 27 Relativ-Pronomen ↗ 30	Verb ↗ 4.3	Verb ↗ 4.3	Verb ↗ 4.3 Hilfsverb ↗ 7.1.1	Verb ↗ 4.3
Akkusativ ↗ 22; 45	3. Sg. Ind. Plusq. Aktiv ↗ 7.3.1; 9	Nominalform ↗ 7.3.2; 12; 69 Gerundivum ↗ 91; 93	Nominalform ↗ 7.3.2; 12; 69 Infinitiv ↗ 7.3.2; 12	3. Sg. Konj. Plusq. Aktiv ↗ 7.3.1; 9
				PRÄDIKAT/ SUBJEKT ↗ 37.1; 38.2
ATTRIBUT ↗ 41		‚PRÄDIKAT' im AcI ↗ 74 ‚Prädikatsnomen'/Copula ↗ 37.2		
OBJEKT ↗ 39 Akkusativobjekt	PRÄDIKAT/ SUBJEKT ↗ 37.1; 38.2			
				(Modus/Tempus im Gliedsatz ↗ 114; 113)
Relativsatz ↗ 132				
in die	er sich verliebt hatte,	verlassen müsse.		↵